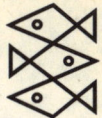

Seit einiger Zeit ist eine heftige Diskussion um Begriffe wie Geschlecht, Geschlechterdifferenz und Geschlechtsidentität entbrannt. Die Studie von Gesa Lindemann leistet hierzu einen Beitrag, der seine Erkenntnis aus der Verfremdung des Alltäglichen gewinnt. Transsexuelle machen im Laufe ihres Lebens eine Geschlechtsveränderung durch, die sich auf eine grundsätzlich paradoxe Weise vollzieht, denn »Transsexuelle werden morgen schon das Geschlecht gewesen sein, das sie heute noch nicht sind«. Erst am Ende der Veränderung wird das entstanden sein, was alle Beteiligten für deren Voraussetzung halten: eine Geschlechtsidentität, die nicht zum alten Geschlecht paßt. An diesem extremen Beispiel der Transsexualität wird herausgearbeitet, was für alle gilt: Ein Mann oder eine Frau zu sein, ist bis in die kleinsten Verästelungen der Körpererfahrung hinein sozial strukturiert. Die minutiöse mikrosoziologische Analyse, die Gesa Lindemann hier vorlegt, läßt zugleich die Verschiedenheit von »Mann-« und »Frau-Sein« hervortreten. Denn daß der Übergang von Frau zu Mann ein vollkommen anderer ist als der von Mann zu Frau, zeigt auf drastische Weise, wie groß der »kleine Unterschied« (immer noch) ist. »Körper«, »Leiblichkeit« und »Affektivität« erweisen sich dabei als die zentralen Kategorien, ohne die ein tieferes Verständnis der Geschlechterordnung nicht auskommen kann.

Gesa Lindemann ist Lehrbeauftragte am Institut für Soziologie der Freien Universität Berlin.

Gesa Lindemann

DAS PARADOXE GESCHLECHT

Transsexualität im Spannungsfeld
von Körper, Leib und Gefühl

Fischer Taschenbuch Verlag

Für meine Schwester Gabriele

Originalausgabe
Veröffentlicht im Fischer Taschenbuch Verlag GmbH,
Frankfurt am Main, November 1993

© 1993 Fischer Taschenbuch Verlag GmbH, Frankfurt am Main
Umschlaggestaltung: Buchholz/Hinsch/Hensinger
Gesamtherstellung: Clausen & Bosse, Leck
Printed in Germany
ISBN 3-596-11734-8

Gedruckt auf chlor- und säurefreiem Papier

DANKSAGUNGEN

Ohne die Bereitschaft meiner GesprächspartnerInnen, mit mir über ihre Erfahrungen zu sprechen, sowie ihre Erlaubnis, ihre Antworten auf meine Fragen für eine wissenschaftliche Arbeit zu verwenden, hätte diese Studie nie entstehen können. Für diese Großzügigkeit möchte ich mich bedanken.

Rüdiger Lautmann danke ich für seine Betreuung, die mir den nötigen Freiraum gelassen hat. Für die kritische Lektüre einzelner oder mehrerer Kapitel bin ich Sabine Hark, Wolfgang Hegener, Ilona Pache, Hilge Landweer, Andrea Rödig und Theresa Wobbe zu Dank verpflichtet und für inhaltlich aufmerksames Korrekturlesen Friedhelm Krey.

Den MitarbeiterInnen der Magnus-Hirschfeld-Gesellschaft danke ich für ihr Entgegenkommen und ihre freundliche Unterstützung.

INHALT

Dieses Buch handelt von einer merkwürdigen Eigensinnigkeit, nämlich von Männern und Frauen, die behaupten, sie seien das jeweils
andere Geschlecht, bzw. die sich wünschen, dieses zu sein. »Normalerweise« wird das Geschlecht eines Menschen spätestens bei der Geburt festgestellt. Ein Blick zwischen die Beine des Babys reicht zumeist aus, um die folgenreiche soziale Unterscheidung Junge oder
Mädchen zu treffen. Wenn Neugeborene erst einmal in diese Differenz eingespannt sind, regelt sich das Weitere gewissermaßen von
»Natur« aus. Aus kleinen Mädchen werden Wesen, die sich im großen und ganzen auch so fühlen, als wären sie welche, und die sich
zumindest nicht allzusehr dagegen sträuben, später einmal Frauen zu
werden. Das gleiche gilt umgekehrt für Jungen. Aufgrund der Libe-
ralisierung der sechziger und siebziger Jahre gibt es im jeweiligen
Geschlechtsrahmen einen ausgesprochen großen Raum für Eigensinn. Frauen können seitdem Hosen tragen, Frauen lieben und Auf-
sichtsratsvorsitzende oder Bauarbeiterin werden und bei all diesem
»männlichen« Tun Frauen bleiben. Umgekehrt ist es absehbar, daß
der medizinische Fortschritt auch davor nicht haltmachen wird,
Männern Bauchhöhlenschwangerschaften zu ermöglichen. Diese
Entwicklungen haben eine seltsame Konsequenz. Einerseits lösen
sich Wesensunterschiede zwischen den Geschlechtern immer mehr
auf, andererseits bleibt der Geschlechterunterschied aber bestehen.
Solange Männer als Männer schwanger werden und Frauen sich als
Frauen etwa in die kämpfenden Truppenteile einer Armee integrieren, halten sich die Verstöße gegen die Geschlechterordnung in
Grenzen. Eine reflexiv gewordene Geschlechterunterscheidung
vermag auch die größte Aufsässigkeit noch sinnvoll auf die Ge-

schlechterdifferenz zu beziehen, solange nicht zur Disposition steht, als wer man etwas tut. Genau das steht aber bei den Unbotmäßigkeiten gegen die traditionellen Wesensunterschiede nicht zur Debatte. Das Emanzipationspathos, mit dem solche »Subversionen« oft ausgeführt werden, schließt es geradezu aus, daß das Geschlecht der Aufsässigen in Frage gestellt wird. Im Gegenteil: Ein Jemand will ja gerade als Mann all das tun, was bisher in die Domäne von Frauen fiel, wohingegen die Jemandin als Frau den Männern ihre Vorrechte streitig machen möchte.

Gesellschaften, die bei der Geschlechterdifferenzierung stärker auf Wesensunterschiede abheben, haben mit »Abweichungen« andere Probleme. Dort kann ein »Berufswechsel« eine Veränderung des Geschlechtsstatuts implizieren. Ein vielzitiertes Beispiel ist die Berdache-Institution bei einigen Stämmen Nordamerikas. Was wir geneigt sind, als soziale Rolle dem eigentlichen Geschlecht gegenüberzustellen, ist dort ein entscheidendes Charakteristikum des Geschlechts einer Person, weshalb die Übernahme von »Rollenanteilen« des anderen Geschlechts den eigenen Status nicht unberührt lassen kann. Eine sozial anerkannte Form dieser Geschlechtsveränderung ist es, ein Berdache zu werden. Ein Beispiel aus unserer Gesellschaft ist das »dritte Geschlecht«. Solange das Begehren ausschließlich heterosexuell gedacht war und als solches dem Geschlecht einer Person wesentlich zukommt, hatten homosexuelle Frauen und Männer entweder falsche Körper oder ein falsches Begehren. Die erfolgreiche Propagierung des dritten Geschlechts durch Ullrichs und Hirschfeld ist gewissermaßen ein emanzipatorischer »Kurzschluß«, der es ermöglichte, die leidvolle existentielle Paradoxie lebbar zu machen. Auf eine subversive Weise wird das planmäßige Wesenssoll übererfüllt: Ein Mann, der einen anderen Mann begehrt, ist eben kein Mann mehr, sondern legitimer Angehöriger einer eigenen Geschlechtskategorie.

Die gegenwärtige Geschlechterordnung beruft sich weit weniger ausgeprägt auf Wesenszuschreibungen, die für sie immer wichtiger werdende reflexive Absicherung ihres Bestandes wird bei der Transsexualität offensichtlich, weil bei dieser der Eigensinn selbst reflexiv geworden ist. Ein Frau-zu-Mann-Transsexueller möchte z. B. nicht nur Elektrotechnik studieren, sondern er möchte das als Mann tun.

Das kann zwar den Anschein von zwanghafter Normalität erwecken, wenn man das Studium eines »männlichen« Fachs als Motiv für den Geschlechtswechsel versteht, aber mit dieser Interpretation hat man das Wesentliche übersehen und steht fassungslos vor transsexuellen Männern, d. h. Frau-zu-Mann-Transsexuellen, die etwa als feminine Schwule passiven Analverkehr vorziehen. Diese Art von Sexualität hätten sie auch ohne den Aufwand der Geschlechtsveränderung haben können, aber es geht gerade nicht darum, bloß etwas zu tun, sondern darum, etwas als jemand zu tun. Die Transsexualität liefert gleichsam ein Abbild einer modernisierten Geschlechterunterscheidung, die weitgehend ohne Wesenszuschreibungen auskommt. In diesem Rahmen können alle alles machen, wenn sie es nur als Frauen oder Männer tun. Völlig reflexiv geworden ist allerdings auch in westlichen Gesellschaften die Geschlechterdifferenz (noch?) nicht. Es gibt auch für uns gültige essentielle Bestandteile von Frau- bzw. Mannsein. Dazu gehören einige Körperformen, wie etwa Penis und Busen. Vor allem der Penis sträubt sich recht erfolgreich gegen seine reflexive Modernisierung. Als Frau einen solchen Körperteil zu haben, gilt in der Bundesrepublik der achtziger und vermutlich auch der neunziger Jahre noch nahezu als unmöglich.

Garfinkel war der erste, der die dem transsexuellen Lebensstil immanente Reflexivität erkannte. Seine Studie über die transsexuelle Frau Agnes hebt diesen Aspekt deutlich hervor. Garfinkel zufolge gibt sich Agnes nicht nur weiblich, das könnten auch Männer, sondern sie präsentiert sich im Fluß ihres Verhaltens und Sprechens so, daß sie bruchlos als Frau wirkt. Die Frau, die Agnes ist, ist das Resultat ihres Verhaltens. Aus diesem Umstand zieht Garfinkel eine Konsequenz, die das Verständnis von geschlechtlicher Wirklichkeit allgemein umstürzt. Agnes könne nämlich mit ihrem Verhalten nur dann Erfolg haben, wenn sie damit etwas tut, das alle machen. Demnach wäre nicht nur das Frausein der transsexuellen Agnes das Resultat von Darstellungsleistungen, sondern das Geschlecht aller Beteiligten. Bei Transsexuellen wird folglich nur die Reflexivität sichtbar, die auch für das Frau- bzw. Mannsein von Nichttranssexuellen konstitutiv ist. Wir alle sind Frauen oder Männer, indem wir den Eindruck erwecken, wir seien es. Wenn ich das Haus verlasse und einen Nachbarn grüße, tue ich das, ohne darüber unbedingt nachdenken zu müssen, auf eine Weise, die für uns beide glaubhaft macht, eine Frau verläßt das Haus.

In dieser Perspektive unterscheiden sich Transsexuelle von Nichttranssexuellen lediglich, weil die ersteren wissen, wie sehr sie damit beschäftigt sind, ihr Geschlecht darzustellen, während die Nichttranssexuellen das gleiche zumeist vollbringen, ohne weiter darüber nachzudenken. Aus diesem unbewußten Zustand sind Transsexuelle »aufgewacht« und haben sich das merkwürdige Ziel gesetzt, erst als das andere Geschlecht wieder »einzuschlafen«. In der Zwischenzeit sehen sie die Geschlechterwirklichkeit »mit anderen Augen«[1], d. h. mit Augen, die sehen, wie wir alle unentwegt damit beschäftigt sind, uns als Frauen oder Männer darzustellen. Da andererseits die Darstellungen gelernt sein wollen, zwingen Transsexuelle darüber hinaus auch ihren BetrachterInnen andere Augen auf, d. h. in diesem Fall Augen, die Schwierigkeiten haben, klar zu sehen, welches Geschlecht die betreffende Person nun »eigentlich« ist. Anhand dieser Schwierigkeiten läßt sich aufzeigen, »wie« wir sehen, wenn wir immer und zu jeder Zeit zwei Geschlechter wahrnehmen. Sowohl die Probleme von Transsexuellen als auch die ihrer InteraktionspartnerInnen werden damit als eine Erkenntnis ermöglichende Entfremdung von einer alltäglichen Selbstverständlichkeit verstanden, die ein genaueres Verständnis des Sachverhalts ermöglicht, daß es zwei und nur zwei Geschlechter gibt, denen wir jeweils lebenslänglich angehören.

Die in der Studie verarbeiteten Daten entstammen mehreren Quellen. Ich war über einen Zeitraum von sechseinhalb Jahren im Rahmen der Berliner Magnus-Hirschfeld-Gesellschaft tätig und habe dabei auch Transsexuelle und Personen ihres sozialen Umfeldes beraten. Darüber hinaus habe ich Interviews mit Transsexuellen, ihren BeziehungspartnerInnen, Verwandten sowie FreundInnen und Bekannten geführt und Gespräche mit Personen, die mit Transsexuellen professionell zu tun haben. Neben dem von mir selbst erstellten Datencorpus stütze ich mich auf schriftliches Material wie Gerichts-

---

1 Diese Metapher entlehne ich einem Aufsatz Plessners (1953), der allgemein die Notwendigkeit beschreibt, der Alltagswelt fremd geworden zu sein, um das Allzuvertraute überhaupt wahrnehmen zu können.

urteile, Autobiographien, Berichte in der allgemein zugänglichen Presse und Szenezeitschriften.[2]

Die selbsterhobenen Daten wurden in zwei unterschiedlich strukturierten Gesprächssituationen gewonnen. Beratungsgespräche sind durch das Interesse der Ratsuchenden an meiner Kompetenz charakterisiert, meine soziologische Wißbegierde wurde eher nebenbei – geradeso als hätte ich sie nicht – befriedigt. Bei der Durchführung der Interviews befand ich mich in der für mich ungewohnten Lage, zugeben zu müssen, etwas wissen zu wollen. Mein »Wille zum Wissen« war in einem sich im Laufe der Zeit verändernden Leitfaden materialisiert, dessen Themen ich bei den Interviews im Hinterkopf »abklapperte«. Um mich überhaupt in der anfänglich ungewohnten Interviewsituation zu orientieren, bemühte ich mich, Themen zur Sprache zu bringen, deren Darstellung sich im weiteren gemäß der Logik des Erzählens (etwa dem Zwang zur Gestaltschließung) und den affektiven Erfordernissen der Situation entfaltete. Wenn das Gespräch erst einmal in Gang gekommen war, ähnelten Interviews und Beratungsgespräche der Form nach wieder einander. Meine eigenen Beiträge beschränkten sich in beiden Fällen über weite Passagen auf ein verständnisbestätigendes »mhm« oder »ja«. Die Angleichung wurde auch dadurch verstärkt, daß die Interviews zum Teil auf Vermittlung von Personen zustande kamen, die ihrerseits in der Beratung waren. Dadurch wurde ich schon von Anfang an als jemand

---

2 Es handelt sich um Beratungsgespräche mit ungefähr 120 Personen, darunter sieben Einzelberatungen, die sich über einen längeren Zeitraum erstreckten, sowie zwei ebenfalls längerfristige Beratungen heterosexueller Paare, bei denen es um das Problem ging, ob eine Geschlechtsveränderung für den männlichen Partner angemessen sei. Interviewt habe ich 15 Transsexuelle (neun Mann-zu-Frau und sechs Frau-zu-Mann) sowie 14 Personen, die zu diesen eine mehr oder weniger enge Beziehung hatten, eine Journalistin, die gerade eine Reportage über Transsexualität abgeschlossen hatte, jeweils zwei Logopädinnen und Kosmetikerinnen sowie fünf GutachterInnen, einen niedergelassenen Arzt und eine niedergelassene Ärztin. Bei den Szenezeitschriften konnte ich meine Leidenschaft für Vollständigkeit befriedigen, indem es mir gelang, alle Ausgaben der beiden im Untersuchungszeitraum überregional wichtigen, in der Zwischenzeit aber wieder eingegangenen Zeitschriften »Ezku« und »TS-Journal« zu sammeln und auszuwerten. Nach Autobiographien und Gerichtsurteilen habe ich nicht in dieser Weise systematisch »gefahndet«.

eingeführt, die sich mit »solchen Dingen« auskennt und die »gut zuhören« kann.

Der Vorteil einer solchen Zuhör-Haltung besteht darin, Dinge zu erfahren, deren Wichtigkeit mir vorher nicht klar war und nach denen zu fragen mir deshalb auch nicht eingefallen war. Der Nachteil besteht darin, manchmal viele Gesprächsstunden lang von relevanten Fragestellungen weggeführt zu werden. Vor allem das Sprechen über Gefühle sowie die Darstellung von leiblichen Erfahrungen nehmen in diesem Zusammenhang einen ambivalenten Status ein. Einerseits wäre ich von selbst nicht auf den Gedanken der grundlegenden Bedeutung von Leiblichkeit und Affektivität für die alltägliche Reproduktion der Geschlechterwirklichkeit gekommen, andererseits umspannen Gefühle ein weiteres Feld als die Geschlechtskonstruktion, das zu durchlaufen sich wegen des beiderseitigen Interesses an der »Vertrautheit« bzw. »Intimität« der Situation nicht »vermeiden« ließ.

Mein zurückhaltendes Gesprächsverhalten öffnete zwar einen Raum für die Darstellungen meines jeweiligen Gegenübers, aber ich nehme nicht für mich in Anspruch, dadurch eine »eigentlichere« Wahrheit erfahren zu haben. Denn in den Erzählungen ist gewissermaßen als situatives »a priori« immer ein Bild der Person enthalten, der die Geschichte erzählt wird. Gelegentlich wurden einige der konstitutiven unterschwelligen Annahmen explizit, und manchmal war ich überrascht, mit wem meine InterviewpartnerInnen gesprochen hatten. In fast allen Gesprächen hatte »ich« agiert unter der Annahme, es gäbe eine immerhin schon vorhandene Geschlechtsidentität, selbst wenn dieser Sachverhalt als solcher nie zur Sprache gekommen war. Meine Zurückhaltung war auf diese Weise Bestandteil eines komplizierten Stellungsspiels, in dem meine GesprächspartnerInnen herausfinden wollten, wem sie ihre Erlebnisse schildern, während es mir darum ging, zu erahnen, wer ich für sie sein müßte, damit sie mir Dinge erzählen, die für meine Arbeit wichtig sind.[3]

---

3 Methodisch läuft dies auf eine nonverbale Version der von Frank (1990) entwickelten Methode hinaus, bei der das Erzählen eigener Geschichten, d. h. einer Form der Selbstdarstellung, verwendet wird, um die InterviewpartnerInnen zur Darstellung ihrer Erfahrungen anzuregen.

In psychoanalytischen Termini könnte man diesen Vorgang als einen fortlaufenden Prozeß sich gegenseitig austarierender »Übertragungen« und »Gegenübertragungen« beschreiben, der die Struktur der Gespräche gestaltet.

Als Interviewerin war ich ein Fremdling im Feld und mußte mich um einen Zugang bemühen, als Beraterin war ich dagegen über mehrere Jahre integraler Bestandteil des sozialen Arrangements, in dem sich der Prozeß der Geschlechtsveränderung vollzieht. Die »Komplizenschaft« mit dem Phänomen, dessen Analyse ich in dieser Studie versuche, soll nun kurz beschrieben werden. Das soziale Feld, in dem sich in Berlin der Geschlechtswechsel vollzieht, ist äußerst heterogen. Es gibt keine zentrale Versorgungseinrichtung, an der der professionelle Anteil an der Geschlechtsveränderung zentralisiert ist. Es gibt eine Vielzahl von PraktikerInnen in verschiedenen Institutionen, die mit oft widerstreitenden Interessen und Intentionen im Bereich der Transsexualität agieren. Außerdem gibt es Treffpunkte von Selbsthilfegruppen und andere Orte wie z. B. Kneipen, um die herum sich fluktuierende Szenen bilden. Ein Element dieses etwas unüberschaubaren Feldes bildete »meine« Beratungsstelle. Die Tätigkeit »darin« läßt sich in drei Bereiche untergliedern. Sie umfaßte erstens die Weitergabe orientierender Informationen. Transsexuelle konnten sich allgemein über das medizinische und juridische Procedere des Geschlechtswechsels informieren sowie über das diesbezügliche professionelle Versorgungsangebot der Stadt und die gerade »aktuellen« subkulturellen Zusammenhänge. Was das letztere betraf, war ich allerdings nicht immer »up to date«. Ein wichtiger Aktualisierungsmodus war der Rückfluß der durch meine Angaben provozierten Enttäuschungen in Form von Beschwerden über falsche Informationen. Mit dem Anliegen, sich über das »Wie« des Geschlechtswechsels und der konkreten Möglichkeiten vor Ort kundig zu machen, wandten sich auch Angehörige von Transsexuellen und Professionelle – etwa PsychologInnen, ÄrztInnen, SozialarbeiterInnen – an die Beratung. Letztere dann, wenn sie in eigener Praxis erstmalig mit Transsexuellen konfrontiert waren und nicht wußten, wie man sich »so jemand« gegenüber verhält. Diese Art der Beratung nahm gelegentlich die Form einer Supervision an, in der es – neben der Weitergabe von Informationen – um die Verunsicherungen der

Betreffenden ging, wenn sie einem »Pressebericht« in ihrer Praxis persönlich begegneten. In diesen Zusammenhang gehört auch die Durchführung von Fortbildungsveranstaltungen für Personen, die in der psychosozialen Versorgung arbeiten.

Ein weiterer Bereich der Arbeit bestand in der Leitung einer mehrjährigen Gesprächsgruppe, an der – in wechselnder Besetzung – sowohl Transsexuelle als auch deren BeziehungspartnerInnen teilnahmen.

Die Beratungstätigkeit umfaßte drittens, nachdem ich eine sozialtherapeutische Ausbildung abgeschlossen hatte, auch längerfristig und regelmäßig stattfindende Gespräche. Eine ihrer wesentlichen Grundlagen bildete der von Rogers entwickelte »nichtdirektive Ansatz« im Beratungsinterview, dessen wesentliches Anliegen darin besteht, es dem Ratsuchenden zu überlassen – im Rahmen der zeitlich, räumlich und bezüglich gewisser Verhaltensstandards definierten Beratungssituation[4] –, sich Einsichten in die eigene Problemlage und die zu ihrer Bewältigung sinnvollen Lösungsstrategien zu erarbeiten. Dies beschreibt auch recht gut die Intention meiner Beratungen. Ich bin davon ausgegangen, daß Transsexualität eine mögliche Form darstellt, eine Frau oder ein Mann zu sein. Sie bedarf grundsätzlich genausoviel und genausowenig einer Begründung bzw. einer persönlichen Auseinandersetzung wie andere Formen des Geschlechtseins – nämlich keiner. Im Rahmen dieser Haltung ist es ebenso legitim, die Geschlechtsveränderung ohne eine Auseinandersetzung mit sich selbst »einfach durchzuziehen«, wie es berechtigt ist, sich in eine intensive psychische Auseinandersetzung mit dem Wunsch nach Geschlechtsveränderung zu begeben. Personen, die den ersten Weg bevorzugten, stand ich mit einem praktischen Wissen zur Verfügung. Wer sich für den zweiten Weg entschied, dem konnte ich nach meiner Ausbildung eine quasi-therapeutische Begleitung anbieten, deren Ende zu Beginn offen war und die in ungefähr einem Drittel der »Fälle« eine Bestätigung des Ausgangsgeschlechts zum Ergebnis hatte.

Innerhalb des sozialen Feldes Transsexualität nahm ich mit dieser

4 Auch ein nicht-direktiver Ansatz legt Wert darauf, daß Mobiliar und Beraterin nicht demoliert bzw. verprügelt werden.

Haltung eine Sonderstellung ein, die von der in Selbsthilfegruppen vorherrschenden Tendenz zur zweifelsfreien Affirmation des neuen Geschlechts ungefähr so weit entfernt ist wie auf der anderen Seite von der Begutachtung, die auf eine In-Frage-Stellung des Wunsches hin angelegt ist. Ich führe es nicht zuletzt auf diese strukturelle Interesselosigkeit zurück, daß sich mir Transsexualität weder als Auseinandersetzung um die Legitimität von Geltungsansprüchen, wie sie Hirschauer (1993) für die Begutachtungssituation herausarbeitet, noch ausschließlich als Anstrengung zur Identitätskonsolidierung darstellt, sondern als eine wunschgeleitete subtile Veränderung der kontinuierlichen Reproduktion geschlechtlicher Normalität.

Eine weitere Besonderheit meiner Tätigkeit im sozialen Arrangement des Geschlechtswechsels bestand in meiner Doppelrolle als Beraterin und als Mikrosoziologin. In der Beratung – vor allem, wenn es sich um eine längerfristige handelte – bestand meine Aufgabe darin, eine persönliche Auseinandersetzung zu begleiten und mich emotional in der Konstruktion einer geschlechtlichen Wirklichkeit zu engagieren und sie so mitzutragen. Als Mikrosoziologin stehe ich dagegen vor der Aufgabe, diese Prozesse analytisch zu »zersetzen«, indem ich zum Gegenstand mache, wie das spezifische Gewicht des Wirklichen zustande kommt. Dabei kann es auf zweifache Weise zu Rollenkonflikten kommen. Zum einen kann sich die »Soziologin« in die Beratung einmischen, so daß meine Aufmerksamkeit, die den therapeutisch wichtigen Zusammenhängen der Darstellung hätte gehören sollen, bei mikrosoziologisch interessanten Schilderungen festhing. Diese Kollision von »Relevanzsystemen« ließ sich relativ leicht bewältigen, wobei die Präsenz des Gegenübers eine wichtige Hilfe war. Weitaus schwieriger gestaltete es sich dagegen, mich von der affektiven Beteiligung an der Realitätskonstruktion zu distanzieren. Um diesen Spagat ausführen zu können, habe ich für diese Studie nur (Tonband-)Protokolle von solchen Beratungen verwendet, zu denen ich einen ausreichenden zeitlichen Abstand hatte, um sie wieder wie von außen betrachten zu können. Ebenso wichtig war die räumliche Trennung von Beratungszimmer und dem Schreibtisch in der eigenen Wohnung. Dieser bildete eine Art außer-, um nicht zu sagen a-sozialen Raum, in dem der »Verrat« an einer vordem gemeinsam hergestellten Wirklichkeit erlaubt war und an dem ich mein schlechtes Gewissen lassen konnte. Die Rollendivergenz beinhaltete für mich einen emotional aufgeladenen ethischen Konflikt, dem ich nicht ausweichen, sondern an den ich mich nur gewöhnen konnte, ohne daß er seine Brisanz dadurch gänzlich verloren hätte. Was die Methode empirischer Forschung betrifft, bediene ich mich einer leicht verschobenen Version der ethnomethodologischen Frage nach dem »wie«: An die Stelle des »wie wird es gemacht«, d. h., wie werden soziale Strukturen hervorgebracht, tritt in dieser Untersuchung die Frage danach, wie die leibliche Umweltbeziehung beschaffen ist und wie in ihr etwas als real erfahren wird. Die Zweifelsfreiheit als »charakteristische Epoche« (Schütz/Luckmann 1979: 63) der Alltagswelt wird so auch hinsichtlich der leiblichen Verfaßtheit der Beteiligten, die als konstitutives Moment der Sozialwelt verstanden wird, durch eine Verfremdung aufgebrochen, d. h., die von mir avisierten Analysen setzen eine Fremdheit der Beteiligten sich selbst gegenüber voraus, die bis in die Erfahrung des eigenen Leibes reicht.

Plessner spricht in *Mit anderen Augen* (1953) ganz im Sinne der Ethnomethodologie von der Notwendigkeit, »der Zone der Vertrautheit fremd geworden« (Plessner 1959: 207) sein zu müssen, um diese wieder sehen zu können, betont aber darüber hinausgehend, indem er die »Schockbedingtheit [...] des entfremdenden Blicks« (Plessner 1953: 211) hervorhebt, daß die Fremdheit auch eine Distanz sich selbst gegenüber beinhaltet.[5] Dieser Gedanke zielt auf die im Vergleich zur anthropologischen Forschung umgekehrten Sehschwierigkeiten bei der Analyse der eigenen Kultur. Während die Ethnologie sich das Fremde erst soweit vertraut machen muß, daß es verständlich wird, muß es der Ethnosoziologie darum zu tun sein, sich das Vertraute fremd zu machen, um auf das Bemerkenswerte, das es zu sehen gibt – die alltägliche Konstitution der selbstverständlichen Alltagswelt –, zu stoßen.

---

5 In diesen Zusammenhang gehört die Diskussion um die ethische Vertretbarkeit von Krisenexperimenten, denn in diesen werden nicht nur soziale Ordnungen in Frage gestellt, sondern es wird buchstäblich – in einem strikt nicht metaphorischen Sinn – die leibliche Orientierung von Personen zerstört (vgl. Mehan/Wood 1979: 53).

Genaugenommen sucht diese Studie eine doppelte Verfremdung, indem sie sich zum einen die alltägliche Geschlechterwirklichkeit durch die Transsexuellen fremd machen läßt, und zum anderen die Wirklichkeit der Transsexualität durch den Blick von Nichttranssexuellen. Ich habe mir zunächst die »anderen Augen« geliehen, mit denen meine transsexuellen GesprächspartnerInnen und z. T. ihre BeziehungspartnerInnen sowie die Gutachtenden auf die Geschlechterwirklichkeit schauen. Die Leihgabe wirkt aber derart sozialisierend, daß nach einiger Zeit die transsexuelle Geschlechtszugehörigkeit und die damit implizierten Prozeduren selbst zu einer unbefragten Normalität werden. Die umgekehrte Epoché wirkt auch hier. Um auch diese auszuschalten, ist es erforderlich, sich seinerseits von der Transsexualität zu distanzieren, um z. B. aus der »Fremdheit der Normalität« wieder sehen zu können, was Transsexuelle tun, wenn sie ihr Geschlecht verändern.[6] Die doppelte Verfremdung erschwert das Einklinken der »umgekehrten Epoché des Alltags« in jeder Hinsicht und erleichtert es so, die verschiedenen Positionen immer wieder wechselseitig auf Sichtweite zu bringen.

Diese Untersuchung befaßt sich in fünf Kapiteln mit drei Pro-

6 Eine Journalistin beschreibt die doppelte Verfremdung des Vertrauten, die sie beim Besuch einer Selbsthilfegruppe erlebt. »Wir hatten uns unterhalten über Brustamputation und Darmscheide, Hodenhochbinden, Selbstkastration, Pseudopenis und Hormone, die die meisten ihr Leben lang nehmen müssen, oft in der 20fachen Dosis der Antibabypille. Ein merkwürdig sachliches Gespräch, wie ich es hier führe, so als hätte das gar nichts mit mir zu tun. Doch plötzlich faßt es mich an, und alle Gefühle sind wieder da. Mir gegenüber sitzt jemand, der genauso gebaut ist wie ich. Sein größter Wunsch: Alles, was weiblich an ihm ist, muß zerstört, vernichtet, ausgerottet werden. Die weiche Haut soll Bartstoppeln kriegen, der Brustkorb Haare. Die Brüste müssen weg, die Gebärmutter und die Eierstöcke raus. Bernd, laß es! möchte ich sagen, möchte ihn schütteln: Was für ein Wahnsinn! Der ganze Schmerz ist wieder da und die Trauer, die man verdrängen muß, wenn man ertragen will, was sie auf sich nehmen.« (Fröhling 1989: 140) Diese Beschreibung erfaßt sowohl die »Akklimatisierung« an die hier hauptsächlich am Körper festgemachte »Entsubjektivierung« des Ausgangsgeschlechts, die Transsexuellen die »anderen Augen« gibt, mit denen sie auf die Geschlechterwirklichkeit blicken, als auch die erneute Verfremdung gegenüber der zur Normalität gewordenen Transsexualität, die zu sehen »Augen« erfordert, die dem Schock der »normalen« Frau gegenüber Transsexuellen ihre Entstehung verdanken.

blemstellungen. Das erste Kapitel bedient sich des fremden Blicks, den Transsexuelle und ihre InteraktionspartnerInnen auf die Geschlechterwirklichkeit werfen, um herauszuarbeiten, wie sich Personen erfolgreich als ein Geschlecht darstellen und sich und andere überzeugend als ein Geschlecht erfahren. Diese Analyse bildet einen Beitrag zur Entwicklung eines soziologischen Geschlechtsbegriffs, der ohne Anleihen bei Psychologie und Biologie auskommt. Das zweite Kapitel rekonstruiert die Fremdheit des transsexuellen Blicks, wobei es um die Frage geht, wie sich Transsexuelle aus interaktiven Zwängen lösen und damit Stück für Stück die Wirklichkeit ihres Ausgangsgeschlechts vermindern. Dabei kristallisieren sich soziale Kontrollen heraus, die als Zwang zur Unmittelbarkeit und Wirklichkeit gewissermaßen unspezifisch soziale Strukturen vor Beschädigungen schützen. Das nächste Kapitel rückt die besondere Beschaffenheit der Wirklichkeit des neuen Geschlechts in den Vordergrund, das auf eine qualitativ andere Weise real ist als das Ausgangsgeschlecht. Transsexuelle erhalten eine Identität, einen neuen Körper und eine neue wirkliche Geschichte, die zu ihrem jetzigen Geschlecht geführt hat. Eine Geschlechtsveränderung betrifft nicht nur das Geschlecht der Transsexuellen, sondern es wird das aller Beteiligten in »Mitleidenschaft« gezogen, da sich der Bezugsrahmen von Gleich- und Verschiedengeschlechtlichkeit für alle Interagierenden ändert. Die sich dadurch ergebenden Komplikationen für die Realisierung des neuen Geschlechts wird am Leitfaden sprachlicher Phänomene – wie der Personalpronomen bzw. der Vornamen – im vierten Kapitel behandelt. Das fünfte widmet sich ausführlich den Unterschieden zwischen der Veränderung von einer Frau in einen Mann und der von einem Mann in eine Frau. Diese Analysen führen fast automatisch zu Aussagen über die Differenz der Geschlechter. Sie verweisen aber nicht auf eine substantielle Differenz, sondern eher auf unterschiedlich gezogene Grenzen zwischen den Geschlechtern. Mann- und Frausein sind nicht substantiell verschieden, sondern einander unterschiedlich entgegengesetzt.

Die Kapitel zwei bis fünf handeln also auf je verschiedene Weise vom »Aufwachen« aus der Selbstverständlichkeit und von den Schwierigkeiten beim Versuch, wieder »einzuschlafen«. Die dritte Fragestellung zieht sich durch das ganze Buch: Wie wird eine von den Beteiligten geschaffene soziale Struktur wie der Geschlechterunterschied für die Betreffenden zu einer geradezu drückenden Wirklichkeit? Um sich diesem Problem, dessen theoretische Dimensionen zu Beginn des Kapitels entfaltet werden, empirisch zu stellen, ist es erforderlich, die Entfremdung bezüglich der leiblichen und der affektiven Erfahrung, die sich in der Transsexualität finden, ernst zu nehmen, um so die Erkenntnismöglichkeiten, die die transsexuelle Perspektive hinsichtlich der Normalität eröffnet, umfassender zu nutzen. Das macht es notwendig, die Mikrosoziologie einer grundsätzlichen Kritik zu unterziehen und deren fruchtbare Erkenntnis, Geschlecht sei eine situativ immer neu entstehende Wirklichkeit, in einer Weise zu reformulieren, die es erlaubt, Leiblichkeit und Affektivität als soziologische Basiskategorien zu verstehen. Damit gerät der Leib in eine doppelte Perspektive: Es geht zum einen im Sinne der bisherigen Mikrosoziologie darum, Leiberfahrung als sozial konstruiert auszuweisen, und zum anderen – kritisch gegen die Mikrosoziologie – um Leiblichkeit als Konstituens von Sozialität.

I.
MIKROSOZIOLOGIE UNTER DER HAUT

1. Von den Problemen freiflottierender Konstrukteure

Die Frage nach der Sozialität des Geschlechts läßt sich auf zweierlei Weise stellen. Zum einen kann man die biologische Geschlechterunterscheidung als eine naturgegebene Voraussetzung auffassen, zu der sich Gesellschaften in je verschiedener Weise verhalten können, indem sie z. B. das Wesen von Männern und Frauen definieren (vgl. Bovenschen 1979), die Machtverhältnisse asymmetrisch gestalten (vgl. Elias 1986) oder indem sie die zwei natürlicherweise vorgegebenen Geschlechter durch kulturell definierte ergänzen (vgl. Lipp 1986).

Zum anderen kann man aber auch schon das Faktum der Geschlechterunterscheidung als ein soziales Phänomen begreifen, damit wird auch die Differenz der Körper, das sogenannte biologische Fundament, als das Resultat einer gesellschaftlichen Praxis verstanden. Das klingt zunächst zwar etwas gewagt, erweist sich bei genauerem Hinsehen aber als Konsequenz einer Einsicht, die so schlicht ist, daß sie meist übersehen wird; denn Körper sind nicht einfach da. Um sozial relevant werden zu können, müssen sie sowohl wahrgenommen als auch dargestellt werden. In alltäglichen Begegnungen können wir die als entscheidend geltenden Körperpartien nämlich nicht in Augenschein nehmen, sondern lediglich Personen, die uns als Mann oder Frau erscheinen.

Die von Geburt an als geschlechtsspezifisch geltenden Körperformen erweisen sich dabei in mehrfacher Hinsicht als kulturell determiniert. Garfinkel spricht von den Genitalien als einem »kulturellen Ereignis« (Garfinkel 1967 c: 123), denn als Genitalien, die Personen unterstellt werden, die überzeugend in einem Geschlecht wirken, sind sie das Resultat von Darstellungsleistungen, und als Genitalien, deren Besitz zu bestimmten Geschlechtsdarstellungen verpflichtet, sind sie Bezugspunkte von Verhaltensnormierungen. Darüber hinausgehend muß man feststellen, daß die Unterscheidung von zwei Geschlechtern anhand der Körper ein Wissen um die Geschlechterdifferenz und deren Wichtigkeit voraussetzt. Die Geltung dieser Voraussetzung wird an den Körpern bestätigt und motiviert in Zweifelsfällen zu einem Regreß der Vereindeutigung (vgl. Kessler/McKenna 1978: 52 ff.). Die Geschlechterdifferenz kommt den Körpern demnach nur insofern zu, als sie in der Wahrnehmung gesellschaftlichen Distinktionsbedürfnissen unterworfen werden. Gegenüber der Annahme eines natürlichen Geschlechterunterschieds hat der Gedanke, dieser sei selbst schon sozialer Natur, den Vorteil einer größeren logischen Geschlossenheit; denn auf diese Weise wird akzeptiert, daß die Körper, insofern sie als Klassifikationsmerkmal fungieren, integraler Bestandteil eines kulturellen Bedeutungszusammenhangs sind. Sie können nicht an sich, sondern nur in und gewissermaßen für diesen Rahmen zum Gegenstand gemacht werden.

Dies impliziert eine radikale Nivellierung, weil die Körper damit ebenso wie Kleidung oder Gestik als »indexikalische Ausdrücke« (Garfinkel/Sacks 1979: 156) der Geschlechterunterschiede verstanden werden. »Indexikalische Ausdrücke« haben nur in einem Kontext, auf den sie sinnhaft bezogen sind, eine Bedeutung. Für den hier interessierenden Zusammenhang wäre das entscheidende Kontextwissen: »Es gibt zwei und nur zwei Geschlechter, denen wir alle jeweils lebenslänglich angehören.« In diesem Kontext sind Gesten, Körper, Kleidung, Personalpronomen oder auch Sätze wie ›ich bin eine Frau‹ indexikalische Ausdrücke des Sachverhalts, daß jede Person eine sinnvolle Erscheinung in einer Welt mit zwei Geschlechtern ist. Des reflexiven Bezuges auf den allgemeinen kulturellen Rahmen wegen, in dem es als sinnvolle Erscheinungen nur Männer und Frauen bzw. Jungen und Mädchen gibt, können in eine Darstellung auch Elemente eingehen, die typischerweise der Erscheinung des anderen Geschlechts zugeordnet werden. Den Sinn einer Darstellung tangiert das so lange nicht, wie auch

»Widersprechendes« kohärent auf diesen hin verstanden werden kann.[1]

Legt man den Akzent auf das Darstellen, zeigt sich, wie eng die Ethnomethodologie »Indexikalität«, »Reflexivität« und »Darstellung« ineinanderarbeitet.[2] Das Darstellen bedient sich indexikalischer Ausdrücke, um im Interaktionsgeschehen eine sinnvolle, d. h. rational verstehbare und rationales Handeln ermöglichende Situation zu schaffen. Die Verwendung indexikalischer Ausdrücke, d. h. die Darstellung, ist regelgeleitet, weil sie eine sinnhafte Situation intendiert. Insofern das der Fall ist, stehen indexikalische Ausdrücke, die reflexiv auf die Situation bezogen sind, und Darstellungen in einem zirkulären, sich wechselseitig voraussetzenden Verhältnis, denn Darstellungen bringen Situationen vermittels indexikalischer Ausdrücke hervor, die ihre Bedeutung nur mit Bezug auf den Sinn der je hervorgebrachten Situation haben.[3]

So läßt sich grob das »ongoing, contingent accomplishment« (Garfinkel 1967 a: 1) beschreiben, in dem die Beteiligten ihre Wirklichkeit als gemeinsames Unternehmen zuwege bringen. Diese Auffassung der Konstitution von Realität beinhaltet allerdings zwei Schwierigkeiten, von denen die eine sozialtheoretischer Art ist, während die andere das Problem des Realen betrifft.

Wenn die Wirklichkeit durch das Tun der Beteiligten hervorgebracht wird, sind diese sowohl konstituierend als auch konstituiert. Um in diesem Rahmen das Funktionieren sozialer Kontrolle zu untersuchen, bedarf es einer genaueren Bestimmung der Beziehung der Beteiligten, insofern sie Realität hervorbringen. Eine systematische Berücksichtigung im Zusammenhang der These der Hervorbringung von Wirklichkeit findet dieses Problem aber nicht. Es wird von Garfinkel lediglich berührt, wenn er die Bedingungen beschreibt, unter

1 Für eine ausführliche Untersuchung der Reflexivität vgl. Mehan/Wood (1979).
2 Zur zentralen Bedeutung dieser Begriffe für die Ethnomethodologie vgl. Weingarten/Sack (1979).
3 Diese Interpretation der Ethnomethodologie erweitert implizit den Geltungsbereich der entsprechenden Termini, die klassischerweise primär auf das Sprechen bezogen sind und weniger die Sichtbarkeit sozialer Strukturen im Auge haben.

denen ein »Krisenexperiment« als wirkliche Destruktion alltäglicher Selbstverständlichkeit erfahren wird. Damit tippt Garfinkel selbst einen grundsätzlichen Mangel der ethnomethodologischen Konzeption an, den zu beheben eine Reformulierung ihres Anliegens in einem anderen theoretischen Rahmen erforderlich macht.[4]

Krisenexperimente bezeichnen Situationen, in denen eine Person, der Versuchsleiter, die Verhaltenserwartungen seines Gegenübers, des Versuchsopfers[5], das vom Experimentalcharakter der Situation nichts weiß, konsequent verletzt. Garfinkel nutzt die Krisenexperimente, um herauszufinden, was als selbstverständlich geltend unterstellt wird, damit eine Situation für die Beteiligten sinnvoll und verständlich ist. Auf diesem Wege sucht er dem Geheimnis auf die Spur zu kommen, wie Situationen »rational« gemacht werden. Darüber hinaus verweist ein solches Experiment aber auch darauf, wie die Beziehungen zwischen den Beteiligten beschaffen sein müssen, damit es wirklich die Alltagsroutinen erschüttern kann. »I designed a procedure to breach these expectancies while satisfying the three conditions under which their breach would presumably produce confusion, i.e., that the person could not turn the situation into a play, a joke, an experiment, a deception, and the like, or, in Lewinian terminology, that he could not ›leave the field‹; that he have insufficient time to work through a redefinition of his real circumstances; and that he be deprived of consensual support for an alternative definition of social reality.« (Garfinkel 1967 b: 58) Diese Bedingungen zeigen zum einen die Bedeutung der schon diskutierten Begriffe. Das unerwartete Verhalten des Versuchsleiters darf nicht als indexikalischer Ausdruck verstanden werden, der reflexiv auf eine für das Ver-

---

4 Goffman, den anderen wichtigen Gewährsmann mikrosoziologischer Analysen der Geschlechtskonstruktion, trifft diese Kritik noch härter, da er die Distanz der Interagierenden zur expressiv hervorgebrachten sozialen Ordnung als eine thetisch reflexive versteht, während sie Garfinkel als eine präreflexive begreift. Goffman wird in dieser Hinsicht von Garfinkel explizit einer Kritik unterzogen (vgl. Garfinkel 1967 c: 176). Mit seiner Problematisierung des Darstellungsbegriffs bei Goffman verfolgt Hirschauer (1993: 41) eine ähnliche Intention.
5 Garfinkel ist durch die Krisenexperimente zu Recht in den Ruf eines »Interaktionssadisten« gekommen, weshalb mir dieser pejorative Ausdruck angemessen erscheint.

suchsopfer sinnvolle Struktur bezogen werden kann, sondern muß von diesem als Darstellung von etwas qualitativ anderem, d. h. Unverständlichem und Sinnlosem, verstanden werden. Um eine reflexive Heilung der Situation zu verhindern, müssen allerdings noch weitere Bedingungen hinzukommen, die auf die situative Präsenz der Person abheben. Das Feld nicht verlassen zu können, bezieht sich ja nicht auf eine Veränderung der Position im Raum, sondern darauf, daß sich das Versuchsopfer vom Sinn, besser gesagt Nicht-Sinn, der Situation nicht distanzieren kann, es ist in erster Person dem Verhalten des Versuchsleiters ausgesetzt und kann deshalb weder dieses noch die eigene Verstörung relativieren. Weiterhin weist Garfinkel auf die zeitliche Dimension des Verstricktseins in die Situation und der Möglichkeit zu expliziter Distanznahme hin. Das Agieren des Versuchsleiters muß einen Druck erzeugen, der das Versuchsopfer dem Zwang zu einem gegenwärtigen, d. h. ad hoc zu leistenden, Verstehen und Verhalten aussetzt. Diesen muß es als etwas erfahren, das in es selbst eingreift, so daß es sich nicht zurückziehen kann. Eine Reaktionsweise, die sich so verbalisieren ließe: »Moment mal, jetzt muß ich erst einmal in Ruhe überlegen, und dann sehe ich weiter, was ich von der Situation bzw. diesem absonderlichen Menschen (dem Versuchsleiter) zu halten habe.«

Obwohl Garfinkel ein praktisches Wissen davon hat, daß der erlebte Zwang zur situativen Präsenz, das spontane, nicht relativierbare Verstricktsein in die Situation, die das Versuchsopfer dieser passiv ausliefert, konstitutiv ist für die Wirklichkeit des Experiments, zieht er daraus keine allgemeinen Konsequenzen für seine Auffassung der Konstitution sozialer Wirklichkeit. Das ist insofern verwunderlich, als die Bedeutung des Verstricktseins in die Situation offensichtlich ist; wenn es jedem und jeder zu jeder Zeit möglich wäre, die Situation als einen Witz oder ein Experiment zu verstehen, und wir den Alltag ununterbrochen anhalten könnten, um uns einen eigenen Reim auf das zu machen, was gerade vor sich geht, wäre es um eine für alle gültige soziale Wirklichkeit rasch geschehen, und zwar auch dann, wenn sich die Betreffenden bei der Auflösung der Realität streng an die ethnomethodologischen Vorgaben von deren Konstruktion hielten. Es könnten nämlich problemlos alle Verhaltenselemente als indexikalische Ausdrücke eines eigensinnig unernsten Situationssinns verstanden werden, so daß auch die erbittertsten Darstellungen von »Ernst« lediglich zu etwas würden, auf das man beinahe hereinfallen könnte, wüßte man nicht um den eigentlich gegebenen Experimentalcharakter der Situation. Konstante soziale Strukturen würden so unmöglich, denn diese lösten sich in beliebig viele Situationssinne auf, die sich zwar gelegentlich überschneiden könnten, aber es nicht müßten. Collins hat dies zu der spöttischen Bemerkung veranlaßt, die Ethnomethodologie löse die soziale Wirklichkeit und die sie vollbringenden Beteiligten auf »into an ideational haze of free-floating reality constructors« (Collins 1975: 109). Die Ethnomethodologie beschreibt zwar die Struktur des Tuns, vermittels dessen die Beteiligten Wirklichkeit hervorbringen, aber sie übergeht die dieses Tun fundierende Form der Umweltbeziehung. Nur wenn man diese berücksichtigt, kann man hoffen, die frei-flottierenden Konstrukteure gewissermaßen zu erden.

Auf eine ähnliche Weise problematisch ist die Annahme, die Beteiligten brächten ihre Realität hervor. Dies führt letztlich zu der Behauptung, die Welt sei – um mich einer philosophischen Terminologie zu bedienen – nicht nur ihrem Sosein, sondern auch ihrem Dasein nach das Ergebnis der konzertierten konstituierenden Aktion der Beteiligten: »…members make happen, that members' practices alone produce the observable-tellable normal sexuality of persons, and do so only, entirely, exclusively in actual witnessed displays of common talk and conduct« (Garfinkel 1967c: 181). Gegen diese soziologisierte Version der creatio ex nihilo sind zwei Argumentationen denkbar. Zum einen könnte man bestimmte Phänomenbereiche als »eigentliche Wirklichkeit« isolieren, die im weiteren sozial konstituierten Phänomenen gegenübergestellt werden können. In der Geschlechterforschung ist dies der Weg der Unterscheidung zwischen natürlichem »sex« und kulturell bedingtem »gender«, die einen permanenten Streit darum programmiert, was »eigentlich wirklich« und was »bloß sozial bedingt« sei. Einen solchen Einwand kann die Ethnomethodologie problemlos mit dem Hinweis parieren, auch die Phänomene der »eigentlichen Wirklichkeit« müßten von Menschen wahrgenommen und sprachlich vermittelt zu intersubjektiv gültigen Sachverhalten gemacht werden, so daß auch das »eigentlich Wirkliche« nur im Rahmen menschlicher Symboltätigkeit erfaßt würde und mithin sozial konstruiert sei, denn, wie man mit Bateson hinzufügen könnte, ein Erfahrungsstrom ändert sich qualitativ, wenn er anders interpunktiert (Bateson 1985) wird.

Der zweite Einwand orientiert sich an der begrifflichen Trennung zwischen Dasein und Sosein. Dabei wird nicht ein besonderer Phänomenbereich angenommen, dem das Gütesiegel »eigentliche Wirklichkeit« zukäme, sondern es wird davon ausgegangen, daß alle Erscheinungen – je nach Erfahrungsbereich verschieden – auf das Reale bezogen sind. Bei Träumen z. B. ist dieser Bezug anders als beim wachen praktischen Handeln. Die Dimension, wirklich zu sein, bleibt dabei insgesamt dem konstitutiven Tun der Beteiligten entzogen, sie ist etwas, das sich in der Wahrnehmung der Qualitäten der erscheinenden Welt aufdrängt, aber nicht selbst konstituiert wird. Auf diese Weise läßt sich zum einen an der Intention der Ethnomethodologie festhalten, zum anderen aber deren etwas zwanghafter Wille zur Omnipotenz vermeiden.

Um die aufgeworfenen intersubjektivitätstheoretischen bzw. konstitutionslogischen Probleme angemessener anzugehen, beziehe ich mich auf Plessners Theorie der »exzentrischen Positionalität«. »Positionalität« bezeichnet bei Plessner allgemein das Faktum des Umweltbezuges lebender Organismen. Dieser ist doppelsinnig zu verstehen: Einerseits geht die Beziehung vom Organismus aus – dieser ist auf die Umwelt gerichtet –, andererseits geht die Beziehung gegensinnig vom Feld auf den Organismus zurück (vgl. Plessner 1975: 131). Die exzentrische Positionalität bezeichnet die menschliche Umweltbeziehung, deren Struktur Plessner in ständiger Spannung zur »zentrischen Positionalität« entwickelt. In der zentrischen Position ist ein leibliches Selbst unmittelbar auf die Umwelt bezogen, Plessner spricht von einer »sphärischen Einheit von Subjekt und Gegenwelt« (Plessner 1975: 67). Durch seine Sinne »merkt« das leibliche Selbst die Umwelt und wirkt motorisch auf sie ein. Die Wahrnehmungen sind bezogen auf die Aktionsmöglichkeiten des leiblichen Selbst, d. h., dieses lebt in einer Umwelt, die als konzentrisch auf das leibliche Selbst bezogen erfahren wird. Dieses wird als »positionale Mitte« (Plessner 1975: 289) gedacht, aus der heraus agiert wird und auf die die Wahrnehmungen bezogen sind. Das leibliche Selbst ist also ein nicht relativierbarer »Hier-Jetztpunkt« (Plessner

1975: 289). In dieser Relation ist der Leib einerseits auf die Umwelt gerichtet und andererseits dieser ausgesetzt, wird von ihr betroffen.

Das Wesentliche der exzentrischen Positionsform besteht darin, daß das leibliche Selbst seinerseits auf die Umweltbeziehung bezogen ist. Dieses ist also zugleich in der Umweltbeziehung als auch von ihr distanziert. Das leibliche Selbst erlebt nicht nur die Umwelt, sondern – aufgrund der Distanz zu sich – sich auch als ein die Umwelt erfahrendes leibliches Selbst. Damit ist die geschlossene, konzentrisch auf das leibliche Selbst bezogene Umwelt aufgebrochen, d. h., der Mensch ist exzentrisch aus der geschlossenen Form des Umweltbezuges herausgesetzt, wodurch die Struktur der zentrischen Position in drei Hinsichten modifiziert wird (vgl. Plessner 1975: 293 ff.).

1. Durch das leibliche Selbst geht ein Riß; es erfaßt sich und unterscheidet sich so von der Umwelt, der es als »Ich« gegenübertritt, d. h. als leibliches Selbst, das zu sich »ich« sagen kann.

2. Indem das leibliche Selbst sich als Ich von der Umwelt unterscheidet, erscheinen ihm Dinge und Sachverhalte, die es als solche von einem Hintergrund abheben und erkennen kann. Die erscheinenden Dinge und Sachverhalte sind dabei durch einen vergleichbaren Riß gekennzeichnet, insofern sie nicht nur Erscheinungen sind, sondern als solche auf einen Kern bezogen sind, auf ein X, das sich in allen Erscheinungen eines Dings oder eines Sachverhaltes zeigt, ohne in einem von ihnen aufzugehen.

3. Indem die leibliche Beziehung des Selbst zu seiner Umwelt durch einen doppelten Riß bestimmt ist, ist sowohl das Selbst als Ich als auch das Ding als Kern jenseits der leiblichen Beziehung. Insofern nun das Ich sich als jenseits dieser Beziehung erfaßt, erfaßt es das Ding ebenso als jenseits dieser Beziehung. Damit werden Wahrnehmendes und Wahrgenommenes hinsichtlich ihrer Positionalität als gleich erfaßt. Die Dinge der begegnenden Umwelt sind so nicht nur in der leiblichen Begegnung erlebt, sondern sie sind zunächst »menschlich«. In einem grundsätzlichen Sinn ist also die Subjektivität, die mit der Exzentrizität gegeben ist, als Intersubjektivität zu begreifen. Plessners These der Mitwelt hat also nicht das Problem, wie begegnende Körper Menschen sein können. Wenn überhaupt stellt sich umgekehrt die Frage, warum nur bestimmte Körper Menschen sein sollen. Alle drei Momente sind in der Exzentrizität fundiert und können nicht aufeinander reduziert werden.

Aus dieser Interpretation ergeben sich drei Konsequenzen, die für den Fortgang meiner Argumentation von besonderer Wichtigkeit sind.

1. Das Verhältnis von zentrischer und exzentrischer Positionalität ist primär ein strukturales. Die zentrische Position beschreibt das instinktgeleitete Verhalten von Tieren. Menschliches Verhalten dagegen ist um die Sicherheit und Spontaneität eines solchen Umweltbezuges gebracht. Um dies erneut zu erreichen, bedürfen Menschen einer haltgebenden kulturellen Ordnung, vermittels derer das exzentrisch gebrochene leibliche Selbst eine »Ruhelage in einer zweiten Naivität erreicht« (Plessner 1975: 311). Was in dieser künstlich vermittelten natürlichen Unmittelbarkeit auf das Konto von instinktiven und was auf das von kulturellen Antrieben geht, ist kaum mehr auszumachen. Als naturhaft wäre allein die Struktur der Umweltbeziehung, aber nicht ein besonderer Inhalt zu beschreiben.[6]

2. Im Rahmen der Theorie der exzentrischen Positionalität lassen sich auch die von den Naturwissenschaften erkannten Sachverhalte als soziale Konstruktionen beschreiben. Denn nicht nur die »Natur« des Menschen ist Bestandteil einer je historischen Welt, sondern auch die erkannten natürlichen Gegenstände gehören ihrer Eigenschaftsstruktur nach der jeweiligen kulturellen Ordnung an, da ihre Erkenntnis in die jeweiligen Sozialstrukturen eingebunden ist: Dinge werden nur von Subjekten erkannt, die sich von ihrer Mitwelt her als solche verstehen.

3. Die Verschränkung von »Körper« und »Leib« ist wesentlich eine Verschränkung von einem von Wissen und Symbolstrukturen durchzogenen Körper und Leib. Der Begriff der Verschränkung besagt, daß ein leibliches Selbst nicht-relativierbar hier-jetzt auf die Umwelt bezogen ist und zugleich aus dieser Relation herausgesetzt ist und so erfährt, daß es einen Körper hat, der sich an einer relativierbaren Raum-Zeit-Stelle befindet. Wenn es den Körper im Sinne des

---

6 Es erscheint mir nahezu unmöglich, wie es Dreitzel (1982) vorzuschweben scheint, mit Plessner einen Naturzustand zu eruieren, zu dem es zurückzukehren gälte.

Wissens und Zeichenverständnisses auffaßt, die es je historisch von diesem gibt, erlebt es sich umgekehrt leiblich gemäß dem Körper, den es hat.

Die These der Exzentrizität konvergiert einerseits hinsichtlich der logischen Struktur der Umweltbeziehung mit der Ethnomethodologie, denn deren Betonung der »Indexikalität« und einer primär-reflexiven »Reflexivität« (vgl. Weingarten/Sack 1979) bilden Explikationen des Risses, durch den das exzentrische leibliche Selbst gekennzeichnet ist. Andererseits ist Plessners Ansatz der Ethnomethodologie überlegen, weil er es erlaubt, die Strukturen der Umweltbeziehung unverkürzt in den Blick zu nehmen. Da der aktive Modus des »Tuns« um ein passives Verstricktsein ins soziale Feld ergänzt wird, läßt sich mit Plessner das Funktionieren sozialer Kontrolle und damit der Stabilität sozialer Strukturen genauer fassen.[7]

Aufgrund des starken Akzents, der in dieser Studie auf der leiblichen Erfahrung liegt, beziehe ich mich neben Plessner auf die umfangreichen und detaillierten Analysen von Leiblichkeit und Affektivität bei Schmitz (1964–1980). Dessen Phänomenologie stellt den Begriff einer in fünf Hinsichten explizierbaren »Gegenwart« in den Mittelpunkt (vgl. Schmitz 1964). Deren Explikate stellen eine um das »Dasein« erweiterte Fassung der Bestimmung »Exzentrizität« des Leibes dar. Diese »Exzentrizität« ist definiert als Ich, das sich als dieses Ich hier und jetzt einem als »Dieses« vom Hintergrund abgehobenen Gegenstand oder Sachverhalt gegenüber befindet. Das Dasein im Sinne Schmitz' läßt sich problemlos in diese Struktur einarbeiten; Dasein meint keine Eigenschaft, die einem Dieses als ein weiteres Attribut zukäme, sondern eine Relation zwischen einem Sachverhalt und der diesen auffassenden Person: »Daß etwas da ist, merken wir daran, daß es uns in irgendeinem Sinn ›auf den Leib rückt‹, und dies spüren wir elementarer und ursprünglicher als irgend etwas anderes«

---

7 Der Leib bildet in diesem Konzept also – wie bei Bourdieu (1987) – das Bindeglied zwischen Individuum und objektivierbarer sozialer Struktur. Der Unterschied liegt vor allem darin, daß mein an Plessner orientierter Entwurf es ermöglicht, in der Verschränkung mit dem Körper auch die soziale Bestimmtheit passiver Leiberfahrung zu verstehen, die bei Bourdieu mit Schweigen übergangen wird.

(Schmitz 1967: 16). Unvertretbar an einer Stelle zu sein, und Erfahrenem ohne Möglichkeit einer Relativierung ausgesetzt zu sein, ist, mit Plessner gesprochen, ein Merkmal der zentrischen Positionalität. Diese bezeichnet er als eine »geschlossene Form« (1975: 237), der eine »Totalkonvergenz des Umfeldes und des eigenen Leibes gegen das Zentrum seiner Position« (Plessner 1975: 291) entspricht. Wenn diese »Totalkonvergenz« exzentrisch aufgebrochen ist, muß sie erneut – im Rahmen einer Kultur – geschlossen werden, damit eine spontane Umweltbeziehung wieder möglich wird. Wirkliches gibt es dabei nur, weil die zentrische Position nicht gänzlich durchbrochen werden kann. In dieser Perspektive ist das Dasein an leibliche Erfahrung gebunden und läßt sich so als der von den einzelnen erlebte Druck beschreiben, den offenen Horizont unendlicher Möglichkeiten, der sich in der exzentrischen Position eröffnet, zu schließen und sich auf das Reale in ihrer Welt zu beschränken. Die These ist: Es ist zwar nicht als eine soziale Konstruktion zu beschreiben, daß es Wirkliches gibt, aber soziale Konstruktionen werden nur insofern gegen Infrage-Stellungen immun, als sie in der leiblichen Umweltbeziehung fundiert sind und so mit der »Autorität des Daseins« (Schmitz) die einzelnen in die mit diesen oder jenen Qualitäten und Strukturen ausgestattete Welt zwingen. Wirklichkeit wird auf diese Weise an die leibliche Erfahrung von Individuen gebunden, und zugleich wird der Fehler der Ethnomethodologie vermieden, die Dimension des Wirklichen als in der Macht des »ongoing, contingent accomplishment« (Garfinkel) der Beteiligten liegend zu unterstellen. Ebenso wie die Wissensförmigkeit oder die Sprachlichkeit des Alltags ist dessen Wirklichkeit keine soziale Konstruktion, sondern als Macht, mit der Konstruktionen rechnen müssen, selbst ein Konstituens stabiler sozialer Strukturen.

Die exzentrisch aufgebrochene Leiblichkeit erweist sich somit als die zentrale Kategorie eines mikrosoziologischen Forschungsunternehmens, denn von ihr ausgehend, läßt sich sowohl die Form der Umweltbeziehung verstehen, die die Stabilität der alltäglich fortlaufenden Hervorbringung der Strukturen sozialer Wirklichkeit fundiert, als auch die Bedeutung des Realen für deren Konstanz untersuchen. Im weiteren werde ich öfter von leiblich-affektiver Umweltbeziehung sprechen, da die Leib-Umwelt-Relation zumeist affektiv getönt ist. Umgekehrt erscheint es bei der Rede von Gefühlen ebenso angemessen, diese als leiblich-affektive Phänomene zu beschreiben, da das Erleben von Gefühlen fast immer mit leiblichen Erregungen verbunden ist.

Bezogen auf die Problematik der Geschlechtskonstruktion lassen sich jetzt Fragestellungen im Rahmen der mit Plessner erweiterten mikrosoziologischen Forschungsperspektive formulieren. 1. Ausgehend davon, daß bestimmte Regionen des Körpers das Geschlecht bedeuten, gilt es anknüpfend an die bisherigen mikrosoziologischen Überlegungen zu untersuchen, wie der Zusammenhang von alltagsrelevantem Wissen über den Körper als Differenzkriterium zwischen Menschen und der Dinghaftigkeit des Körpers beschaffen ist. 2. Ausgehend von der These, daß in der Verschränkung von Leib und Körper letzterer die leibliche Erfahrung strukturiert, stellt sich zunächst die Frage, wie der Körper als die Realität erfahren wird, die jemand ist. Es geht somit darum, wie das Wissen über die Geschlechterdifferenz in einer gegebenen Situation i. S. sozialer Kontrolle wirksam wird und welche Bedeutung dabei der Struktur der leiblich-affektiven Erfahrung für die kontinuierliche Aufrechterhaltung der sozialen Konstruktion Geschlecht zukommt.

Besondere Bedeutung kommt dabei dem Begriff der Verschränkung zu, denn in der Verschränkung von Körper und Leib bildet der Körper für den Leib ein eng aufeinander bezogenes Empfindungs- und Verhaltensprogramm, durch das dieser seine konkrete Gestalt erhält.

Der empirische Teil dieses Kapitels sucht anhand der Risse in der leiblichen Erfahrung Transsexueller bzw. ihrer InteraktionspartnerInnen generell die Dimension des Leiblich-Affektiven für die Geschlechtskonstruktion aufzuzeigen. Erst in den nächsten Kapiteln geht es dann um das Spezifische der Erfahrung von Transsexuellen, d. h. darum, wie sie ihr Geschlecht verändern.

2. Die leiblich-affektive Dimension der Konstruktion des Geschlechts

Die Geschlechterordnung unserer Kultur ist binär strukturiert.[8] Es gibt nur Männer und Frauen, und alle Personen müssen ausschließlich einer der beiden Kategorien angehören (vgl. Tyrell 1986: 469f.). Das entscheidende alltagsweltliche Wissen über die Geschlechter, das am Körper festgemacht wird, besteht darin, daß diesem angesehen werden kann, welchen Geschlechts eine Person ist. Es geht also zunächst darum zu untersuchen, wie die Körperformen das Geschlecht bedeuten.

Bei der Frage, wie der Sachverhalt, daß der Körper das Geschlecht bedeutet, in unserer Kultur beschaffen ist, ist folgende Unterscheidung sinnvoll: 1. Der Körper wird von der Grundannahme der Zweigeschlechtlichkeit aus gesehen, d. h., es gibt ein habitualisiertes Sehen, das Wahrnehmungen erzeugt, die am Körper die Geltung ihrer Voraussetzungen reproduzieren. 2. Der sichtbare Körper, der das Geschlecht symbolisiert, wird so gesehen, daß der Körper als Bedeutungsträger und das Geschlecht als Bedeutung nicht voneinander unterschieden werden. Das Sehen des Körpers erneuert also nicht nur die Geltung einer vorausgesetzten Zeichenrealität, sondern konstituiert einen zeichentheoretischen Zusammenhang zwischen Körper und Geschlecht derart, daß beide unmittelbar zusammenfallen. 3. Als dinghaftes Gebilde ist der Körper ein Verweis darauf, von jedermann gesehen werden zu können.[9] Durch diesen Bezug auf ein

---

8 Das Faktum der Binarität scheint nahezu universell zu sein (vgl. Whitehead 1981: 110), ohne daß allerdings allgemein feststünde, welche Inhalte sie im einzelnen hat. (Vgl. Ortner/Whitehead 1981: 1)

9 Dieser Gedanke geht auf Plessner zurück, der die These entwickelt, daß mit der exzentrischen Position die Gleichursprünglichkeit von Subjektivität, Intersubjektivität und Dingwelt gegeben ist, d. h. Mitwelt, Individuum und Dingwelt sind nicht aufeinander rückführbar, sondern ihrerseits fundiert in der Exzentrizität. Ein Ding ist also nur für ein Individuum ein Ding, das sowohl sich als auch dieses von der Mitwelt her erfaßt. Das Faktum der Dinghaftigkeit ist nach Plessner also nicht von der Intersubjektivität zu trennen. Demnach ist ein Ding auch dann noch als sozial konstituiert zu verstehen, wenn es in jeder Kultur als das gleiche gesehen würde. Für die Theorie der Geschlechtskonstruktion hat das also die Konsequenz, daß der Geschlechtskörper auch dann noch als sozial

Jedermanns-Sehen erhält der Geschlechtskörper Macht gegenüber der individuellen Wahrnehmung.

Während es zuerst um das Wahrnehmen geht, steht danach der wahrgenommene Körper im Mittelpunkt und damit das Problem, wie der Geschlechtskörper im Sehen zeichentheoretisch konstituiert wird. Die Analyse des Sehens haben Kessler/McKenna (1978) und Hirschauer (1993) unter dem Titel der »Geschlechtsattribution« durchgeführt. Mir ist es dagegen zunächst um die Beschreibung des gesehenen Gegenstandes zu tun.

Wenn man einmal von besonderen öffentlichen Situationen, wie etwa Sauna oder FKK-Stränden absieht, ist der nackte Körper in unserer Kultur nur in intimen Situationen sichtbar: Die transsexuelle Frau Petra[10], die noch keine genitalverändernde Operation hat durchführen lassen, hat einige Zeit im Bereich der heterosexuellen Prostitution in einem Club gearbeitet, mit dessen Geschäftsführerin sie eine Liebesbeziehung unterhielt, die von beiden als homosexuelle Beziehung erlebt wurde. Petra ist für ihre Freundin Brigitte also eine Frau, die Penis und Hoden statt Vulva und Vagina hat. Man kann daher zumindest von einer starken affektiven Neigung seitens der Freundin Petras ausgehen, deren »männliche« Genitalien nicht als solche wahrzunehmen; trotzdem kommt es im Berufsalltag der beiden zu folgender Begebenheit.

PETRA: *Wir hatten mit dem Gast 'n Dreier vereinbart (X)*[11] *und sie hatte abkassiert, geht raus und ich hatte in der Zwischenzeit angefangen und sie kam rein und macht die Tür auf und macht sie nur so weit auf, daß sie nur unsere Unterkörper sah – stockte – und kam rein. Und ich frag sie später, du sahst vorher aus, als wärste nackt aufm Ku'damm erwischt worden oder was. (Mit veränderter*

konstituiert anzusehen wäre, wenn sich herausstellen sollte, daß er universell, d. h. in jeder Kultur, das Geschlecht bedeutet.

10 Die Namen der InterviewpartnerInnen sind anonymisiert. Je nachdem, ob im Interview »Du« oder »Sie« als Anrede verwendet wurde, benutze ich bei der Bezugnahme auf die Interviewten einen Vor- oder Nachnamen.

11 Von mir verwendete Transkriptionszeichen: »(X)« steht für verständnisbestätigendes »mhm« meinerseits; Hervorhebung steht für betont gesprochene Passagen; ».. 3« steht für eine Sprechpause, die Zahl bedeutet deren Länge in Sekunden; »...« weisen auf eine ausgelassene Passage hin.

Stimme, um die Freundin nachzuahmen:) »Ja – furchtbar, *ich bin vorhin da rein gekommen, hab euch beide da gesehen – von euch beiden nur die Unterkörper,* da *dachte ich im* ersten *Moment, ich bin verkehrt.« (X) Weißt halt so, sie hat das überhaupt nicht mit mir in Verbindung gebracht.*

Mir kommt es auf zwei Dinge an: Einmal auf die beiden Sichtweisen auf Petras Körper, die durch die halb und die ganz geöffnete Tür sinnfällig werden, und zum anderen auf die offensichtliche Irritation Brigittes, als sie sieht, was ihr doch eigentlich bekannt sein müßte, daß Petra nämlich Penis und Hoden statt Vulva und Vagina hat.

Den Sichtweisen, die durch die halb und die ganz geöffnete Tür markiert werden, entsprechen zwei Körper. Durch die halbgeöffnete Tür sieht Brigitte zwei anonyme Unterkörper, durch die ganz geöffnete Tür sieht sie die Freundin Petra, die mit einem Kunden bei der Arbeit ist. Der anonyme Unterkörper kann mit der Freundin nicht in Verbindung gebracht werden, d. h., es handelt sich um einen männlichen. Diese Feststellung zerfällt in zwei Momente: 1. Die gesehenen Unterkörper sind Dinge, deren Form von jedem und jeder gesehen werden können. 2. Die körperliche Form bedeutet Mann.

Das erste Moment verweist auf die Schützsche »Generalthese der wechselseitigen Perspektiven«. Diese faßt die »Vertauschbarkeit der Standpunkte« und die »Kongruenz der Relevanzsysteme« zusammen (Schütz/Luckmann 1979: 88 ff.). Die Vertauschbarkeit der Standpunkte meint, daß einE andereR, wäre er/sie an meiner Stelle, den Gegenstand genauso sähe, wie ich es tue. Wenn wir in dieser Perspektive auch mit kongruenten Relevanzsystemen sehen, ist es sicher, daß wir auch die Dinge und ihre Eigenschaften in identischer Weise sehen. Die These von der Kongruenz der Relevanzsysteme leitet unmerklich zum zweiten Moment über. Denn mit Penis und Hoden sieht Brigitte nicht nur eine körperliche Form. Wie die spontane Irritation von Brigitte zeigt, ist die Bedeutung unmittelbar in die Form eingelassen. Sogar sie, die Petra als Frau begehrt, kann sich der Macht der in das Körperding eingelassenen Zeichenhaftigkeit nicht entziehen. Das Sehen der zwei Unterkörper macht es ad hoc evident, daß hier zwei Männer sind.

Der Körper ist ein Ding und zugleich ein Zeichen; da die Zeichenhaftigkeit unmittelbar mit seiner Konstitution als Ding zusammenfällt, erhält die Zeichenhaftigkeit die gleiche Objektivität, die dem Körper als Ding zukommt. Es ist also nicht nur so, daß da ein nicht näher definierbarer Körper angenommen werden muß, der konkret nur innerhalb einer kulturellen Zeichenrealität beschrieben werden kann (vgl. Hirschauer 1989: 112), sondern so, daß die kulturelle Zeichenrealität selbst zum Ding wird. Mit anderen Worten, die Art, wie der Körper ein Zeichen ist, wird wesentlich dadurch bestimmt, daß er ein Ding ist, d. h., indem der Körper zum Zeichen wird, unterliegt die Zeichenhaftigkeit ihrerseits einer Objektivierung. Diesen Sachverhalt bezeichne ich mit dem Terminus objektiviertes Geschlecht bzw. Geschlechtskörper. Während die ethnomethodologischen Studien den Akzent darauf legten, zwischen Zeichenhaftigkeit des Körpers (den »kulturellen Genitalien«; Garfinkel 1967: 127) und seiner Dinghaftigkeit zu unterscheiden, kommt es mir darauf an, daß man einen wesentlichen Aspekt der Zeichenhaftigkeit des Körpers übergeht, wenn man nicht deren unmittelbaren Zusammenhang mit seiner Dinghaftigkeit berücksichtigt.

Weil ihr Körper ihr Geschlecht objektiviert, fürchten sich nichtoperierte Transsexuelle davor, nackt gesehen zu werden, ohne daß die betreffende Person ihnen gewogen ist. Es ist die Angst vor einem gleichgültigen[12] Blick, die sie umtreibt. Denn vor diesem Blick bedeutet ihr Körper das Geschlecht, ohne daß sie noch einen Einspruch wagen könnten.

In ähnlicher Weise wie bei der Sichtbarkeit von Penis und Hoden oder Vulva wirkt der erwachsene Körper im Bereich der Brust. Es ist die durchgängige Erfahrung von transsexuellen Männern, daß sie ihre Brust verbergen müssen, wenn sie als Mann wirken wollen.

NIKLAS: *und dann halt die Brust, das war halt immer so, daß das halt auch einfach vom Optischen her halt so das erste ist, wo man halt guckt, ist das jetzt Mann oder Frau.*

Dadurch, daß jemand einen Geschlechtskörper, bzw. ein objektiviertes Geschlecht hat, ist er immer schon in ein soziales Ausdrucksverhältnis eingelassen. Einen Geschlechtskörper zu haben, heißt, sein eigenes Geschlecht schon dargestellt zu haben, noch bevor man

12 Gleichgültigkeit bedeutet in diesem Zusammenhang nicht affektfrei, wie sich im weiteren zeigen wird.

in einer Situation eine Geste gemacht, einen Blick geworfen oder ein Wort gesprochen hat. Dabei ist es fast unerheblich, ob jemand tatsächlich etwas gesehen hat. Es reicht, potentiell sichtbar zu sein (vgl. Lindemann 1990).

In unserer Gesellschaft wird es Individuen massiv zugemutet, ihr objektiviertes Geschlecht subjektiv zu sein. Um dieses Phänomen zu verstehen, ist es erforderlich, die Rolle des Körpers in der Interaktion zu beschreiben. Der soziale Druck funktioniert dabei vermittels des Hier-Jetzt-Prinzips der leiblichen Erfahrung; dieses ist zwar aufgrund der Exzentrizität aufgebrochen, kann aber nicht gänzlich durchbrochen werden. Das wäre nur dann möglich, wenn die Exzentrizität nicht in einer unauflöslichen Spannung zur Zentrizität stünde. Könnte sich eine Person tatsächlich radikal von ihrer Gegenwart, dem leiblichen Hier-Jetzt, distanzieren, wäre sie weitgehend einer sozialen Kontrolle entzogen und könnte für sich in einer nur für sie existierenden Welt alles mögliche sein. Da das Hier-Jetzt aber auch in der exzentrischen Position nicht gänzlich durchbrochen werden kann, wird das Reale lediglich durch das Mögliche relativiert. Ich bin hier als diese und jene Person, *könnte* aber auch woanders und jemand anderes sein, aber ich *kann* nicht.[13] Es ist u. a. die leibliche Interaktion, die dies Ausweichen ins Imaginäre verhindert, indem sie als Zwang zur subjektiven Präsenz in der jeweiligen Situation wirkt.[14] Das hat zur Konsequenz, daß jemand das Geschlecht sein muß, das ihm / ihr der eigene Körper bedeutet – jedenfalls dann, wenn dieser sichtbar ist.

Der transsexuelle Mann Felix versucht, sich dieser Zumutung weitgehend zu entziehen, scheitert aber letztlich doch an dem Zwang zur subjektiven Präsenz.

FELIX: *Das gab früher mal ne Zeit, das war 14/15, da habe ich mich an den Strand gelegt und hatte ne Turnhose an .. 1, ja und das wars (lacht) und dann habe ich mich gewundert, warum alle Leute unheimlich pikiert auf mich gucken und das war für mich völlig klar, ich*

---

13 Zum Zusammenhang von Exzentrizität und Möglichem vgl. Plessner (1976c).
14 Es gibt unmittelbare leibliche Erfahrungen wie etwa den Schmerz, die eine ähnliche Wirkung haben, insofern Individuen in diesen Erlebnissen unleugbar evident wird, daß sie hier und jetzt real da sind (vgl. Schmitz 1964).

hab keine Brüste. Ich hab mir das regelrecht ausgeredet ja, ... und dann
haben mich andere Leute wieder darauf aufmerksam (lachend:) ge-
macht, daß es ja doch da ist, ... ich hab se nicht mehr gesehen, ich hab
gesagt, ich hab se nich (X) und es gehört nich zu mir und .. 1 ich glaub in
der Zeit war ich unheimlich glücklich, weil ich da inner totalen Phanta-
siewelt gelebt habe (X) und das war okay für mich .. 1 und dann kam
der große Knall und dann wußte ich wieder, es is da.

Bei Felix' Rückzug in eine »Phantasiewelt« lassen sich zwei Momente
unterscheiden. Zum einen verneint er, einen weiblichen Geschlechtskörper zu haben. Zum anderen versucht er, die unmittelbare leibliche Beziehung zur Umwelt aufzulösen, indem er anstrebt,
sich von den pikierten Blicken anonymer anderer nicht betreffen zu
lassen. In letzter Konsequenz liefe das darauf hinaus, das leibliche
Prinzip des Hier-Jetzt völlig zu durchbrechen und gewissermaßen
jenseits des weiblichen Geschlechtskörpers ein anderes Geschlecht
zu sein. Genau daran scheitert er, er kann sich dem sozialen Druck
nicht entziehen, der – ohne jede Anwendung physischer Gewalt –
einzig dadurch wirkt, daß die anderen ihn sozusagen in eine reale
leibliche Interaktion zwingen. Es gibt einen »Knall«, und Felix ist wieder hier und jetzt präsent. In der leiblichen Interaktion sind die Individuen an das Hier-Jetzt gebunden und damit sozialen Kontrollen unmittelbar ausgesetzt. Das sozial verfaßte objektivierte Geschlecht
bewirkt in der Verschränkung mit dem Leib wie von selbst, daß eine
Person sich als das Geschlecht realisiert, das der Körper bedeutet.[15]

Im Phänomen der Körperscham wird der Zusammenhang zwischen Symbolik des Körpers und dem Leib besonders deutlich. In der
Scham wird die geschlechtliche Signifikanz des Körpers entsprechend den Vorschriften bezüglich seiner Bedeckung unleugbar zu
einer leiblich-affektiven Wirklichkeit, denn die Scham akzentuiert

15 Die Massivität der Zumutung, das Geschlecht des eigenen Körpers zu sein, ist
also zunächst ein Problem der körperlich-leiblichen Realität. Erst wenn diese
Erfahrungsdimension beschrieben ist, kann man sozialisationstheoretisch ar-
gumentieren, um diesen Zwang zu erklären, da man erst dann das Phänomen
erkennt, dessen Genese es zu verstehen gilt. Gildemeister argumentiert ähnlich, wenn sie versucht, die These der Geschlechtskonstruktion in die Soziali-
sationstheorie einzuarbeiten: »Geschlechtlichkeit selber ist die Dimension,
die angeeignet werden muß« (1992: 234).

drastisch die Erfahrung, hier und jetzt als diese bestimmte Person real da zu sein[16] – aber in einer unangemessenen Weise.

FELIX: *Meine Eltern hatten einen Garten, da bin ich denn auch immer in einer Turnhose rumgelaufen als Kind und dann kam irgendwann die Zeit, wo meine Mutter sagte, ich kauf dir jetzt mal n Bikini, ...die Nachbarn haben sich schon aufgeregt über mich ...und den habe ich denn einen Tag angehabt und dann war irgendwie alles zu spät, dann bin ich nur noch mit ganz vielen Sachen rumgelaufen und hab mich irgendwie total geschämt und kam mir total fehl am Platze vor.*

In dieser Darstellung wird zum einen deutlich, wie in der gewöhnlichen Körperscham der Körper geschlechtlich-sexuell bedeutsam gemacht wird – die Brust muß bedeckt werden – und zum anderen die spezifische Körperscham von Transsexuellen, die sich gerade des durch die Bedeckungsvorschriften signifikant gemachten Körpers schämen – die Körperform wird insgesamt unter »ganz vielen Sachen« versteckt.

Vor diesem Hintergrund läßt sich die Kritik der Ethnomethodologie präzisieren. Garfinkel hatte mit dem Konzept der kulturellen Genitalien unter anderem darauf hingewiesen, daß die Geschlechtsorgane nicht nur das Geschlecht einer Person bedeuten, sondern dieser auch das Recht geben, einen geschlechtlichen Status zu beanspruchen, sowie die Pflicht auferlegen, sich dementsprechend zu verhalten (vgl. Garfinkel 1967c: 123 ff.). Damit die einzelnen sich entsprechend der Symbolik der kulturellen Genitalien als eine »self-same person« (Garfinkel 1967c: 182) mit einem gleichbleibenden Geschlecht hervorbringen, muß das konstruktive Tun allerdings von einer zuständlichen Erfahrung dessen getragen werden, was die einzelnen leiblich-affektiv sind. Wenn es ihnen gelingt, sich davon erfolgreich zu distanzieren, besteht die Gefahr, daß sie sich aus der »natürlichen und moralischen« (Garfinkel 1967c: 124) Geschlechterordnung in private Welten flüchten, und die Moral bzw. die soziale Ordnung hätten das Nachsehen.

Die bisherige Analyse stellte die Relevanz des passiven Eingebundenseins ins soziale Feld für die Erfahrung des Wahrgenommenwerdens

16 Zur leiblichen Struktur der Scham vgl. Schmitz (1973: 42 f.).

und der darin gegebenen Realisierung des eigenen Geschlechts in den Vordergrund. Welche Bedeutung hat nun die zuständliche Leiberfahrung für die Wahrnehmung anderer?

Die positionale Umweltbeziehung hat eine doppelte Richtung, sie geht vom leiblichen Selbst auf das Feld und im Gegensinne zu ihm zurück (vgl. Plessner 1975: 131). In der Exzentrizität ist diese Struktur kompliziert, da es sowohl ein Erleben des Erlebens der Umwelt gibt als auch ein Erleben der eigenen Zuständlichkeit. Bezogen auf die interaktive Hervorbringung des Geschlechts heißt das, daß es nicht nur ein Geschlecht für andere gibt, sondern daß sich eine Person auch als ein Geschlecht erlebt, wenn sie sich auf die Umwelt bezieht und andere als ein Geschlecht wahrnimmt. Demnach ist das Geschlecht zwar eine interaktiv wechselseitig verliehene Realität (vgl. Hirschauer 1989: 113), aber das Verleihen erfolgt jeweils von einer vergeschlechtlichten Position aus.

Dies gibt der Gegebenheitsweise von Personen einen doppelten Akzent. Es werden einerseits Männer oder Frauen wahrgenommen und andererseits gleich- und verschiedengeschlechtliche Individuen; denn nur wenn sich eine Person als ein Geschlecht auf die Umwelt richtet, kann es eine spontane Evidenz von Individuen geben, die geschlechtlich von ihr verschieden sind bzw. ihr gleichen. In der Verleiblichung wird aus dem binären System von Mann und Frau ein System von Gleich- und Verschiedengeschlechtlichkeit.[17]

Die Verleiblichung der Binarität, d. h. deren Subjektivierung, überschneidet sich mit den Grundkategorien des sexuellen Begehrens: unsere Kultur unterscheidet beim Begehren nicht zwischen Frauenliebenden und Männerliebenden, sondern ausgehend von der subjektiven Begehrensposition zwischen Homo- und Heterosexualität[18], d. h., das eigene Geschlecht ist konstitutiv für die Art des Begehrens. Umgekehrt ist das Begehren als leiblich-affektive Struktur ebenfalls konstitutiv für die Wahrnehmung anderer und seiner selbst

---

17 Vgl. hierzu auch Tyrell, der allerdings nicht von Verleiblichung, sondern psychologisierend von »(Selbst-)Identifizierung« (1986: 469) spricht.
18 Statt von Heterosexualität zu reden, wäre es sicher angemessener, von selbstverständlichem Begehren zu sprechen, denn als ausgearbeitete Kategorie bzw. alltäglich relevante Selbstbezeichnung gibt es Heterosexualität nicht.

als ein Geschlecht. Sexuelles Begehren, Evidenz des eigenen Geschlechts und die Wahrnehmung des Geschlechts anderer bedingen also einander wechselseitig.

Zunächst soll die Analyse einer Situationsbeschreibung vorgestellt werden – der Erstbegegnung eines Therapeuten mit einer transsexuellen Frau –, in der das Begehren explizit eine Rolle spielt, um dann die protentionale [19] Gegenwart des Begehrens in Situationen aufzuzeigen, in denen es keine explizite Bedeutung hat.

THERAPEUT: *Eines Tages war in der sexualmedizinischen Ambulanz, in der ich damals arbeitete, eine muntere alte Dame erschienen. Ich war etwas überrascht, denn sie war in der Anmeldung als Herr X registriert worden. ...Sie begann heftig zu flirten, schlug ihre Beine verführerisch übereinander. ...Sie sagte zu mir, sie müsse mir ein Geständnis machen: Es sei heute das erste Mal in ihrem Leben, daß sie »so« – als Frau – auf die Straße ginge. Ihr ganzes Leben lang habe sie nur innerhalb ihrer Wohnung als Frau gelebt. Sie war sehr bewegt; die Tränen flossen ihr die Wangen herab, und ich sah in einer Mischung aus tiefer Rührung und tiefem Entsetzen den alten Mann vor mir sitzen, der sie war (Reiche 1990: 153). (Bei dieser Begegnung erlebt der Therapeut einen, GL) Affekt, der mir damals sehr zu schaffen gemacht hatte. Hatte ich mit dem alten Mann doch die höchst verwirrende Erfahrung gemacht, daß ich empfänglich war für den heftigen erotisierenden Auftritt einer alten Frau, die nicht einmal eine Frau war. Einen Moment lang hatte ich damals gefühlt, ich würde schamhaft erröten. Ich hatte mir das später so erklärt: Ich war in den Bann der Erotisierung gezogen worden, der durch die Schubkraft der »Pubertät« ausgelöst wurde, die bei diesem Mann sich eine jahrzehntelang aufgestaute Bahn schaffte, als er am frühen Morgen zum erstenmal in seinem Leben als Frau aus dem Haus ging.* (Reiche 1990: 158).

Die Schilderung zeigt eine genaue Entsprechung zwischen Eigenwahrnehmung und Wahrnehmung der anderen. »Sie« tritt erotisierend auf, und »er« ist erotisiert, d. h., der Therapeut realisiert das erotische Auftreten der anderen, indem er es an sich als erotisierende Wirkung erlebt. Somit erlebt er die ihm begegnende Person als Frau, indem er sich als begehrenden Mann erlebt. Der Affekt, den der The-

---

19 Zum Begriff der Protention vgl. Husserl (1976: 143).

rapeut an sich wahrnimmt, ist zwar irgendwie nicht legitim, sonst wäre der Anflug von Scham unverständlich, aber er erlebt ihn als einen realen Affekt. Diese Erfahrung seiner eigenen Realität setzt automatisch ein reales Gegenüber: Er nimmt eine wirklich muntere alte Dame wahr und selbst nach deren »Geständnis«, keine zu sein, fordert es gewissermaßen die Evidenz des eigenen Affekts von dem Therapeuten, daß er keiner bloßen Fiktion erlag, sondern in den »Bann« einer Erotisierung geschlagen wurde, deren Kraft sich einer wirklichen pubertären »Schubkraft« verdankt.

In dieser Begegnung findet etwas statt, das man als »Einhaken« bezeichnen könnte. Der Therapeut ist nicht seiner selbst mächtig, sondern sein Gegenüber greift in ihn ein. Dies meint nicht einen virtuellen inneren Raum, in dem sich die Seele oder ein psychischer Apparat aufhält. Es geht um die Binnenerfahrung des eigenen Leibes, es ist nicht die Psyche, die »schamhaft erröten« könnte, und es ist unwahrscheinlich, daß der Therapeut durch einen raschen Blick in den Spiegel den Rötegrad seiner Gesichtshaut kontrolliert hat. Vielmehr verspürt er eine heftige leibliche und affektive Erregung.[20] Aufgrund der Entsprechung von affektiv wahrgenommenem Objekt und dem affektiven Zustand des Wahrnehmenden scheint es mir unwahrscheinlich zu sein, daß die Erregung eine Reaktion auf eine Gestaltwahrnehmung ist; eher wird der Gegenstand erst in und durch die Erregung zu dem, was für ihn erotisch bedeutungsvoll ist. Es handelt sich um eine spontane, explizit erotische geschlechtliche Polarisierung der Situation, in der es kein Nacheinander im Sinne einer Reaktion auf etwas gibt. Die Gleichzeitigkeit dieser Polarisierung ist der Gleichzeitigkeit von Bewegungen vergleichbar, die Buytendijk (1956: 26) etwa beim Aufeinanderbezogensein kämpfender Tiere festgestellt hat. Es ist auch in der filmischen Rekonstruktion der Bewegungsabläufe nicht möglich zu unterscheiden, welches der beiden Tiere zuerst eine Bewegung gemacht hat.[21] Dies ist ein empirischer

---

20 Zur Differenz von leiblicher und körperlicher Erregung und der Bedeutung der ersteren für die Emotion vgl. Sartre (1982: 304f.) und Schmitz (1969: 153).

21 Zur Beschleunigung der Kommunikation durch den Körper – verstanden als Leib im Sinne der Phänomenologie – vgl. auch Luhmann (1991: 336).

Beleg für die Plessnersche Auffassung des Bewußtseins als sphärische Einheit von leiblichem Selbst und Umwelt. In meinem Beispiel geht es nun nicht um die Gleichzeitigkeit von Wahrnehmung und Verhalten, sondern um die Gleichzeitigkeit von Wahrnehmung und leiblich-affektivem Zustand.

Diese Form der Evidenz des Geschlechts anderer, bei der die anderen von der eigenen Geschlechtsposition aus als Geschlecht wahrgenommen werden, ist auch möglich, ohne ein konkretes Begehren gegenüber der wahrgenommenen Person zu spüren. Die folgende Schilderung ist die eines nicht-transsexuellen Mannes – Norbert –, der in einem Filmstudio arbeitet und die dortige Erstbegegnung mit einer Regisseurin, einer transsexuellen Frau, beschreibt. Norbert wußte nicht, daß die Regisseurin transsexuell ist, und der Inhalt des Films, an dem beide arbeiteten, legte eine solche Vermutung auch nicht nahe.

NORBERT: *Im letzten Jahr begegnete ich einer Transsexuellen, Uli, sie kam geradewegs in den Raum, in dem ich arbeitete. Es war niemand anders in dem Raum und Uli wußte sofort, wer ich war, sie hatte erwartet, mich dort zu finden. Aus diesem Grund war unser Augenkontakt unmittelbar, sie sagte »Hallo, ich bin Uli, du mußt Norbert sein«, und ich glaube, wir haben uns die Hand gegeben. Irgendwann in diesen ersten Sekunden, jedenfalls bevor wir uns die Hand gaben, realisierte ich, daß sie transsexuell war.*

Für Norbert war dabei das entscheidende der Blickkontakt.

NORBERT: *Ich kann nur sagen, wie sich der Unterschied beim Blickkontakt mit Männern und Frauen anfühlt, es ist einfach eine Sache der sexuellen Attraktion. Einer Frau in die Augen zu sehen, macht etwas anderes mit mir als einem Mann in die Augen zu sehen.*

Diese Wahrnehmungsbeschreibung ist extrem komplex. Zum näheren Verständnis muß man noch hinzufügen, daß Norbert an anderer Stelle explizit ausschließt, daß er die Transsexualität Ulis an den als üblich geltenden Indikatoren wie Größe der Hände oder Stimme erkannt hat. Man muß also sowohl verstehen, wie er die Weiblichkeit Ulis erkannt hat als auch ihre Männlichkeit und zwar in dem Mischungsverhältnis: transsexuelle Frau und nicht etwa transsexueller Mann.

Beginnen wir mit der Wahrnehmung des Blicks. Uli und Norbert sehen sich an, der Blick setzt sie von optischen Erscheinungen in Kenntnis, und zugleich wirkt der Blick selbst auf Norbert in einer Weise, die ihn affektiv berührt. Norbert erlebt sich selbst, indem er sich – sein eigenes Befinden – von Uli her versteht. Oder anders: Er läßt sich von Ulis Blick treffen und versteht diesen Blick, indem er versteht, wie er von ihm getroffen wird. Es ist die Evidenz des eigenen Gefühls, besser des eigenen affektiven Zustandes, die es für Norbert unmöglich macht, in Uli eine Frau zu sehen. Diese Evidenz kontrastiert mit der Wahrnehmung von Ulis visueller Erscheinung, die weiblich ist. Norbert spricht von einer Gestaltwahrnehmung ihrer Weiblichkeit. Er ist sich allerdings nicht ganz sicher, welchen Stellenwert diese Wahrnehmung hat.

NORBERT: *Ich kann nicht sagen, ob ich den zweiten Teil des Ablaufs – die Gestaltwahrnehmung der Weiblichkeit – wirklich erinnere oder ob ich mir das hinterher nur eingebildet habe. Ich kann nur versichern, daß ich Ulis Körper oder ihre Stimme nicht separat wahrgenommen habe, weil ich in den folgenden Tagen wirklich einige Zweifel über meine anfängliche Schlußfolgerung hatte. D. h., daß ich diese einzelnen Zeichen weder in der einen noch in der anderen Richtung völlig sicher finde. Es war immer nach einem Blickkontakt, wenn ich überzeugt war, daß ich anfangs richtig gelegen habe.*

Das Interessante bei dieser Beschreibung ist das Schicksal der Gestaltwahrnehmung. Zunächst gibt es den Kontrast zwischen der Erfahrung von Ulis Blick und der weiblichen Gestalt. Dabei dominiert die Erfahrung des Sich-gegenseitig-Anblickens die Gestaltwahrnehmung. Diesen Kontrast macht sich Norbert verständlich, indem er Uli für transsexuell hält.

Im weiteren erschüttert die Gestaltwahrnehmung die anfängliche Gewißheit, daß Uli transsexuell ist, d. h., die Gestaltwahrnehmung liefert die gleiche Evidenz wie die Erfahrung von Ulis Blick. Das kann nur heißen, daß Ulis Gestalt Norbert in der gleichen Weise affektiv berührt wie vorher der Blick. Demnach ist die Gestalt wie der Ort, von dem der Blick sich auf ihn richtet, etwas, von dem her Norbert sich in seiner leiblich affektiven Befindlichkeit versteht.[22] Um mit

22 Vgl. die These von Schmitz (1966: 37), daß die Wahrnehmung von Gestalten die Wahrnehmung von Gestaltverläufen ist.

dieser Irritation umzugehen, sieht Norbert ganz genau hin. Er prüft die Hände, sucht vielleicht den Hals nach einem Adamsapfel ab, horcht auf die Stimme. Uli zerfällt unter seinem Blick in einzelne »Geschlechtszeichen«. Aber je analytischer der Blick wird, um so weniger eindeutig werden die Zeichen. Dann hat Norbert wieder Blickkontakt mit Uli, d. h., die einzelnen Geschlechtszeichen werden erneut zusammengefaßt in eine intentionale Gerichtetheit auf die Umgebung hin. In dem Moment, wo Norbert von dieser Richtung getroffen wird, stellt sich wieder die anfängliche Evidenz von Ulis Geschlecht her. Es ist also wieder die eigene affektive Beteiligung bei der Wahrnehmung, die Norbert Gewißheit über das Geschlecht von Uli gibt.

Das Begehren ist nicht durch eine binäre Klassifikation von Personen, d. h. Objekten, sondern durch eine Binarität von Relationen gekennzeichnet: Es werden solche gleichgeschlechtlicher von solchen verschiedengeschlechtlicher Art unterschieden. Norberts Schilderung legt es nun nahe, daß die Unterscheidung von Personen nach ihrem Geschlecht den einzelnen als Unterscheidung von Begehrensrelationen im Leibe sitzt. Er fühlt, daß Uli keine Frau ist, indem er sich in der leiblichen Relation zu ihr als Gleicher erlebt; dies realisiert er für sich als leibliche Erfahrung des Nichtbegehrens. Sein Schwanken bezüglich Ulis Geschlechtszugehörigkeit wäre demnach buchstäblich als Schwanken des leiblichen Selbsterlebens im Sinne eines Schwankens zwischen Begehrensrelationen zu verstehen. Nicht den Augen, sondern den Blicken kommt dabei eine besondere Rolle zu, weil sie besonders geeignet erscheinen, die Strukturen von Relationen zu verdeutlichen.

In der Wahrnehmung steht die Binarität der Geschlechter und die Binarität der Begehrensrelationen in einem Verhältnis wechselseitiger Fundierung, denn die erlebte Differenz zwischen homo- und heterosexuellen Relationen hat die Geschlechterunterscheidung einerseits zur Folge, setzt sie andererseits aber in Form der Annahme einer strikten Binarität von wahrgenommenen Menschen voraus. Diese Sachverhalte lassen sich mit Bezug auf die exzentrische Positionalität genauer beschreiben.

Beim Begehren handelt es sich um eine leibliche Beziehung zu anderen, die, indem sie exzentrisch aufgebrochen ist, auf eine zweifache Weise mit kulturell strukturierten Oppositionen besetzt ist. Zum einen als Erleben des eigenen Leibes, der in einem geschlechtlich binär codierten Körper verschränkt ist. Zum anderen als Erleben einer anderen Person, die nicht nur begehrt ist, sondern auch als eine bestimmte Person mit einem bestimmten Geschlecht, das ebenfalls in einer binären Opposition steht, wahrgenommen wird. Da die Wahrnehmung anderer immer mit einer Wahrnehmung seiner selbst einhergeht, wird die Geschlechterbinarität als leibliche Relation im Sinne von Gleich- und Verschiedengeschlechtlichkeit codiert. Auf diese Weise wird die Evidenz des eigenen Geschlechts abhängig von der eigenen Position im System geschlechtlicher Gleich- und Verschiedenheit, denn dieses sitzt in Form des Begehrens ebenso unter der Haut wie die Binarität der Körper in der Verschränkung von Körper und Leib.

Das Interessante an Norberts Darstellung ist nun der Hinweis auf die graduelle Abstufung der Intensität des Begehrens als leiblicher Wirklichkeit. Es kann mehr oder weniger intensiv sein und damit die Interaktion mehr oder weniger intensiv auf das System von Gleich- und Verschiedengeschlechtlichkeit beziehen. Zugleich ist seine Schilderung aber auch ein Indiz dafür, wie unwahrscheinlich es ist, daß die Relation von Gleich- und Verschiedenheit gänzlich aus den Leibern verschwindet.

Sartre (1982) hatte, einen Gedanken von James aufgreifend, »Emotionen« von »feineren Emotionen« unterschieden. Die Differenz zwischen beiden besteht in der Intensität der leiblichen Erregung und der Struktur der affektiven Eigenschaften, durch die das Objekt charakterisiert ist.[23] Bei der Emotion ist die leibliche Erregung intensiv und die affektiven Eigenschaften sind gegenwärtige Qualitäten des Objekts. Der Struktur nach läßt sich dies mit der oben beschriebenen Begegnung zwischen dem Therapeuten und der transsexuellen Frau vergleichen. Bei der »feineren Emotion« dagegen ist die leibliche Erregtheit unter Umständen nur minimal, desgleichen machen die affektiven Eigenschaften eine Veränderung durch, sie sind nicht gegenwärtig vorhanden, sondern werden als solche er-

---

23 Für eine Analyse des Zusammenhangs von affektiven Eigenschaften und Gegenstand vgl. auch Sartre (1971: 131 f.).

faßt, die sich erst zukünftig entfalten. »Die feinere Emotion erfaßt keineswegs eine leichte Unannehmlichkeit, eine verminderte Pracht, eine oberflächliche Schauerlichkeit: es ist eine *geahnte* Unannehmlichkeit, Pracht, Schauerlichkeit, die durch einen Schleier hindurch erfaßt wird, [...] der Gegenstand ist da, er wartet, und morgen vielleicht wird der Schleier fallen, werden wir ihn im vollen Licht sehen« (Sartre 1982: 309f.). Auf eine strukturell vergleichbare Weise sind die Begehrensrelationen von Gleich- und Verschiedenheit protentional gegenwärtig. Sie bedürfen lediglich eines vagen Anhalts im Leib, um die Wahrnehmung von Personen mit einem »Schleier« von Gleichheit und Verschiedenheit zu überziehen, wodurch Personen mit so großer Sicherheit als Männer und Frauen erfaßt werden.

Die Omnipräsenz der Begehrensrelationen in der Wahrnehmung vorausgesetzt, können sich die beiden Binaritäten wechselseitig verdeutlichen. Die Wahrnehmung von zwei Geschlechtern verdeutlicht, daß es nur gleich- und verschiedengeschlechtliche Begehrensrelationen geben kann, und umgekehrt akzentuieren diese Relationen die Evidenz einer Welt, in der es ausschließlich zwei Geschlechter gibt. Im Endeffekt führt das – wie bei Norbert – zu einer Geschlechterunterscheidung anhand des Begehrens. In der Schilderung der nicht-transsexuellen Frau Sabine werden diese Zusammenhänge noch deutlicher hervorgehoben. Als ich sie frage, ob sie ihre transsexuelle Freundin, Kristina, sexuell attraktiv fände, verneint sie das und gibt dafür folgende Begründung.

SABINE: *Warum, weiß ich nicht, aber vielleicht, weil Kristina schon als Junge überhaupt nicht mein Typ war. Aber ich weiß es nicht...3 Nie, zu Uli eigentlich auch nicht – ich weiß nicht – nein. – Vielleicht liegt's auch mit an der Tatsache, also bei Uli, weil ich Uli ja nur als Mädchen kenne, daß ich eben nicht lesbisch bin. Vielleicht einfach nur deswegen. Und bei Kristina eben – ich fand, er war vorher – er war als Junge nicht mein Typ und als Mädchen für mich uninteressant, weil ich halt nicht lesbisch bin.*

Es gibt in dieser Schilderung zwei Begründungen für sexuelle Nichtattraktivität: Die eine bezieht sich nur auf das System von Gleich- und Verschiedengeschlechtlichkeit, danach scheiden für die heterosexuelle Sabine alle Frauen aus, weil sie »nicht lesbisch« ist, d. h., weil sie das andere Geschlecht begehrt. Die andere differenziert innerhalb der potentiell in Frage kommenden Gruppe. Bei den Jungen muß Sabine gewissermaßen genauer hinschauen, ob es »mein Typ« ist oder nicht. Eine Differenzierung, die nur bei dem Geschlecht angebracht ist, das als das andere protentional erotisiert wird. Für die transsexuelle Frau Uli, die Sabine spontan als Frau überzeugte, bedarf es nur der ersten Begründung. Bei ihrer Freundin Kristina aber, die sie noch als Mann kannte, bedarf es des erläuternden Zusatzes, daß »sie« als »er« nicht ihr Typ gewesen war. Die größere Sicherheit Sabines bezüglich des Geschlechts von Uli resultiert also daraus, daß sie sicherer in der Binarität der Begehrensrelationen verortet werden kann. Kristina hat ihr Geschlecht dagegen nicht derartig klar und eindeutig, was einer nicht so eindeutigen Begehrensrelation entspricht, die in dem Erfordernis einer zusätzlichen Begründung für das Nichtbegehren explizit wird.

Die transsexuelle Frau Daniela fühlt sich vor der Operation so, als stünde sie zwischen den Geschlechtern; das Unangenehme dieser Situation bringt sie in Zusammenhang mit der zwittrigen Position in den Begehrensrelationen.

DANIELA: *Also man steht nicht richtig hier und man steht nich richtig da. Also wenn man jetzt, also normale Jungen können sich nicht für einen interessieren. Aber Homosexuelle* och *irgendwie nich.*

Während bei Norbert die Wahrnehmung zweier distinkter Geschlechter, die klare Position im System von Gleich- und Verschiedengeschlechtlichkeit, d. h. im System der Begehrensrelationen, und die eigene sichere Einordnung als Mann sich gewissermaßen gegenseitig »auf Linie bringen«, wirkt der integrale Zusammenhang dieser Momente bei Daniela sich gegenseitig verstärkend desintegrierend: Ein undeutliches Geschlecht kann auch in den Begehrensrelationen nicht deutlich existieren.

Vor dem Hintergrund dieser Befunde läßt sich der Streit zwischen einem »prototypischen« und einem »indexikalischen« Verständnis von Geschlechtszeichen beilegen. Die Annahme einer prototypischen Geschlechtswahrnehmung geht von einer Hierarchie geschlechtlich bedeutsamer Körpermerkmale (den tertiären Geschlechtsmerkmalen) aus, während eine indexikalische Zeichenwahrnehmung darauf abhebt, daß alle Zeichen gleich zu behandeln seien, ausschlaggebend sei einzig ihr Verweisungszusammenhang an einer Person. Es scheint mir relativ ausgeschlossen zu sein, daß die Geschlechter in der alltäglichen Wahrnehmung nach tertiären Geschlechtsmerkmalen (Busen, Bart etc.) unterschieden werden. Denn alltäglich wird in jeder Situation immer zwischen Geschlechtern unterschieden, auch dann, wenn tertiäre Merkmale uneindeutig oder verdeckt sind. In diese Richtung argumentiert auch Hirschauer (1989); sein Vorschlag, von einer »reflexiven Entzifferung von Geschlechtszeichen« (Hirschauer 1989: 108 f.) auszugehen und somit eine Hierarchie der Geschlechtszeichen zu negieren, scheint mir allerdings aus zwei Gründen problematisch. Zum einen, weil der ausschließliche Rekurs auf die Indexikalität nicht mehr erklären kann, wie es überhaupt zu einer Geschlechtswahrnehmung kommt, und zum anderen, weil die Annahme einer Hierarchie von Geschlechtszeichen zwar modifikationsbedürftig ist, aber doch eine erstaunliche empirische Evidenz besitzt, wie die Erfahrungen transsexueller Männer zeigen, die einen großen Busen haben.

Der erste Einwand läßt sich beispielhaft an den Beschreibungen von Norbert ausführen. Er folgt vorübergehend dem Hirschauerschen Vorschlag und versucht, sich seine »Geschlechtsmerkmale« zusammenzusuchen (Hirschauer 1989: 109). Doch die Magie der Zeichen, die »gegenseitig ihr ›Geschlecht‹ erzeugen« (Hirschauer 1989: 109), bleibt aus. Auf irgendeine Weise muß der Verweisungszusammenhang der Geschlechtszeichen eine geschlechtliche Richtung erhalten, sonst entsteht keine Geschlechtswahrnehmung. Dies geschieht durch die Weise des leiblichen Ineinanderhakens. Es erscheint mir kaum möglich, den Blickkontakt, der die geschlechtliche Evidenz wieder herstellt, als ein Zeichen unter anderen zu verstehen, denn im Sich-gegenseitig-Anblicken erfahren sich die Blickenden, insofern sie im Blick ineinander verhakt sind: Sie setzen die andere Person von sich insoweit in Kenntnis, als sie sich auf sie beziehen. »Offensichtlich« (Hirschauer) wird ein Geschlecht also nicht für einen ungeschlechtlichen Betrachter, sondern erst für jemanden, der leiblich-affektiv in die Geschlechtswahrnehmung eingebunden ist und sich insofern auf andere im System von Gleich- und Verschiedengeschlechtlichkeit bezieht.[24]

24 Es ist also nicht nur so, wie Collin meint, daß sich eine affektfrei konstruierte

Damit ist die These einer reflexiven Entzifferung nicht hinfällig, aber die Entzifferung der Zeichen erhält ihre geschlechtliche Bestimmtheit erst ausgehend vom leiblich-affektiven Ineinanderhaken, das bei der Begegnung wie eine Initialzündung der Vergeschlechtlichung funktioniert, die den Rahmen vorgibt, in dem auch – und insofern bleibt die These indexikalischer Wahrnehmung in Geltung – »widerstrebende« Zeichen eingefügt werden können.

Der zweite Einwand richtet sich gegen die Auffassung, daß alle Zeichen beliebig sexuiert, d. h. vergeschlechtlicht, werden können (vgl. Hirschauer 1989: 109). Der üppige Busen eines transsexuellen Mannes kann unter günstigen Umständen zwar desexuiert, d. h. so in die Gestaltwahrnehmung eingeordnet werden, daß die betreffende Person nicht als Frau wahrgenommen wird. Aber dieselbe Körperform kann kaum so vergeschlechtlicht werden, daß *aufgrund* ihrer Wahrnehmung die Person als Mann eingeordnet wird. Das gleiche gilt für den Penis der transsexuellen Frau Petra: Im Rahmen der Beziehung zu ihrer Freundin war er desexuiert, aber er war nie in der Weise sexuiert, daß Petra wegen ihres Penisbesitzes als Frau wahrgenommen wurde. Insofern ist es unsinnig zu behaupten, daß es »wahrscheinlich keine natürliche Grenze für mögliche Geschlechtszeichen« (Hirschauer 1989: 109) gäbe. Es gibt vielmehr eine ganze Reihe kulturell gezogener »natürlicher« Grenzen, denn »sekundäre« und »tertiäre« Geschlechtsmerkmale können zumindest in einer Vielzahl von Kulturen positiv ausschließlich das eine Geschlecht bedeuten und sind bei der Wahrnehmung der Person als das andere Geschlecht lediglich neutralisiert.

In modifizierter Form gilt dies auch für das Sehen des nackten Körpers. Dürr hat auf den engen Zusammenhang von Nacktheit, Begehren und Scham hingewiesen. Bezogen auf die Analyse des objektivierten Geschlechts heißt das: geschlechtlich bedeutungsvoll ist die Körperform im und durch das Begehren, d. h. das leibliche Ineinander-Verhaktsein. Die Ambiguität des Geschlechtskörpers, ein Ding zu sein und zugleich ein Geschlecht zu bedeuten, verweist damit auf

Welt in die Welten freiflottierender Konstrukteure auflöste (s. o.), sondern es gäbe auch für die Konstrukteure der Welt nur noch mögliche Welt-Konstrukte.

die doppeldeutige Umweltbeziehung der Exzentrizität. Insofern ein Individuum aus der leiblichen Interaktion, d. h. aus der positionalen Mitte, herausgesetzt ist, nimmt es eine prototypische, auf eine binäre Unterscheidung bezogene Körperform wahr[25], insofern es in der leiblichen Interaktion aufgeht, erlebt es diese Differenz als Gleichheit und Verschiedenheit.

Der körperliche Leib

Bei den bisherigen Analysen stand die intentionale Gerichtetheit auf die Umwelt im Vordergrund, die passive Leiberfahrung war nur als vage realisierte intensive Erfahrung des objektivierten Geschlechts thematisch. Bei den weiteren Analysen soll es genauer um die geschlechtlich bedeutsame zuständliche Erfahrung des eigenen Leibes gehen. Um diese beschreiben zu können, beziehe ich mich auf den Begriff der »Inselstruktur des körperlichen Leibes« von Schmitz (1965: 25).

In der Phänomenologie wird klassischerweise zwischen Leib und Körper unterschieden. Eine Person ist ein Körper, insofern sie an einer bestimmten Raum-Zeit-Stelle ist und damit relativ zu anderen Körpern bestimmt werden kann – vor dem Schreibtisch, neben der Stechpalme usw. Als Leib ist eine Person ein absoluter Ort, ein nicht-relativierbares Hier-Jetzt, d. h., sie ist nicht an einem relativ zu anderen Körpern bestimmbaren Ort, sondern sie ist selbst der Ort, von dem allererst räumliche Richtungen ausgehen (vgl. Merleau-Ponty 1966: 125 f.).

Der Terminus »körperlicher Leib« (Schmitz 1965: 26) meint das Phänomen, daß der eigene Leib in relative Orte zerfällt, wenn er von innen gespürt wird, ohne dabei zum Körper zu werden. Der gespürte körperliche Leib, d. h. der zuständlich erfahrene Leib, besteht aus Inseln, die sich ausdehnen, zusammenziehen oder auch ganz verschwinden können. »Leibesinseln« (Schmitz 1965: 27) sind lokali-

25 Die Wahrnehmung eines Körpers als Ding, das vom umgebenden Feld abgehoben ist, erfordert nach Plessner die exzentrische Relativierung des Hier-Jetzt (vgl. 1975: 294 f.).

sierbare Regionen, die relativ zu anderen Regionen bzw. Inseln des Leibes sind. Die Tatsache dieser Relativität macht sie körperlich, aber auch als relative Orte gehören die Leibesinseln noch zum nur exzentrisch relativierten Hier-Jetzt.

Mit Hilfe des Begriffs des körperlichen Leibes lassen sich die »Verschränkung« (Plessner) von objektiviertem Geschlecht und Leib und damit die Probleme, die Transsexuelle vor den operativen Maßnahmen mit ihrem Körper haben, deskriptiv erfassen.

NIKLAS: *Ich habe mich auch nie mit Brüsten gesehen so in meinem Kopf drinne, die war halt, das war halt immer flach und fertig (lacht) …beim Gehen oder beim Laufen, ich habe das versucht, immer nicht wahrzunehmen, …aber das war für mich halt mehr so ne Ebene, das irgendwo dann so bewältigen …und ich hab auch immer, weil ichs, ich hab sie auch nich gesehen ne, …ich hab se ja nur gesehen, wenn ich an mir runtergeguckt habe, und ansonsten konnten es ja immer nur die anderen sehen, und das war immer so, ..i ja, daß ich halt immer versucht habe, das so zu verdrängen, daß mich andere vielleicht daran dann entsprechend einsortieren, oder ich hab halt auch viel weite Sachen getragen, daß ich halt immer gehofft habe, sie sehens nicht oder so, aber aufgrund dessen, daß meine Brust halt groß war, war es oft auch schwierig, sie zu verstecken, also ..i so zum Beispiel haben da auch manche versucht, sie abzubinden, aber das habe ich also zwei-, dreimal versucht und dann war mir das zu blöd …(schildert technische Probleme des Brustabbindens), und ich hab halt auch mit den Jahren so gelernt, mich so zu bewegen, denke ich mir, ohne daß ich sie so wahnsinnig jetzt spüre oder halt die Brust selbst dann irgendwie versucht, wenn ich so bewege, kannste halt, daß de nich so gehst (lacht – macht Bewegung, die ein Wippen des Busens provoziert, Brust raus) das jetzt so auffängst die Bewegung (nimmt die Brust zurück, Schultern leicht nach vorn).*

In dieser Schilderung wird der Geschlechtskörper auf dreifache Weise wahrgenommen: Zum einen sieht Niklas selbst den eigenen Busen; er erlebt zweitens, daß er aufgrund seiner Körperform von anderen als Frau wahrgenommen wird, und drittens spürt er den eigenen Busen. Diesen als optische Erscheinung nicht mehr wahrzunehmen, wäre kaum ein Problem für ihn, er bräuchte einfach nicht hinzusehen. Entschieden schwieriger ist es, nicht zu registrieren, daß die anderen ihn anhand des Busens als Frau wahrnehmen. Für Niklas stellt sich damit das gleiche Problem wie für Felix. Er ist hier und jetzt mit dem Körper verschränkt, den die anderen als einen weiblichen wahrnehmen, und entsprechend ist er im leiblichen Interaktionssystem von Gleich- und Verschiedengeschlechtlichkeit als Frau eingehakt.

Um dies zu vermeiden, stellt er zwei Strategien vor: 1. Die Brust mit Hilfe von Tüchern oder einem elastischen Band abzubinden; 2. sich so zu bewegen, daß er die Eigenbewegung des Busens nicht mehr spürt. Beide Strategien haben einen zweifachen Effekt, sie sollen nach innen – unter die Haut – wirken und nach außen. Wenn Niklas sich ungeschickt bewegt und das Wippen seines Busens spürt, nimmt er nicht die wohlumrissene sichtbare Körperform wahr, sondern es bilden sich zwei genau lokalisierbare »Leibesinseln« (Schmitz) unterhalb der Schlüsselbeine, oberhalb des Bauchs, etwa in der Höhe des Brustbeins. Das Ziel ist, die Bildung dieser Leibesinseln zu verhindern, bzw. zu verhindern, daß sie so »wahnsinnig« deutlich spürbar werden. Dies gilt sowohl für das Brustabbinden als auch für die von Niklas entwickelte Art des Gehens. Denn er führt diese als Konsequenz der Probleme ein, die sich durch das Brustabbinden ergaben.[26] Die andere Seite des Busenversteckens ist die Reduktion seiner Sichtbarkeit gegenüber anderen.

Das Interessante ist nun, daß das Gefühl, als Frau wahrgenommen zu werden, mit der Intensität des leiblich erlebten Busens zusammenhängt. Wenn Niklas so geht, daß er seinen Busen spürt, erlebt er sich als Frau wahrgenommen, d. h., er spürt das objektivierte Geschlecht, das er hat, konkret als die leibliche, intensiv erfahrene Realität, die er ist. Die Verschränkung von Körper und Leib strukturiert das gespürte Gefüge der Leibesinseln gemäß der Ordnung des objektivierten Geschlechts. Auf diese Weise kriecht dieses ihm sozusagen unter die Haut und bedeutet ihm von innen, welches Geschlecht er ist. Der die Eigenbewegung des Busens vermeidende Bewegungsstil hat also nicht nur das Ziel, die Vorderansicht des Oberkörpers als eine kompakte Form ohne wiegende Brüste erscheinen zu lassen,

26 Das Brustabbinden nimmt die Brüste als Leibesinseln gewissermaßen in den Brustkasten zurück, wodurch dieser als kompakte Form gespürt werden kann.

sondern auch das Ziel, für Niklas die leibliche Erfahrung seines Frauseins weniger aufdringlich und intensiv zu machen.

Die Verschränkung der geschlechtlich bedeutsamen sicht- und tastbaren Körperform mit dem Spüren des körperlichen Leibes kann dazu führen, daß sich jemand wahrgenommen fühlt, obwohl er gar nichts gemacht hat, was wahrgenommen werden könnte.

VERENA: *Das war – einmal da saß ich aufm Klo, sitze da ganz gemüt-lich und will pinkeln ... dann kommt noch ne Frau rein – warn öffent-liches Klo – und ich hab mich* total *(leicht gedehnt) erschrocken – was is wenn se was merkt? Die hat dann das Klo neben mir genommen und .. i also es war dann bei ihr ziemlich laut, wie se gepinkelt hat, da war ich dann beruhigt. Naja, und dann hab ichs eben auch – einfach laufen lassen.*

Verena, die zu diesem Zeitpunkt noch nicht operiert war, geht auf eine öffentliche Toilette und wähnt sich dort allein. Die einfachste Interpretation wäre es, ihr eine Art »Entdeckungsphantasie« zu un-terstellen: Obwohl von ihr weder etwas zu sehen noch zu hören ist, antizipiert sie eine Entdeckung seitens der hereinkommenden Person. Dieses Verständnis setzt voraus, daß in der Struktur von Verenas Erfahrung in jeder Hinsicht klar zwischen Realem und Ima-ginärem unterschieden werden kann, denn nur dann könnte man davon sprechen, daß es sich um eine Entdeckungsphantasie handelt. Wenn das nicht der Fall ist, würde die Rede von der Entdeckungs-phantasie lediglich die Art der Situationskonstruktion verdunkeln. Betrachten wir das genauer.

Die Annahme einer Entdeckungsgefahr bezieht sich auf die her-einkommende Person. Da Verena sofort erschrickt und sich nicht etwa davor fürchtet, beim Hinausgehen als Mann entlarvt zu wer-den, muß zwischen ihr und der hereinkommenden Person eine ir-gendwie geartete Beziehung hergestellt sein, die die Gefahr einer Entdeckung sofort evident macht. Um diese Beziehung herauszuar-beiten, ist es erforderlich, die Strukturen der leiblichen Erfahrung des »›gemütlich‹ auf der Toilette Sitzens« und des »sich Erschreckens« eingehender zu beschreiben.

»Gemütlich« auf der Toilette zu sitzen heißt, sich zu entspannen, den eigenen Unterleib zu spüren und irgendwie die Bildung einer Leibesinsel zuzulassen, deren Erfahrung mit dem Urogenitalbereich des Geschlechtskörpers verschränkt ist. Damit diese Erfahrung überhaupt mit einer Entdeckung zusammengebracht werden kann, muß zweierlei gegeben sein:

1. Die Struktur ihres körperlichen Leibes macht es für Verena zu einer intensiven Realität, daß sie ein Mann ist.

2. Diese Erfahrung bleibt nicht innerhalb ihres Toilettenabteils, sondern beinhaltet eine bestimmte Form, sich auf die Umwelt zu beziehen, die damit ebenfalls als männlich qualifiziert ist. Mit anderen Worten, die anonyme Anwesenheit der Sinne, z. B. vermittels des Hör- und Geruchssinns, in dem gesamten Bereich der Damentoilette ist nicht geschlechtsneutral, sondern männlich. Daraus folgt, daß dem gemütlichen Sitzen ein diffuses, als männlich erlebtes Gerichtetsein auf den umgebenden Toilettenraum entspricht. Jetzt kommt eine zweite Person, wahrscheinlich eine Frau, in den Raum. Blitzartig realisiert Verena das geschlechtlich Unpassende ihrer leiblichen Erfahrung. Da es sich bei dieser aber nicht um ein in sich abgeschlossenes Gegebensein des Leibes handelt, sondern auch darum, sich auf die Umwelt zu beziehen, erlebt Verena sich mit der hereinkommenden Person sofort als in einer leiblichen Interaktion verbunden, d. h., sie behelligt eine Frau auf der Damentoilette mit einer männlichen Präsenz.

Vor diesem Hintergrund läßt sich das Erschrecken als adäquate leibliche Reaktion verstehen. Der Schreck wirkt zusammenziehend, der wahrnehmende leibliche Bezug auf die Umwelt wird gelockert, vielleicht sogar gelöst, d. h., die Gerichtetheit auf die Umgebung bricht zusammen.[27] Auf diese Weise wird sofort einerseits die Struktur des körperlichen Leibes verändert, denn das Zusammenziehende des Schrecks verhindert weitgehend, daß bestimmte Regionen des körperlichen Leibes als solche gespürt werden können, d. h. die Leibinsel im Urogenitalbereich hört abrupt auf zu existieren. Andererseits wird der Situationsbezug aufgelöst. Mit anderen Worten, der Schreck läuft auf eine spontane Destruktion der »falschen« leiblich-affektiven Präsenz in der gegebenen Situation hinaus.

Erst nach dieser Unterbrechung des spontanen leiblichen Bezugs, in dem sie sich als männlich erlebte, kommt Verena zu einer realisti-

27 Vgl. hierzu auch Schmitz (1965: 177).

schen Einschätzung der Möglichkeiten, entdeckt zu werden. Sie realisiert, daß sie vor Blicken geschützt ist, also nicht als Mann erkannt werden kann, solange sie sich ruhig verhält. Dann hört sie von nebenan den Klang des Urinierens und kommt zu der Auffassung, daß sie sich nicht durch die Lautstärke des eigenen Urinierens verraten wird. Die Möglichkeit dieser rationalen Situationseinschätzung darf aber nicht darüber hinwegtäuschen, daß sie in einen spontanen, immer schon gegebenen leiblich-affektiven Bezug auf die Umwelt eingebunden ist, der sozusagen nur im nachhinein individuell zu beherrschen ist. Das Problem für Transsexuelle besteht darin, daß die Erfahrung schon auf der leiblich-affektiven Ebene mit geschlechtlichen Bedeutungen durchzogen ist, wobei die erlebte intensive Realität des eigenen Geschlechts unter der Haut und die geschlechtliche Qualifizierung des sich auf die Umwelt-Richtens einander entsprechen. In diesem Sinn lassen sich auch die Entdeckungsbefürchtungen transsexueller Männer verstehen, wenn sie ihren Busen als intensive Realität registrieren. Wenn das der Fall ist, beziehen sie sich subjektiv als Frau auf andere und müssen insofern befürchten, als Frauen entdeckt zu werden.

Das wird noch deutlicher durch die Probleme, die transsexuelle Männer mit den Menses haben. Zunächst einmal gilt es festzuhalten, daß die Menstruation eingebunden ist in ein Wissen um geschlechtlich dichotomisierte Körper.[28]

RICHARD: *Als die letzte Entwicklung kam, also die Tage, um das mal so* deutlich *auszudrücken, ...da habe ich das im ersten Augenblick überhaupt nicht gerafft, weil es zu Anfang auch kaum was war. Das habe ich überhaupt nich richtig* mitgekriegt, *daß das nu das sein soll.*

GL: *Wußtest du, was auf dich zukommt?*

RICHARD: *Ja, na sicher. Meine Mutter hat mich also sehr früh aufgeklärt. Ich wußte mit* sechs *schon Bescheid. Nur hab ich mir das immer*

---

28 Daß die Menstruation in dieser Weise eindeutig als weibliche Erfahrung codiert ist, setzt ein Wissen um körperliche Erscheinungen voraus, in dem die Menstruation eine exklusiv weibliche Erfahrung ist. Das muß nicht unbedingt der Fall sein (vgl. Duden 1987: 137). Beauvoir weist darauf hin, daß Mädchen, die ihre erste Mensis nicht mit Bezug auf ein kulturell tradiertes Wissen erleben, diese nicht unbedingt als ein Zeichen von Weiblichkeit auffassen (vgl. Beauvoir 1978: 300).

vorgestellt so richtig mit som Schwall und so. Ich hab ja auch nie meine
Mutter danach gefragt. (X) Ja und zu Anfang, als das nicht so viel
war, da hat mich das auch nich so wahn*sinnig belastet. Also es hat*
mich schon gestört, aber das war für andere nicht so zu merken.

In Richards Darstellung ist in nuce der Prozeß einer neuen Verschränkung von Leib und Körper beschrieben. Es gibt den Körper,
der das Mädchen, das Richard war, erwartet: einen weiblichen Körper, der als sichtbares Zeichen seines Geschlechts einen »Schwall«
Blut absondert. Dann erlebt er tatsächlich, daß Blut aus seiner
Scheide fließt. Das versteht er aber nicht als Regung des weiblichen
Körpers, der er sein wird, denn so wenig Blut bedeutet nicht Frau.
Also: Das ist keine Periode. Ob ein Mädchen eine Periode erlebt, ist
also nicht unbedingt eine Frage dessen, welche Flüssigkeit wann wo
fließt, sondern ob diese Erfahrung in das optisch-taktil orientierte
Schema des Frauenkörpers hineinpaßt. Erst in dem Moment, wo beides ineinander verschränkt ist, bricht sich in dieser Erfahrung eine
»natürliche« Weiblichkeit Bahn. Weil der Blutfluß an einer geschlechtlich bedeutsamen Körperregion auftritt, ist es allerdings
nicht ausgeschlossen, daß er spontan mit dem eigenen Geschlecht in
Verbindung gebracht wird, ohne daß ein Wissen um den zukünftigen Körper dazu erforderlich wäre.

Als intensive Realität des objektivierten Geschlechts erschwert es
die Menstruation transsexuellen Männern, als Mann aufzutreten.

RICHARD: *Es war zwar störend, aber richtig genervt hat es mich, als ich*
so achtzehn war, weil ich vorher also die ganze Sexualität einfach
richtig verdrängt habe. (X) Deswegen auch diesen Teil irgendwie so
geistig abgehängt hatte. Und als ich dann alleine wohnte und da jetzt
also so ..2 die Entwicklung zum Mann auch vollzogen *habe, auch*
kleidungsmäßig. Ich hatte mich ja vorher immer so indifferent *angezo-*
gen, um zuhause keinen Ärger zu kriegen. Und als ich dann also voll-
kommen männlich auf*trat, da hat mich das dann also richtig gestört.*
Obwohl sie für andere nicht wahrzunehmen, also für die Ge-
schlechtsdarstellung irrelevant sind, erlebt Richard die Menses dann
als störend, wenn er sich definitiv als Mann auf die Umwelt bezieht.
Daß die Menses in dieser Weise störend wirken können, läßt sich nur
dann verstehen, wenn sie nicht nur eine Binnenerfahrung des eigenen Leibes sind, sondern als solche auch einer geschlechtlich be-

stimmten Gerichtetheit auf die Umwelt entsprechten, d. h., die intensiv erlebte Weiblichkeit während der monatlichen Blutung macht die Gewißheit, sich als Mann zu fühlen und sich als solcher auf die Umwelt zu beziehen, prekär.

Das objektivierte Geschlecht wird weiterhin als Anforderung an das leibliche Geschehen erlebt, d. h., der Körper ist ein Gefühls- und Verhaltensprogramm, das sich unter Umständen auch gegen das, was jemand bewußt will, durchsetzt. Es zeigt sich jetzt, daß der Körper nur dann als wirklich meiner erfahren wird, wenn ich ihn als meine intensive Realität erlebe.

Der Mann-zu-Frau-Transsexuelle Werner versucht, sich durch den Koitus mit seiner Freundin, den er wie ein Mann ausführt, davon zu überzeugen, daß er einer ist.

WERNER: *Vor einem halben Jahr hätte mir noch leicht jemand sagen können, wart erst einmal ab, wenn du erst einmal geschlafen hast mit einer Frau, dann wird das alles ganz anders. Und ich habe mich auch selber gefragt, ob es tatsächlich so ist, daß dadurch gewisse Gefühle auftreten, die mir das Mannsein ermöglichen oder leichter machen. Ich merke aber, daß der Wunsch, eine Frau zu sein, ziemlich unabhängig davon läuft.*

Nachdem Werner etwa anderthalb Jahre mit einer Frau befreundet war, schläft er mit ihr. Dies betrachtet er für sich als eine Art Selbstexperiment: Werde ich männlich fühlen, wenn ich mich männlich betätige? Die männliche Betätigung ist klar definiert, als Mann mit einer Frau zu schlafen, heißt, mit dem Penis in die Vagina einzudringen. Das männliche Gefühl, das Werner dadurch zu bekommen hofft, ist weniger ein Gefühl als ein Spüren des Leibes.

WERNER: *Und was ich noch krasser empfinde im Moment, ich kann mich bemühen, wie ich will, männlich zu fühlen, ich kann es irgendwie gar nicht, das ist eine Sache, die mir am meisten zu denken gibt. Ich habe immer das Gefühl, das läuft über den Schwanz, was man da so hat und da habe ich häufig das Gefühl, das Ding ist einfach umgeschaltet. Das geht irgendwie nicht so raus, ...wie halt alles Männliche das irgendwie ausdrückt... Meinetwegen männliche Kleidung, männliches Getue... Also auch wenn er steht, dann ist das irgendwie ein ganz anderes Gefühl, aber...*

GL: *Was für ein Gefühl?*

WERNER: *Das ist richtig so umgeschaltet. Ich habe häufig das Gefühl, als hätte ich bereits eine Scheide. So ein Gefühl habe ich häufig und das kann dann sein, daß er dann gerade bei diesem Gedanken auch steht, aber ich fühle dann nicht diesen Schwanz in meinem Bewußtsein. (X) So dieses also nicht so auf jemanden gerichtet.*

Ein männliches Gefühl haben, heißt also zunächst, den körperlichen Leib an einer Stelle spüren, die mit dem Symbol des Mannseins zusammenfällt. Weiterhin muß der körperliche Leib so gespürt werden, daß dies nicht im Widerspruch zum Symbol steht. Der sichtbare Körper bedeutet demnach nicht nur das Geschlecht, indem er das eigenleibliche Spüren geschlechtlich bedeutsam macht, sondern er ist zugleich eine Anforderung daran, wie der körperliche Leib gespürt werden muß. Der Körper wird so zum Programm, wie der körperliche Leib zu spüren ist, und insofern er Programm ist, orientiert er das eigenleibliche Spüren auf einen Lebensstil und die damit verbundene Geschlechtsposition.[29]

WERNER: *Obwohl mit Angelika (seiner Freundin, GL) geht es ja dann auch irgendwie so, aber ich verstehe das auch gar nicht, wie das alles läuft so. Ich habe dann manchmal eine Ahnung davon, wie das sein könnte vielleicht, wenn man männlich fühlt. Also wenn ich eben zum Orgasmus gekommen bin, dann habe ich kurzzeitig das Gefühl, ja es ist doch eigentlich egal, auch wie man sich kleidet ..., dann ist so kurzzeitig ein Gefühl da, ja warum eigentlich nicht.*

Durch Angelika kommt Werner zu einem männlichen Begehren. Zunächst fühlt er sein Genital »nicht so auf jemanden gerichtet«. Dazu steht im Gegensatz, daß es mit Angelika »geht«, ein Sachverhalt, der mit »obwohl« eingeführt wird. Dieser Gegensatz kann sich nicht auf eine Überraschung bezüglich seiner Körperform beziehen, sondern nur darauf, daß es ihn irritiert, daß er sich – obwohl sein Körpergefühl durch eine Vagina organisiert ist – auf jemanden richtet. Das Gefühl am Genital beginnt, sich zu verändern. Wenn »es« mit Angelika »geht«, polarisiert sich die Begegnung in einer Weise, daß er sich als Mann fühlt. Diese aufkeimende Evidenz beginnt mit

---

29 Die Humboldtsche These der Einheit von Sprach- und Seelenform variierend, könnte man hier von einer Einheit von Symbol- und Leibform sprechen.

einer Verwirrung, »aber ich verstehe das auch gar nicht, wie das alles so läuft«. Aber auch wenn das nicht der Fall ist, stimmen gespürter körperlicher Leib und das Programm seines objektivierten Geschlechts überein. Die gespürte Vagina ist verschwunden, und Werner ahnt, »wie das sein könnte vielleicht, wenn man männlich fühlt«. Da es beim männlichen Gefühl um »das Gefühl« geht, das er am »Schwanz« hat, kann man davon ausgehen, daß er spätestens mit dem Orgasmus einen solchen spürt.

Die Programmatik des objektivierten Geschlechts läßt ihm aber keine Ruhe. Die gewisse Zufriedenheit, die er nach dem Orgasmus erlebt, eröffnet nämlich wie von selbst eine männliche Zukunft, denn in der Übereinstimmung von programmatischem Körper und gespürtem Leib hat er »kurzzeitig das Gefühl, ja es ist doch eigentlich egal, auch wie man sich kleidet oder so«. Dann könnte er sich vorstellen, auch als Mann zu leben. Mit dem Körper wird ein ganzes Lebensprogramm für Werner verbindlich, insofern dieses als die Zukunft der leiblichen Realität erfahren wird, die er ist.

Der programmatische Charakter des Körpers für den Leib findet sich auf mehreren Ebenen: Die Körperformen werden für die leibliche Erfahrung verbindlich, damit einher geht die Anforderung an die Form des auf die Umwelt Gerichtetseins, und schließlich wird über den Körper für den Leib die Fülle von Sachverhalten und Normen verbindlich, die ein Leben in einem Geschlecht charakterisieren.

3. Die Funktionsweise sozialer Kontrolle und das Reale

Anhand der Analyse des Wahrgenommenwerdens hatte sich gezeigt, daß eine Person sich leiblich als ein Geschlecht erfaßt, indem sie den geschlechtlich signifikant gemachten Körper als die leiblich-affektive Wirklichkeit erlebt, die sie ist, d. h., diese liefert in der Verschränkung von Körper und Leib eine unleugbare Evidenz des eigenen Geschlechts. Wenn man die leibliche Evidenz des eigenen Geschlechts mit der Wahrnehmung anderer zusammenführt, ergibt sich eine doppelte Perspektive: Jemand ist ein Geschlecht, indem er/sie eines für andere ist, und jemand ist ein Geschlecht, indem andere ein Geschlecht für sie bzw. ihn sind.

Die Dimensionen des Leiblich-Affektiven, die sich dabei als wesentlich herausstellten, sind die Körperscham und das Begehren.[30] Der leiblichen Realisierung des geschlechtlich akzentuierten Körpers, der man für andere ist, entspricht auf der Seite der Wahrnehmung eine mehr oder weniger subtile Erotisierung. Diese macht sowohl die Körperform zu einer geschlechtlich bedeutsamen, als sie auch bei Bekleideten die spontane Evidenz liefert, welchen Geschlechts sie sind. Entscheidend ist dabei der strukturelle Zusammenhang wechselseitiger Verstärkung von einerseits der Binarität wahrgenommener Personen und andererseits der Binarität leiblicher Begehrensrelationen, die der Logik von Gleichheit und Verschiedenheit folgt.

Homo- und Heterosexualität sind in dieser Sicht nicht eine Folge der Existenz zweier Geschlechter, sondern als leibliche Begehrensrelation selbst ein organisierendes Prinzip der Geschlechterunterscheidung, das die reflexive Entzifferung von Signalen, wie z. B. Kleidung, Gestik und Mimik leitet und umgekehrt seine Eindeutigkeit aus der gelingenden Entzifferung von Personen als Männer und Frauen bezieht. Homo- und heterosoziale Beziehungen sind in diesem Sinne auch nur mit Bezug auf die protentionale Gegenwart der Begehrensrelationen zu verstehen.

In der Analyse der Struktur des leiblich-affektiven Umweltbezuges wird so akzentuiert, daß eine Person hier und jetzt in die Beziehung zu anderen eingesetzt ist und sich in dieser als real und mit bestimmten Merkmalen ausgestattet erlebt. Diese Beziehungsstruktur ist erstens ein wesentliches Medium sozialen Zwanges, insofern sie ein Ausweichen in private Welten, in denen jemand ein anderes Geschlecht sein könnte, verhindert. Zweitens schließt sich im Rahmen dieser Struktur die Wahrnehmung, indem auch Personen, deren Geschlechtszeichen als uneindeutig aufgefaßt werden könnten, einen eindeutigen wirklichen Platz im System von Gleich- und Verschiedengeschlechtlichkeit erhalten.

30 Damit ist nicht gesagt, daß andere Gefühle – wie etwa Stolz auf den Körper oder das Gefühl, den richtigen Körper zu haben – keine Rolle spielen. Aber auch die anderen Gefühle existieren im Rahmen der allgemeinen Struktur der leiblich-affektiven Erfahrung und würden so zwar neue Nuancen, aber nichts grundsätzlich Neues, bezogen auf die Bedeutung dieser Erfahrungsebene für die Konstruktion von Realität, hinzufügen.

In der Verschränkung von Körper und Leib werden die Ebenen des Kognitiven und des Symbolischen mit der zuständlichen Gegebenheit des Leibes zusammengeschlossen; mit den Untersuchungen zum körperlichen Leib und zur Programmatik des Körpers wird dieser Zusammenhang weitergehend präzisiert: Der Leib ist von geschlechtlicher Symbolik durchzogen und macht diese umgekehrt für die Person zu einem kaum relativierbaren Bestandteil ihrer Wirklichkeit. Der Körper wirkt als Geschlechtszeichen, insofern er in der Verleiblichung buchstäblich zu einer Realität unter der Haut wird, wie eine Sperre, das Geschlecht des Körpers zu verlassen. Die schlichte Erfahrung, das Körpergeschlecht wirklich zu sein, funktioniert wie eine Autorität; das Reale wirkt auch dann als soziale Kontrolle, wenn niemand da ist, der die einzelnen kontrolliert, bzw. wenn soziale Kontrollen effektiv außer Kraft gesetzt sind.

Ich hatte zu Beginn des Kapitels eine programmatische Kritik der Mikrosoziologie formuliert, wonach diese es versäumt, die eigenständige Bedeutung des Realen für die Konstanz sozialer Strukturen zu berücksichtigen, und andererseits das Moment des Subjektiven unvollständig bestimmt, dessen Verstricktsein ins soziale Feld nicht untersucht wird, mit der Konsequenz, daß die Funktionsweise sozialer Kontrolle nicht mehr begriffen werden kann. Damit hängt eng zusammen, daß es der Ethnomethodologie nicht gelingt, das wechselseitige Aufeinanderbezogensein der Beteiligten angemessen zu verstehen, da sie den Akzent einseitig auf das Tun sozialer Ordnung legt. Die einzelnen sind, insofern sie Welt hervorbringen, sowohl frei von ihrem Produkt als auch von ihren Mitproduzierenden. In meiner Untersuchung hat sich dagegen, ausgehend von der Kategorie des exzentrisch aufgebrochenen Leibes, der Schwerpunkt verschoben. Es geht nicht mehr um das Tun von einzelnen, sondern darum, das Geschehen zwischen leiblichen Personen herauszuarbeiten, in dem für diese eine Welt wirklich wird. Dieses Geschehen vollzieht sich in einer polyzentrischen Struktur, in der die einzelnen ihrer selbst und ihres Tuns nie ganz mächtig sind.

II.

DAS ZERBRECHEN DES AUSGANGSGESCHLECHTS

> Vor dem Glauben gibt es keine Natur.
> *Friedrich Schiller*

Transsexuelle machen im Lauf ihres Lebens eine Geschlechtsveränderung durch, die sich als eine komplexe Umstrukturierung des fortlaufenden polyzentrischen Geschehens herausstellt, in dem das Geschlecht von Personen real ist. Dieser Versuch, den Geschlechtswechsel zu beschreiben, unterscheidet sich insofern grundsätzlich von anderen soziologischen Untersuchungen, als er es unternimmt, die Veränderung im Rahmen der These der Geschlechtskonstruktion zu beschreiben. Wenn soziologische bzw. sozialpsychologische AutorInnen Transsexualität bzw. Transsexuelle als solche zum Gegenstand ihrer Arbeit machen – sich auf diese also nicht methodisch im Sinne eines Verfremdungseffekts beziehen –, verlieren sie nämlich regelmäßig den Sachverhalt der alltäglichen Konstruktion des Geschlechts aus den Augen.

Solange sich die Analysen auf eine Untersuchung des Labels Transsexualität[1] und seine Vergabe[2] beschränken, ist diese Reduktion vor allem dann problematisch, wenn die Analyse explizit auf naturalisierenden Annahmen aufbaut[3]. Die Beschreibung subkultureller Zusammenhänge kann – in gewissen Grenzen – ebenfalls ohne einen expliziten Bezug zur »normalen« Konstruktion des Geschlechts auskommen.[4] Zum entscheidenden Manko wird diese Re-

---

1 Vgl. King (1981)
2 Vgl. King (1986), Sulcov (1973)
3 Dies gilt vor allem für ideologiekritische Arbeiten, die Transsexualität als ein falsches Bewußtsein entlarven wie Sagarin (1975) und Billings/Urban (1982); für die feministische Variante vgl. Raymond (1980), McNeil (1982). Zur Kritik dieser Ansätze vgl. King (1987, 1984).
4 Vgl. hierzu Fournet u. a. (1988), Levine (1976).

duktion aber dann, wenn die Geschlechtsveränderung selbst ins Zentrum der Aufmerksamkeit gerückt wird. Bolin (1988) und Kando (1972, 1973) beschreiben zwar, daß Transsexuelle ihr Geschlecht verändern, aber wie sich dieser Prozeß vollzieht, bleibt dabei weitgehend unberücksichtigt. Der Grund für diese Schwäche läßt sich am Bedeutungswandel des Begriffs »passing« aufzeigen. Bei Garfinkel (1967 c) bezeichnet er die Methoden, vermittels derer die transsexuelle Agnes es fertigbrachte, als eine normale, natürliche Frau zu wirken. Da in Garfinkels Verständnis alle Beteiligten als Frauen oder Männer erscheinen müssen, zielte der Begriff des »passing« auf ein methodisches Tun, in dem alle – auch die Normalen – engagiert sind. Im Unterschied dazu wird »passing« bei Kando und Bolin zu einer Variante des Stigmamanagements. Während für Garfinkel Transsexuelle aufgrund ihrer Lebenslage ExpertInnen in Sachen Normalitätskonstruktion waren, werden sie bei den neueren AutorInnen wieder zu einer Minderheit mit besonderen Problemen, die einer reifizierten Geschlechterrealität gegenüberstehen, die die unfragbare und selbstverständliche Voraussetzung ihrer Problembewältigungsstrategien bildet.

Um eine genauere Beschreibung des Veränderungsprozesses leisten zu können, ist es erforderlich, schon in der Anlage der Untersuchung die Trennung von normal und nicht-normal wieder zu unterschreiten und sich auf die Ebene der leiblich-affektiven Konstruktion zu begeben.

Das leibliche Selbstgefühl sowie das »Eingehaktsein« in die Interaktion bilden, als sich wechselseitig verstärkende Momente, die erlebte geschlechtliche Realität. Eine Geschlechtsveränderung muß also sowohl den körperlichen Leib mit einbeziehen als auch die Relation zu anderen. Für einen derartigen Veränderungsprozeß müßte sich eine Person aus der leiblich-affektiven Umweltbeziehung aushaken und sich, ausgehend von der neuen Geschlechtsposition, erneut einhaken. Als abrupte Veränderung ist dieses Unterfangen allerdings unmöglich, denn einerseits handelt es sich um eine geplante Veränderung, die eine reflexive Distanznahme impliziert, und andererseits ist gerade bei Vorkommnissen, bei denen man von einem Aushaken der leiblichen Umweltbeziehung sprechen könnte – wie etwa beim

Schreck[5] oder beim Einschlafen –, eine reflexive Distanznahme unmöglich. Man kann sich weder bewußt erschrecken, noch kann man einschlafen, solange man eine reflexive Distanz zu sich aufrechterhält (vgl. Merleau-Ponty 1972: 78). Da die alltägliche unreflektierte Realität die des Ausgangsgeschlechts ist, stehen Transsexuelle vor der Aufgabe, mit dessen Veränderung zu beginnen, obwohl es zugleich eine erlebte Gewißheit ist, daß sie real dieses Ausgangsgeschlecht sind. Es ist das Reale als die mit der leiblich-affektiven Umweltbeziehung gegebene Erfahrungsform, das sie im Ausgangsgeschlecht hält.

Die ersten Schritte der Geschlechtsveränderung zielen nur sehr bedingt darauf, das neue Geschlecht zu erreichen; es geht vielmehr zunächst darum, die Realität seiner selbst als Bestandteil der leiblichen Umweltbeziehung zu vermindern, d. h. sich und die eigene Umweltbeziehung zu entwirklichen oder zu derealisieren. Die sich dabei ergebenden Probleme lassen sich nicht ohne Bezug auf die Schwierigkeiten verstehen, die sich aus der Konfrontation mit dem Realen ergeben.

Diese Vorphase des eigentlichen Neukonstruktionsprozesses liegt thematisch nicht weit von einer Psycho-Logik entfernt, denn es handelt sich weitgehend um eine selbstbezogene Auseinandersetzung mit der geschlechtlichen Realität. Dennoch scheint mir eine genauere Analyse der Derealisierungsphänomene auch für ein soziologisches Verständnis der Geschlechterrealität fruchtbar zu sein, da im Zusammenhang mit der Entwirklichung Kontrollmechanismen deutlich werden, die die Erfahrungsform des Realen als solche vor Beschädigungen schützen, ohne sich – oder zumindest nicht primär – explizit gegen Abweichungen von der geschlechtlichen Normalität zu richten. Diese die gegebene Realität insgesamt schützenden sozialen Kontrollen würden der Analyse entgehen, überspränge man die Derealisierung des Ausgangsgeschlechts.

Die Phänomene der Derealisierung und erneuten Realisierung des Geschlechts werden erst sichtbar, wenn man sich dem Problem stellt, daß tatsächlich eine Veränderung der geschlechtlichen Wirklichkeit einer Person stattfindet. Nahezu alle Theorien über Transse-

5 Zur leiblichen Struktur des Schrecks vgl. Schmitz (1965: 173 ff.).

66

xualität – zumindest die medizinischen oder psychologischen[6] – laufen auf den Versuch hinaus, die Tatsache der Veränderung ungeschehen zum machen. Dabei ist es unerheblich, ob davon ausgegangen wird, Transsexuelle seien das neue Geschlecht schon immer gewesen, brauchten es also nicht zu werden (vgl. Stoller 1968), oder davon, daß sie immer das Ausgangsgeschlecht bleiben, das neue also nicht werden können (vgl. Socarides 1969, Springer 1981). Wichtig ist nur das Ergebnis: Es war schon immer, wie es ist – kein Grund zur Beunruhigung. Die Tatsache der Fest-Stellung der Geschlechtsveränderung deckt sich strukturell jedoch erst mit der Schlußphase des transsexuellen Prozesses.[7] Auf eine kurze Formel gebracht, ließe er sich so beschreiben: Transsexuelle werden morgen schon gestern das Geschlecht gewesen sein, das sie heute noch nicht sind.

Wenn ich Veränderungen beschreibe, geht es mir nicht um das Herausarbeiten von Motiven bzw. individualgenetischen Vorgängen, sondern einzig um die Deskription der Modifikationen der Leib-Umwelt-Beziehung, die bei einer Geschlechtsveränderung stattfinden.[8] In gewisser Weise wird dabei die ethnomethodologische Frage, »wie wird es gemacht«, auf die leibliche Erfahrung ausgedehnt. Es geht nicht mehr um die Motive der Geschlechtsveränderung, sondern darum, wie sie sich vollzieht.

Weiter oben habe ich die Form des Realen in der Aussage zusam-

6 Als Ausnahme vgl. Docter (1988), der die Geschlechtsveränderung als Umbruch im Selbstverständnis versteht. Zu den Schwierigkeiten dieses Vorgehens vgl. Lindemann (1989).

7 Auf die Konvergenz wissenschaftlicher Bestrebungen mit den Konstruktionszwängen einer gelungenen transsexuellen Autobiographie hat schon Runte (1992) hingewiesen.

8 Damit will ich nicht ausschließen, daß es bei einer geeigneten Materiallage unmöglich wäre, die Geschlechtsveränderung aus dem Gesamtzusammenhang einer Lebensgeschichte heraus plausibel zu machen. Eine derartige biographische Arbeit hätte etwa in Sartres Flaubertstudie (1977 – 1980) ein methodisches Vorbild. Die bis jetzt publizierten Einzelfallstudien sind davon allerdings noch weit entfernt, auch wenn eine gewisse »Entspannung« im Verhältnis etwa von analytischen AutorInnen und Transsexuellen festzustellen ist (vgl. Meyenburg 1992). Ob der sexualwissenschaftliche Vorschlag von Dannecker (1991), »begriffene Sexualgeschichten« zu schreiben, über die bisher vorherrschenden Pathologisierungstendenzen wesentlich hinausführt, wird die Zukunft erweisen müssen.

mengefaßt: Ich bin hier und jetzt als dieses Geschlecht real. Ein wesentlicher Schritt für die Derealisierung des Ausgangsgeschlechts besteht darin, dieses zu entsubjektivieren, indem eine Differenz zwischen dem »ich« der Rede und dem Ausgangsgeschlecht behauptet wird.

Da Transsexuelle zunächst ihr Ausgangsgeschlecht sind, stellt sich die Frage, ob sie mit »ich«, das dieses nicht sein soll, etwas Reales meinen. Im Sinne Plessners könnte man versucht sein, diese Rede gemäß der Ich-Struktur zu verstehen, sie also auf die Unterscheidung zwischen einem »allgemeinen Ich« und einem besonderen unvertretbaren leiblichen »ich« beziehen. Das hieße allerdings, die keimhafte Spaltung von Selbst- und Gegenstandsstellung als eine reflexive Distanz zu mißdeuten, denn in der Rede Transsexueller wird dem Ausgangsgeschlecht explizit »ich« gegenübergestellt.

Das »ich« einer Rede wie »ich bin keine Frau« meint nicht ein allgemeines Ich, das von einem Ich, das Frau wäre, unterschieden werden könnte, sondern das »ich«, das keine Frau ist, zerfällt selbst keimhaft in die Differenz von Meinendem und Gemeintem, d.h. auch »ich«, das in diesem Fall vom Frausein abgesetzt wird, meint eine bestimmte unvertretbare Realität hier und jetzt und zugleich die Distanz – die Dimension der Vertretbarkeit –, die gegeben sein muß, damit »ich« zu sich »ich« sagen kann. Der semantische Gehalt von »ich«, das dem Ausgangsgeschlecht entgegengestellt wird, kann demnach nicht auf das allgemeine Ich Plessners reduziert werden, denn dieses hebt einzig auf die Dimension der Vertretbarkeit der zu sich »ich« Sagenden ab. Um überhaupt ein Verständnis für die Entsubjektivierung zu gewinnen, ist es also zunächst erforderlich, den semantischen Gehalt des »ich« der Entsubjektivierung zu bestimmen.

1. »Ich« im Unterschied zu seinem Geschlecht

Bei der Beschreibung der Frühphasen der Geschlechtsveränderung beziehe ich mich vor allem auf die Analyse von Beratungsgesprächen mit zwei Mann-zu-Frau-Transsexuellen (Werner[9] und Gabriel/Daniela), deren Entwicklung ich über einen Zeitraum von zwei bis vier Jahren begleitet habe. Werner befindet sich während dieser Zeit in einem Zustand, in dem der Wunsch, das andere Geschlecht zu sein, gewissermaßen im Begriff ist, in den engagiert verfolgten Entwurf umzukippen, das andere Geschlecht zu werden; Gabriel/Daniela ist dagegen schon zur Zeit der Beratung in der Realisierung dieses Entwurfs engagiert.

Anhand ihrer Erfahrungsbeschreibungen läßt sich exemplarisch zeigen, wie die Phase der Geschlechtsveränderung beschaffen ist, in der das Wünschen dominiert. Es ist sinnvoll, vorab den Unterschied zwischen Wunsch und Wünschen zu klären. Der Wunsch bezeichnet einen irrealen zukünftigen Sachverhalt, während das Wünschen akzentuiert, daß eine Person in ihrem leiblich-affektiven Zustand von der Realisierung des zukünftigen Sachverhalts abhängt. Damit ist noch nicht gesagt, daß die betreffende Person etwas dafür tut oder dies auch nur könnte, daß der gewünschte Sachverhalt tatsächlich real wird. Wenn ich etwa auf den Anruf einer geliebten Person warte, kann ich mir zwar sehnlichst wünschen, daß der zukünftige Sachverhalt – der Anruf – endlich real werden möge, aber es ist geradezu ausgeschlossen, daß ich etwas für dessen Realisierung unternehme. Selbst wenn ich mich dazu entschließen sollte, selbst zum Telefonhörer zu greifen und die andere Person auch tatsächlich erreiche, ist der Wunsch, von ihr angerufen zu werden, nicht in Erfüllung gegangen.

Ebenso können sich Personen innigst wünschen, das andere Ge-

9 Bei der anonymisierten Namensgebung folge ich dem damals aktuellen Selbstverständnis meiner GesprächspartnerInnen. Werner hatte die Beratung nur so lange in Anspruch genommen, bis er den Mut fand, sich in dem Entwurf zu engagieren, eine Frau zu werden. Die definitiven Veränderungen – auch die des Namens – habe ich nur am Rande mitbekommen. Da ich mich in meiner Darstellung auf die Zeit der Beratungsgespräche beziehe, verwende ich in diesem Fall ausschließlich ein männliches Pseudonym.

schlecht zu sein, ohne für die Verwirklichung dieses Sachverhalts etwas zu tun. Der Heftigkeit des Wünschens braucht das keinen Abbruch zu tun; das Wesentliche ist, daß sie in ihrem leiblich-affektiven Zustand von der Erfüllung des Wunsches abhängen. Im Fall des Wunsches nach Geschlechtsveränderung ist die Sachlage allerdings noch etwas komplizierter, denn der gewünschte Sachverhalt ist ebenfalls leiblich-affektiver Art. Im Falle des sehnlichst erwarteten Anrufs soll ein äußeres Ereignis eintreten, im Fall des transsexuellen Wunsches soll sich die eigene leiblich-affektive Umweltbeziehung, das Geschlechtsein, derart ändern, daß »ich« das andere Geschlecht ist. Dies macht die leiblich-affektive Erfahrung auf eine grundsätzliche Weise doppeldeutig, denn als Wünschen hat das neue Geschlecht ebenso einen Anhalt in der gegenwärtigen Erfahrung, d. h. im Realen, wie es beim Ausgangsgeschlecht der Fall ist. Das Wünschen berührt demnach unmittelbar die Realität des Ausgangsgeschlechts, und es wird zu einer Frage der Intensität, inwieweit dieses die Konfrontation mit dem Wunschgeschlecht unbeschadet übersteht.

Für die meisten, die die Beratung aufgesucht haben, hatte der Wunsch, das andere Geschlecht zu sein, schon die Gestalt eines mehr oder weniger festen Zukunftsentwurfs angenommen, für dessen Realisierung sie – zumindest im eigenen Selbstverständnis – eintraten. Der Mann-zu-Frau-Transsexuelle Gabriel/Daniela formuliert das gleich in den ersten Gesprächen kurz und bündig.

GABRIEL: *Also Ziel is ja irgendwie logisch, daß ich ne ...Frau werden möchte.*

Gabriel ist mit Lust und Leid in die Umsetzung seines Wunsches verstrickt.

GABRIEL: *Ich bin stolz drauf, ...daß ich mich nich wien Junge anziehen muß, daß ich ...nich wien Junge leben muß. Ich glaube, in der Situation könnte ich nich leben ja (X) und oder wien Junge total, das wäre schrecklich für mich ja.*

Für Gabriel ist es nur möglich zu leben, wenn er das Gefühl hat, etwas dafür zu tun, daß seine Gegenwart auf das zukünftige Frausein bezogen ist; dies geschieht vornehmlich, indem er sich nicht kleidet wie ein Junge oder zumindest nicht wie ein Junge »total« ist. Das konkrete Engagement Gabriels und die dabei auftretenden Probleme werde ich späterhin untersuchen, zunächst geht es darum, das Engagement in einem Lebensentwurf vom Wunsch, das andere Geschlecht zu sein, zu unterscheiden. Bei Werner wird diese Differenz deutlich.

WERNER: *Dieser Gedanke ist einfach immer da. Also, jederzeit kommt der wieder hoch, dieser Wunsch (danach, eine Frau zu sein, GL).*

Der Wunsch bestimmt Werners leiblich-affektiven Zustand auch und gerade dann, wenn ihm klar wird, daß es aussichtslos ist, ihn zu realisieren.

WERNER: *...und kommt das sehr schnell eben, daß ich dann in die Realität zurückstoße und dann eben sehe, wie mein Körper eigentlich ist und so und dann so den totalen Haß gegen meinen Körper empfinde und dann erst einmal rumheule und richtig fertig bin.*

Im Unterschied zum Engagement in der Entwurfsrealisierung ist es für das Wünschen unerheblich, ob jemand etwas für die Verwirklichung des gewünschten Sachverhalts unternimmt, entscheidend ist einzig, ob der aktuelle leiblich-affektive Zustand auf den Wunsch bezogen bleibt.

Das Wünschen bildet einen wichtigen Bezugspunkt für eine Distanznahme von der männlichen Realität.

WERNER: *Ich sehe aus wie ein Mann, da wird dann auch erwartet, daß ich mich wie ein Mann verhalte. Diese Geschlechtersachen laufen ja alle mehr so im Unterbewußten. Die meisten Leute machen sich das ja gar nicht klar, weil sie gar nicht das Interesse daran haben, das klarzumachen. Ich denke, viele Sachen merkt man überhaupt erst, wenn man damit Schwierigkeiten hat. Wenn man den Wunsch hat, die andere Rolle zu haben, dann merkt man überhaupt erst, wo überall die Geschlechtsrolle eine Rolle spielt. Also erst dann, wenn du darunter leidest, daß die Leute in dir einen Mann sehen, dann merkst du überhaupt erst, wo überall das praktisch eine Bedeutung hat, als Mann oder als Frau eingestuft zu werden.*

In dieser Schilderung wird zum einen eine reflexive Distanz beschrieben. Werner ist nicht einfach als Mann in Interaktionen verhakt, sondern er registriert ununterbrochen, daß ihn die anderen als solchen wahrnehmen und entsprechende Erwartungen an ihn haben. Die reflexive Distanznahme beinhaltet zunächst eine Entfaltung der keimhaften Spaltung von Selbst- und Gegenstandsstellung. Werner erlebt sich selbst als unglücklich, wenn sich die anderen zu ihm als Mann verhalten. Wenn er auf dieses Gefühl und die es motivierende Situation reflektiert, macht er sein Gefühl zum Gegenstand einer Reflexion, aber auch in der Reflexion erlebt er es noch als sein eigenes, d. h., als Reflektierender ist er mit dem Reflektierten identisch, obwohl er sich durch den Akt der Reflexion von diesem unterscheidet. Die Unterscheidung zwischen sich als Gegenstand der Reflexion und sich als Reflektierendem ist zwar nur möglich, wenn der Akt der Reflexion selbst keimhaft gespalten ist in Selbst- und Gegenstandsstellung, aber diese Unterscheidung bezeichnet lediglich eine formale Differenz innerhalb der Struktur der Selbstbeziehung, die mit der thetischen Reflexion gegeben ist. Werner reflektiert jetzt aber nicht nur auf sich und die Situationen, in denen er Schwierigkeiten mit der »Geschlechtsrolle« hat, sondern er bezieht diese Reflexion auf den »Wunsch ..., die andere Rolle zu haben«. Dadurch macht die reflexive Haltung zu sich eine qualitative Veränderung durch, denn durch das Wünschen bekommt die formale Differenz einen materialen Bezugspunkt. Indem Werner wünscht, das andere Geschlecht zu sein, unterscheidet er sich zum einen von dem traurigen Mann, zum anderen bezeichnet er sich aber darüber hinaus als Werner, der den Wunsch hat, eine Frau zu werden. Da dieser Wunsch durch ein affektives Engagement getragen ist, kann Werner sich gefühlsmäßig als jemand erleben, der/die etwas anderes ist als der Mann, der Schwierigkeiten hat, ein Mann zu sein. Ohne daß er eine Frau zu sein bräuchte, stehen wirkliche Gefühle dem Mannsein gegenüber, die ihn manchmal so sehr überwältigen, daß er weinen muß. Werner kann also etwas bestimmtes real Erlebtes meinen, das nicht aufs Mannsein, sondern auf den Wunsch, Frau zu sein, bezogen ist.

Diese Wirklichkeit kann Werner mit »ich« ansprechen und sich dabei sicher sein, etwas Bestimmtes zu meinen, nämlich sich als Reflektierenden, der sich, durch den Wunsch radikalisiert, von sich als Reflektiertem, d. h. von sich als Mann unterscheidet.

WERNER: *Das ist alles so gemein irgendwie. Weil ich kann ja nicht sagen, aus sozialen Gründen mache ich etwas (als Mann leben, GL), aber wenn ich dann nicht mehr ich selber bin, dann geht das ja gar nicht.*

Das Problem dieser durch den Wunsch organisierten Gefühlswirklichkeit ist, daß sie keinen Halt außer ihr hat. Ob ein Gefühl echt oder nur gespielt ist, ist zwar in gewissen Grenzen auch für andere erfahrbar, aber letztendlich eine Frage der subjektiven Überzeugung.

WERNER: *Dann (wenn er sich sagt, ich lasse mich aufs Mannsein ein; GL) ist irgendwie der totale, ja ich bin verzweifelt dann so vom Gefühl her. Obwohl jetzt zum Beispiel, wenn ich hier so sitze, könnte ich sagen, naja, übertreib das man nicht. Das ist ja auch immer das Komische an den Gefühlen, daß immer auch noch dabei ist, übertreibe ich es nicht total so, daß ich diese ganzen Geschlechter als so wichtig sehe, aber das ist genau wie das letztemal, man kann dem nicht davonlaufen.*

Das Engagement in dem Wunsch, eine Frau zu sein, hat hier die Form der totalen Verzweiflung, die Werner bei dem Gedanken erfaßt, als Mann zu leben. Zugleich traut er aber seinen Gefühlen und damit auch dem Ergebnis seiner Reflexionen nicht ganz. Sowohl die »Gefühle« als auch »diese ganzen Geschlechter als so wichtig« anzusehen, sei vielleicht übertrieben. Er hat zu seinen Gefühlen, d. h. zu seinen Wünschen, ebenfalls eine reflexive Distanz, die allerdings anders beschaffen ist als die Distanz zum Mannsein, denn er bezieht sich als Reflektierender nicht auf einen material anderen Gehalt als den, der ihn als Reflektierten ausmacht. Er taucht kurz auf aus diesen Gefühlen und im nächsten Satz wieder in sie ein, denn »man kann dem nicht davonlaufen«. Diese Gefühle sind also schon im Ansatz durch einen inneren Zweifel zersetzt, ohne daß ihnen etwas anderes gegenübergestellt werden könnte.

Wenn Werner an diese Gefühle glaubt, ist seine leibliche Erfahrung auf beide Geschlechter bezogen. Einerseits gibt es die leibliche Erfahrung eines männlichen sexuellen Begehrens, die Werner als belastend erlebt.

WERNER: *Ich merke auch, wie sehr der ganze physiologische Sexualtrieb den ganzen Körper unter Spannung hält. Das finde ich ziemlich belastend. Ich habe da noch keinen Weg gefunden, da so Frieden mit zu finden damit.*

Das führt dazu, daß er sich von seinem Körper im Rahmen einer wunschgeleiteten reflexiven Distanzierung trennt. Werner steht nicht »hinter dem, was mein Körper sagt«.

WERNER: *Das kommt daher, daß ich mich von meinem Körper so trenne, auch von meiner Sexualität oder so. Das sind alles Dinge, die ich lieber wieder so wegschiebe. So nach dem Motto: was würde ich jetzt eigentlich gerne sexuell machen, das könnte ich gar nicht so richtig sagen, weil ich das so richtig wegschiebe.*

Um etwas wegschieben zu können, muß es zuvor als solches erkannt und bewertet werden. Es sind sexuelle Regungen, d. h. leibliche Regungen, die in der Verschränkung von Körper und Leib als geschlechtlich bestimmt erlebt und als männliche Regungen abgelehnt werden. Werner ist in seinem Begehren also nicht spontan nach außen gerichtet, sondern beobachtet immer auch explizit, was in ihm an Männlichem vorgeht.

Andererseits erlebt Werner auch den Wunsch, eine Frau zu sein, als eine leibliche Evidenz. Kurz nach der eben zitierten Passage geht das Gespräch so weiter.

GL: *Du steckst die (männliche) Sexualität weg und möchtest nichts mit ihr zu tun haben?*

WERNER: *Mhm (bejahend), ja, es ist, ja eben. Ich frage mich dann immer, ist das nicht einfach nur ein Davonlaufen. Ist es nicht für mich völlig klar, daß ich diese Sache (Geschlechtsveränderung, GL) machen will und ich laufe immer nur so davon. Das Gefühl habe ich also irgendwie, daß ich es immer wieder verleugne, ...aber zu sich selbst zu stehen, also zu mir selber zu stehen und zu sagen: jawoll, ich habe solche Gefühle (sich zu wünschen, eine Frau zu sein, GL) und so ...ich will es selber nicht wahrhaben und immer so tun, als wäre es doch nicht so.*

In diesem Gesprächsabschnitt bleibt zwar das Leibsein als Gegenstand des Gesprächs erhalten, aber Werner verändert unter der Hand den geschlechtlichen Bezugspunkt der leiblichen Erfahrung. Meine Bemerkung ist weniger eine Frage, als der Versuch einer verstehenden Zusammenfassung dessen, was er vorher gesagt hat; Werner bestätigt zunächst, daß ich ihn richtig verstanden habe, und scheint den Faden wieder aufzunehmen, indem er sich fragt, ob er nicht einfach nur davonläuft. Aber mit dieser Bemerkung ist schon der geschlechtliche Bezugspunkt seiner leiblich-affektiven Erfahrung ein anderer, es geht nicht um die Sexualität, sondern um die Gefühle, d. h. das Wünschen, eine Frau zu sein. Indem er dies als Erfahrung seiner selbst erlebt, erhält das Wunschgeschlecht einen Anhalt in seinem Erleben, der als Spüren seiner selbst die gleichen Evidenzen liefert wie das Ausgangsgeschlecht.

Werner gerät derart in einen Zirkel, dessen Momente ein kritisch beäugtes Wünschen, eine Frau zu sein, und ein entsubjektiviertes männliches Ausgangsgeschlecht sind. Die Furcht vor sozialen Sanktionen verhindert, daß aus dem Wunsch ein Entwurf wird, aber als Mann kann er auch nicht leben, da ihm die Intensität des Wünschens das Mannsein fremd gemacht hat. Um das Verständnis der Entsubjektivierung zu vertiefen, sollen im weiteren zwei Aspekte hervorgehoben werden: Die Subversion der Körperscham und der Zwang zur Unmittelbarkeit.

In der Scham erlebt sich eine Person als das Geschlecht, das der Körper bedeutet. Schon in den dabei herangezogenen Beispielen deutete sich eine Radikalisierung der Körperscham dahingehend an, daß sich die betreffende Person nicht nur des falsch bedeckten Körpers schämt, sondern der Tatsache, das Geschlecht zu sein, das der Körper bedeutet. Dieser Sachverhalt impliziert eine Subversion der Körperscham mit ihren eigenen Mitteln: direkt durch das Sich-Schämen und durch die Vermeidung von Scham hervorrufenden Situationen. In der Körperscham findet eine Teilung statt. Wenn »ich mich schäme«, meinen Körper nicht angemessen bedeckt zu haben, falle »ich« zwar mit »mir«, dem falsch bedeckten Körper zusammen, aber nur insoweit, als »ich« dieses Zusammenfallen als peinlich empfinde und im gegebenen Augenblick ganz in dieser Peinlichkeit aufgehe. Scham beinhaltet also eine situativ in eine Einheit zusammengezogene Differenz. Bei Transsexuellen ist die Differenz nun minimal verschoben, indem sie sich nicht nur des falsch bedeckten Körpers schämen, sondern des Geschlechts des Körpers. Insoweit sie sich schämen, erleben sie es zwar als eine unerträgliche Übereinstimmung mit dem Ausgangsgeschlecht, aber insoweit »ich« sich darum bemüht, das peinigende Gefühl zu vermeiden, gibt es eine leiblich-affektive Erfahrung – etwa als Angst vor der Scham –, die sich präzise vom Ausgangsgeschlecht, bzw. vom beschämenden Zusammenfallen mit diesem, abheben läßt. Das Bemühen, sich nicht schämen zu müssen, bildet so einen realen weiteren leiblich-affektiven Bezugspunkt für die Erfahrung, nicht das Ausgangsgeschlecht zu sein.

WERNER: *Ich wollte nie so Sachen tragen, wo ich die Sachen so reinstecken muß irgendwie. Wenn ich eine Hose habe und mein Hemd da so reinstecke, das Gefühl habe ich dann auch, daß ich dann meine Geschlechtsorgane auch so zeige – so ein bißchen – oder jedenfalls irgendwie das bewußter so hervorhebe (X) und ich habe also immer so das Bedürfnis, immer so auch irgend etwas da drüber zu ziehen. Und das habe ich schon eh und je und immer gehabt.*

Diese Schilderung zeigt zweierlei. Zum einen ist die Scham eine affektive Radikalisierung der kulturell ohnehin geforderten Bedeckungsvorschriften.[10] Zum anderen muß man beachten, daß das »Zeigen« des Penis ein Gefühl hervorruft. Dies verstehe ich so, daß Werner den Penis nicht nur visuell zeigt, sondern daß er im Zeigen den eigenen Leib auch intensiver spürt, d. h., er erlebt die Region des Penis als eine deutlich gespürte »Leibesinsel« (Schmitz). Mit anderen Worten, wenn Werner das Hemd in die Hose steckt, wird der Penis nicht nur sicht- sondern auch spürbarer. Demnach bezieht sich die Scham auch auf den körperlichen Leib: der Körperscham entspricht gewissermaßen eine Leibinselscham, eine Scham, die sich auf das Spüren bestimmter Regionen des eigenen Leibes richtet.

Als Leibinselscham wirkt die Subversion der Körperscham auf die leiblichen Strukturen der Umweltbeziehung. Der Entsubjektivierung des körperlichen Leibes entspricht nämlich eine Modifikation des Umweltbezuges, die weit über sichtbare Phänomene, es etwa wie Werner zu vermeiden, das Hemd in die Hose zu stecken, hinausgeht.

WERNER: *Ich bin überhaupt nicht, wie man das so sagen kann, mit meinem Körper eine Persönlichkeit, daß ich mit meinem Körper irgend etwas ausdrücken könnte oder mit der Kleidung oder so; daß ich da jetzt hinter mir steh, hinter dem, was mein Körper sagt. Das ist,*

---

10 Die Scham, das Ausgangsgeschlecht zu sein, kann selbstverständlich auch diskret zu handhabende Gegenstände betreffen, bei Frau-zu-Mann-Transsexuellen etwa Monatsbinden.

was mir das Leben total schwermacht. Neben der Rolle allgemein so-
wieso, aber eben auch, daß ich unterbewußt und zum Teil auch be-
wußt das Gefühl habe, mein Körper ist nicht das, was ich bin. Das ist
irgendwie ganz stark da, das verunsichert mich auch immer irgend-
wie. Ich meine, ich versuche, da nicht dran zu denken, das ist natür-
lich klar, aber das drängt sich immer wieder auf. Das ist nicht so, daß
das deswegen nun verschwindet.

Die Unmöglichkeit, etwas auszudrücken, hängt eng mit Werners
Versuch zusammen, seinen Leib nicht als eigenen zu spüren, so passiert es ihm unentwegt, realisieren zu müssen, wie peinigend es ist,
daß »ich« mit der eigenen Darstellung und dem gespürten körperlichen Leib zusammenfällt, weshalb er sich um die Aufrechterhaltung einer Distanz zu dieser Erfahrung bemüht.

Die Modifikation der leiblichen Umweltbeziehung wird von den
anderen sowohl erfahren als auch negativ sanktioniert.

WERNER: *Das wird mir auch von anderen so vorgeworfen, daß ich zu*
meinen Gefühlen gar nicht stehen würde, man bei mir überhaupt gar
nicht wüßte, wo man dran wäre oder was ich denken würde, (X) weil
ich alles, was ich fühle, immer auch irgendwie verleugne oder so halt
mich auch dann immer total zurücknehme. Das höre ich häufig, daß
Leute darüber genervt sind … So vor zwei Tagen war das. Da war ich
auch mit so einem anderen wieder zu Besuch, wo, habe ich dann hin-
terher erfahren, was der andere über mich gesagt hat, der kannte mich
also nur so beiläufig – halt nur so als Kumpel von dem, mit dem ich da
mitgegangen bin. Und … der hat einen total negativen Eindruck von
mir gehabt, so nich: Was ist denn das für ein komischer Typ und so
nich und so weiter. Also so, daß ich irgendwie viel zu verschlossen
wäre und gar nicht ich selber bin.

Die Entsubjektivierung wirkt also sowohl dahin, den eigenen Leib
weniger im Sinne des Ausgangsgeschlechts zu spüren bzw. sich von
den entsprechenden leiblichen Erfahrungen zu distanzieren, als auch
dahin, die eigene leiblich-affektive Präsenz in Interaktionen zu vermindern. Die Realität des Ausgangsgeschlechts wird also nicht nur
weniger selbstverständlich, sondern sie wird als individuelle intensive Erfahrung zurückgenommen, verliert an Präsenz und wird weniger.

Die Zurücknahme seiner selbst macht Werner weit im Vorfeld

von irgendeiner direkten Verhaltensabweichung (etwa Röcke zu tragen oder sich zu schminken) für andere zu einer suspekten Person. Er wird sozusagen unzuverlässig hinsichtlich seiner kontinuierlichen Beteiligung am alltäglichen Konstruktionsprozeß. Die Erfahrung des Drucks, unmittelbar, d. h. ohne entsubjektivierende Distanz einfach das zu sein, was erwartet wird, beschreibt Werner so.

WERNER: *Auf der einen Seite wird von einem genau erwartet, wie man sein soll, aber auf der anderen Seite wird auch noch erwartet, daß man dieses auch noch aus sich selbst heraus ist ... Es wird dann eben nicht nur erwartet, daß du jetzt »ja« sagst (zum Mannsein, GL), sondern es wird erwartet, daß du aus ganzem Herzen »ja« sagst.*

2. Die Einarbeitung des Wunsches in die Zeit

Solange das neue Geschlecht lediglich als Wunsch existiert, ist es zwar möglich, sich in dieses hineinzuträumen, aber das hat nur zur Konsequenz, daß sich Ausgangsgeschlecht und neues Geschlecht wie Reales und Irreales gegenüberstehen, d. h., jemand ist real ein Geschlecht, das er nicht ist und wäre gern das andere, das er aber nur irreal – nicht wirklich – sein kann. Der nächste Schritt der transsexuellen Entwicklung besteht darin, das Nicht-Sein des neuen Geschlechts zu einem Noch-nicht-Sein zu machen. Aus der Differenz von Realem und Irrealem wird die von Gegenwart und Zukunft. Dies schafft nicht nur ein neues Verständnis der eigenen Zukunft, sondern auch eine neue Gegenwart. Aus einer Person, die davon träumt, das andere Geschlecht zu sein, wird eine Person, die sich gegenwärtig in dem Entwurf engagiert, das andere Geschlecht zu werden. Die Modifikation der Gegenwart verweist auf einen zirkulären Zusammenhang zwischen Entwurf und Selbsterkenntnis; denn in dem Maße, wie sich jemand als das neue Geschlecht erkennt, wird es als dringender erlebt, sich in dem neuen Entwurf tatsächlich zu engagieren, und umgekehrt gilt: je deutlicher die Entwurfsrealisierung gelingt, um so deutlicher und unhintergehbarer wird die Erkenntnis, eigentlich das andere Geschlecht zu sein, was wiederum zu einer Intensivierung des Engagements führt usw. Im Zirkel von Selbsterkenntnis und Entwurfsrealisierung wird die zentrale Institution, die die Geschlechtsveränderung trägt, sichtbar: die freie, ihrer selbst bewußte Person, die, weil sie sich als das andere Geschlecht erkannt hat, nicht mehr anders kann, als sich in erster Person im neuen Geschlecht zu behaupten. Da es sich um einen zirkulären Zusammenhang handelt, ergibt sich die paradoxe Situation, daß das, was als Ausgangspunkt der Veränderung erkannt werden soll, erst in deren Verlauf hergestellt wird.

Wenn dieser Zirkel in die leibliche Interaktion eingearbeitet wird, zeigt sich, daß die Veränderung des Geschlechts aus zwei ineinandergesetzten Zirkeln besteht. Zum einen gibt es den sich bestätigenden Zusammenhang von körperlichem Leib und leiblicher Umweltbeziehung, den es aufzulösen gilt, und zum anderen die zirkuläre Struktur von Entwurf und Selbsterkenntnis, die in die leibliche Erfahrung induziert wird, wodurch die Realität des Ausgangsgeschlechts weiter vermindert wird und andererseits, wenn die Selbsterkenntnis gelingt, ein Fixpunkt für ein neues Geschlechtsein geschaffen wird.

Am Anfang der Geschlechtsveränderung steht neben den intensiven Exerzitien der Entsubjektivierung die schwierige Aufgabe, sich als etwas zu erkennen und anzuerkennen, daß man real selbst ist.

WERNER: *Davon träumen ist ja schön und gut, dann braucht man sich auch nicht mehr mit sich selber auseinanderzusetzen. Aber zu sich selbst zu stehen, also zu mir selber zu stehen, und zu sagen: jawoll, ich habe solche Gefühle und so, das ist irgendwie, ich will es dann selber nicht wahrhaben und immer wieder so tun, als wäre es ja doch nicht so. Irgendwie jetzt auch die Verantwortung für mich zu übernehmen, sozusagen. Eben dadurch kommt ja auch das mit dem Normalsein, diese ganzen Sachen, daß ich Angst davor habe oder vielleicht auch zu bequem bin, zu sagen, das ist mein Leben, ich will so etwas. Also wirklich so hundertprozent selbständig zu sein und so dazustehen, was ich tue, da habe ich Ängste davor. Also, ich denke, daß das auch einen großen Teil ausmacht, daß ich eigentlich genau weiß, was ich will, aber immer irgendwie es mich doch nicht traue.*

Werners Problem besteht darin, daß er unsicher ist, ob er die leiblich-affektive Realität des Wünschens als realen Kern des neuen Geschlechts erkennen soll oder nicht. Zentral ist dabei das Sein des Erkannten: Es als wahr seiend zu erkennen, bringt automatisch soziale Konflikte mit sich, d. h., das Erkennen zwingt zur Tat – Entwurf und Erkenntnis verschmelzen ineinander.

Zum Zeitpunkt der Beratungsgespräche schreckt Werner noch davor zurück, sich im Entwurf der Geschlechtsveränderung zu engagieren. Er wagt es auch nur dann, davon zu sprechen, daß er als Frau fühlt, wenn er diese Einsicht zugleich relativiert.

WERNER: *Und das ist ja genau dies, seinen Gefühlen zu mißtrauen so, daß ich eben ich nicht einfach so sage: jawohl ich fühle als Frau (X) und irgendwie, dem jetzt auch vertraue, weil diese Gefühle sind ja da.*

Solange es derart grundsätzliche Zweifel am Sein des Erkannten gibt, bleibt der Wunsch vor der Zeitstruktur des Futur II stehen.

WERNER: *Was immer so diese Überlegung ist, wie sieht es denn dann mal aus in drei Jahren und wenn ich jetzt davon überzeugt wäre – das Ziel in drei Jahren, das wäre toll, das sieht gut aus, dann wäre es für mich eine ganz andere Ausgangsposition. Dann wüßte ich genau, ich erarbeite mir da etwas, wo ich glücklich mit werde. Aber jetzt habe ich diesen Zweifel, daß das nicht der Fall ist, daß ich auch in drei Jahren meinen Körper noch völlig übel finde. (X) Irgendwie dann sage, was hast du denn jetzt noch für einen Schwachsinn gemacht! Jedenfalls so dieses Gefühl dann habe. Das geht mir ja jetzt nich allein darum, Brüste zu haben, sondern es ist für mich wichtig, daß ich dann auch Bestätigung ein bißchen habe. Also eben als Frau durchzugehen. Ich denke, wenn sich das nicht einstellt, dann bin ich noch fertiger als jetzt. Weil dann ist wieder das Soziale eben auch. (X) Weil wenn ich nicht als Frau durchgehe, bin ich immer noch ein Mann oder hängt das Männliche mir noch immer an, dann bin ich nur noch in einem Stand, daß ich nicht mehr normal oder so bin.*

Hier zeigt sich die Komplexität des Ineinandergesetztseins des zeitlich strukturierten Zirkels von Entwurf und Selbsterkenntnis und des zirkulären Zusammenhanges der aktuellen Realität des Geschlechts, die eine doppelte Struktur aufweist: Ich bin ein Geschlecht, indem ich eines für andere bin, und andere sind ein Geschlecht für mich, indem ich eines bin. Werner ist damit nicht nur vor die Aufgabe gestellt, sich wahrhaftig als ein Geschlecht (als Frau) erkennen zu müssen, sondern er muß auch davon überzeugt sein, daß andere später problemlos seiner Selbsterkenntnis folgen können. Das Sein des Erkannten hängt auch davon ab, ob andere die Erkenntnis bestätigen werden. Mit anderen Worten, das Geschlecht, das jemand für andere ist, das Geschlecht, als das jemand andere gegenwärtig (protentional) erotisiert, sowie das Geschlecht, als das sich jemand erkennt, und das Geschlecht, das jemand sein wird, hängen derart eng miteinander zusammen, daß es sich äußerst schwierig gestaltet, dieses Netz aufzulösen und auf das neue Geschlecht hin zusammenzuknüpfen.

Solange die Selbsterkenntnis mit ihren verpflichtenden Konsequenzen für eine Person noch nicht möglich ist, gibt es zwei Möglichkeiten, die Geschlechtsveränderung weiterzuführen. Zum einen kann man den Entwurf ins neue Geschlecht als Irrealisierung der eigenen Person betreiben und versuchen, das eigene Geschlecht auf das Für-andere-Sein zu reduzieren, und zum anderen kann man den Geschlechtsentwurf derart gestalten, daß das Geschlechtsein suspendiert wird.

Der Mann-zu-Frau-Transsexuelle Gabriel/Daniela ist schon am Beginn der Beratungsgespräche damit befaßt, den Wunsch, eine Frau zu sein, konsequent in die Zeitstruktur des Futur II einzuarbeiten.

GABRIEL: *Aber ich kann mir vorstellen, wenn ich das alles hinter mir hätte, ich würd eben auch alles ganz schnell vergessen wollen. Also ich würd irgendwie na die Vergangenheit irgendwie so – zack! ja (mit wegwerfender Geste) – jedenfalls Vergangenheit, die mir noch bewußt geworden is, die ich noch bewußt jetzt als Junge leben mußte ... aber jetzt die Zeit, also wo ich schon richtig irgendwo mehr* Mädchen *irgendwo bin ja und die, die würde ich* nich *so gerne abschneiden, aber ich würde mich eben an die Zeit zurückerinnern, als Mädchen denn eben schon nich. Also ich würde nich denken, da warste ebend noch Gabriel, sondern ich würde ebend den* Übergang *sozusagen vertuschen.*

Die Modifikation der Gegenwart, die sich bei Werner erst als Möglichkeit andeutet, hat bei Gabriel stattgefunden. Da er – wie gleich zu zeigen sein wird – sich aber noch gegen die Selbsterkenntnis sträubt, um keine sozialen Konflikte – vor allem mit dem Vater – zu riskieren, führt die Modifikation der erlebten Gegenwart nicht zu einem eindeutig neuen Geschlecht, sondern zu einer geschlechtlich doppelten Bestimmung. Um das zu verstehen, ist es sinnvoll, die komplexe Zeitstruktur dieser Rede zu untersuchen. Es gibt einerseits die jetzige Gegenwart Gabriels, der zur Schule geht, von seinen Eltern und Freundinnen Gabriel genannt wird usw. Diese Realität wird aber nur als zukünftige Vergangenheit angesprochen, die später einmal aus der eigenen Biographie gestrichen werden muß. Daneben gibt es eine weibliche zukünftige Vergangenheit, die die Vergangenheit der Frau gewesen sein wird, die er später einmal sein wird. Je mehr Gabriel seine Gegenwart so gestaltet, daß er sie mit Bezug auf diese Zukunft erleben kann, um so eher ist er jetzt schon Frau bzw. Mädchen.

Das Problem bei der Umgestaltung der Gegenwart ist für Gabriel allerdings nicht nur das bloße Faktum der Selbsterkenntnis, sondern daß er diese auch nach außen gegenüber anderen würde vertreten müssen – in dieser Hinsicht ist er sich seiner selbst nicht sicher.

In der ersten Sitzung habe ich Gabriel gebeten, seine Situation zeichnerisch darzustellen, darauf malt er einen Frauenkopf, der von einem dicken Kreis, einer Schutzmauer umgeben ist. Was dahinter sei, wolle er niemanden sehen lassen. Ausgehend von diesem Bild sage ich, daß ich es für notwendig halte, auch gegenüber anderen offen so aufzutreten, wie er sich fühlt und von den anderen auch zu fordern, ihn entsprechend anzuerkennen. Darauf reagiert er so.

GABRIEL: *Jaha (gedehnt). Det wär schon mal toll ja richtig. Ich meine, ich bin mir sicher, daß es sich schon n bißchen geändert hat, also n bißchen verbessert hat. (X) Also daß ich doch irgendwo schon ... in manchen Dingen offener geworden bin, jetzt auch anderen Leuten gegenüber. Na wie gesagt, es is vielleicht doch noch nich janz so. Also manchmal überlege ich mir einfach, ach naja gib dich doch einfach so, wie de bist, und wenn se dich erkennen oder wenn se wirklich irgendwat sagen – na solln se doch. Aber manchmal is et eben so, da erschütterts einen, da möchte ichs eben nich – also dann is mal so mal so, ... et wär ganz gut, wenn ich es schaffen würde, daß es mir irgendwann mal ganz egal wäre. Na daß ich eben sage, naja so wie du eben gesagt hast. Det bin ich eben nich und jetzt entweder ihr nehmt mich so als wie ich bin oder (leise:) nehmt mich nich oder so ja.*

Gabriel fühlt sich derart von den anderen abhängig, daß diese nicht erkennen dürfen, was mit ihm los ist, d. h., daß er sich in dem Entwurf engagiert, eine Frau zu werden. Wenn die anderen ihn erkennen würden, würde es auf einen Machtkampf ankommen, bei dem er sich nicht sicher ist, ob er an dessen Ende noch an seinem Entwurf festhalten könnte oder ob er zu »erschüttert« wäre und aufgeben müßte.

In dieser Situation wendet er eine doppelte Strategie an. Er verhält sich so, daß er andere, die ihn nicht kennen, dazu verleitet, ihn zum Mädchen zu machen, ohne selber Verantwortung dafür zu übernehmen, und weiterhin bemüht er sich darum, sich selbst möglichst umfassend im Sinne einer Futur II-Gegenwart zu erleben.

Gabriel verhält sich so, daß er von Leuten, die ihn nicht kennen, öfter für ein Mädchen gehalten wird. In diesen Situationen fühlt er sich aber nicht besonders wohl und vermeidet es zumeist, einen näheren Kontakt einzugehen. Als Grund führt er die Angst davor an, entdeckt zu werden. Dies bezieht sich zum einen auf erwartete negative Reaktionen von anderen, die herausfinden, daß er kein Mädchen, sondern ein Junge ist, und zum anderen auf die Angst, die anderen könnten entdecken, daß er ein Junge ist, der ein Mädchen werden möchte. Im letzteren Fall wäre Gabriel dazu gezwungen, sich entweder zu verleugnen und zu sagen, er sei einfach ein Junge, oder er müßte sich selbst vertreten als das, was er ist: ein Junge, der ein Mädchen werden möchte.

Auf einer Ferienreise nach England, die Gabriel vor kurzem gemacht hat, ist er zu seiner Überraschung trotz seines Vornamens von mehreren für ein Mädchen gehalten worden.

GABRIEL: *Manchmal habe ich auch den Namen gesagt, die haben sich zwar gewundert ja. Wie kommstn uff son Namen?*

GL: *Wenn du dir überlegst, wie du dich da gefühlt hast?*

GABRIEL: *Irgendwie, aber immer och beängstigt, weil ich irgendwie immer hinterher Angst hatte, naja können se es vielleicht entdecken, …die Angst war natürlich irgendwie dagewesen. Und zum Anfang war se natürlich irgendwie ziemlich kraß gewesen, wenn alle reagiern ja nun irgendwie nich gleich positiv. Die sagen ja nich, ach naja dat hätte ich ja nie gedacht, daß du n Mädchen bist, find ich ja toll. Die sagen dann irgendwie, wat is n det oder so für eener, …die reagiern negativ und von dem war eben die Angst irgendwie ganz berechtigt.*

Zunächst scheint es sich hier ganz einfach um die Angst vor Entdeckkung zu handeln, die Angst davor, sich als Junge zu blamieren. Doch bei der Darstellung der befürchteten Reaktion der anderen schleicht sich ein bedeutsamer Versprecher ein. Die anderen sind nicht deswegen überrascht, weil er ein Junge ist, sondern sie hatten nie gedacht, »daß du n Mädchen bist«. Dieser Satz macht nur Sinn, wenn er bezogen auf Leute geäußert wird, für die Gabriel ein Junge ist. Er taucht aber in einer Schilderung auf, in der es um die Angst geht, die Gabriel davor hat, als Junge blamiert zu werden. Gabriel hat also nicht nur Angst vor der Ablehnung der anderen, sondern er hat auch Angst davor, offenbaren zu müssen, ein Junge zu sein, der ein Mädchen werden möchte. Potentiell schlagen die Offenbarungssituationen ineinander um. Wenn er für ein Mädchen gehalten wird und es rauskommt, daß er Junge ist, hat er offenbart, daß er ein Junge ist, der ein Mädchen sein möchte. Und es stellt sich die Frage: Wird er es wirklich schaffen, sich zu offenbaren, oder wird er so »erschüttert« sein, daß er gerade mal wieder nicht so sehr wünscht, ein Mädchen zu sein? Die Angst vor den anderen offenbart also auch eine Angst vor sich selbst, d. h. vor dem mangelnden Engagement im eigenen Wunsch.

Die doppelte Angst führt dazu, daß Gabriel in den Interaktionen, in denen er für ein Mädchen gehalten wird, immer darauf achtet, daß ihm die anderen nicht so nahe kommen, daß er mit ihnen reden muß. Dies ermöglicht es ihm, die Verantwortung ausschließlich den anderen zuzuschieben.

GABRIEL: *Aber ich meine, wenn …nu wirklich …eener mich …jut finden sollte oder so und denn erfährt, daß ich n Junge bin und denn irgendwie traurig oder sauer darüber is – dann ist es nich meine Schuld. Ja ich mein, ich habs[11] ja nun nich …darum gebeten, …daß er jetzt mit mir wat anfangen will.*

Die Distanz, die Gabriel zu anderen hält, ermöglicht es ihm, in der leiblichen Interaktion eine Lücke offen zu halten, in die er ein neues Verständnis seiner Gegenwart als zukünftige weibliche Vergangen-

---

11 »Ich habs« ist die Kurzform von »ich hab es«, in dieser Konstruktion werden die begegnenden Männer bzw. Jungen geschlechtlich neutralisiert. Die Bedeutung dieses Vorgangs wird im letzten Kapitel genauer untersucht.

heit einbauen kann. Wenn Gabriel in eine Disco geht, macht er sich meistens so »zurecht« (Schminken u. ä.), daß er überzeugend als Frau wirkt.

GABRIEL: *Und ich meine jetzt, wenn ich irgendwie … so mal weggehe … und … mich jemand fragt – ich gebe mich immer ziemlich kühl … und ziemlich distanziert irgendwie … also manche müssen dann bestimmt so denken … eingebildete Kuh – is mir irgendwie sicherer als jeden anzulächeln … weil irgendwie das is schon der erste Schritt, wenn de erstmal lächelst … dann kommen se uff einen zu … und denn – denn wird man se nich mehr los.*

GL: *(freundliches, leicht ironisches lautes Lächeln)*

GABRIEL: *(etwas altklug) Ja is so und deshalb lieber nich lächeln.*

Die Jungen, um die es hier geht, sind heterosexuell, und Gabriel erzählt so, daß die Reaktion (»kühl«, »distanziert«) wie die eines pubertierenden Mädchens verstanden werden kann, das sich noch nicht traut, einen Jungen direkt anzulächeln. Die Jungen denken dann, so vermutet Gabriel, nicht, er sei ein Junge, der so tut, als sei er ein Mädchen und dann arrogant ist, wenn man ihn wie eins behandelt, sondern sie denken: »eingebildete Kuh«, wie sie es von jedem anderen Mädchen auch dächten. Obwohl Gabriel weiß, daß er sich so distanziert verhält, weil er eine Entdeckung vermeiden möchte, erzählt er die Geschichte so, wie sie das Mädchen erlebt haben könnte, das er zukünftig sein wird. Durch meine freundliche Reaktion unterstütze ich dieses Selbstverständnis. Ich nehme zwar die Sorge, sich nicht vor Männern retten zu können, nicht ganz ernst, ermögliche aber die Interpretation, daß ich die Schilderung als die einer genuin weiblichen Erfahrung auffasse.

Um die Interpretation weiterführen zu können, ist ein kleiner Umweg erforderlich. In der Erzählung nimmt Gabriel eine stillschweigende Korrektur seines Erlebens vor. Diese vollzieht sich am Anfang des Geschlechtswandels nicht unbedingt, während er reale Erfahrungen macht, sondern danach, wenn er allein ist.

GABRIEL: *Manche verstehen das nich und sagen, du hast soviel Zeit. Aber wenn ich die Zeit nich hätte dann – … die muß sein für mich. Das is wirklich die Zeit, wo ich mich selber (seufzt) ja wo ich sagen kann, ich hol das nach irgendwie. Auch wenn ich jetzt nich in dem Sinne nachhole, daß ich jetzt, weeß ich, mich vergnüge.*

Was Gabriel fehlt, ist das Leben als Frau, das er bräuchte, um eine zu sein.[12] Gabriel kann auf diese Zeit auf keinen Fall verzichten, da er sich nicht mehr als Frau erleben könnte, wenn er sie nicht hätte .

GL: *Was tust du eigentlich in der Zeit?*

GABRIEL: *In der Zeit? Eigentlich Sachen, die für die meisten unwichtig erscheinen würden ...Fernsehen, spazieren, lesen, nachdenken, Ziele setzen.*

GL: *Was für Ziele?*

GABRIEL: *M? Was für Ziele? Na Ziele für später mal. Wie ich später mal ausseh und was ich noch machen könnte, um mich zu verbessern und alles so was eben.*

Das Nachholen dessen, was Gabriel versäumt, ist also ein einsames Exerzitium, bei dem er sich selber zum Gegenstand macht und explizit seine Zukunft plant. Wahrscheinlich sucht er Fernsehen und Literatur nach geeigneten weiblichen Vorbildern ab, nach Frauen, zu denen seine Gefühle und Verhaltensweisen passen, d.h. nach Frauen, denen er später mal ähneln wird und die deshalb vielleicht schon in ihm stecken. Auf diese Weise gewinnt er seiner Gegenwart einen weiblichen Sinn ab.

GABRIEL: *Wenn ich jetzt so wie Sabine sein müßte. Wenn ich mein Geld selbst verdienen müßte von morgens bis sechs Uhr bis fünf Uhr und denn noch zur Schule. Ich ...würde den Sinn nich mehr erkennen und denn noch in meiner Situation stecken würde, (leise:) ich könnte nich mehr, (wieder lauter:) ich globe, dann hätte ich echt schon längst gesagt, ich kann nich mehr, also ich gebs auf oder so, weil ich irgendwie keinen Sinn irgendwie gesehn hätte.*

Jetzt zeigt sich ein großes Problem seiner Weiblichkeit. Wenn er nicht ausreichend Zeit hat, immer wieder den »Sinn« seiner Erfahrungen und Gefühle zu »erkennen«, d.h. zu fühlen, wie sie mit der Frau zusammenhängen, die er später mal sein wird, würde sich sein Glaube daran, ein Mädchen zu sein, verlieren. Er hätte gesagt: »Ich kann nich mehr, also ich gebs auf.«

---

12 Ein Frau-zu-Mann-Transsexueller betont ähnlich wie Gabriel, wie sehr er das Wochenende brauche, um alles zu verarbeiten und um sich wieder als Mann zu fühlen. Dieses Gefühl kann demnach unter der Woche während der Begegnungen mit BerufskollegInnen leicht verlorengehen.

Ich interpretiere die Darstellung des Discobesuchs als ein Ergebnis der Suche nach weiblichem »Sinn«. Wenn sich Gabriels Neuverstehen der eigenen Erfahrung an der weiblichen Zukunft orientiert, folgt auch die Darstellung des Discobesuchs der paradoxierenden Futur II-Konstruktion. Zumindest für das Nachdenken über die Begegnung gilt dann: Der Junge hat nicht Gabriel gesehen, sondern das »Futur-II-Mädchen«, und auf dieses reagiert wie auf jedes andere Mädchen. Gabriels Wunsch wird ein Stück weit Wirklichkeit. Das Mädchen, das Gabriel zukünftig gewesen sein wird, erhält einen stärkeren Anhalt in der Gegenwart. Daß der Junge Gabriel für ein Mädchen hält, erfüllt Gabriel so sehr mit Lust, daß er Angst hat, entdeckt zu werden, womit die Wunscherfüllung beendet wäre. Die Angst wirkt wahrscheinlich auch gefühlsintensivierend, denn Gabriel erlebt nicht nur die Lust, als Mädchen gesehen zu werden, sondern auch die Angst vor der Entdeckung. Je größer die Angst, um so befriedigender, daß er nicht entdeckt wird. Um so größer die Befriedigung, um so größer die Angst, sie zu verlieren. Als weiterer Effekt stellt sich ein, daß die erlebten Gefühle bedrängend gegenwärtig sind, es ist unabweisbar Gabriel in erster Person, der sie erlebt. Durch die Anbindung an die »Futur-II-Frau« machen die Gefühle, die Gabriel erlebt, eine Wandlung durch. Die situativ erlebten Affekte werden zu dem Gefühlsaufruhr, in den ein Mädchen gerät, das von einem Jungen angesprochen wird. Je heftiger die erlebten Gefühle sind, um so realer kann die Frau sein, die »ich« durch diese Modifikation des Erlebens wird. Vermittels der sprachlichen Gestaltung bekommt das Neuverstehen des eigenen Erlebens eine stärkere Eigenständigkeit. Das neuverstandene Geschlecht kann ohne größere affektive Beteiligung gesagt werden, bekommt aber durch den Bezug auf die erregende Realität einen außersprachlichen Bezugspunkt. Gabriel kann sagen, ich bin mehr wie ein Mädchen, und er kann sich sicher sein, nicht nur einfach daherzureden.

Um etwas Ordnung in diesen Umgang mit Gefühlen zu bringen, möchte ich noch darauf eingehen, wie hier rein logisch gesehen mit der Kategorie Möglichkeit gespielt wird. Möglich ist sowohl das Zukünftige als auch das Undeutliche. Damit ist folgendes gemeint: Wenn ich z. B. vorhabe, heute abend ins Theater zu gehen, ist Ins-

Theater-Gehen eine Möglichkeit, den Abend zu verbringen. Während mir dieser Gedanke vorschwebt, sitze ich am Schreibtisch und arbeite. Der Theaterbesuch wird heute abend stattfinden, wenn ich mich dazu entschließe, die mögliche Abendgestaltung zu realisieren. In diesem Fall wird etwas Irreales real. Wenn ich dagegen jetzt im Augenblick den Kopf nach rechts wende, sehe ich ein T-Shirt, das zum schnellen Trocknen über einer Stuhllehne direkt vor der Heizung hängt. Es fällt mir schwer zu entscheiden, ob die etwas dunklere Färbung des Stoffs im unteren Bereich daher rührt, daß das T-Shirt dort feuchter ist, oder daher, daß es dort mehr im Schatten hängt. Beides ist möglich. Ich müßte aufstehen, sehen, wie es aus einer anderen Perspektive aussieht oder, um eine endgültige Sicherheit zu haben, welche der beiden Wahrnehmungsweisen zutrifft, den verschiedenen Feuchtigkeitsgrad durch Tasten festzustellen. In diesem Fall geht es nicht darum, etwas Irreales zu realisieren, sondern darum, eine schillernde, undeutliche Wahrnehmung zu präzisieren. Unabhängig davon, welche der beiden Möglichkeiten zutrifft, gab es nie einen Zweifel daran, daß das T-Shirt wirklich im unteren Bereich feuchter ist bzw. wirklich mehr im Schatten hängt.

Gabriel verschränkt beide Verwendungsweisen ineinander: Die Frau, die er sich vorstellt, später zu sein, ist noch nicht. Sie ist irreal, lediglich vorgestellt, sie müßte realisiert werden. Wenn er dagegen hinterher die eigene Erfahrung als die einer Frau beschreibt, war er auch schon während dessen eine Frau. Unter Umständen war es ihm nicht so klar. Aber das geschieht ja häufiger, daß man erst im Nachdenken über ein Geschehen zu verstehen beginnt, was eigentlich vorgefallen ist. Er braucht sich noch nicht einmal in der Situation als Frau zu erleben, es reicht, wenn er es hinterher so erzählt. Er war dann eben eine undeutliche Frau, aber im nachhinein läßt sich dieser Mangel durch das Sprechen beheben. An das beschriebene Erleben müssen also zwei Anforderungen gestellt werden. 1. Die affektive Gegenwart muß ausreichend intensiv sein, damit die Gefühle als subjektive Realität und nicht etwa als Einbildung erlebt werden. 2. Die erlebten Gefühle müssen ausreichend undeutlich sein.

Die Distanz, das kühle und abweisende Verhalten, ist für Gabriel notwendig, um sowohl Gabriel als auch die weibliche Futur II-Gegenwart zu sein. Eine Begegnung, die über ein lockeres – sozusagen flüchtiges – Einhaken hinausgeht, in der er sich nicht lediglich als das Bild präsentieren könnte, das er gerne für andere wäre, wird unter diesen Voraussetzungen unmöglich.

Das zentrale Problem bei diesem Versuch der Geschlechtsveränderung ist die Auslassung der Selbsterkenntnis, d. h. das offensive Eintreten dafür, daß das eigene Verständnis der geschlechtlichen Realität mehr Berechtigung hat als das der anderen. Gabriel möchte sich gewissermaßen von den anderen ins neue Geschlecht tragen lassen und scheitert daran, daß er sich selbst noch für einen Jungen hält.[13] Ohne Selbsterkenntnis läuft die paradoxe Gestaltung auf eine völlige Irrealisierung der eigenen Person hinaus.

Dies läßt sich sehr gut an der Entwicklung der Namen ablesen, die die Tonkassetten betiteln, auf denen ich die Beratungsgespräche aufnehme. Zunächst sind es Namen von Filmfiguren, dann realistische Frauennamen, die aber nicht wirklich die Frau meinen, die Gabriel später einmal sein wird, und schließlich vertritt er/sie mir gegenüber seinen/ihren neuen Namen: Daniela, den sie dann auch in der Außenwelt durchsetzen wird.

Als es in einer Beratungsstunde (es war die, bevor der neue Name eingeführt wurde) wieder einmal um die Notwendigkeit geht, einen realistischen Namen zu finden und den auch gegenüber anderen zu vertreten, reagiert Gabriel so.

GABRIEL: *Ja ich meine, irgendwann werde ich damit anfangen müssen, das is klar, aber .. i ich globe, das darf oder kann ich erst dann machen, wenn ich mir meiner Sache tausendprozentig sicher bin, den Namen zumindestens, die und die* Person *zu dem Namen gefunden habe, und die Person jetzt auch wirklich bin ... Ja im Moment siehts ja so aus, ich bin irgendwie keene Person in dem Sinne, also hab ich den Grund irgendwie, das Ich schon so weit eingeengt, zugeschnürt, abgemurkst kann man sagen, daß von dem, das da war, das Ich, das ich* annehmen *konnte, wirklich* nichts *mehr übrig is und die Rollen wirklich, in die ich schlüpfen kann, die Mäntel, wirklich* überwiegen *ja.*

13 Dies ist ein weiterer Beleg für die These der doppelten Struktur des Geschlechtseins: Ich bin ein Geschlecht für andere und andere sind ein Geschlecht für mich, indem ich eines bin. Zu den Problemen, die sich aus dieser Haltung für die protentionale Erotisierung ergeben, siehe Kap. V.

Das Ich, das durch die »Rollen« und »Mäntel« »eingeengt, zuge-schnürt, abgemurkst« wird, ist das Ich, das seine männliche Vergan-genheit enthält.

GABRIEL: *Dieset Ich von Geburt an, dieset Ich früher mal n Junge gewe-sen zu sein, das is ja in diesem Grundich drinne ...weeß ich, wie Glassplitter oder so, die immer wieder pieken, muß ich die irgendwie versuchen ...wegzuschmeißen ...ich glaube, solange ich das nich ...geschafft habe, die so weit* einzuengen, *ich weeß nich, ob ich mich da jemals so öffnen kann.*

In der nächsten Sitzung, in der er/sie den neuen Namen, Daniela, mir gegenüber behauptet, wird das Thema ganz ähnlich wieder auf-genommen.

GABRIEL: *Manchmal komme ich mir vor ...wie ne von jemand ausge-dachte Person ja, die keinen Namen hat, auf jeden Fall keinen Na-men, den se sagen kann, und auch keinen Namen, hinter den se jetzt sich stellen kann oder so nich. Eben aus Angst vor Entdeckung ...Eben erkannt zu werden, nich, ich glaub, das is meine größte Angst immer, erkannt zu werden ...ich seh mich vielleicht noch n bißchen anders als alle anderen, is och jut möglich ..., weil ich kenn mich ja nun total ...andern kann man was vorspielen, sich selber aber nich, also zumindestens nich für immer oder aufn längeren Zeitraum.*

Wie man sieht, kann keine Rede davon sein, daß die realistische Ge-staltung der imaginären Frau, die Gabriel sein wird, als deren Reali-sierung wirkt; eher wird die eigene Person im neuen Geschlecht defi-nitiv als eine bloße Erfindung betrachtet.

Interessant ist, daß die soziale Kontrolle in diesem Zusammenhang nicht lediglich als Forderung danach, das Ausgangsgeschlecht zu bleiben, erlebt wird, sondern auch und vor allem als Forderung da-nach, real zu bleiben. Als Gabriel einen Streit mit einer Freundin schildert, bitte ich ihn, zu beschreiben, was diese Freundin an ihm schätzt.

GABRIEL: *Das Natürliche, das übrig bleibt ja, und das Gespräch, das Offene, das nich zu übertrieben* Weibliche, *(X) das das ja sehr wahr-scheinlich: Ich, wenn man es mal so nennt ...alle mögen das, was ich nich wahrhaben will, was ich vernichten möchte ...auf kurz oder lang ..2 ja natürlich, dazu dienen ja auch die ganzen Rollen und diese ganzen Spiele, auch Teressa, diese ganzen Rollen, die dienen ja im*

Grunde genommen bloß dazu, einmal das wirkliche Ich zu verdecken,
bloß nich, daß es jemand merkt und auf weitere Sicht hinaus, um es zu
zerstören irgendwie.

Das substantivierte »wirkliche Ich«, das von Gabriel auf eine Ebene
mit einem offenen, nicht zu übertrieben weiblichen Verhalten gestellt wird, verstehe ich nicht als eine Instanz in Gabriel, sondern als
Beschreibung einer Form des Umweltbezuges, die nicht oder zumindest nicht so stark durch die Orientierung an der Futur-II-Gegenwart
distanziert gehalten wird. Die anderen mögen lieber, daß er sich
spontan und direkt auf sie bezieht, so daß sie den Eindruck haben
können, er sei wirklich da. Man muß also zumindest festhalten,
daß sich die negativen Sanktionen nicht nur gegen die weiblichen
Elemente bei Gabriel richten, sondern auch gegen die Destruktion
des Realen, mit der seine InteraktionspartnerInnen konfrontiert werden.

3. Die Risiken des Spiels mit der Wirklichkeit

Eine weitere Möglichkeit, das Geschlechtsein unterhalb der Ebene
der Selbsterkenntnis zu modifizieren, besteht darin, es als solches zu
suspendieren, indem das Sein auf die Ebene von Dichotomisierungsregeln verschoben wird. Auf deren Funktionsweise werde ich im
vierten Kapitel genauer eingehen. Für diesen Zusammenhang reicht
es aus, den Unterschied von Geschlechtsein und geschlechtlicher Dichotomisierung allgemein zu umreißen. Es gibt Personen, die Männer und Frauen sind; diese Unterscheidung ist auf eine wohlgestaltete Differenz bezogen, den idealen Mann bzw. die ideale Frau, die
sich idealtypisch unterscheiden: Männer haben schmale und Frauen
breite Hüften; Frauen sind friedlich, Männer aggressiv; Frauen haben einen Busen und Männer nicht; Frauen begehren Männer und
umgekehrt. In der gleichen Weise lassen sich Kleidung, Chromoso-
mensatz und Sozialisation auf die Geschlechter verteilen. Die in diesen Aussagen behaupteten Sachverhalte können aber durchaus in
Widerspruch zum Geschlechtsein geraten, ohne daß sich dieses verändert. Ein Mann, dem ein Busen gewachsen ist, bleibt ein Mann,
ebenso wie eine Frau, die einen Bart hat, eine Frau bleibt. In solchen

Fällen werden Hilfsregeln gesucht und gefunden, die die Ausnahme rechtfertigen. Aufgrund irgendwelcher Funktionsanomalien, die sich medizinisch beschreiben lassen, leidet er an Gynäkomastie und sie an Hirsutismus. Die ontologische Solidität ihres Geschlechtseins ist durch die Abweichung von der wohlgestalteten Differenz nicht derart berührt, daß sie das andere Geschlecht werden.

Die Suspendierung des Geschlechtseins funktioniert nun genau andersherum. Etwa: ein Mann, der einen Mann begehrt, wird eine Frau, solange situativ die Regel, Frauen begehren Männer, gilt. Mit dieser Suspendierung des Seins erhält das Geschlecht einer Person eine erstaunliche Plastizität; es wird möglich, je nach gültiger Dichotomisierung das eine oder das andere Geschlecht zu »sein«. Eine Person, die eine Festlegung dessen, was sie eigentlich »ist«, vermittels einer Selbsterkenntnis (noch) scheut, kann sich so ein Experimentierfeld des »Seins« eröffnen. Dies gibt ihr zugleich die Möglichkeit, die explizite Differenz zwischen der Gegenwart im Ausgangsgeschlecht und der Zukunft im neuen Geschlecht außer Kraft zu setzen. Es ist für sie nicht länger erforderlich, das neue Geschlecht zu werden, da sie es situativ immer wieder ist.

Diese Form der Geschlechtsveränderung hat die Konsequenz, daß es der betreffenden Person wieder möglich wird, sich unmittelbar auf Interaktionen einzulassen. Damit wird, auch ohne den Anspruch auf eine wahre Selbsterkenntnis zu erheben, explizit ein sozialer Konflikt gewagt, zum anderen wird damit aber auch das Geschlecht wieder in erhöhtem Maße ausschließlich vom interaktiven leiblich-affektiven Verhaktsein abhängig. Das kann zur Folge haben, daß das gerade gewonnene Geschlechtsein wieder verlorengeht. Im Verlauf eines Interviews kann es dann dazu kommen, daß eine Person in ein- und demselben Gespräch abwechselnd von sich als Mann und als Frau spricht, ohne daß dies als ein unbedingt aufzulösender Widerspruch erlebt würde.

Als die Mann-zu-Frau-Transsexuelle Ellen ihren jetzigen Freund kennenlernte, lebte sie noch als Junge in einem kleinen Dorf. Wenige Monate später übersiedelte sie in die Stadt, in der er lebte und wohnte mit ihm in seiner Wohnung zusammen. In dieser Situation konfrontiert sie ihn damit, daß sie nicht nur ein Junge ist.

GL: *Wie war das, als du Marcus erzählt hast, daß du transsexuell bist?*

ELLEN: *Das habe ich ihm nich erzählt, er war bei der Arbeit, war so n ganz – wie soll ick sagen – n ganz komischer Zufall .. 1 Ich hatte also wie immer Hemmungen ...wollte mich nie so zeigen, wie ich wirklich bin ...mehr in Jeans rumgelaufen ...*

GL: *Wie lang wart ihr da schon zusammen?*

ELLEN: *Wart mal, das war – August, September – drei bis vier Monate, wo wir fest zusammen waren, aber gekannt haben wir uns ja schon seit Januar ...aber als ich hier war nach zwei Monaten kannste sagen, da war er bei der Arbeit und da hatt ich mir am Ku'damm ne schwarze Satinhose gekauft mit Streifen und solche Schuhe (Pumps) und Seidenstrumpfhose, BH ...und so ne ganz lässige Bluse und Kosmetika wa, hatte ich mir gekauft und bis er von der Arbeit nach Hause kam, war ick auf einmal Frau wa. Un er guckt mir so an und so, aber er reagiert positiv wa. Sagt er, na steht dir gut, sagt er so zu mir.*

In meiner Frage und Ellens Reaktion kommt der Unterschied zwischen zwei Geschlechtsverhältnissen zum Ausdruck: auf der einen Seite ein eindeutiges, seinsorientiertes und auf der anderen Seite eines, das auf ein mehrdeutiges plastisches Geschlecht-»Sein« aus ist. Meine Frage folgt der Annahme, daß Transsexualität eine innere Realität impliziert, die gesagt, also als eigentliche offenbart werden muß. Ellen folgt zunächst der Unterscheidung zwischen dem, was sie wirklich ist, und dem, wie sie sich zeigt. Als sie dann aber schildert, wie sie Frau wird, beschreibt sie nicht mehr die Realisierung eines eigentlichen Seins, sondern einen Seinswandel, der dadurch erfolgt, daß der Dichotomisierungsregel weibliche/männliche Kleidung ontologische Wirksamkeit zugeschrieben wird: Sie kleidet sich wie eine Frau und ist somit eine. Daraus folgt, daß sie vorher keine war, denn sonst könnte sie nicht auf einmal eine geworden sein. Es scheint so, als würden Entwurf und Gegenwart in ihrem Tun unmittelbar ineinandergezogen und als ginge es weniger darum, mit einem Entwurf oder gar einem inneren Sein identisch zu werden.

Die Tatsache, daß Ellen die Orientierung an der Dichotomisierungsregel als seinserzeugend erlebt, ermöglicht es, sich gewissermaßen unterhalb der Ebene der ontologischen Seriosität wieder auf eine spontane Interaktion einzulassen. Bezogen auf eine sexuelle Begegnung, die sie hatte, als sie noch als Junge gelebt hat, frage ich Ellen, ob sie für ihren damaligen Partner eine Frau gewesen sei.

ELLEN: *Das war keine Schwierigkeit ...der hat auch in mir ne Frau gesehen (X) ich mein, ich würd nie auch nur auf den Gedanken kommen, nen Mann wieder zu spielen, das könnte ich auch gar nicht, dazu bin ich zu gern Frau.*

GL: *Was verstehst du unter Mann im Bett spielen?*

ELLEN: *Ja auch der Übergeordnete, der wo über mir steht, verstehste (X), wenn ...ich jetzt ..i ich mein, gut, (seufzt) was soll ich jetzt sagen, vielleicht der Partner, der auf mir drauf liegt (kichert). Ja aber heutzutage liegt auch die Frau manchmal oben (kichert) ...dazu befaß ich mich zuwenig mit Sexualität. Ich meine, das ...das kommt dann alles so, wie es kommt, ja, es kommt alles auf einen zu und dann weiß man genau, was für eine Rolle man zu spielen hat, (X) und die könnte ick gar nicht, also die andere, die maskuline Rolle könnte ick nie übernehmen.*

Die hier angewendete Dichotomisierungsregel lautet: Bei einer sexuellen Begegnung liegen Männer oben und Frauen unten. Das Interessante ist nun, daß Ellen, nachdem sie sich über diese Regel als Frau qualifiziert hat, diese wieder fallen läßt und die geschlechtliche Evidenz einem unmittelbaren Aufeinandereinspielen der Interagierenden überantwortet. Von ihrem männlichen Partner her versteht sie sich als Frau, es ist also zumindest naheliegend, daß es ihr gelingt, die Orientierung an einer abstrakten Weiblichkeitsvorstellung – Frauen liegen unten und Männer oben – wieder aufzugeben. Es scheint auf der Ebene des Leiblich-Affektiven zumindest situativ keine Widerstände zu geben, die einem Selbsterleben als Frau im Wege stünden. Deutlicher könnte der Unterschied zu Werner und Gabriel, die sich am Sein des Ausgangsgeschlechts abmühen, nicht ausfallen.

Die Plastizität des »Seins«, die durch den beständigen Bezug auf dichotomisierende Regeln erreicht wird, beinhaltet ein subtiles Aushebeln sozialer Kontrolle. Nachdem Ellen Homosexuelle und Transvestiten unter Verweis auf den sexuellen Rollentausch voneinander abgegrenzt hat, fährt sie fort.

ELLEN: *Für mich ist das mal in der Beziehung so, ich bin ne Frau und das ist ganz normal... wenn i jetzt mitm Marcus ein Verhältnis hab, dann ist das mein Mann. Das ist so normal, daß ich das auch vor*

Gott[14] *und der Welt bestätigen kann (X) wegen dem ich auch kein schlechtes Gewissen hab, auch vor meinem Stiefvater nicht, weil für mich ist das sowieso klar, daß wir später mal heiraten.*

Hier wird die seriöse Ordnung der Geschlechter gewissermaßen mit ihren eigenen Mitteln geschlagen: Weil Ellen in der Beziehung zu einem Mann wie eine Frau ist, ist die Beziehung heterosexuell. Zugleich wird der Makel, der auf der Beziehung lastet, weil sie ja homosexuell sein könnte, durch den Verweis auf den Heiratswillen verschoben: Sie verteidigt nicht mehr, daß sie eine homosexuelle Beziehung führt, sondern reklamiert zugunsten ihrer Konformität, daß sie die Beziehung nicht auf Dauer im Zustand einer wilden Ehe belassen möchte. Selbst vor ihrem sittenstrengen Stiefvater braucht sie sich also nicht zu genieren. Durch ein raffiniertes Verständnis ihres Geschlechtseins entgeht sie weitgehend sozialen Kontrollmechanismen. Es ist demnach so, daß diese ein eindeutiges nicht-plastisches Geschlechtsein implizieren: mit diesem werden auch die Kontrollmechanismen neutralisiert.

Da Ellen das Risiko eingeht, wieder unmittelbar in Interaktionen leiblich einzuhaken, ist sie gegenüber einer situativen Aberkennung des weiblichen Geschlechts völlig hilflos. Die subtile Virtuosität gegenüber der Anforderung, ein Mann zu sein, versagt, und sie wird, ob sie will oder nicht, auch im eigenen Selbstverständnis wieder ein Mann. Das einzige, was ihr bleibt, ist eine Haltung, die man als transsexuelle Revolte beschreiben könnte.

ELLEN: *Manchmal is mir det so richtig egal, ob man jetzt sieht, da bin ich sogar – einerseits bin ich manchmal stolz drauf – das sieht man ja schon an den Gesichtsausdrücken, wie dich die Leute angucken und dann bin ich irgendwo, wenn ich merke, die sehn dat, daß ich n Mann bin, na ja, dann bin ich, is mir det egal – verstehste (X). Einerseits fühl ich mich sogar erhoben, weil ich mir sage, ich habe den Mut zu zeigen, wie ich wirklich bin, (X) und die anderen tun det eben nich.*

Wenn Ellen, obwohl sie Frauenkleider trägt – also eine Frau sein müßte –, spürt, daß sie von anderen als Mann wahrgenommen wird,

---

14 Für Ellen ist dies nicht nur eine Redensart, sie ist katholisch und würde im Fall einer Ehe mit einem nicht-katholischen Mann darauf bestehen, daß dieser zu ihrem Glauben konvertiert.

ist es nicht etwa so, daß die anderen ihr wahres Sein nicht erkennen, sondern sie vollzieht ebenfalls eine geschlechtliche Metamorphose zurück zum Mann, und zwar derart radikal, daß sie nicht nur für andere, sondern auch in erster Person wieder das Ausgangsgeschlecht wird.

Diese Konsequenzen zeigen neben den Chancen die Gefahren, die darin liegen, sich auf eine unmittelbare leiblich-affektive Relation zu anderen einzulassen. Sowohl Werner als auch Gabriel vermeiden es weitgehend erfolgreich, in erster Person das Ausgangsgeschlecht zu sein, indem sie zu sich und damit zu anderen auf Distanz gehen und dabei ihr eigenes Sein einer dezidierten Beobachtung und Bearbeitung unterziehen. Ellen unternimmt dagegen ein zweifaches Wagnis. Sie tritt einfach als Frau auf und bezieht sich als solche auf andere ohne Rückhalt an einer thetisch gesetzten nicht-seienden Weiblichkeit. Prompt läuft sie Gefahr, daß ihr das Frausein zwischen den Fingern zerrinnt und sie wieder auf eine Weise zum Mann wird, wie Werner und Gabriel es schon nicht mehr sind.

Weiterhin riskiert sie einen sozialen Konflikt, in dem es darauf ankommt, ob sie dazu stehen kann, zu wünschen, eine Frau zu sein, obwohl sie als Mann in Frauenkleidern wahrgenommen wird. Der Effekt dieser Revolte ist paradox: Sie bleibt in der Interaktion verhakt und wird auch für sich zum Mann, zum anderen wirkt diese Bindung ans Ausgangsgeschlecht aber nicht verhaltensmodifizierend wie etwa die Scham. »Ich« wird zwar ein Mann, ist aber zugleich der sozialen Kontrolle enthoben, indem es sich behauptet und dazu steht, wie es »wirklich« ist.

Es scheint so, als müsse eine Person real und in erster Person präsent sein, um den sozialen Konflikt um das eigene Geschlechtsein auszutragen. Da in der Interaktion die Realität von »ich« aber an das Ausgangsgeschlecht gebunden ist, stellt sich die Frage, wie ein real revoltierendes »ich« an das neue Geschlecht gebunden werden kann. Dieser Effekt wird durch die Selbsterkenntnis erzielt.

III.

DIE DOPPELTE REALITÄT
DES NEUEN GESCHLECHTS

> Was fragst du nach meinem Geschlecht
> Tydeus mutiger Sohn.
> Wandeln sich die Geschlechter nicht
> wie die Blätter im Herbstwind?
>
> *Homer*

Das neue Geschlecht von Transsexuellen wird auf eine zweifache
Weise wirklich: Es verdankt sich einerseits »ich«-bezogenen Realisierungseffekten und andererseits einfacher Realisierung des neuen Geschlechts. Letzteres meint das erneute Einhaken einer Person auf der
Ebene des Leiblich-Affektiven im neuen Geschlecht. Wenn dieselbe
Person aber mit jemandem darüber spricht, daß sie das andere Geschlecht sein möchte, kann diese das Anliegen durchaus verstehen
und es so zu einer interindividuellen Realität werden lassen, ohne ihr
Gegenüber aber aufgrund dieser Mitteilung als das andere Geschlecht zu erfahren. Diese Form von Wirklichkeit ist zwar auch
leiblich-affektiver Art, denn sie hängt eng mit der Präsenz einer zu
sich »ich« sagenden Person in einer Gesprächssituation zusammen,
aber das neue Geschlecht ist als Erfahrung nicht unmittelbar gegenwärtig, sondern nur mit Bezug auf den mitgeteilten Entwurf bzw. die
Selbsterkenntnis der betreffenden Person.

Die Art und Weise, wie ein Zusammenhang zwischen »ich« und
dem neuen Geschlecht hergestellt wird, braucht sich nicht auf die
Rede zu beschränken, dies kann in vergleichbarer Weise durch Klei-
dung, Gestik usw. geschehen. Entscheidend ist, daß der Entwurf, das
neue Geschlecht zu werden, eine Seinsweise erhält, die ihn grund-
sätzlich für andere erfahrbar macht. Insofern stellen »ich«-bezogene
Realisierungseffekte eine Objektivierung des neuen Geschlechts dar.
Der Abstand zu dessen Realisierung bleibt solange bestehen, wie die
Objektivierung die Distanz zur einfachen Umweltbeziehung der
Selbststellung braucht.

Die Beziehung zwischen »ich« und neuem Geschlecht orientiert
sich dabei an geschlechtlichen Dichotomisierungsregeln, die äußerst

disparate Bereiche geschlechtlich ordnen und letztlich alles und jedes situativ binär strukturieren können. In diesem Sinne kann für eine Person nahezu alles zum Ausdruck ihrer neuen Geschlechtszugehörigkeit werden: Kleidung, Haarschnitt, operative Körperveränderungen, Mimik, Gestik oder die Einnahme von Hormonen. In jedem Fall eignet sich eine Person etwas an, das für sie dem Geschlecht zugehört, das sie noch nicht ist.

Die zentrale Objektivierung, die von allen Beteiligten gewissermaßen als Grundlage und Voraussetzung des gesamten Veränderungsprozesses angesehen wird, besteht darin, sich als das neue Geschlecht erkannt zu haben. Bei den als besonders gravierend geltenden Veränderungen des objektivierten Geschlechts und amtlicher Dokumente, sind – ganz in dieser Logik – methodisch kontrollierte Selbsterkenntnisprozesse vorgeschrieben, ohne die jemand weder körperverändernde Operationen an sich vornehmen lassen darf noch etwa einen neuen Personalausweis erhält.

Der Aufbau dieses Kapitels ist zirkulär: Es beginnt mit den Schwierigkeiten, mit denen sich eine Person konfrontiert sieht, wenn sie sich als das andere Geschlecht erkennt, untersucht sodann die institutionalisierte Form der Selbsterkenntnis, um nach der Analyse des Verhältnisses von »ich«-Bezogenheit des neuen Geschlechts und dessen Realisierung bei der Einnahme von Hormonen und der operativen Körperveränderung mit der Konstruktion der neuen Geschichte der Person zu enden, die, insoweit sie Bestandteil der Selbsterkenntnis ist, eine wesentliche Voraussetzung des ganzen Prozesses darstellt. Mit der zirkulären Struktur vollzieht dieses Kapitel eine Form der Geschlechtsveränderung nach, in deren Verlauf sukzessiv ihre notwendige Voraussetzung entsteht: die Person, die sich richtigerweise als das andere Geschlecht erkennt.

1. *Die Sozialisierung der Selbsterkenntnis*

Die Sozialisierung der Selbsterkenntnis umfaßt insgesamt drei Momente, die in den Interviews kaum je ohne Bezug aufeinander auftauchen. Es ist trotzdem sinnvoll sie zu unterscheiden, da sich so unterschiedliche Weisen der Realisierung voneinander abheben lassen. Die Selbsterkenntnis impliziert einen Akt der Revolte gegen die eigene Stellung in der Geschlechterordnung, der ein Engagement in erster Person seitens des/der Revoltierenden erfordert. Dieses Wagnis einzugehen, bildet eine grundlegende Voraussetzung für das Gelingen der Geschlechtsveränderung. Da die Revolte die Person allerdings in einer völligen Vereinsamung belassen würde, wird die Behauptung, eigentlich das andere Geschlecht zu sein, fast nie als solche formuliert, sondern in der Form einer Selbsterkenntnis mitgeteilt, d. h. in einer Weise, die es für andere nachvollziehbar macht, was in der sich selbst erkennenden Person vorgeht. In dem Maße wie dies gelingt, wird aus einer gegen die Ordnung revoltierenden Behauptung ein interindividueller Sachverhalt, der nicht mehr nur von der transsexuellen, sondern auch von der verstehenden Person getragen wird. Drittens resultiert schließlich das Gewicht bzw. der Ernst der Selbsterkenntnis daraus, daß mit ihr zugleich eine faßbare, präzise zu bestimmende Zukunft versprochen wird: Die transsexuelle Person wird sich juridisch-medizinischen Prozeduren unterziehen. Das Wissen, das Transsexuelle von sich entwickeln, wenn sie sich selbst erkennen, enthält als integralen Bestandteil eine dreifach bestimmte Sozialität: den Konflikt mit anderen in der Revolte, die Interindividualität der Selbsterkenntnis und ein überprüfbares Zukunftsversprechen.

Wenn ich im weiteren von Macht spreche, sind immer situative Konstellationen gemeint, in denen einzelne anstreben, ihre Entwürfe bzw. Interessen durchzusetzen.[1] Sich in diesem Sinne der Machtfrage stellen, heißt also, in einer gegebenen Situation ein Ziel zu verfolgen, von dem man annehmen kann, daß das Vorhaben auf Widerstand stoßen wird. Für den Entwurf, das eigene Geschlecht zu verändern, trifft das auf jeden Fall zu; diesen in die Tat umzusetzen, bedeutet, einen sozialen Konflikt zu riskieren. Ob jemand das Ausgangsgeschlecht bleibt oder das neue sein wird, hängt demnach nicht zuletzt von einer erfolgreichen Kalkulation von Kräfteverhältnissen und Risiken ab, d. h., das Gelingen der Geschlechtsveränderung ist zumindest auch eine Frage der guten Taktik in sozialen Konflikten.

---

1 Dieser Gedanke macht auf eine mikrosoziologische Weise mit der These Foucaults (1979) Ernst, daß es keinen Bereich außerhalb der Macht gibt.

Der Offenbarung des Entwurfs kommt dabei eine strategische Bedeutung zu, da mit dieser den anderen ein Interpretationsraster für Verhaltenseigentümlichkeiten angeboten wird, das es ihnen ermöglicht, weitere Schritte vorauszusehen und diesen eventuell gegenzusteuern.

Der Mann-zu-Frau-Transsexuelle Gabriel/Daniela scheute aus diesem Grund lange Zeit davor zurück, sich darauf festzulegen, ein Mädchen bzw. eine Frau werden zu wollen. Die Angst, dem sozialen Druck nicht standhalten zu können, den vor allem seine Familie aufgrund dieser Mitteilung auf ihn ausüben würde, läßt ihn lange Zeit zögern.

GL: *Was spricht dagegen, das allen zu sagen?*

GABRIEL: *Damit verlier ich den Schutz, die Deckung, dann wissens alle, kann man sagen. Dann stehe ich total unjeschützt da. Alle wissen jetzt, wo se dran sind. Alle können se, wenn se wollen, et versuchen noch zu verhindern. Ich habe Angst vor den Reaktionen.*

Irgendwann erfordert die Geschlechtsveränderung eine offensive Taktik, und es ist Gabriels Problem, ob »ich« stark genug sein wird, den Reaktionen der anderen standzuhalten.

Die anderen, denen gegenüber »ich« das neue Geschlecht vertreten muß, sind nicht gleich. Mit einigen kann man den Kampf früher aufnehmen, während gegenüber anderen größere Vorsicht geboten ist. Für die Realität des alten Geschlechts und die Unmöglichkeit, das neue zu werden, stehen für Gabriel/Daniela andere mehr oder weniger signifikant[2] ein. Im Zentrum der Signifikanz steht bei ihm/ihr der Vater. Erst als er/sie sich sicher ist, das neue Geschlecht auch ihm gegenüber vertreten zu können, bekennt er/sie sich zu seiner/ihrer Entscheidung.

Ein transsexueller Mann berichtet von vergleichbaren Schwierigkeiten, als er seine Eltern kurz vor dem Beginn der Hormonbehandlung besucht.

GERHARD: *Na meine Eltern – war n bißchen schwierig, denen det bei-*

---

2 Hierbei lehne ich mich an Meads Konzept des ›signifikanten anderen‹ an, ohne mich allerdings Mead gänzlich anzuschließen, da eine Differenz zwischen biologischer und gesellschaftlicher Erfahrung für Meads Ansatz konstitutiv ist (vgl. Mead 1973: 401 f.). Für die These einer graduellen Signifikanz anderer vgl. Berger/Luckmann (1980: 161 f.).

*zubringen. Weil ich war da runter jefahren... im Mai und wußte
schon, daß im Juni die Hormonbehandlung einsetzt, und wußte det
allet schon und hab mir nüscht getraut.*

Als Grund für diesen Mangel an Courage führt er den vermuteten
Konflikt mit den Eltern an.

GERHARD: *Ja und ich habs denen auch deswegen nich gesagt, als ich
unten war, weil ich dachte, die versuchen also einen bestimmt das
auszureden oder wat und wat einzureden oder so. Konnte ich nu wirklich nicht gebrauchen, daß da Hinz und Kunz auf mich einredet.*

Während Gerhard gegenüber anderen, die in bezug auf sein Frausein
weniger signifikant sind, zum damaligen Zeitpunkt kaum Schwierigkeiten hat, sich als Mann zu erkennen zu geben, ist »ich« noch so
schwach, daß er eine Konfrontation mit den Eltern vermeidet.

Die »Machtfrage« steht im Prozeß der Sozialisierung der Selbsterkenntnis vor allem an deren Beginn im Vordergrund. Ein Verständnis der Art und Weise, wie einzelne sich in dem Wirklichkeit garantierenden Geflecht von Machtbeziehungen orientieren, welche
vorübergehenden Bündnisse eingegangen und wieder gelöst werden,
würde differenzierte Einzelfallstudien erfordern. Mir geht es hier nur
darum aufzuzeigen, daß die Machtfrage integraler Bestandteil der
Selbsterkenntnis Transsexueller ist.[3]

Schon die Tatsache, daß sich Transsexuelle diesen Auseinandersetzungen stellen, hat einen Realisierungseffekt. In den Konflikten,
die sich mit der Offenbarung des Entwurfs ergeben, entsteht eine
Relation zwischen »ich« und dem neuen Geschlecht, die insofern
qualitativ anders beschaffen ist als die de- oder irrealisierende Beziehung zum Futur-II-Geschlecht, als das neue Geschlecht an der Realität der geführten Auseinandersetzung partizipiert.

GABRIEL: *Eben dieses klipp und klare Nein... das kann man nicht spielen, genausowenig wie man Mathe spielen kann, das kann man ent-*

---

3 Obwohl bei denjenigen, bei denen zur Zeit der Interviews bzw. Beratungsgespräche der Machtaspekt einen gewissen Vorrang hat, der Vater im Zentrum
der das Ausgangsgeschlecht garantierenden Beziehungen steht – es sich bei ihm
sozusagen um den ›signifikantesten‹ anderen handelt –, halte ich es nicht für
ausgemacht, daß das immer der Fall sein muß; einige retrospektive Schilderungen der Frühphasen der Geschlechtsveränderung stellten eindeutig die Mutter
ins Zentrum der ersten Konflikte.

weder oder man kanns nich... man kanns lernen... da wirds be-
stümmt Rückschläge geben.

Das neue Geschlecht erhält seine ersten Realitätsakzente zumindest
nicht ausschließlich durch irgendeine Wahrheit im Inneren der Person, sondern durch das Wagnis eines gegenwärtig sprechenden »ich«,
zu dem in die Abhängigkeit von den anderen eingewobenen Ausgangsgeschlecht »nein« zu sagen.

DANIELA: *Also da könnt mir niemand mehr reinreden irgendwie. Und*
jetzt, wo ich 18 bin, erst recht nicht mehr. ..2 Also ..1 auch mein
Vater nich ja, da könnte er sonstwas sagen, könnte sagen... ich will
nichts mehr mit dir zu tun haben... Ich glaube, da könnte wirklich
jeder gegen mich sein, ich würde es trotzdem machen... die Entschei-
dung steht hundertprozentig fest.

Es ist die Realität des Konflikts, in dem eine Entscheidung durchge-
fochten wird, die das neue Geschlecht wirklicher macht.

Der Realisierungseffekt, der sich im Rahmen sozialer Konflikte
ergibt, wird dadurch verstärkt, daß der Entwurf einen Anhalt im weiteren Bereich der sozialen Wirklichkeit hat. Es gibt Beratungsstellen,
Ärzte, Kliniken u. ä., die damit befaßt sind, solche fremdartig anmu-
tenden Lebensentwürfe wie den, das andere Geschlecht werden zu
wollen, zu unterstützen. Diese Institutionen gibt es wirklich, auch
Eltern, Freunde und Bekannte von Transsexuellen könnten sie aufsu-
chen, man kann von ihnen in der Zeitung lesen usw. Wenn »ich«
verspricht, seinen/ihren Entwurf in die Tat umzusetzen, erhält das
neue Geschlecht einen weiteren realen Bezugspunkt. Auf diese
Weise werden auch die von mir geführten Beratungsgespräche bzw.
schon die Existenz der Beratungsstelle Bestandteil des Realisierungs-
prozesses.

GABRIEL: *Und denn habe ich mir überlegt, na rufste einfach mal bei...,*
na auf jeden Fall war es für Homosexuelle irgendwas gewesen. Hab
ich gesagt, ja guten Tag, ich bin transsexuell *und... können Sie mir*
irgendwie weiterhelfen und Adresse geben..., damit ich erst mal n
Anhalt habe..., hat er gesagt ja und... hat... die Adresse hiervon
gegeben. Ja und so kam ich denn eben hierauf... und denn habe ich
auch mal den Zettel mit Absicht auf m Küchentisch liegen gelassen
(X), damit meine Mutter das sieht. Also »Transsexuellenberatung«
hatte ich ihr schön aufgeschrieben jehabt, ganz schön groß, damit se es

sieht nich. (X) Naja und dann irgendwie hat se es dann och gesehen
und ich kam denn nach Haus und sie hat so gefragt: »Na und was is
das jetzt« und so. Und dann habe ich gesagt, da gehe ich jetzt immer
hin und... da is auch ne Gruppe, sind eben auch Leute, die sich
haben umwandeln lassen oder die es machen lassen wollen. Und hat
se gesagt, ach na möchste es jetzt wirklich jetzt machen... Ja und des
will ich machen... und jetzt bin ich schon sogar soweit, daß se jetzt
irgendwie sagt, das is das Beste. Also nich mehr so wie früher, daß se
es versucht einen wieder auszureden.

Dieses deutliche und eindeutige Versprechen einer Zukunft war für Gabriel/Daniela äußerst schwierig. Den damit verbundenen sozialen Konflikt wagt sie nur in Abwesenheit – durch den Zettel. Nachdem sie es einmal »gesagt« hat, fällt es ihm/ihr leichter, das schon existierende Versprechen aufrechtzuerhalten. Der gleiche Vorgang wiederholt sich mit dem Vater.

GABRIEL/DANIELA: *Daß ich versuche, es ihm nich so* klar *ins Gesicht zu sagen, sondern daß ich zwar jetzt schon mich irgendwie wehre... also... ich* verstecke *mich nich, aber ich sags ihm ebend nich, du hör* zu, *es is so-und-so, sondern ich machs mehr so von* hinten, *kann man sagen... daß er es merken* muß, *aber ich es ihm nich* sage, *also daß er es im Grunde genommen weiß, unausgesprochen weiß. Ich hab mir schon überlegt, ich glaub wirklich, daß es am besten wär, wenn ers doch durch meine* Mutter *oder so denn doch mal erfährt.*

Das Ziel ist, den Vater dazu zu bewegen, daß er es weiß, ohne selbst deutlich werden zu müssen. Die Offenbarung des Entwurfs wird gewissermaßen in die Struktur der Futur-II-Gegenwart eingebaut. Gabriel/Daniela versucht, sich das Gefühl zu geben, daß er/sie es gesagt hat, ohne daß real etwas passiert sein müßte. Über das Stadium der vagen Offenbarung, die vielleicht stattgefunden hat, ist er/sie im Verhältnis zur Mutter hinaus. In dieser Beziehung hat das neue Geschlecht mehr Realität.

In retrospektiven Schilderungen, d. h., wenn der Konflikt ausgestanden ist und »ich« sich als stark genug herausgestellt hat, tauchen solche strategischen Unklarheiten nicht mehr auf, wenn es um das Versprechen der Zukunft geht. Die transsexuelle Frau Gerda konfrontiert ihre damalige Ehefrau, mit der sie immer noch zusammenlebt, abrupt damit, daß sie eine Frau werden möchte.

GERDA: *Ich hab sie einfach voll mit konfrontiert plötzlich. Das schep-*
perte plötzlich, und denn wars da, denn wars draußen... Sie kam aus
dem Krankenhaus grade und wurde von mir begrüßt als Frau. Habe
mich ganz einfach präsentiert, und so sehe ich jetzt immer aus.

Inwieweit die Sicherheit, mit der der Ehepartnerin mitgeteilt wird,
daß sie in Zukunft keinen Ehemann mehr, sondern eine -frau haben
wird, erst retrospektiv hergestellt ist, läßt sich nicht mehr feststellen.
Das Interview fand erst nach der Geschlechtsveränderung statt. Immerhin scheint es so gewesen zu sein, daß auch Gerda einen gewissen
Abstand von der Eherealität brauchte – die krankheitsbedingte Abwesenheit ihrer Frau –, bevor sie es wagte, dieser die neue Mitteilung
zu machen.

In anderen retrospektiven Schilderungen ist die Sicherheit, mit der
»ich« offensiv gegenüber der Umwelt auftritt und eine Zukunft im
anderen Geschlecht verspricht, noch beeindruckender.

NIKLAS: *Weil sie eben auch sagte, ja sie könnte mich halt nicht als mei-*
nen Sohn so vorstellen, weil viele wüßten das ja auch, daß sie halt nur
Töchter hätte, und das wäre ja auch gar nicht gegeben, ich bin ja auch
körperlich kein Junge... wo ich gesagt hab, ja und? aber ich fühl mich
so und ich laß mir den Körper auch operieren.

Unabhängig davon, wie Niklas diese Sicherheit erreicht hat[4], führen
solche Konflikte dazu, daß Niklas' Mutter – als sie/er 15 Jahre alt ist
– sie/ihn so ernst nimmt, daß sie sich um einen Therapieplatz für
sie/ihn bemüht.

Damit das Versprechen zu einer interindividuellen Wirklichkeit
wird, muß es zumindest ernst genommen, wenn nicht geglaubt werden. Ist das nicht der Fall, beschränkt sich der Realisierungseffekt auf
das Wagnis der Revolte.

NIKLAS: *Ich habe ihr (der Mutter einer Geliebten, GL) schon erzählt,*
daß ich halt Geschlechtsumwandlung machen will. Aber ich glaube,
daß ihre Mutter das damals nich so richtig nachvollziehen konnte und

4 Neben der im nachhinein gewonnenen Sicherheit, die daraus resultiert, den
Konflikt gewagt und ausgestanden zu haben, kommt in diesem Fall noch hinzu,
daß es sich um einen transsexuellen Mann handelt. In der Richtung Frau-zu-
Mann lassen sich – wie sich im letzten Kapitel zeigen wird – Realisierungseffekte leichter erreichen.

auch nich so richtig ernst genommen hat (X), daß ich das wirklich machen würde.

Niklas' jetzige Freundin dagegen, die er ebenfalls noch als Toni kennengelernt hat, hat ihm dagegen schon damals geglaubt.

MARLIES: *Weil er war zwar jetzt biologisch kein Mann, aber war halt n Mann und er strebte alles Mögliche an usw. usf. und des war mir erst einmal, für mich war das ne totale Beruhigung.*

Der Tatsache, daß es einen wesentlichen Realisierungseffekt darstellt, wenn »ich« eine Zukunft verspricht, in der es sich einer Reihe juridisch-medizinischer Prozeduren aussetzt, entspricht umgekehrt, daß die Glaubhaftigkeit des Entwurfs davon abhängt, ob sich jemand diesen Verfahren unterziehen will. Die Freundin eines transsexuellen Mannes zieht die Transsexualität eines anderen transsexuellen Mannes in Zweifel, weil dieser sich die Brust nicht operativ verändern lassen möchte.

LIL: *Nur dann muß man Zweifel haben an diesen Personen, dann is ne gewisse Unsicherheit bei den betroffenen Personen – vielleicht sich nich ganz schlüssig… die mögen ihren eigenen Gefühlen nicht trauen… daß es dadurch vielleicht nich zu ner Op kommt… daß viele in dem Alter nich den Mumm haben, weg damit, ab damit und gut is es.*

Es geht nicht darum, den Betreffenden die Gefühlsbasis für eine Geschlechtsveränderung abzusprechen, sondern darum, ob sie ihren Gefühlen trauen und ob sie genug »Mumm«, d. h. Mut, haben, zu sich zu stehen. Transsexuell zu sein heißt den Mut zu haben, ein Versprechen abzugeben und es einzulösen.

In den Darstellungen Transsexueller fallen die Selbsterkenntnis und das Versprechen einer Zukunft so eng zusammen, daß beides oft fast synonym verwendet wird. Dennoch halte ich es für sinnvoll, zwischen diesen Momenten zu unterscheiden. Die Differenz liegt weniger im Inhalt der Äußerung als in deren Adressaten und der Zeitstruktur der Rede. Das Versprechen legt ein gegenwärtiges leibliches »ich« vor anderen auf eine Tat fest, die es ausführen wird. Die offenbarte Selbsterkenntnis legt dagegen »ich« darauf fest, daß es etwas – nämlich sich – als wahr erkannt hat. Es handelt sich also primär um eine Relation zu sich, und der zeitliche Akzent liegt auf der Vergangenheit statt auf der Zukunft, denn das Erkannte gibt es schon, während es das Versprochene erst in der Zukunft geben wird.

Die Beziehung zu sich, die in der Selbsterkenntnis liegt, ist allerdings nicht mit einer solipsistischen Selbstbezogenheit zu verwechseln. Bei der expliziten Selbsterkenntnis handelt es sich um eine thetische Reflexion. Auf die formale Differenz zwischen Reflektierendem und Reflektiertem habe ich schon hingewiesen. Bei der Selbsterkenntnis bin ich, insofern ich das Erkannte bin, das Reflektierte und unterscheide mich als Erkennende vom Erkannten wie das Reflektierende vom Reflektierten; dabei zerfällt – wie gesagt – auch das Reflektierende in Selbst- und Gegenstandsstellung, da sonst die Differenz von Reflektierendem und Reflektierten nicht möglich wäre. Daraus folgt weiter, daß »ich« als Erkennendes der gespaltenen Ich-Struktur entspricht. »Ich« ist sowohl allgemeines Ich wie besonderes leibhaftes Ich. Damit wird die Erkenntnis eines für andere sinnlich nicht faßbaren Sachverhalts, daß nämlich »ich« sich als das andere Geschlecht erkannt hat, schon im Akt der Erkenntnis in die Struktur der interindividuellen Überprüfbarkeit eingefügt. Insofern »ich« allgemeines Ich ist, gilt für die Selbsterkenntnis die Austauschbarkeit der Standpunkte, d. h., jede und jeder, die oder der an meiner Stelle wäre, würde mich als genau das erkennen, als was ich mich erkenne. Damit ist der Realisierungseffekt, der sich aus der Relation zwischen »ich« und neuem Geschlecht ergibt, um den Aspekt der Wahrheitsfindung bereichert. »Ich« wagt nicht nur einen Konflikt und gibt glaubwürdig ein Versprechen ab, sondern es bürgt mit seiner Präsenz für einen bisher unbekannten, aber nichtsdestoweniger existierenden Sachverhalt. Sartre nennt die Erkenntnis »Intuition und Eid in einem« (Sartre 1977 a: 160) und hebt darauf ab, daß sich der/die Erkennende durch die Erkenntnis selbst festlegt und für die Wahrheit des Erkannten einsteht. Da bei der einfachen Reflexion das Reflektierende und das Reflektierte lediglich formal unterschieden sind und nicht material getrennt werden, erhält das sich auf die Realität des Erkannten verpflichtende und sie verbürgende »ich« die geschlechtliche Bestimmtheit des Erkannten, und »ich«, insofern »ich« erkannt wird, partizipiert an der Realität des erkennenden »ich«. Die Relation zwischen »ich« und neuem Geschlecht wird in der Selbsterkenntnis und dem darin enthaltenen Appell an andere, sie nachzuvollziehen, tendenziell vom sozialen Konflikt frei. Die Realität des Erkannten wird derart zu einem Puffer zwischen den Konfliktparteien, denn sie verschiebt den Akzent weg von der Konfrontation zwischen Interessen und Entwürfen hin zu einem Erkenntnisproblem.

Ein transsexueller Mann beschreibt den Prozeß der Selbsterkenntnis, der im Rahmen einer psychotherapeutischen Behandlung stattfand, die er aus anderen Gründen begonnen hatte, so.

GERHARD: *Der hat mir auch nie gesagt, Sie fallen unter die Gruppe der Transsexuellen... das war eigentlich so (X), wie es sein soll, daß man nach und nach sich selber Gedanken macht, könnte det sein, und det antestet und versucht zu überlegen und daran zu gehen und hats trotzdem noch Monate gedauert, bis ich in der Lage war, drüber zu sprechen. Det konnte ich nämlich lange Zeit gar nich. Konnte gar nich drüber sprechen mit jemand. Für mich war der Gedanke – also is och n Stück Erziehung – det kann nich sein, wat nich sein darf und nu war man soweit in Gedanken, mal zuzulassen und det war son ungeheuerlicher Gedanke und dann ha ick och überlegt, wie bring ick det, det kann ick ja nie meinen Eltern beibringen oder sonst sowas und überhaupt und nein. Bis so allmählich mal des zugelassen werden konnte mit allem, wat da drum und dranhängt, ohne daß ich jetzt schon jenau wußte, ob oder wie man da wat machen kann oder wie der Weg is. Alleine mal den Gedanken zuzulassen, das hat Monate gedauert.*

Der Prozeß der Erkenntnis wirkt befreiend, es geht nicht sofort um den Konflikt mit den Eltern oder um die Auseinandersetzung mit Normen, sondern nur darum, den »Gedanken zuzulassen«. Dabei wird Gerhard begleitet von einem Therapeuten, der ihm in diesem Prozeß verstehend folgt und ihm nicht vorgibt, was er zu sein hat.

Auf eine transsexuelle Frau scheint die Begegnung mit dem Label »Transsexualität« im Sinne einer Selbsterkenntnis gewirkt zu haben.

GL: *Wann hast du zum ersten Mal von Transsexualität gehört, daß es das überhaupt gibt?*

ANNA: *Mit 18 Jahren.*

GL: *Wie hast du das mitgekriegt?*

ANNA: *Ja das ist – ich bin wegen Drogen in die... Psychiatrie gekommen... – und da hat mich der Arzt, der da saß, eigentlich ziemlich sofort drauf angesprochen, ob ich da schon mal drüber nachgedacht hätte oder ob das für mich in Frage käme oder ob das bequemer wäre oder so. Da ich aber wohl bis jetzt wohl noch nie drüber gehört hatte, konnte ich natürlich auch nicht sagen, daß das ein Thema für mich war.*

GL: *Was hat der gesagt, kannst du dich erinnern an das Gespräch?*

ANNA: *Ja, ob ich schon mal an eine Geschlechtsumwandlung gedacht hätte (X), hat der mich gefragt.*

GL: *Und wie kam der drauf?*

ANNA: *Na ja, weil ich ihm so erzählt habe, was für Schwierigkeiten ich hab. Ich meine, er hat natürlich versucht rauszukriegen, warum (X) jetzt Drogen und die anderen Geschichten.*

GL: *Und was hast du ihm da erzählt?*

ANNA: *Das weiß ich nicht mehr. Das weiß ich wirklich nicht mehr genau. Ich hab auch eine sehr schwache Erinnerung an die Zeit, weil ich wirklich die ganze Zeit weg war. (lacht) Nee, keine Ahnung. Ich werd dem meine Gefühle irgendwie geschildert haben, soweit mir das möglich war, und das wird nicht . . 2 das wird ziemlich konfus gewesen sein, schätze ich mal. Aber in dem Moment, wo er das sagte, habe ich mich eigentlich gewundert, daß ich da nie selber drauf gekommen bin.*

Annas Konfrontation mit dem Label akzentuiert sehr gut die Austauschbarkeit der Standpunkte bezüglich des Sachgehalts der Erkenntnis. Es bedeutet für sie, die das Erkannte in erster Person ist, zwar etwas qualitativ anderes als für den Arzt, dessen Aussage zuzustimmen; aber das setzt voraus, daß sie sich in der angebotenen Interpretation erkennt, diese also als zutreffend empfindet. Bei einer Mitteilung der Selbsterkenntnis verläuft der Weg andersherum; es ist nicht alter, der/die ego eine Interpretation anbietet, sondern ego formuliert eine Erkenntnis und fordert alter auf, sie nachzuvollziehen. Für den transsexuellen Mann Felix bildet das Verstehen dessen, als was er sich erkannt hat, die Grundvoraussetzung für eine intime, d. h. auch sexuelle Beziehung.

FELIX: *Also nur Leute, die ich schon ganz lange kenne (X) und wo ich weiß, daß die auch meine Entwicklung genauso mitvollzogen haben wie ich. (X) Also genauso nich, aber jedenfalls unheimlich gut begriffen haben, wer ich bin, was ich bin. (X) Und dann geht es auch.*

Die transsexuelle Frau Daniela unterscheidet verschiedene Grade des Verstehens. Wirklich verstanden fühlt sie sich von einer Schulfreundin – Ayse –, die die Schwierigkeit, in der Daniela lebt, glaubhaft auf der Ebene des Geschlechtseins ansiedelt. Die Freundin findet es schrecklich, ein Mann sein zu müssen, wenn man eine Frau ist.

DANIELA: *Irgendwie Ayse hat komischerweise och irgendwie am meisten verstanden von* allen. *So irgendwie mehr verstanden als Martina... Sie hat so gesagt, ich kann verstehn, irgendwie, daß du es so schnell wie möglich machen willst. (schnell:) ich stells mir auch schrecklich vor... Die meisten, wenn ich sage, die sagen mir dann immer, ja ich möchte lieber n Junge sein, den Spruch, den hört man oft ja... Natürlich ich meine... hat ne höhere Machtposition... aber wenn se es wirklich sein müßten, ich weiß nich, ich glob, dann würden viele doch wieder zurückspringen. (X) Und Ayse hat gesagt, nee, ich bin so froh, daß ich ne Frau bin, als Frau hat man viel mehr Möglichkeiten, als Frau hat man viel mehr Einfluß, man kann, weeß ich, viel mehr Chancen und alles.*

Diejenigen, denen solche Erkenntnisse seiner selbst mitgeteilt werden, verstehen sie ihrerseits als Aufforderung dazu, sie nachzuvollziehen. Die gesagten Sachverhalte werden, obwohl sie zunächst sonderbar klingen, nicht als unmöglich abgetan, sondern als verstehbar eingestuft. Maria hatte die transsexuelle Frau Anna kennengelernt, nachdem diese während eines Psychiatrieaufenthalts mit der Diagnose »transsexuell« konfrontiert worden war. Dies hatte sich im weiteren Bekanntenkreis herumgesprochen, und Maria wußte daher bereits, als sie Anna kennenlernt, was »los« ist. Das führte bei Maria zu einer neugierig verstehenden Haltung.

MARIA: *Also da ist ein Mensch, eigentlich ein Mensch, aber eben halt eine Frau, das war nichts, was Verwirrung ausgelöst hatte bei mir (X), also eine Menge Fragen schon, weil ich das nicht kannte, aber eben... nicht so dieses »das gibts doch nicht«... das war irgendwie so Gefühl dafür (X), oder als wenn ich da Ahnung von hätte, mir das gar nicht so fremd... so unverständlich vorkam. Fremd natürlich schon, aber nichts, wo ich nun gar nichts hätte mit anfangen können.*

Als der transsexuelle Mann Niklas seiner späteren Freundin Marlies, die er noch als Frau kennenlernt, erzählt, daß er eigentlich ein Mann ist, reagiert sie auf eine vergleichbare Weise.

MARLIES: *Und ich weiß nur, daß mich das tierisch beruhigt hat... zwar ne komische Situation war, aber ich hab da keine Schwierigkeiten gehabt, das so nachzuvollziehen oder dann so auch, du spinnst doch*

oder solche Geschichten, das gibt's nicht. Also ich konnt mir das vor-
stellen, daß es sowas gibt... und daß er so betroffen ist und so fühlt.

Die Selbsterkenntnis verändert den Sachverhalt, daß eine Person eigentlich das andere Geschlecht sein möchte, dahin, daß diese das
andere Geschlecht schon ist. Wenn sie im Verstehen zu einer interindividuellen Gegebenheit wird, wird diese auf eine qualitativ neue
Weise real, denn es ist nicht mehr nur »ich«, das für die Realität des
neuen Geschlechts einsteht.

Die sich punktuell ausbreitenden Realitätseffekte führen allerdings nicht dazu, daß das neue Geschlecht als ein alltäglicher selbstverständlicher Sachverhalt realisiert würde. Betrachtet man etwa die
Verwendung der Personalpronomen, deren bruchlose und kontinuierliche Anwendung im grammatikalisch neuen Geschlecht einen relativ verläßlichen Indikator für dessen Realisierung darstellt, zeigt
sich, daß die Sozialisierung der Selbsterkenntnis zu einem wichtigen
Teil dazu dient, die Konflikte um die Durchsetzung des neuen Geschlechts zu bewältigen. Mit anderen Worten: Verstehen ist eine Be-
friedungsstrategie im sozialen Konflikt, die punktuelle Realisierungseffekte mit sich bringt.

SABINE: *Ich weiß nicht mehr, ob's am Telefon war oder ob wir uns per-*
sönlich gegenüberstanden, jedenfalls hab ich Kristina angebrüllt, daß
sie mir jetzt mit ihrer Scheiße aufhören soll, daß sie mir damit tierisch
auf den Nerv geht, sie soll akzeptieren, daß ich mich nochmal verspre-
che, schließlich mußte ich auch akzeptieren, daß, (räuspert sich), daß
der Christoph zur Kristina wurde und von er zu sie und daß mir das
eben noch schwerfällt, und wenn sie so intolerant ist, dann (räuspert
sich) sollten wir unsere Freundschaft lassen. Ich glaube, da war auch
eine Zeitlang Funkstille. Also, daß wir uns dann nicht mehr gesehen
haben, aber so genau weiß ich's nicht mehr. Jedenfalls hatten wir
Superkrach. Ich meine, auf der einen Seite konnte ich's ja verstehen,
ich glaub, es hätte mich genauso gestört, wenn ich an der Stelle gewe-
sen wär, weil sie nun endlich als Frau, weil sie endlich eine Frau sein
wollte und auch als Frau angesprochen werden wollte.

Kristina hatte mit Sabine schon über ihre Situation gesprochen, und
Sabine hatte dies auch nachvollziehen können. Dennoch kommt es
zwischen den beiden zu einem »Superkrach« um das Frausein, das
eben auch beinhaltet, als eine solche selbstverständlich angespro-

chen zu werden. Die Auseinandersetzung endet nur deswegen nicht in einer endgültigen »Funkstille« zwischen Sabine und Kristina, weil Sabine »verstehen« kann, was bei Kristina los ist, daß es ihr an deren »Stelle« genauso gehen würde. Daraus ergibt sich, daß es für Transsexuelle zu Beginn der Geschlechtsveränderung letztlich überlebensnotwendig ist, den Machtkampf in einen Verstehensprozeß zu verwandeln, sonst können sie ihr neues Geschlecht im wahrsten Sinne des Wortes für sich behalten. Sie erschöpfen sich dann in der bloßen Revolte, in der sich »ich« gegen die Zumutung stellt, das Ausgangsgeschlecht zu sein. Vor diesem Hintergrund wird die Schwierigkeit verständlich, die Revolte und das Versprechen der Zukunft überhaupt gegen den Verstehensprozeß zu isolieren. Schon in Danielas Darstellung, wie sie ihrer Mutter verspricht, die juridisch-medizinischen Prozeduren auf sich zu nehmen, muß sie dies auf eine Weise getan haben, die an das Verständnis appelliert, denn ihre Mutter glaubt ihr nicht nur, sondern sie versteht auch, daß dies das Beste für ihren Sohn ist (s. o.).

Sich auf die Ebene des Verstehens zu begeben, bringt für Transsexuelle allerdings nicht nur Vorteile, denn im Verstehen gibt es einen Anspruch auf Wechselseitigkeit, der schon in Sabines Darstellung des Konflikts mit Kristina zum Ausdruck kommt. Wenn Sabine die Veränderung Christophs zu Kristina akzeptiert, muß Kristina ihrerseits akzeptieren, daß Sabine bei der Verwendung der Personalpronomen noch Fehler unterlaufen. Darin steckt die Aufforderung Sabines, ihre Schwierigkeiten mit der Geschlechtsveränderung zu verstehen.

Aufgrund der Wechselseitigkeit des Verstehens können Transsexuelle in die Situation kommen, das Nichtverstehen anderer verstehen zu sollen, um sich die Chance zu erhalten, später verstanden zu werden. Die nicht-transsexuelle Marlies ist der Meinung, ihr transsexueller Freund Niklas sei gegenüber seinen eigenen Eltern, die ihn verstehen, zu wenig verständnisvoll. Der gleichen Ansicht ist sie bezüglich seiner Haltung gegenüber ihren Eltern, die seiner geschlechtlichen Situation und damit ihrer sexuellen Orientierung lange Zeit eher abweisend gegenübergestanden haben.

MARLIES: *Ich kann zwar seinen Anspruch verstehen, das ganz gewiß, aber, ich sag mal, er kann da nich so über Leichen gehen und das*

wegwischen und sagen, so is es, und die müssen sich dran gewöhnen.
(X) Und genauso is es teilweise auch, sage ich jetzt mal, mit meinen
Eltern. Also oder auch gerade für Leute, die für die das einfach schwie-
rig is, die sich da nie mit auseinandergesetzt haben mit so einer Sache.
Bei denen muß das ja erst mal, weißte, als wenn so n Groschen lang-
sam durchfällt irgendwo, und auch meine Eltern haben wahnsinnige
Schwierigkeiten damit gehabt. (X) Einmal sicherlich denke ich mir
mal ..4 aufgrund des Altersunterschiedes, und dann noch aufgrund
dieser spezifischen Situation.

Sich auf das Verstehen des Nichtverstehens bzw. der Verständi-
gungsschwierigkeiten einzulassen, heißt also, zumindest eine Zeitlang Ablehnung zu ertragen und diese auch zu rechtfertigen.

Zu Beginn der Geschlechtsveränderung kann das Verstehen der
Schwierigkeiten anderer sogar dazu führen, daß der Prozeß der Veränderung zumindest verlangsamt, wenn nicht vorübergehend stillge-
stellt wird. Renate Anders berichtet in ihrer Autobiographie von den
Problemen ihrer Gattin mit ihrem Geschlechtswandel – Probleme,
die Anders durchaus nachvollziehen kann, wodurch diese zu einer
interindividuell geteilten Eherealität werden. Aus dem wechselseitigen Verstehen folgert Anders: »Solange wir verheiratet waren, ging
nichts ohne ihre Zustimmung. Sie war wie ich davon überzeugt, nie
wieder eine solch glückliche Verbindung wie die unsere eingehen zu
können; wir wollten beide nicht die Scheidung, welche die anderen
für unausweichlich hielten« (Anders 1984 : 129). Je ausgeprägter das
wechselseitige Verstehen ist, um so mehr wird die Geschlechtsveränderung zu einem gemeinsamen Anliegen. Die Intention zur Veränderung geht zwar von der transsexuellen Person aus, aber sie wird
mit der Aufforderung, sie zu verstehen, und der Bereitschaft, die
Probleme der anderen nachzuvollziehen, zu einem interindividuellen
Sachverhalt. Da es aber auch im Sich-Einlassen auf die interindividuelle Wirklichkeit noch um die Durchsetzung des neuen Geschlechts
geht, ist es nicht nur so, daß der Machtkampf in einen Prozeß des
Verstehens verwandelt wird, sondern dieser auch umgekehrt zu
einem Mittel im Machtkampf gerät, das dazu dient, in konflikthaften
Situationen Loyalitäten herzustellen und zu erhalten. Wie einzelne
in einem Beziehungsnetz agieren, ob sie es verlassen, offensiv sich
selbst erkennend und Verständnis fordernd auftreten oder eher de-

fensiv vorauseilend die Schwierigkeiten anderer verstehen, ist eine Frage des individuellen Stils und der Machtposition im Beziehungsgeflecht. In jedem Fall gibt es eine erstaunliche Korrelation zwischen der Klarheit, mit der »ich« den Konflikt wagt, eine Zukunft verspricht und an das Verständnis anderer appelliert und der Klarheit und Eindeutigkeit, mit der »ich« sich selbst erkennt. Sowohl die juridisch-medizinischen Prozeduren als auch die eigene Macht im sozialen Beziehungsnetz sind unentwirrbar in die Erkenntnis seiner selbst als transsexuell eingelassen.[5]

2. Die institutionalisierte Selbsterkenntnis

Sowohl die juridischen als auch die medizinischen Prozeduren[6], denen sich Transsexuelle im Verlauf der Geschlechtsveränderung unterziehen, räumen der Stellungnahme von GutachterInnen einen entscheidenden Platz ein. Das juridische Verfahren betrifft die Änderung von Texten (Geburtsurkunde, Personalausweis usw.), während es im medizinischen Bereich um die Veränderung des Körpers vermittels der Einnahme von Hormonen und operativer Eingriffe geht.

Bevor diese Maßnahmen eingeleitet werden, ist es erforderlich, daß die transsexuelle Person sich einem psychologischen und/oder psychiatrischen ExpertInnenurteil stellt. Die mittlerweile einge-

---

5 Gerade unter dem Aspekt der Machtbeziehung wäre es interessant, meine Fragestellung umzukehren und nicht nur zu untersuchen, wie die Geschlechtsveränderung vollbracht wird, sondern auch zu thematisieren, welchen Machtgewinn in Beziehungsgeflecht eine Person hat, wenn sie den Wunsch entwickelt, das andere Geschlecht werden zu wollen. In diese Richtung zu fragen, erlaubt mir allerdings mein Material nicht, dazu wäre eine ausführliche Netzwerkanalyse erforderlich. Weiterhin wäre es in einer derartigen Analyse notwendig, die interaktive Konstruktion der Geschlechter aller Beteiligten als Machtarrangement aufzufassen. Das wäre zwar eine andere Arbeit, aber vermutlich eine der wenigen Möglichkeiten, die Genese des transsexuellen Wunsches zu beschreiben, ohne in einer ätiologisch-pathologisierenden Perspektive das Geschlechtsein der Nichttranssexuellen wieder als Natur festzuschreiben.
6 Für eine ethnographische Beschreibung der medizinischen Verfahren vgl. Hirschauer (1993).

spielten institutionellen Routinen sehen für das medizinische und juristische Prozedere den gleichen Standard vor: Es müssen zwei unabhängig voneinander erstellte Gutachten zu dem Ergebnis kommen, daß die betreffende Person transsexuell ist.[7]

7   Die Grundlage für dieses Vorgehen bildet das ›Gesetz über die Änderung der Vornamen und die Feststellung der Geschlechtszugehörigkeit in besonderen Fällen (Transsexuellengesetz – TSG)‹. Das TSG zerfällt in zwei Abschnitte. Der erste regelt die ›Änderung der Vornamen‹, während der zweite die ›Feststellung der Geschlechtszugehörigkeit‹ behandelt, bei der es sich genaugenommen um eine Neufeststellung handelt, denn das Geschlecht wird nach der Geburt ein zweites Mal bestimmt. Die dafür erforderliche Voraussetzung bildet neben den Anforderungen, die das Gesetz an eine Vornamensänderung stellt, der Nachweis, daß der Körper des/der Betreffenden operativ verändert ist und er/sie unfruchtbar und ledig ist.
Das vom TSG vorgeschriebene Verfahren der Vornamensänderung (§§ 4,9) räumt der gutachterlichen Stellungnahme einen zentralen Platz ein, denn die Vornamensänderung ist nur möglich, wenn zwei GutachterInnen, ›die aufgrund ihrer Ausbildung und ihrer beruflichen Erfahrung mit den besonderen Problemen des Transsexualismus ausreichend vertraut sind, ...unabhängig voneinander‹ (§ 4) zu dem Ergebnis gekommen sind, daß folgende Voraussetzungen gegeben sind: 1. die transsexuelle Person empfindet sich ›nicht mehr dem in ihrem Geburtseintrag angegebenen, sondern dem anderen Geschlecht als zugehörig‹; 2. sie steht seit ›mindestens drei Jahren unter dem Zwang, ...ihren Vorstellungen entsprechend zu leben‹; 3. das ›Geschlechtszugehörigkeitsempfinden‹ der betreffenden Person wird sich ›mit hoher Wahrscheinlichkeit... nicht mehr ändern‹ (§ 1). Den GutachterInnen obliegt also die Aufgabe, zu überprüfen, ob die Selbsterkenntnis einer Person zutrifft, wenn sie behauptet, sich dem neuen Geschlecht zugehörig zu fühlen und ob der Sachverhalt, den sie erkannt haben, auch genügend konsistent ist, um zukünftig Bestand zu haben.
Um den Personenstand zu verändern, müssen neben den genannten noch folgende Voraussetzungen erfüllt sein. Die betreffende Person darf ›nicht verheiratet‹ sein, sie muß ›dauernd fortpflanzungsunfähig‹ sein und ›sich einem ihre äußeren Geschlechtsmerkmale verändernden operativen Eingriff unterzogen‹ haben, ›durch den eine deutliche Annäherung an das Erscheinungsbild des anderen Geschlechts erreicht worden ist‹ (§ 8). Diese Sachverhalte müssen ebenfalls durch ein entsprechendes Gutachten nachgewiesen werden. Es ist nicht üblich, daß die Ergebnisse der chirurgischen Eingriffe durch die mit dem Verfahren befaßten Amtsrichter selbst in Augenschein genommen werden. Während die Gutachten, die die Körperveränderung attestieren, weitgehend als Routineuntersuchung gelten, die das Verfahren beschließen, werden die Gutachten, die das Geschlechtszugehörigkeitsempfinden feststellen und so die

Die medizinische Seite des Geschlechtswechsels befaßt sich mit der Veränderung des Körpers. In diesem Zusammenhang werden die GutachterInnen nicht als Sachverständige des Gerichts tätig, sondern sie diagnostizieren eine Krankheit, deren Vorliegen eine Therapie mit Hormonen und körperverändernden Operationen rechtfertigt und erfordert. Die Aufgabe der medizinischen Diagnostik wird von den von mir befragten GutachterInnen weitaus ernster genommen als die Abgabe eines Sachverständigenurteils für das Gericht. Die »heiligen« Zeichen, die das Geschlecht bedeuten, sind prädiskursiver Art, entscheidend ist die in den Körpern symbolisierte Differenz und nicht die Geburtsurkunde. Während die Haltung der Gutachtenden gegenüber einer Veränderung von Texten geradezu nachlässig erscheint, werden sie sofort ernst, wenn es um die Modifikation körperlicher Merkmale geht. Ein Gutachter spitzt das so zu.

GUTACHTER: *Wenn Vornamensgutachten, wenn nicht... aller Augenschein dagegenspricht, dann denke ich, das muß man jemandem so leicht wie möglich machen, den Vornamen auch offiziell zu tragen, den er will.*

Eine Gutachterin geht sogar soweit, die Vornamensänderung quasi auf Wunsch zuzulassen.

GUTACHTERIN: *Denn »kleine Lösung« ist ja nur ... Vornamensänderung. Und da reicht ja eigentlich die Aussage, daß es so ist.*

Solange operative Eingriffe ausgeschlossen werden, ist auch die Haltung gegenüber einer Änderung des Personenstandes ebenfalls geradezu lax.

GUTACHTER: *Also Personenstandsänderung ..5 also ich denke, ...es ist sinnvoll, auch das zusammenzukoppeln z.B. und zu sagen, mit einer Vornamensänderung kriegt jemand auch die Personenstandsänderung, das hat denn ja... gar keine psychologischen oder medizinischen Gründe mehr, daß es nicht geht. Das hat mit Elternschaft, z.B. die Fortpflanzungsfähigkeit muß ausgeschlossen sein, daß ein Kind zwei Mütter haben darf, rechtlich oder so. Aber das is mir wurscht gewissermaßen, das kannst du einen Juristen fragen, das ist mir – also von mir aus hätte ich überhaupt nichts dagegen, das zu ändern.*

Eintrittsvoraussetzung zum Verfahren bilden, in ihrer Bedeutung, abgesehen vom Amtsrichter, von allen am Verfahren Beteiligten sehr hoch eingeschätzt.

Die Begutachtung als Element des medizinischen Behandlungsprogramms wird dagegen sehr ernst genommen. Dementsprechend reden meine InterviewpartnerInnen fast ausschließlich von Operationsgutachten.[8] Ich werde mich ebenfalls auf diese beschränken.

Die Begutachtungssituation funktioniert wie eine institutionalisierte Form der alltäglich stattfindenden Konflikte um die Realisierung des transsexuellen Entwurfs: Sowohl der Konflikt, der der Äußerung, das andere Geschlecht werden zu wollen, entspringt, als auch das Zukunftsversprechen sowie das Verstehen werden in eine festgelegte Umgangsform gebracht. Ideal verläuft die Begutachtung so: Die transsexuelle Revolte gegen die eigene Position in der Geschlechterordnung stößt auf den verfahrensmäßig vorgeschriebenen Widerstand der GutachterInnen; dieser Konflikt wird in einen Verstehensprozeß transformiert, in dem die gemeinsame Erkenntnis darüber, ob die/der Transsexuelle in spe einE wirklicheR KandidatIn für eine Geschlechtsveränderung ist, die Konfrontation ablöst. Im Verlauf der Entstehung der das neue Geschlecht tragenden interindividuellen Wirklichkeit modifiziert sich der zeitliche Akzent: Aus einer Erkenntnis von Vergangenem, der Lebensgeschichte, wird ein glaubhaft abgegebenes Zukunftsversprechen, das allerdings nicht mehr nur die Aussage beinhaltet, sich medizinischen Prozeduren zu unterziehen, sondern auch die Feststellung, mit dem Ergebnis dieser Eingriffe dauerhaft zufrieden zu sein. Wirklich optimal verläuft eine Begutachtung, wenn es den GutachterInnen über das Verstehen hinausgehend gelingt, das neue Geschlecht »in« den Zu-Begutachtenden zu entdecken.

In der Darstellung dieses vieldeutigen Prozesses setzen Transsexuelle und GutachterInnen unterschiedliche Akzente. Während die ersteren die Konflikte um die Entwurfsrealisierung hervorheben und die realitätsproduzierende Wirkung des Verstehens zumeist »über-

8 Die strikte Unterscheidung zwischen Operations- und Vornamensgutachten wird in jüngerer Zeit allerdings durch die Praxis der Krankenkassen unterlaufen, die Vornamensgutachten zur Grundlage der Entscheidung über die Kostenübernahme zu machen (mündliche Mitteilung eines Mitglieds der Fachgruppe Transsexualität, der ahs).

gehen«, legen die Gutachtenden den Schwerpunkt auf das Verstehen und neigen dazu, ihre Machtposition bis an die Grenze des Verleugnens herunterzuspielen[9], sie betonen dabei, im Grunde genommen keine Entscheidung zu treffen, sondern lediglich einen Selbsterkenntnisprozeß zu begleiten, an dessen Ende eine gemeinsame Entscheidung über die Zukunft des/der Transsexuellen steht.[10]

Der Realisierungseffekt, der durch die Mitteilung der Selbsterkenntnis eintritt, ist um so umfassender, wenn diejenigen, denen sie gesagt wird, sie auch verstehen können, wenn der erkannte Sachverhalt also zu einer interindividuellen Wirklichkeit wird. Ego ist damit bezüglich der interindividuellen Realität der Selbsterkenntnis von alter abhängig. Dieses unvermeidliche Machtgefälle ist in der Begutachtung dadurch verschärft, daß die Beteiligten nicht in einem Beziehungsgeflecht leben, in dem ego irgendwie versuchen kann, auf alter einzuwirken. Die Begutachtungssituation setzt also gegenüber der transsexuellen Revolte grundsätzlich den Vorrang des Sozialen durch.

GUTACHTER: *Es gibt so ne rigide sture unbewegliche Eindeutigkeit, die nichts zuläßt, die im Grunde gesprächstötend is, wo ich nur dasitz und werd als derjenige erlebt, der den anderen* hinhält *oder... ihm was verwehren will usw. ... was bilden Sie sich ein, wer* sind *Sie, daß* Sie *bezweif äh, daß ich nicht* transsexuell *oder daß ich die Operation nicht kriege, was is es überhaupt dieses* Scheißgesetz *und diese* Scheißpsycholeute, *und mit* Ihnen *muß ich jetzt auch noch reden. Warum kann ich nicht in* Gottes *Namen nach* meinem *freien Wunsch, ich bin freier Bürger usw. diese Operation machen. Warum*

---

9 Für eine emphatisch vorgetragene Verleugnung des Machtaspekts bei einer wahrhaften, d. h. in diesem Fall psychoanalytisch fundierten Begutachtung, vgl. Sigusch (1991). Zur Kritik dieses Vorgehens vgl. Lindemann (1992b), siehe auch Hirschauer (1992).

10 Die Annahme, daß in der Begutachtung Wirklichkeit hergestellt wird, konvergiert mit der These Foucaults von der Produktivität der Macht (vgl. Foucault 1979:238ff.) und modifiziert sie zugleich. Einerseits läßt sich die Begutachtung als ›Wahrheitsritual‹ (Foucault 1979:250) beschreiben, in dem Transsexuelle sichtbar, dokumentierbar und somit zum Fall gemacht werden, andererseits wird mit der Dimension des Verstehens als tragendes Moment der Realitätsproduktion ein Element hervorgehoben, das nicht auf Machtwirkungen reduzierbar ist.

nich?... Das gibt meistens einen Streit darum... Aber das mache ich
nicht mit, das finde ich, ... ist einfach das Risiko zu groß, daß jemand
auch wieder diesen Weg anders entscheidet oder daß man zu schnelle
Indikationen – zu schnell falsche Indikationen stellt.

Der Gutachter lehnt es ab, einer bloßen Forderung eines »freien Bür-
gers« zu willfahren, da dabei nicht sichergestellt ist, ob sich dieser
auch wirklich selbst erkannt hat oder ob es sich um ein Selbstmißver-
ständnis handelt, wenn der/die Betreffende meint, er/sie sei transsexuell. Der institutionelle Rahmen gibt dem Gutachter in so einem
Fall die Macht, »nein« zu sagen und die Begutachtung zu verweigern
oder eine »negative« Diagnose zu stellen.

Aufgrund dieser Machtstellung haben die Gutachtenden die Möglichkeit, die Machtdimension, die in dem Versuch der Entwurfsrealisierung liegt, gänzlich auszublenden und als einzigen Realisierungseffekt die gemeinsame Wahrheitsfindung gelten zu lassen. Obwohl
sie es sind, von deren Placet die Transsexuellen abhängig sind, »übersehen« die GutachterInnen durchgängig ihre Machtposition und verstehen sich ausschließlich als BegleiterInnen im schwierigen Prozeß
der Selbsterkenntnis.

GUTACHTER: *Ich sehe mich nicht als – als Advokat des biologischen*
Geschlechts überhaupt nich, aber ich sehe mich auch nicht als Advo-
kat des gewünschten..., also ich... verstehe mich als ... 2 Helfer oder
als, wenn du so willst, Advokat, nes möglichst hohen Bewußtseinsgra-
des, d. h. und zwar auch gefühlsmäßigen Bewußtseins über die... Le-
bensentscheidung, die damit (der Operation, GL) verbunden is,
...meine Aufgabe sehe ich darin, für den Betreffenden alle, sozusagen
vorn und hinten und oben und unten das Problem seiner Transsexua-
lität mit ihm durchzugehen. Und das braucht halt eine Zeit. Und da
is für mich auch immer ne Vorstellung von nem gemeinsamen Weg,
den man in geteilten Rollen zusammen geht, mit bestimmten Abspra-
chen, gut, und wenn man den ne Weile gegangen is, kann man auch
entscheiden.

In dieser Weise tätig zu sein, impliziert seitens der Gutachtenden,
eine Art »ontologischer Vorleistung« gegenüber ihren transsexuellen
GesprächspartnerInnen zu erbringen. Diese besteht darin, Transsexualität als ein Phänomen anzuerkennen, das sich nicht automatisch
auflöst, wenn seine Genese verstanden ist, d. h., das Phänomen ist

grundsätzlich gegenüber seiner Geschichte selbständig. Dieses Vorverständnis bezüglich des ontologischen Status bildet im Selbstverständnis der Gutachtenden eine wichtige Voraussetzung dafür, daß sich Transsexuelle auf den realisierenden Verstehensprozeß einlassen.

GUTACHTERIN: *Zum einen, glaube ich, auch sonst in der Psychoanalyse, daß man Sachen verstehen kann, warum sie so ist, ohne sie gleich aufgeben zu müssen. Wir sind ja nicht mehr in den Zeiten der Katharsis, wo die Phantasie kommt und dann boing, und dann ist das Symptom weg. Man kann doch auch z. B. verstehen, weshalb man eine bestimmte Sorte Mann liebt, ohne daß man das jetzt abschafft. (X) Also verstehen heißt ja nicht immer gleich auflösen. Und ich glaube, daß die Einstellung, wenn man irgendwas versteht, daß das dazu beigetragen hat, daß das zur Abschaffung führt, daß das auch zu einem gewissen Phantasieverbot .. 2 in der Therapie von Transsexuellen geführt hat. Es wird ja immer beklagt, daß sie keine Phantasien haben usw. Und ich glaube, zum Teil ist es ein iatrogener Effekt, weil, wenn so Phantasien auftauchen, warum es so sein könnte, daß das immer damit verbunden is, jetzt nimmt man es mir weg. (X) Ich gehe auch nicht davon aus – gut, außer in krassen Fällen, wo ich wirklich den Eindruck habe, es geht um was vollkommen anderes, und jemand wird kreuzunglücklich, wenn er das tut, gehe ich inzwischen nicht mehr davon aus, daß ich das entscheide, was jemand macht. Also da hat sich ein Akzent verschoben. Ich denke, wenn jemand das will, der macht das irgendwie, und ich kann eigentlich nur dazu beitragen, ob er das für sich halbwegs günstig macht oder unter schrecklichen Bedingungen oder für sich selber ungünstig oder mit schlechten Folgen.*

In dieser Beschreibung wird zwischen der Geschichte einer Person und deren Resultat eine Grenze gezogen, die es ermöglicht, ein Phänomen auch dann noch als etwas Eigenständiges aufzufassen, wenn es durch eine Entwicklung bedingt ist. Die Wirklichkeit der Transsexualität ist damit grundsätzlich anerkannt, so daß die verstehende Realisierung schon begonnen hat, wenn sie beginnt. Die Annahme, Transsexualität sei eine Wirklichkeit, die sich mit dem Verstehen nicht auflöst, funktioniert wie eine Vorleistung, die den Konflikt entschärft und die Transsexuellen ermutigen soll, ihr Leben einer gemeinsamen Entscheidung zu überantworten.

Wenn tatsächlich ein Verstehensprozeß gelingt, stehen die Transsexuellen unter dem »Schutz« der so geschaffenen Wirklichkeit. Sie können jetzt die Kunstfertigkeit von ChirurgInnen in Anspruch nehmen, ohne Gefahr zu laufen, einen neuerlichen Kampf um ihren Lebensentwurf ausfechten zu müssen.[11]

Das Verstehen vollzieht sich im persönlichen Gespräch zwischen Gutachtenden und Transsexuellen. Letztere stehen dabei vor der Aufgabe, ihren Lebensentwurf bzw. den Sachverhalt, das andere Geschlecht zu sein, in einer Weise darzustellen, die sowohl vom Inhalt als auch von der Form her ihr Gegenüber davon überzeugt, daß es sich um eine »sichere Transsexualität« handelt.

GUTACHTER: *Das ist mir sehr* wichtig. *Diese verschiedenen* Kriterien..., *die also viel auf Sigusch zurückgehen, sind mir auch schon wichtig. Wenn jemand also immer wieder sagen kann und selber das auch so empfindet, daß es eben nicht so sehr eine* sexuelle *Geschichte ist, sondern eine Frage der Geschlechtsidentität, und in dem Zusammenhang der eigene* Körper *sehr abgelehnt wird, der eigene biologisch dem anderen Geschlecht zugehörige Körper, dann sind das für mich* gewichtige *Punkte, und natürlich ist es mir wichtig, durchzumerken, das ist wirklich das eigene Empfinden und das ist nicht irgendwas aus einem Buch Angelesenes.*

Sigusch hat Ende der siebziger Jahre einen Katalog von zwölf Symptomen entwickelt, bei deren Vorhandensein jemand als transsexuell eingestuft werden muß. Von diesen bleiben bei dem Gutachter im wesentlichen zwei von Bedeutung: Erstens steht für den Betreffenden die »Geschlechtsidentität« und »nicht so sehr eine sexuelle Geschichte« im Vordergrund. Zweitens wird »der eigene«, im Verhältnis zur Geschlechtsidentität »biologisch dem anderen Geschlecht zugehörige Körper« abgelehnt. Diese beiden Kriterien werden gewissermaßen abgefragt. Damit ein Gutachter der Schilderung glaubt, müssen diese Sachverhalte aber einer bestimmten Form entsprechen, bei der »durchzumerken« ist, »das ist wirklich das eigene Empfinden und das ist nicht irgendwas aus einem Buch Angelesenes«. Hierbei handelt es sich nicht um etwas, das ex-

11 Für eine Analyse des ›Wechselspiels‹ zwischen somatischen und psychologischen Disziplinen vgl. Hirschauer (1993: Kap. III).

plizit gesagt wird, sondern um die Art und Weise, wie etwas gesagt wird.

Damit eine Schilderung in diesem Sinne glaubwürdig wirkt, müssen drei Kriterien erfüllt sein.

1. Der Begutachtungsprozeß muß sich über einen längeren Zeitraum erstrecken.

2. Die Schilderung muß vertrauenerweckend oder gefühlsmäßig nachvollziehbar sein.

3. Es darf nicht lediglich ein Sachverhalt mitgeteilt werden, etwa derart: »Ich fühle mich dem anderen Geschlecht zugehörig«, sondern die Schilderung sollte einen Einblick geben, wie der/die Betreffende zu dieser Einsicht gekommen ist.

GUTACHTER: *So als Beispiel für jemand, wo ich denke, das ist insofern gut gelaufen als wir – diesen gemeinsamen Weg über – ja immerhin über drei Jahre, das wirklich auch ne gemeinsame Sache war, wo man sozusagen das ganze Hin und Her, den Konflikt und so, auch ja miteinander durchsprechen konnte. So als n gutes ideales Beispiel. (X) Also wo auch dieses – ich sag vielleicht oft das Wort stimmig..., jetzt nicht nur ne Stimmigkeit zwischen dem Betreffenden selber, zwischen seiner inneren Verfassung und dem äußeren Sich-Geben, wo man wirklich so das Gefühl hat, ja, das paßt, sondern auch – mein Eindruck, er läßt mich auch ran überhaupt. Also nicht jetzt ran in som analytisch-kontrollierenden Sinn, daß ich da irgendwie eindringen möchte, aber in dem Sinn, daß ich – daß ich was verstehe, daß ich sozusagen* mitschwingen *kann... Also mir ist immer wichtig mitzukriegen, wie hat sich diese transsexuelle Entwicklung abgespielt..., wann hatten Sie zum erstenmal so ein Gefühl? Oder wann – wie haben Sie das denn?... Okay, haben Sie erstmal Frauenkleider getragen, angezogen, wie* war *das denn da. Also war das – haben Sie sich denn so vorm Spiegel angeguckt oder wie – was war das für ein Gefühl... Kommt denn ne Erzählung in Gang, kann ich mir die vor, hab ich ein inneres Bild von diesem Geschehen, dann ja okay, dann weiß ich, woran ich bin, dann verstehe ich diesen Menschen.*

Wenn man in diese Schilderung die transsexuelle Person als leiblich-affektiv präsentes, sprechendes »ich« hineinliest, lassen sich die Kriterien des Gutachters als Beziehung von »ich« (der/des Transsexuellen) zum gesagten Sachverhalt (der individuellen Geschichte) und zu seinem [12] Gegenüber (dem/der Gutachtenden) auffassen. Dabei entsteht eine vielgliedrige Relation: Es gibt 1. die Beziehung zwischen »ich« und Gesagtem, 2. die Beziehung zwischen »ich« des Gutachters und der Beziehung unter 1., und schließlich gibt es 3. eine Beziehung zwischen »ich« des Gutachters und seinem »inneren Bild«, die allerdings nur dann entsteht, wenn es die Beziehung unter 2. gibt. Auf diese Weise tritt ein Aspekt der Struktur des Verstehens in den Vordergrund, der in den Beschreibungen des alltäglichen Verstehens nur verschwommen wahrnehmbar ist. Dort stand das Verstehen des gesagten Sachverhalts im Vordergrund, während in der Beschreibung des Gutachters hinzukommt, daß der gesagte Sachverhalt als das erfahren wird, was jemand in erster Person als sie selbst ist. Das Verstehen betrifft also nicht nur den Sachverhalt, sondern auch dessen Subjekthaftigkeit. Diese Dimension akzentuiert sich für den Gutachter ausschließlich, indem er sein transsexuelles Gegenüber versteht und an sich selbst eine affektiv aufgeladene Beziehung zu dem erfaßt, was er selbst ist. Die Subjekthaftigkeit erschließt sich demnach in der Gleichsetzung der Beziehung {»ich« des Gutachters/ inneres Bild} mit der Beziehung {»ich« des/der Transsexuellen/gesagter Sachverhalt}. Auf diese Weise ist der Gutachter mit seiner eigenen leiblich-affektiven Präsenz in die Richtigkeit der transsexuellen Selbsterkenntnis eingebunden, er trägt sie in sich selbst.

Es entsteht eine gefühlsgetragene Sicherheit bezüglich der Transsexualität der Zu-Begutachtenden, gegen die nicht verstoßen werden darf.

GUTACHTERIN: *Und ich habe neulich mal einen Brief geschrieben gegen mein eigenes Gefühl, weil ich dem Drängen nicht mehr standhalten konnte, da hatte ich n ganz ungutes Gefühl. Und ich habe dann auch wieder eine Kehrtwendung gemacht, weil ich damit nicht gut leben konnte.*

Vor diesem Hintergrund läßt sich der von den Gutachtenden geforderte zeitliche Rahmen (ein bis zwei Jahre) verstehen. Als Erkenntnis

---

12 Dieser Gutachter spricht ausschließlich von Mann-zu-Frau-Transsexuellen und bezieht sich auf diese – wie alle Gutachtenden – fast ausnahmslos in der grammatisch maskulinen Form. In der Interpretation folge ich vorübergehend dieser Redeweise.

bezieht sich die Sicherheit auf die Vergangenheit und die Beziehung des sprechenden, mitteilenden »ich« zu dieser. Es bleibt allerdings ein Problem bestehen, denn mit der von einem Verständnis der eigenen Lebensgeschichte getragenen Erkenntnis seiner selbst soll etwas qualitativ anderes als eine Erkenntnis erreicht werden, nämlich eine sichere Aussage über die Zukunft: Wird der/die Betreffende auch, nachdem er/sie sich den operativen Eingriffen unterzogen hat, noch von der Richtigkeit der Erkenntnis überzeugt sein? Während der ein- bis zweijährigen Dauer der Begutachtung wird eine gemeinsame Geschichte geschaffen, in der die gesamte erkannte Lebensgeschichte und die Beziehung zwischen dieser und »ich« immer wieder auf ihre Konsistenz hin befragt und in ihrer Haltbarkeit fixiert werden kann. Die Beständigkeit der Selbsterkenntnis wird dabei zum Surrogat einer stabilen Zukunft.

GUTACHTER: *Was machen wir, wenn wir* gemeinsam *sagen, der Betroffene und ich,* doch, *das ist eine Transsexualität. Derjenige ist eigentlich schon in seiner inneren Entscheidung, er hat voll den Geschlechtswechsel vollzogen, und das ist überzeugend, und wir sagen ja zu dem gesamten Weg, und derjenige kommt nach ein, zwei Jahren wieder und sagt, ich hab mich geirrt? Was operiert ist, was weg ist, ist weg. Der Weg zurück geht ja nicht mehr! Das finde ich – das Belastendste an der ganzen – Entscheidung – es ist ja eine Entscheidung, zumindestens, wenns dann um die Frage geht, Operation ja/nein, es ist ja eine Entscheidung auf Dauer, es ist ja nicht rückgängig machbar... die Entscheidung zur geschlechtskorrigierenden Operation – oder auch zu einer langandauernden gegengeschlechtlichen Hormonbehandlung tragen zu müssen, das, das finde ich schwierig..., und das ist für mich mit ein* Grund, *weswegen ich* denjenigen, *für den ich diese Entscheidung mittragen muß, möglichst lange kennen möchte, um zu sehen, ..* 2 *derjenige ist sich seiner Entscheidung über lange Zeit sehr sicher, und dann ist für mich die Wahrscheinlichkeit größer, daß ich sage, naja, das* wird *auch nie mehr anders werden, die Wahrscheinlichkeit, daß derjenige später nochmal sich anders entscheidet, wird immer geringer, wird dadurch immer geringer.*

Die gemeinsam getragene Selbsterkenntnis führt zu einer leiblich-affektiven Sicherheit, d. h. zu einer Sicherheit, die sowohl der Gutachter als auch der Zu-Begutachtende in sich trägt. Allgemeiner gesagt: Die rückwärts und/oder auf die Gegenwart gerichtete Selbsterkenntnis ist eine Vereidigung auf eine Zukunft, für die das »ich« der Transsexuellen durch das Engagement der Gutachtenden mobilisiert wird. Die Feststellung der Zukunft durch die Feststellung der Vergangenheit und Gegenwart heißt das Zusammenziehen des Futur-II-Geschlechts mit der aktuellen Wirklichkeit zu einer interindividuellen Realität zu machen.

Diese Seite der Begutachtung bezieht sich noch nicht auf die Realität des neuen Geschlechts selbst, sondern stellt eine elaborierte Fassung der Realisierungseffekte dar, die sich ergeben, wenn ein leiblich-affektiv präsentes Individuum sich in erster Person für andere glaubhaft als das andere Geschlecht erkennt und ein überprüfbares Versprechen bezüglich seiner Zukunft abgibt.

Die Entdeckung des neuen Geschlechts

Neben der Vereidigung auf das neue Geschlecht spielt in der Begutachtung noch ein anderer Aspekt eine Rolle: Idealerweise sollten die Gutachtenden in den Transsexuellen nämlich auch das neue Geschlecht real entdecken können. Alle GutachterInnen halten es für sinnvoll, wenn nicht für eine unbedingte Voraussetzung, daß die Transsexuellen eine reelle Chance haben, im neuen Geschlecht zu überzeugen.

GUTACHTER: *Ich hab gar kein Problem, wenn jemand, wo ich das als stimmig empfinde, mehr oder weniger aber stimmig empfinde, zu sagen, ja, gut, dann ist es, dann ist auch der Operationsschritt... eine Korrektur, die... dann so was wie eine – ja Stimmigkeit voll abrundet. Es ist halt, halt auch bei vielen so, daß so was nicht da ist und die sind trotzdem transsexuell. Und das finde ich, ist das schwierigere Problem für mich als Therapeut und als Gutachter, bei denjenigen, die die ganz stark den Wunsch haben, im anderen Geschlecht zu leben, sich auch so fühlen und wo es sozusagen (leichtes Lachen) hinten und vorne nich trotzdem nich stimmt. Obwohl ich an dem Wunsch gar keinen Zweifel hab, wo z. B. der Körper nich mitspielt, die z. B., dafür kann man ja nichts, für n eigenen Körper, aber es gibt Menschen, die sind nun halt mal mit nem schweren, massig, knochig-*

männlichen Körperbau geschlagen, haben dunkle Haare, ja, sehr
starken Bartwuchs oder Armbehaarung oder sowas. Ja, fühlen sich
aber als Frau, wie gesagt... die haben natürlich viel schlechtere Kar-
ten für sich selber.

Hier wird zwischen zwei Gruppen von Transsexuellen unterschieden: Diejenigen, bei denen es stimmt, und die, bei denen das nicht
der Fall ist. Angehörige beider Gruppen unterliegen insofern keinem
Zweifel an ihrer Transsexualität, als »ich« auf die Selbsterkenntnis
und den Zukunftsentwurf vereidigt werden kann. Aber bei denjenigen, bei denen »es« nicht »stimmt«, ist die Realität des neuen Geschlechts auf die Realität von »ich«, welches sich wünscht, das andere
Geschlecht zu sein, beschränkt, ohne daß das neue Geschlecht eine
eigene Wirklichkeit hätte. In diesen Personen das neue Geschlecht
zu entdecken, ist allerdings nicht nur ein Problem der Gutachter,
sondern die Betreffenden haben auch »für sich selber« größere
Schwierigkeiten.

Um die Unterschiede zwischen beiden Gruppen genauer zu verstehen, ist es sinnvoll, danach zu fragen, wie das neue Geschlecht
entdeckt wird. Bei manchen Zu-Begutachtenden registriert obiger
Gutachter eine »Grundweiblichkeit«, die allerdings keine Eigenschaft der Person ist, sondern im leiblichen Ineinanderverhaktsein als
eine Qualität der Interaktion evident wird.

GUTACHTER: *Von dem Gesamtgefühl, daß ich mich auch z. B. zum*
Betreffenden sozusagen als Mann in Beziehung setzen... kann, was
weiß ich .. 3 merke ich n Zögern, wie soll ich jetzt mit ihm umgehen...,
z. B. ist bei mir, wenn ich so in n Zimmer hochgehe, da muß man
durch eine enge Tür, wo nur einer durchpaßt. (X) Manchmal habe ich
son Gefühl, bitte, Ladies first (lacht), das stimmt, bei manchen, habe
das sozusagen von selber, brauche ich gar nicht viel zu zu tun, bei
manchen muß ich denken, na okay also jetzt: bitte, also muß n Denk-
schritt dazwischenschalten, es ist nicht selbstverständlich. Genau,
der Begriff der Selbstverständlichkeit ist vielleicht nicht schlecht. Es
gibt bei Leuten, die in der transsexuellen Identität sehr klar sind, da
gibts so was wie eine Selbstverständlichkeit in ihrer Körperlichkeit in
ja in ihrer Körperlichkeit auch in ihrem inneren Empfinden.

Wenn bei einer Person die »transsexuelle Identität sehr klar ist, gibt
es »eine Selbstverständlichkeit in ihrer Körperlichkeit«, die sie im

System von Gleich- und Verschiedengeschlechtlichkeit für diesen Gutachter als das andere Geschlecht ausweist. Je selbstverständlicher sich der Gutachter transsexuellen Frauen gegenüber wie ein Mann gegenüber einer Frau verhalten kann, um so klarer ist die transsexuelle Identität, d. h., es gibt eine positive Korrelation zwischen der Erfahrung des neuen Geschlechts durch den Gutachter und der geschlechtlichen Realität der Betreffenden selbst. Dem entspricht, daß jemand »für sich selber« größere Schwierigkeiten hat, wenn er[13] nicht als eine solche wahrgenommen werden kann. Diese Korrelationen verweisen auf die positionalen Strukturen der geschlechtlichen Realität. Zunächst klingt die Beschreibung so, als ginge es nur um das Geschlecht, das Transsexuelle für andere sind. Aber der Gutachter legt weiterhin Wert darauf, es mit Frauen zu tun zu haben, die von sich aus Frauen sind und zu denen er sich als Mann »in Beziehung« setzen kann, d. h., sie müssen ihm das Gefühl geben, daß er für sie das andere Geschlecht ist. Die Entdeckung des neuen Geschlechts vollzieht sich also, indem der Gutachter sich in einer selbstverständlichen Interaktion entdeckt, in der der/die Transsexuelle die Position des neuen Geschlechts innehat.

Eine Gutachterin macht die initiale Entdeckung des neuen Geschlechts sogar zur Grundvoraussetzung, ob sie jemanden begleitet und später ein Gutachten abgibt.

GUTACHTERIN: *Und so denke ich bei den Transsexuellen, es muß für mich eine Ahnung geben dessen, was ich in der gewünschten Sexualität besetzen kann. Und wenn ich das nicht habe, glaube ich, bin ich die falsche Person für diese Begleitung. Das will ich aber nicht* verwechseln *mit einem Urteil darüber, ob jemand transsexuell ist oder nicht.*

Jemanden in der »gewünschten Sexualität zu besetzen«, wird an einer anderen Stelle des Interviews so expliziert.

GUTACHTERIN: *Als ich den sah, dachte ich, das ist aber n hübscher Junge. (X) Und dann sah ichs, aber hatte, sah dann auf den Bogen, also ich sah ihn vorbeilaufen – und dachte, …der gefällt mir, …is n hübscher schwarzer Junge, und sah dann aber…, daß er n weiblichen Vornamen (X) ..3 war… Also ich kann sagen, er gefiel mir, auch*

---

13 Ich folge auch hier der Pronomenverwendung des Gutachters.

nachdem ich nun wußte, daß er n Mädchen, also weiblich ist, er gefiel mir als als Junge, das spielt schon eine Rolle, (X) also ich weiß nicht, ob das jeder zugibt, ich denke, daß das bei anderen auch eine Rolle spielt – für mich spielt das eine Rolle, ob ich denjenigen oder diejenige in dem von ihm gewünschten Geschlecht besetzen kann.

GL: *Ja.*

GUTACHTERIN: *Weil ich denke, daß es auch n Stück was ausdrückt, wie er sich selber besetzen kann.*

Jemanden in der neuen Sexualität zu »besetzen« bedeutet, ihn spontan im neuen Geschlecht zu erleben und dabei zugleich zu erfassen, daß er sich ebenso in diesem erlebt und von dieser Position aus die Gutachterin als das andere Geschlecht erfährt. Der transsexuelle Junge dieser Schilderung ist ein Junge, indem er auf der Ebene einer expliziten Erotisierung im System von Gleich- und Verschiedengeschlechtlichkeit von der heterosexuellen Gutachterin als ein solcher erfahren wird.

In diesen Beschreibungen ist die Realität des neuen Geschlechts von qualitativ anderer Art als in den Darstellungen des Verstehens der Selbsterkenntnis. Es geht nicht um die Vereidigung eines »ich«, sondern um die aktuelle geschlechtliche Realität selbst, d. h. um die wechselseitige (protentionale) Erotisierung und die (Neu-)Positionierung der Betreffenden im System von Gleich- und Verschiedengeschlechtlichkeit.

Die Forderung nach einem »Alltagstest« läuft ebenfalls darauf hinaus, das neue Geschlecht schon vor der Veränderung des Körpers zu einer Wirklichkeit gemacht zu haben.

GUTACHTERIN: *Ich... schreibe diese Indikation zur hormonellen Behandlung, zur Operation eigentlich am liebsten, wenn ich das Gefühl habe, jemand fühlt sich in der Rolle, die er haben will, oder in dem Geschlecht, was er wünscht, schon in ziemlich vielen Bereichen und mit einer Reihe von Personen gut und stabil, am besten mit Liebesbeziehungen oder mit wechselnden, wenn ihm das besser gefällt, aber überhaupt damit. Dann habe ich so das rundeste und beste Gefühl.*

Ein Gutachter formuliert die Bedeutung des »Alltagstests« ganz ähnlich.

GUTACHTER: *Naja ich verstehe die ganze Geschichte so, ...daß der Betreffende erstmal das gewünschte Geschlecht selber durchgesetzt haben muß, bevor man dann mit medizinischen Mitteln nachkorrigiert.*

Was es heißt, das »gewünschte Geschlecht« durchzusetzen, wird an anderer Stelle so beschrieben.

GUTACHTER: *Bei anderen, die provozieren überhaupt nix, die sind dann richtige, sind dann richtige Frauen, haben Freundinnen, mit denen sie sich treffen und so tratschen oder was weiß ich.*

Hier geht es um transsexuelle Frauen, die anderen Frauen auf der Ebene einer gleichgeschlechtlichen Beziehung begegnen. Der Alltagstest zielt darauf, den Positionswechsel im System von Gleich- und Verschiedengeschlechtlichkeit vollzogen zu haben, bevor mit medizinischen Mitteln »nachkorrigiert« wird.

Die Erstellung eines Gutachtens ist jedoch nicht unbedingt an die Entdeckung des neuen Geschlechts gebunden. Wenn dieses Moment aber wegfällt, muß die Vereidigung von »ich« auf das neue Geschlecht, d. h. die Feststellung von Vergangenheit und Zukunft, intensiviert werden.

GUTACHTER: *Ich muß allerdings auch zugeben, daß es mir manchmal schwerfällt, ...jemand zu sagen, ...das ist bei Ihnen Transsexualität, jetzt müssen wir die weiteren Schritte machen, wenn das beispielsweise ein Hüne von Mensch ist, ein riesengroßer Mensch, der nun als Frau sich empfindet und als Frau leben möchte, und wenn ich mir dann vorstelle, mein Gott, du wirsts schwer haben. Du wirst immer einfach durch deine Äußerlichkeiten anecken, weil dir jeder auf tausend Meter möglicherweise .. 2 ansieht: ja ist das eine Frau? – und dann kann ich mir schon vorstellen, welche Schwierigkeiten das geben wird und wie derjenige, ja, verlacht wird und durch den Kakao gezogen wird. Da muß ich dann allerdings sagen, da bremse ich schon und sage, überlegen Sie sich, ob Sie das durchstehen, Sie werden spießrutenlaufen. Da ist es dann auch für mich sehr sehr schwierig, weil auf mich dieser – ein solcher Mensch in der angestrebten Rolle nicht überzeugt.*

Neben der üblichen Feststellung von Vergangenheit und Zukunft wird hier noch die Stabilität des Entwurfs gegenüber späteren sozialen Sanktionen zum Gegenstand der Begutachtung.

Insgesamt läßt sich der Prozeß der Begutachtung so beschreiben: Die Gutachtenden erleben die Zu-Begutachtenden, indem sie sich selbst erleben. Dabei entsteht auf zwei Ebenen für die Gutachtenden eine leiblich-affektive Evidenz hinsichtlich der Transsexualität ihres jeweiligen Gegenüber. Zum einen geht es darum, die Selbsterkenntnis nachzuvollziehen und dafür zu sorgen, daß diese zu einer interindividuellen Realität wird. Dies stellt eine elaborierte Version der sich auch alltäglich ereignenden »ich«-bezogenen Realisierungseffekte dar. Zum anderen geht es unmittelbar um die Erfahrung der Realität des neuen Geschlechts im Sinne einer Neupositionierung der Transsexuellen im System von Gleich- und Verschiedengeschlechtlichkeit. Bei diesem Vorgang handelt es sich um eine reflektierte Fassung der alltäglich stattfindenden Konstruktion des Geschlechts.[14] Der sich an alltägliche Verfahren anschließende »Diagnose«-Prozeß erfordert von allen Beteiligten ein hohes Maß an situativer Präsenz. Gegenüber den Transsexuellen wird damit der Zwang zur Unmittelbarkeit und zur Realität in einer Laborsituation durchgesetzt. Es ist, als müsse sowohl der Machtaspekt als auch die Derealisierung »vertuscht« werden, so daß nur noch die gediegene Realität des Erkannten, der Zukunft und des neuen Geschlechts übrigbleibt.

In der Perspektive der Begutachteten stellen sich die eben beschriebenen Vorgänge anders dar. Sie geraten durch die Begutachtung in ein doppeltes Konfliktfeld. Zum einen wiederholt die Begutachtung für Transsexuelle die Paradoxien, die in der Mitteilung der Selbsterkenntnis liegen: Sie unterziehen sich der Begutachtung, um

---

14 Hirschauer (1993 : 189 ff.) kommt zu einem ähnlichen Ergebnis, wenn er die Ähnlichkeit von interaktiver Geschlechtskonstruktion und Geschlechtsdiagnose hervorhebt. Da der Schwerpunkt seiner Analyse aber auf der Ethnographie des Behandlungsprogramms liegt und er die alltäglichen Konflikte Transsexueller um ihr neues Geschlecht nicht untersucht, entgeht ihm, daß nicht nur die Entdeckung des neuen Geschlechts, sondern auch das therapeutische Verstehen einen elaborierten Modus alltäglicher Interaktionsformen und Konfliktlösungsstrategien darstellt.

Das verstehende Nachvollziehen wird von Hirschauer als Interpretation von Transsexuellen im Rahmen einer ›Korrespondenztheorie der Seelen‹ (1993 : 136) beschrieben. Dieses Verständnis ähnelt zwar den hier vorgetragenen Ergebnissen, ist aber ausschließlich wissenssoziologisch orientiert und bekommt so das leiblich-affektive Involviertsein nicht mehr in den Blick. Auf diese Weise verschließt sich Hirschauer einem Verständnis der spezifischen Realisierungseffekte, die das Verstehen zeitigt.

die Realisierung eines Entwurfs durchzusetzen, und sehen sich mit dem Zwang zu einer Selbsterkenntnis konfrontiert, die erst dann gilt, wenn sie zu einer interindividuellen Wirklichkeit geworden ist. Zum anderen wird in der Begutachtung für diejenigen Transsexuellen, denen es schon gelungen ist, ihren Alltag im neuen Geschlecht zu gestalten, die Realisierung, d. h. die einfache alltägliche Wirklichkeit im neuen Geschlecht, wieder in Frage gestellt, da die Gutachtenden mindestens ebensoviel Gewicht auf die »ich«-bezogenen Realisierungseffekte legen. Statt einfach nur das neue Geschlecht zu sein, müssen sie wieder die Relation zwischen »ich« und dem neuen Geschlecht einer Überprüfung unterziehen. Die asymmetrischen Machtstrukturen überdecken das symmetrische Interesse von Transsexuellen an der interindividuellen Realität ihrer Selbsterkenntnis oft vollständig.

Die asymmetrische Machtbeziehung bildet das Hauptproblem für die von mir befragten Transsexuellen und wird zumindest von einigen Gutachtenden deutlich herausgestellt.

GL: *Was war an den Gutachtern nicht vertrauenerweckend?*

ANNA: *Ich meine, sie haben sich nach bestimmten Vorgaben verhalten müssen, und ich habe das eben auch gemacht, und es lief eben immer drauf hinaus, daß man auf keinen Fall die Wahrheit sagte. (X) Sondern irgendwelche Geschichten erzählt hat wie, ich wollte immer gerne kleine Prinzessin sein oder so was, nicht ganz so schlimm, aber die Richtung. (X) Das war nicht alles schlimm, aber ich hab zwei wirklich schlimme kennengelernt.*

GL: *Wer war das?*

ANNA: *Der eine hieß M. und saß in N., der war Frauenarzt und Psychiater – furchtbarer Mensch. Bin ich hingegangen, und der hat zu mir gesagt, Sie müssen achtmal kommen, das war für das Gutachten, und ich habe sieben Fallen für Sie bereit, und wenn Sie in eine reintreten, kriegen Sie mein Einverständnis nicht. (ironisch:) Das war eine ganz tolle Vorraussetzung. Das war wirklich blöd.*

Auf die Verdeutlichung des Machtgefälles reagieren manche Transsexuelle mit einer Akzentuierung der Revolte.

GERDA: *Also bei O. (Name des Gutachters) sieht das so aus, alles, was größer ist wie er, kann schon mal Punkt A keine Frau sein. Nun mußt du wissen, …O. …geht mir grade bis hierhin, (X) wenn ich flache Schuhe trage. Und damit ist schon fast klar, daß keine transsexuelle*

Frau bei ihm als Frau durchgeht. Und beim ersten Besuch hatte ich ihm schon angedroht, daß er mich also bitteschön mit Frau Wimmer aufruft und anspricht, und ich ansonsten recht ungehalten werde. Beim zweiten Besuch saßen wir alle in dem Warteraum mit diversen Menschen, was weiß ich, wo die alle noch hinwollten im Gesundheitsamt. Dann kam er rausgetorkelt und rief auf: Herr Wimmer. Na, da habe ich natürlich nicht reagiert und bin stur sitzengeblieben, so getan nach dem Motto: Mich kann er doch wohl nicht meinen. Denn stand er also wieder, und nach zehn Minuten kam er direkt zu mir hin und sagte, denn kommen Sie schon mal zu mir rein. Wie wir denn drin waren, hat er gesagt, ja, wieso sind Sie denn vorher nicht gekommen, ich habe Sie doch aufgerufen? Mich haben Sie nicht aufgerufen. Sie müssen irgend jemand anders aufgerufen, Sie können mich doch wohl nicht gemeint haben. Wieso, Sie sind Herr Wimmer! Sie sind rein rechtlich ein Mann. Sehen Sie, sage ich, das ist der Unterschied, sage ich, ich betrachte mich nur nicht als solcher, ich betrachte mich als Frau. Da haben Sie mich mit Frau Wimmer anzusprechen und aufzurufen, ansonsten schmeiße ich Sie aus dem dritten Stock aus dem Fenster. Und seitdem hat das mit uns geklappt.

Gegen das Primat des Sozialen in dieser Weise die Revolte zu setzen hat allerdings – nicht nur in diesem Fall – ein negatives Gutachten zur Konsequenz.

Eine andere Möglichkeit, das Machtungleichgewicht wieder auszutarieren, liegt darin, die Begutachtung als einen Tausch zu verstehen, in dem biographische Informationen gegen medizinische Eingriffe gehandelt werden.

MANFRED: *Bei dem S. (Name des Gutachters) in H. ging erst ganz gut, solang man auf den eingegangen is, Probleme gabs, als ich gesagt habe, ich will nun endlich meine Hormone haben und will die OP haben, nun mach mal so langsam.*

Auch diese Forderung nach einem gleichberechtigten Umgang läuft zumeist auf ein negatives, d. h. in diesem Fall auf die Verweigerung eines Gutachtens hinaus. Der Gutachter forderte bei Manfred als weitere »Vorleistung« neben den biographischen Daten einen Alltagstest, der einschloß, auch im Beruf als Mann aufzutreten, was Manfred mit einem Hinweis auf die Besonderheiten seiner Arbeitssituation ablehnt.

MANFRED: *Wobei ich ihm das Beispiel gebracht habe, wenn ich im Be-*
wegungsbad bin und meine Patienten da im Wasser sind (X) und es
Bewegungsbad is ziemlich warm und ich zieh mich also aus bis aufs
Unterhemd und ich kann also nich erwarten von den Leuten mit Herr
Kranz angesprochen zu werden, wenn ich da mit ner Oberweite rum-
stehe, die sagen auch, ganz schön schizophren der Typ... Bevor die
Op nich zumindest gelaufen is, kann ich sowieso nicht mit m Alltags-
test anfangen (X) und hat er gesagt, wenn Se den Alltagstest nich
machen, kriegen se auch keine OP. Na auf Wiedersehen.

Sowohl Manfred als auch Gerda sind nach ihren anfänglichen Mißer-
folgen »geschickter« im Umgang geworden und haben bei ihren
weiteren Versuchen positive Gutachten erhalten.

Ebenso real wie die beschriebene Konfliktsituation um die Machtposition in der Begutachtung ist allerdings das symmetrische Interesse von Transsexuellen und Gutachtenden, insofern jene grundsätzlich auf das Verstehen ihres Geschlechtsentwurfs und der damit
verbundenen Selbsterkenntnis angewiesen sind. Dieser Aspekt kann
etwa dann zum Tragen kommen, wenn wichtige Bezugspersonen
sich weigern, die besondere Situation, in der sich Transsexuelle befinden, nachzuvollziehen. Nachdem der transsexuelle Mann Charly
sowohl bei seiner Mutter als auch bei seiner damaligen Freundin auf
massives Unverständnis gestoßen war, schildert er die Begegnung
mit seinem Gutachter als äußerst hilfreich.

CHARLY: *Ja und dann habe ich mich soweit dann selbst auf die Reihe*
gekriegt, (X) und für mich war es nich mehr ausschlaggebend, was die
anderen Leute sagen und was die meinen zum Beispiel, meine Mutter
hat auch reichlich Probleme gehabt, und dann hat sie allen möglichen
Leuten immer von mir erzählt, aber das war nich mehr ausschlagge-
bend für mich. Es war überhaupt gar nicht mehr wichtig für mich, was
sie denkt, (X) es war mir jetz nur noch wichtig dann, daß ich mich gut
fühle. (X) Und daß ich zu mir finde, das war dann wichtig und das
habe ich dann so auf... (unverständliche Passage) gemacht.

Die Gespräche mit dem Gutachter wirken vor allem im Sinne der
»ich«- bezogenen Realisierungseffekte. In der interindividuellen Realität, die in der Begutachtung entsteht, wird »ich« soweit mobilisiert,
daß »ich« sich gegen die Abhängigkeit von wichtigen alltäglichen Bezugspersonen – wie der Mutter – durchsetzen kann.

Die Transsexuellen, die ihren Alltag schon weitgehend im neuen Geschlecht gestalten, bringt die Begutachtung noch in einer anderen Hinsicht in eine prekäre Situation. Sie werden erneut mit der Fragwürdigkeit ihres neuen Geschlechts konfrontiert, auch wenn es schon realisiert ist. Daniela hatte schon vor der Begutachtung erfolgreich einige Zeit als Mädchen gelebt. Durch den Kontakt mit den Gutachtern fühlt sie sich um die alltägliche Selbstverständlichkeit gebracht und somit um Jahre in ihrer Entwicklung zurückgeworfen.

DANIELA: *Und ich bin für mich jetzt, ja Frau, na Mädchen, sagen wirs mal so (leise:) oder Jugendliche. (Wieder lauter:) Ja, Frau ja... (leise:) Da wüßt ich nich mehr, was ich dazu sagen sollte weiter .. 1 weil irgendwie (wieder lauter:) was sollte ne Frau dazu sagen, daß se ne Frau is... Ich meine, .. 4 ja (seufzt) irgendwie da* habe *ich vielleicht Angst, daß mich... diese Fragen, die da vielleicht kommen oder so, über Jahre denn ebend* zurückwerfen *nich.*

Die Schwierigkeit, in die Daniela gerät, resultiert daraus, daß sie von der Realisierung des neuen Geschlechts wieder auf die »ich«-bezogenen Realisierungsdeffekte umschalten soll. Statt einfach ein Mädchen zu sein, wird »ich« einer Prüfung unterzogen, ob es auch wirklich hinter der Entscheidung steht, eine Frau werden zu wollen. Auf die Frage, was in die »Intimsphäre« fällt, die die Gutachter mit ihren Fragen verletzen, antwortet sie:

DANIELA: *Da fällt rein, das was ich für mich glaube, das was ich bin, die Selbstverständlichkeit, was ich für mich* bin. *Nich also, da brauch mich keiner zu überzeugen oder brauch mich keiner versuchen, irgendwie zu beeinflussen oder zu* befragen *oder .. 1 (Räuspern) weil das is für mich irgendwie .. 1 (bedrängt:) ja alles so* fest und selbstverständlich *ja, daß es für mich, ja erniedrigend irgendwie is. (erschöpft:) die Fragen sind für mich erniedrigend. (X) Also irgendwie (tonloses Pfeifen) (leise:) ja weiß ich .. 2 ja ich überleg .. 2 (wieder lauter:) ja eben dies fff diese* Überzeugungsfragen, *die sind für mich irgendwie echt erniedrigend, irgendwie ja. Dieses ss weiß ich, ss Sie sind noch jung und Sie sind noch nich ss sicher und* na das denn ebend, *das alles nich.*

Ich habe in dieser Transkription versucht, die Stimmführung etwas genauer darzustellen, um einen Eindruck davon zu vermitteln, wie sehr sich Daniela allein durch die Frage, ob sie sich ihrer Sache sicher sei, bedrängt und nicht akzeptiert fühlt. Es ist, als wäre sie erneut mit der Irrealität ihres Frau-Seins konfrontiert, gegen die sie dessen Realität beschwört. Unabhängig davon, ob diese Schilderungen einen befürchteten Einbruch des Irrealen andeuten, weisen sie auf die Schwierigkeiten hin, »ich«-bezogene Realisierungseffekte und die einfache Realisierung miteinander zu vereinbaren. Der Bezug auf die ersteren unterminiert die letztere, und die Beschränkung auf die Realisierung schließt die Integration der »ich«-Bezogenheit des neuen Geschlechts aus. Was sich für die Gutachtenden als zwei wesentliche Aspekte einer Diagnose darstellt, ist für Transsexuelle ein nur schwer zu bewältigender Widerspruch.

Der Konflikt um Machtasymmetrien in der Begutachtungssituation verweist insgesamt auf die zeitliche Dimension der Geschlechtsveränderung: In dieser muß etwas als Ausgangspunkt fixiert werden, um einen Zukunftsentwurf abzusichern. Wenn Vergangenheit/Gegenwart und Zukunft schon fest zu einer Einheit ineinander gefügt sind und diese in ausreichendem Maß in interindividuellen Wirklichkeiten verankert ist, sind die Zu-Begutachtenden nicht mehr grundsätzlich von den Gutachtenden abhängig und setzen ihnen ein fertiges Ergebnis vor.

Für die Gutachtenden heißt das, daß ihre Bereitschaft, sich in der Entscheidungsfindung affektiv zu engagieren, nicht gebraucht wird. Darin kann zwar auch eine persönliche Zurückweisung liegen, wesentlich ist aber, daß dann das entscheidende Kriterium der Begutachtung nicht mehr funktioniert: die leiblich-affektiv getragene Evidenz bezüglich der Stabilität von »ich«. Eine ideale Begutachtung bedarf eines günstigen zeitlichen Zusammentreffens von transsexueller Entwicklung einerseits und den Erfordernissen der Begutachtung andererseits.

3. Der neue Körper

Um die Körperformen auf das Erscheinungsbild des neuen Geschlechts hin zu verändern, werden von Transsexuellen verschiedene Mittel angewandt; es werden Hormone eingenommen, der Körper wird einer operativen Neugestaltung im Bereich der Brust und des

Genitals unterzogen; bei transsexuellen Frauen kommt manchmal noch die elektrische Verödung der Körper- und vor allem der Gesichtsbehaarung dazu und bei transsexuellen Männern Bodybuilding. Im Zentrum des Interesses stehen die Hormone und operativen Eingriffe[15], die auf verschiedene Weise ihre Wirkung tun. Zum einen

15 Die medizinische Behandlung transsexueller Frauen sieht so aus: Sie bekommen weibliche Hormone (Östrogene oder eine Kombination aus Östrogenen und Gestagenen), die eine Veränderung der Hautstruktur bewirken, sie wird feiner; es verändert sich die Verteilung des Körperfetts, die Hüften werden rundlicher, evtl. die Schultern etwas weniger kräftig; außerdem setzt ein mehr oder weniger ausgeprägtes Wachstum der Brust ein, die Körperbehaarung geht zurück. Der Knochenbau wird durch die Hormone nicht verändert, ebenso wird der Stimmbruch nicht rückgängig gemacht – die Stimme wird nicht höher –, dies kann nur durch ein entsprechendes Training erreicht werden. Im Verlauf der Hormonbehandlung werden Penis und Hoden kleiner, das Ejakulat verändert sich. Es bleibt eine klare Flüssigkeit zurück, in der es keine Spermien mehr gibt. Evtl. geht die Ejakulationsfähigkeit auch ganz zurück.
    Der Bartwuchs transsexueller Frauen kann zwar schwach zurückgehen, kommt aber trotz der Hormonbehandlung nie ganz zum Erliegen. In den meisten Fällen ist eine elektrische Verödung der Barthaare erforderlich. Die Operation am Genital bildet meistens den Abschluß der körperlichen Veränderungen bei transsexuellen Frauen. Hierbei werden Penis und Hoden z. T. entfernt, und aus dem verbliebenen Gewebe werden Vulva und Vagina geformt.
    Transsexuelle Männer erhalten männliche Hormone (Testosteron), deren Wirkung der der weiblichen Hormone analog ist. Sie bewirken eine Veränderung der Hautstruktur, die Haut wird etwas rauher; über kurz oder lang kommt der Betreffende in den Stimmbruch, die Muskelentwicklung verstärkt sich, die Menstruation hört auf, die inneren Sexualorgane – Eierstöcke, Eileiter, Gebärmutter – werden kleiner. Diese Veränderungen finden relativ schnell statt; Bartwuchs und die Vermehrung der Körperbehaarung können dagegen auf sich warten lassen, bei manchen kommt es nie so weit, daß sie sich einen Bart stehen lassen können. Weiterhin kommt es regelmäßig zu einer Vergrößerung der Klitoris, die nach mehrjähriger Behandlung mit Testosteron eine Größe bis zu vier Zentimetern erreichen kann.
    Bei transsexuellen Frauen hat die kosmetische Veränderung des Genitals automatisch die Unfruchtbarkeit zur Folge. Das ist bei transsexuellen Männern insofern anders, als im Rahmen der gegenwärtigen Praxis der Personenstandsänderung bei ihnen nicht die operative Veränderung des Genitals gefordert wird, sie aber auch unfruchtbar sein müssen. Ob das schon durch die Hormonbehandlung gegeben ist, ist eine strittige Frage. Praxis ist jedenfalls, daß mindestens die Gebärmutter entfernt wird. Wenn sich transsexuelle

wird durch die medizinischen Verfahren akzentuiert, wie ernst es »ich« mit dem Versprechen der Zukunft ist, zum anderen wirken Hormone und Operation, neben den bildlichen Effekten, die sie haben, auch auf die leibliche Erfahrung selbst und unterstützen so die Realisierung des neuen Geschlechts.

Noch bevor die Einnahme von Hormonen bzw. das Bemühen um die Operation sichtbare Folgen zeitigt, bewirkt sie schon eine Veränderung in der Beziehung von Transsexuellen zu ihnen nahestehenden Personen. Diese müssen sich damit auseinandersetzen, daß jene »es« wirklich machen.

Die Beziehung zwischen der transsexuellen Frau Ellen und ihrem Freund Marcus war über einen längeren Zeitraum dadurch gekennzeichnet, daß das Geschlechtsein suspendiert wurde. Dadurch wurde es möglich, auch den Status der Beziehung als homo- oder heterosexuell undeutlich zu lassen. Das dabei entstandene prekäre Gleichgewicht wird ins Wanken gebracht, als Ellen anfängt, Hormone zu nehmen. In einem Interview, das ich mit Ellen und Marcus eine Woche, nachdem sie die erste Hormonspritze erhalten hat, führte, wirft er ihr vor, daß sie letztlich gar nicht konsequent auf eine Verweiblichung hinarbeite.

MARCUS: *Ich meine, wenn ich jetzt was trinke, oder wenn ich jetzt zu oft Alkohol trinke, oder vielleicht noch harten Alkohol angenommen... dann ist es doch ganz klar, ich kann nicht Östrogene nehmen und Alkohol trinken, das läuft doch irgendwie nicht ganz. Und ich mein, wenn ich ne Frau sein will und ich will dann auch irgendwie n frauliches Gesicht haben, denn kriege ich doch harte männliche Gesichtszüge vom Saufen nachher im Endeffekt, wolln wir s doch mal ehrlich sagen, so is es doch.*

Marcus geht es nicht – oder nicht nur – darum, daß Ellen keine Frau werden soll, sondern darum, daß das Frau-Werden eine Konsequenz

Männer auch die Ovarien herausnehmen lassen, sind sie wie transsexuelle Frauen darauf angewiesen, ihr Leben lang Hormone einzunehmen.

Darüber hinaus gibt es für transsexuelle Männer noch folgende Möglichkeiten: Die Vagina kann operativ verschlossen werden; außerdem ist es möglich, ein ›Mikropenoid‹ zu schaffen, indem die durch die Hormonbehandlung ohnehin vergrößerte Klitoris operativ aufgebaut und die Harnröhre durch die Klitoris verlegt wird, was es ermöglicht, im Stehen zu urinieren.

verlangt, die Ellen, die öfter betrunken ist und ihm auch in vielerlei anderer Hinsicht als unzuverlässig erscheint, nicht aufbringen kann.

Die heftigen Klagen über ihre Person versteht Ellen ihrerseits als Beweis dafür, von ihm endlich ernst genommen zu werden. Als er für einen Augenblick den Raum verläßt, erklärt sie mir die Situation.

ELLEN: *Wo er merkt, daß ich jetzt doch ne Frau werden will, vorher hat er mich doch immer als Mann gesehen, was ich jetzt feststelle, natürlich mit Schmerzen feststelle, . . 2 daß er immer Ellen gesagt hat, aber doch in mir n Typ gesehen hat und jetzt seit ich die Hormone nehme, macht er total Ernst, flippt er total aus. . . 2 Weiß auch nich, wie lange das noch hält.*

Ungefähr ein halbes Jahr später ist der Konflikt um die Verläßlichkeit von »ich« nicht mehr so virulent. Ellen hatte in der Zwischenzeit ihren Alkoholkonsum gedrosselt und wenige Tage vor dem Interview einen Gesprächstermin bei einem Chirurgen wahrgenommen, bei dem auch die Frage des Operationstermins geklärt wurde.

MARCUS: *Daß sie sich also seelisch dann besser fühlt, das kann ich nur hoffen. (Räuspern) Dann wäre – dann fände ich das gar nicht schlecht. Also ich bin überzeugter von der Operation als vorher jedenfalls – also positiver dazu eingestellt als vorher. Ich war ja vorher irgendwie dagegen, muß ich ganz ehrlich sagen. Und da bin ich nicht mehr so strikt dagegen. Ich kann sie ganz prima da verstehen, daß – und ich find's auch gut, daß sie das macht. Daß sie also einen festen Willen hat und weiß, was sie will, überhaupt. Das finde ich schön. Sie kämpft da um eine Sache, ja, und da muß ich ihr irgendwie doch . . 2 – also, also Hut ab, Hochachtung. Das finde ich schon schön, das ist nämlich eine Courage, daß sie das macht. Finde ich ganz gut. Daß sie so entschlossen ist. Sie hat ja auch so schöne Fortschritte gemacht, und alles, muß ich sagen. Da bin ich doch glücklich irgendwie darüber.*

Die »Fortschritte«, die Ellen gemacht hat, beziehen sich neben der Alkoholabstinenz darauf, daß sie in einer Transsexuellenselbsthilfegruppe eine gute Freundin (keine Geliebte) gefunden hat, die Marcus ebenfalls schätzt. Insgesamt wertet Marcus diese Veränderungen so positiv, weil Ellen damit unter Beweis stellt, daß sie eine verläßliche Person geworden ist, die für ihre Zukunft einstehen kann. In dem Maße, in dem dies der Fall ist, können sich »ich«-bezogene Realisierungseffekte einstellen. Die Notwendigkeit der Operation wird zu einer interindividuell getragenen Realität.

Die transsexuelle Frau Daniela fürchtet, nachdem sie ihre nähere Umgebung schon überzeugt hat, um ihre Glaubwürdigkeit, als sie zum zweiten Mal einen Operationstermin verschiebt. Der Arzt ihrer endgültigen Wahl praktiziert in England, von dessen Qualitäten hatte sie aber erst gehört, als sie den zweiten Termin bei einem deutschen Operateur schon festgemacht hatte. Eine Woche vor dem zweiten Operationsdatum kommt sie in die Beratung, um für sich abzuklären, ob sie den zweiten Operationstermin zugunsten des englischen Arztes ebenfalls absagen soll. Neben praktischen Erwägungen, ob z. B. die Krankenkasse auch die Behandlung in England übernehmen würde, spielt bei dieser Frage auf eine subtile Weise auch die Verläßlichkeit von »ich« bezüglich der Einlösung des Zukunftsversprechens eine Rolle.

DANIELA: *Ja ich meine, was würde noch dagegen (den Termin zu verschieben, GL) sprechen? (seufzt) .. I Ja erst mal so diese innere Uhr halt irgendwie, daß ich das halt wirklich schon irgendwie hinter mich bringen wollte, denn ja okay vielleicht auch so n kleines bißchen auch diese Erwartungshaltung, die ich schon so unterschwellig halt mitkriege. Ich muß dazu sagen, ich bin da vielleicht auch sehr empfindlich in der Beziehung halt (Räuspern) ... wenn da halt irgendwas was rüber halt kommt (X) und wie gesagt, das habe ich jetzt doch ganz viel gemerkt halt irgendwie. (leicht genervter Tonfall:) »so na jetzt mach doch mal endlich« irgendwie so.*

Die »innere Uhr« spielt auf die Relation zwischen »ich« und der versprochenen Zukunft an. Mit dem operativen Einschnitt in den Körper fände ein Eingriff in ihr Leben statt, der die Futur-II-Gegenwart in die gelebte Gegenwart explizit einfügte: Sie wäre aktuell, was sie bisher nur gewesen sein wird. Im Zentrum steht dabei die Verläßlichkeit sich selbst gegenüber.

Zum anderen steht ihre Glaubwürdigkeit gegenüber anderen – ihren Eltern vor allem – auf dem Spiel. Werden diese noch ernsthaft annehmen, daß sie sich wirklich operieren lassen möchte, wenn sie schon wieder einen Operationstermin absagt? Mit dem Verschieben der Termine werden die »ich«-bezogenen Realisierungseffekte in Frage gestellt.

Der Aufwand, den Transsexuelle für die Verweiblichung bzw. Vermännlichung leisten müssen, ist mit Bezug auf die Glaubwürdigkeit sich selbst gegenüber nicht nur etwas, das der Naturalisierung dient und deshalb vertuscht wird[16], sondern auch ein immer neuer Beweis dafür, daß »ich« tatsächlich für die Zukunft im neuen Geschlecht und damit die Futur-II-Gegenwart einsteht. Eine Hormonspritze zu bekommen, kann immer wieder ein feierlicher Akt sein.

DANIELA: *Ich geh ja im Moment noch zu Dr. (nennt den Namen) in (Name des Stadtteils) und (Räuspern) ich mein, er hat ja sogar schon mal angeboten, ob ich nich, weiß ich, zum Hausarzt gehen möchte und auf längere* Sicht *würde ich mirs doch noch mal überlegen, ob ich nich um die Ecke denn gehe nich. (X) Weil das ja denn doch irgendwie, bis jetzt wars immer noch irgendwie was* Feierliches *gewesen, irgendwie, wie son* Ritual *ja. Also weiß ich, ich geh nicht einfach hin, laß mir die Spritze geben und geh nach Hause. Das is mehr so, weiß ich, genieße es richtig ja, danach bummele ich noch durch (Name des Stadtteils, in dem der Arzt praktiziert) oder so ja und* hol *mir noch was Schönes. Ja also das is ja ich verbinde es immer gleich so n bißchen noch nich. Ach toll, die sechste Spritze nich und* super.

Sowohl durch die Hormone als auch durch die Operation werden einerseits die Körperformen und andererseits die leibliche Erfahrung verändert, das neue Geschlecht wird dabei in mehrfacher Hinsicht »realer«.

Aufgrund der hormonbedingten Gestaltveränderungen (wie dem Brustwachstum) und einer kosmetischen Behandlung ihrer unreinen Haut fühlt sich Daniela in Alltagsinteraktionen sicher genug, um angstfreier agieren zu können, und hat kaum noch das Gefühl, als Junge wahrgenommen zu werden.

GL: *Und wie fühlst du dich jetzt auf der Straße?*

DANIELA: *Sicher.* Sicherer *sagen wir mal so nich ... Also hundertprozentig sicher nun auch noch nich. Aber sagen wirs mal so, irgendwie die skeptischen Blicke manchmal, die sind auch inzwischen weggefallen. Also, wenn ich jetzt in der U-Bahn sitze, das kommt nich mehr vor, daß mich jetzt jemand so so ankuckt: Naja, is es oder is es nich ...*

---

16 Hirschauer (1993) interpretiert etwa die Einnahme der Hormone in diesem Sinne.

Das is eben wirklich weggefallen. Also irgendwie *ja* Gott sei Dank *und das habe ich ja auch irgendwann einmal gemerkt und das gibt ja auch dann so ne gewisse Sicherheit dann. (X) Und das hat mich auch dann irgendwie gefestigt, kann man sagen. Jaa. Und das war ja eigentlich das* Schlimmste *gewesen, ja immer diese Angst gehabt, erkannt zu werden und jetzt ist es eben so, die Angst is jetzt nich mehr da, erkannt zu werden.*

In dieser Beschreibung sind mehrere sich wechselseitig verstärkende Elemente wichtig: Das Wegfallen der skeptischen Blicke macht sicherer, und umgekehrt fördert die Sicherheit ein sozusagen noch »selbstverständlicheres« Verhalten, das noch weniger Anhaltspunkte für einen skeptischen Blick liefert. Die Hormonbehandlung unterstützt so die situative Realisierung des neuen Geschlechts.

Die Veränderung der Körperform wirkt jedoch nicht nur nach außen, sondern auch in den Leib hinein.

GEDÄCHTNISPROTOKOLL: *Als sie vor ein paar Wochen die Treppe runterrannte, weil sie es eilig hatte, hat sie zum ersten Mal gemerkt, daß ihr Busen »so gewippt« hat, »wie bei ner Frau, verstehste«. Das war »ganz toll«. Es fiel ihr an diesem Tag auch »leichter, als Frau aufzutreten«.*

Diese Schilderung hebt den zirkulären Zusammenhang hervor, der zwischen dem Spüren des eigenen Leibes und dem selbstverständlichen Einhaken in der leiblichen Interaktion besteht. Indem das Geschlecht in der einen Weise realer wird, wird es dies auch in der anderen.

Bei transsexuellen Männern steht im Zusammenhang mit der Hormoneinnahme der Stimmbruch und vor allem das Ausbleiben der Menses im Vordergrund. In der Erfahrung der Menses wird, wie ich im ersten Kapitel dargelegt habe, die Symbolik des Körpers in den Leib eingelassen. Dem entspricht, daß die Periode schlimmer werden kann, wenn ihr symbolischer Gehalt verbal akzentuiert wird.

NIKLAS: *Es (der Beginn der Menses, GL) war natürlich total furchtbar, vor allen Dingen, weil meine Mutter… es gab dann da auch immer so Konflikte, weil meine Mutter es immer so ansprach, naja, ich wär ja nun auch bald wieder dran und… wenn ich meine Regel hatte, auf so eine dumme Art und Weise auch so ansprach.*

Mit dem Ausbleiben der Menstruation werden transsexuelle Männer von der leiblichen Dissonanz entlastet, die darin besteht, daß einerseits der körperliche Leib in der Verschränkung mit dem Körper symbolisch weiblich strukturiert ist und sie andererseits im leiblichen Verhaktsein in der Interaktion Männer sind.

NIKLAS: *Was halt unwahrscheinlich toll war, daß halt die Tage dann auch aufhörten.*

Der Stimmbruch, der durch die Hormone ausgelöst wird, erhält dagegen die Bedeutung einer pubertären männlichen Entwicklung.

NIKLAS: *Denn war das so, daß ich es an meiner Stimme gemerkt habe (X), das ging eigentlich relativ schnell, n bißchen Kratzen, dann halt auch so diese typischen Erscheinungen, wenn man halt was singen will und man trifft die Töne nich mehr. Das war irgendwie ganz toll und ganz witzig zugleich (lacht), so diese Pubertät dann noch halt durchzumachen.*

Im Verhältnis zu denjenigen, denen gegenüber die transsexuelle Person das Zukunftsversprechen gegeben hat, lassen sich »ich«-bezogene Realisierungseffekte und die Realisierung des neuen Geschlechts ebenfalls kaum unterscheiden. Es wird buchstäblich faßbar, daß das Versprechen eingelöst wird.

DANIELA: *Daß eben doch eben langsam alles anfängt zu wachsen, kann man sagen. Also das is auch schon meiner Mutter aufgefallen, also meiner Oma, meine Mutter hat sogar schon mal, hat habe ich so anfassen lassen nich und die hat och wirklich gemerkt, daß da was wächst. Also doch is ganz niedlich.*

Diese Veränderungen sind unauflöslich mit einer »weiblicheren« Wirkung verbunden.

DANIELA: *Weil ich auch merke... z. B. Martina hat gesagt, du wirst jetzt wirklich jeden Monat weiblicher, also man siehts jetzt wirklich von Monat zu Monat irgendwie ja und daß jeden Monat eine Spritze, ich meine, ... da freut man sich ja nun doch noch mehr.*

»Weiblicher« zu werden, heißt in diesem Fall, kontinuierlich das Versprechen einzulösen, weiblichere Körperformen zu bekommen, interaktiv von FreundInnen selbstverständlich als Frau behandelt zu werden, und all dies wird von der Freundin – ebenfalls Monat für Monat – registriert.

Die Modifikation des Körpers bewirkt aufgrund der Verschränkung in den Leib eine Verminderung der Angst davor, sich schämen zu müssen, das Ausgangsgeschlecht zu sein: Die Angst vor Entdeckung nimmt ab. Dadurch wird es weiterhin möglich, die Distanz in der Interaktion zu verringern und so unmittelbar und real präsent zu werden, was durch die Reduktion symbolisch körperlich-leiblicher Dissonanzen unterstützt wird. In diese Realisierung des neuen Geschlechts sind allerdings unauflöslich »ich«-bezogene Realisierungseffekte eingearbeitet, denn die Veränderung des Körpers ist auch ein Zeichen der Einlösung des transsexuellen Zukunftsversprechens, wodurch »ich« gegenüber Wissenden glaubhafter und seine Selbsterkenntnis nachvollziehbarer wird.

Die doppelte Perspektive von »ich«-bezogenen Realisierungseffekten und Realisierung des neuen Geschlechts findet sich entsprechend in den Schilderungen der operativen Eingriffe. Den eigenen Körper nach einem »chirurgischen Schnittmuster« zurechtschneiden zu lassen, so daß sein Aussehen dem des gewünschten Geschlechts ähnlicher wird, ist das weitestgehende Versprechen, das eine Person abgibt, indem sie sich als Transsexuelle erkannt hat. Zugleich erlebt das Individuum in einer Erfahrung heftigen Schmerzes, daß es sein Versprechen eingelöst hat. Schließlich reduziert die Operation den Abstand zum neuen Geschlecht, indem der Körper zeigbar wird. Weiterhin kann – zumindest für transsexuelle Frauen – das Ergebnis derart sein, daß auch in sexuellen Begegnungen eine bruchlose Realisierung des neuen Geschlechts möglich wird.

Im Vorfeld der Operation wird der Körper, den eine transsexuelle Person hat, zum möglichen Objekt einer Schneidepraxis. Transsexuelle informieren sich über Schnittmuster – die Operationstechniken – und gegebenenfalls über Schnittergebnisse, wenn Mitbetroffene das Ergebnis »sehen« lassen. Medizinische Literatur ist in dieser Perspektive eine Anleitung zum »Basteln« mit dem Körper.

ERHARD: *Und dann habe ich mir den Eicher gekauft, da kannste kukken, wie es geht – das is n richtiges Bastelbuch.*

»Der Eicher« ist das Buch *Transsexualismus* von Wolf Eicher, in dem ausführlich Schnittechniken dargestellt und deren Ergebnisse photographisch dokumentiert werden.

Auf der Grundlage solcher Informationen wird entschieden, welche Technik am eigenen Körper angewendet werden soll. Die transsexuellen Männer, die ich befragt habe, haben sich durchgängig darauf beschränkt, die Brust operativ in die männliche Form bringen zu lassen, da die operative Neuformung des Genitals weder ästhetisch ansprechend ist noch sexuelle Befriedigung verspricht.

GL: *Ne direkte Genitalumwandlung haste nicht machen lassen?*

RICHARD: *Die habe ich nicht machen lassen, weil die so unbefriedigend sind, ich kenne drei Lösungen, .. 2 einmal das mit dem Rollappen, das sieht häßlich aus, kennst du das Buch von Wolf Eicher?*

GL: *Ja.*

RICHARD: *Hast du die Photos mal angeguckt?*

GL: *Ja.*

RICHARD: *Aus dem Grunde habe ich es nicht machen lassen.*

GL: *Ja, kann ich mir vorstellen.*

RICHARD: *Und die dritte Möglichkeit, ich weiß nich, ob du das kennst, da wird aus dem… Unterarm so n breites Stück rausgenommen, das sieht dann aus wie ne häßliche Brandnarbe. Muß man als Soziologin auch medizinisch gebildet sein, ich weiß das nich?*

GL: *Erklärs mir lieber genauer, so gut kenne ich mich nicht aus.*

RICHARD: *(erklärt den medizinischen Vorgang) Bloß das muß dann ganz merkwürdig beim Orgasmus sein, mir denn also vorzustellen, wenn ich mit jemand im Bette bin und sage, jetzt mußte das Teil hochklappen, jetzt kommts mir allmählich. Ganz davon abgesehen, hast du den Bericht gelesen im Cosmopolitan, aus der Märzausgabe, da hat das also auch einer beschrieben, der hat auch diese Operation machen lassen, dem is also die Spitze flöten gegangen, er hat nicht beschrieben, inwieweit also die Gefühle noch erhalten geblieben sind, aber ich gehe… davon aus, daß die Gefühle nicht mehr erhalten sind (X), das ganze Ding auch nicht sonderlich schön aussieht… also was ich jetzt zwischen den Beinen habe, ist auch nich schön, aber man kann damit leben, Zwitter müssen das ja auch teilweise, es is wenigstens etwas, wo noch Gefühl da is.*

Transsexuelle Frauen haben dagegen eine relativ große Chance, daß das neugeformte Genital optisch überzeugend ausfällt und sexuell empfindungsfähig ist. Die Auswahl unter den verschiedenen Operateuren wird zumindest von denen, die in einer Großstadt leben und in größerem Umfang Kontakt zu anderen transsexuellen Frauen haben, aufgrund einer Inspektion von Schnittergebnissen getroffen.

GEDÄCHTNISPROTOKOLL: *Sie wollte zuerst zu Dr. X gehen, der in
A. (Name der Stadt, in der sie lebt) praktiziert, aber sie hat von mehreren gehört, daß er sehr schlecht sein soll. Die C. hätte er total »ver-
pfuscht«. Dann hat sie von einem anderen gehört und sich auch mal
das »Ergebnis« bei zwei Betroffenen »angeguckt«, aber dann hatte sie
gesehen, wie das »aussieht bei denen, die das bei Dr. Y haben machen
lassen«, und »das sieht nun noch mal ganz anders aus«, d. h., es sieht
viel überzeugender aus.*

Diese transsexuelle Frau hat über einen Zeitraum von zwei Jahren
die Operation immer wieder vor sich her geschoben und einen äußerst genauen Vergleich zwischen verschiedenen Schnittergebnissen
angestellt, bis sie das für sie überzeugende Ergebnis, das sie sich mit
gutem Gewissen an sich vorstellen konnte, gefunden hatte.

Die Veränderung des Körpers ist ein wichtiger Schritt im Macht-
spiel um die Anerkennung des neuen Geschlechts durch diejenigen,
die »es« wissen. Indem die hormonellen und chirurgischen Eingriffe
die Realisierung des neuen Geschlechts unterstützen, erleichtern sie
es denjenigen, die bisher darauf angewiesen waren, die Wirklichkeit
des neuen Geschlechts nur im verstehenden Nachvollzug zu erfassen, dieses selbst in der transsexuellen Person zu entdecken. Auf
diese Weise wird »ich« davon entlastet, unentwegt für die Wirklichkeit des neuen Geschlechts einzustehen, da dieses selbstverständlich
wird.

SABINE: *Ich muß sagen, heute finde ich auch, früher habe ich eben auch
gedacht, daß Kristina überhaupt nicht weiblich aussieht, da habe ich
gedacht, mein Gott, jeder muß doch Kristina ansehen eigentlich, daß
es ein Mann, von den Gesichtszügen her, und dann die Größe, wobei,
ich meine, es gibt natürlich auch viele große, also die von Geburt an
Frauen sind, und dann die Hände fand ich, weil Kristina ziemlich
große Hände hat. Aber mittlerweile, entweder hab ich mich dran gewöhnt, oder Kristina hat sich eben vom Aussehen, durch die Hormone
oder so, hat weiblichere Züge. Ich weiß nicht, jedenfalls finde ich das
heute überhaupt nicht mehr. Also ich finde schon, daß sie weiblich
aussieht. Aber früher habe ich nur gedacht, hm, ich weiß auch (lacht)
nicht, warum.*

Sabine beschreibt eine Gesamtveränderung ihrer Freundin Kristina,
die zwar mit den Hormonen zusammenhängt, ohne sich aber auf

deren Einflüsse reduzieren zu lassen, denn die Hände z. B. werden trotz einer Hormonbehandlung nicht kleiner. Irgendwie hat sich Kristina so verändert, daß sie als Frau wahrgenommen werden kann. Dieser Sachverhalt verschiebt einerseits das neue Geschlecht von der Ebene der Durchsetzung und des Machtkampfes auf die der erfahrbaren Wirklichkeit. Andererseits gilt aber: Gerade insofern dieser Effekt avisiert wird, ist die Realisierung Bestandteil des Kalküls in der Strategie der Durchsetzung des neuen Geschlechts.

DANIELA: *Wenn erst mal so die Hormonspritzen, wenn ich wirklich so sehe ja, ich bin irgendwie noch weiblicher, daß es mir dann auch leichter irgendwie fällt (nach draußen zu gehen, GL) ...wenn ich sehe, ich bin ne Frau und... ich brauch keene Angst mehr davor zu haben, daß jemand sagt, ja guck dich doch mal im Spiegel an, was bist du* denn *oder so, daß ich da denn keine Angst mehr zu haben brauch. Daß ich sagen kann, na guck doch mal selber zu, wie siehst du* aus... *Also daß ich wirklich doch da mehr Macht irgendwie habe ja in der Beziehung.*

Mit der angestrebten Realisierung des neuen Geschlechts ist Daniela auf eine Symmetrie aus: Wer sich dann noch untersteht, ihr das neue Geschlecht abzusprechen, der/dem wird sie das ihre/seine ebenfalls problematisch machen.

Die Ohnmacht gegenüber anderen, die mit dem »falschen« Körper gegeben ist, bildet auch für eine andere transsexuelle Frau ein wesentliches Motiv für die Veränderung des Körpers.

GEDÄCHTNISPROTOKOLL: *Wenn sie schwimmen geht, krault Rena nur, denn beim Brustschwimmen müßte sie die Beine »breit machen«, was die Gefahr mit sich bringt, daß Penis und/oder Hoden aus dem Badeanzug rutschen. Das kommentiert sie mit den Worten: »Wenn das jemand sieht, bin ich doch wehrlos, dann kann ich doch gar nichts mehr machen.«*

Wenn Penis und Hoden sichtbar werden, hat jeder/jede das Recht, dieser transsexuellen Frau das Frausein abzusprechen. Sie gerät in ein völlig asymmetrisches Verhältnis zu ihrem jeweiligen Gegenüber. Auf eine ähnliche Weise begründet ein transsexueller Mann die Notwendigkeit der Operation.

MANFRED: *Du kannst von der Umwelt nicht verlangen, dich als Mann anzusprechen, wenn du n weiblichen Oberkörper hast.*

Nachdem Daniela das neue Geschlecht erfolgreich durchgesetzt hat, beschreibt sie das als eine reale Verschiebung der Machtasymmetrie. Sie wird von einer Freundin, die ihre Geschichte kennt, gefragt, ob sie an einem regelmäßigen »Frauentreff« teilnehmen möchte. Die Gruppe wird mit Daniela aus fünf Frauen bestehen, von denen zwei noch nichts von Danielas Vergangenheit wissen. Auf meine Frage, ob sie nicht befürchte, eine der »unwissenden« Frauen könne dagegen sein, daß sie als ehemaliger Junge bei einer Frauengruppe mitmacht, reagiert sie sehr sicher.

DANIELA: *Ja, naja ich meine, wenn die wirklich sowas sagen würde, dann würde ihr Wort gegen mein Wort stehn, und (X) eine von uns beiden würde denn rausfliegen, und welche müßte dann erst mal geklärt werden, ob ich es sein würde oder sie s sein würde (X). Und ich mein, ich würde da nich so einfach gehn, sondern ich würde irgendwie versuchen, weil wieso soll ich denn gehn, wenns denen, wenns ihr nicht paßt, kann sie auch gehn, (X) ich meine, da würde ich denn also versuchen, weiß ich, da würde ich mir nich soviel reinreden lassen.*

In dieser Schilderung ist die Machtkonstellation symmetrisch gestaltet. Daniela ist eine Frau, wie die anderen Teilnehmerinnen der Gruppe auch, und bei einem Konflikt muß konkret entschieden werden, wer in der Gruppe die bessere Position hat. Auf jeden Fall begründet die Transsexualität nicht grundsätzlich ein Machtgefälle.

Selbst wenn eine Realisierung des neuen Geschlechts mißlingt, kann die Tatsache, daß sich jemand den Prozeduren der Körperveränderung unterzogen hat, dazu beitragen, daß sich die Idiosynkrasie verschiebt. Es ist dann nicht mehr die transsexuelle Person, die mit einem nur für sie gültigen Geschlechtsentwurf dasteht, sondern die im Körper materialisierte Einlösung des Versprechens macht das Gegenüber zu einer eigenbrötlerischen Figur, die eine neue sozial getragene Realität nicht wahrnimmt.

GERDA: *Ich hatte jetzt eine Vertrauensärztin, eine Neurologin, vom Landesverwaltungsamt, wegen Behindertenausweis, und die hat mich also prinzipiell angesprochen mit* Herr W., *obwohl ich meine Namensänderung hatte und eine OP sogar hatte, mit* Herr W., *und beharrte darauf, daß ich ein Transvestit wäre. Da habe ich nichts anderes mehr gemacht außer Rock hoch, Strumpfhose runter, Höschen runter, habe ich gesagt, sieht so ein Transvestit aus? Pullover hoch, sieht so ein Transvestit aus? Nein. Ich bin eine transsexuelle Frau, und jetzt sprechen Sie mich bitteschön mit* Frau W. an. *Sie hat weiterhin mich mit Herr W. angesprochen, und ich bin Transvestit. Naja, da habe ich sie stehengelassen wie eine dumme Kuh und bin rausgegangen, habe die einfach da sitzenlassen.*

Von einer Realisierung des neuen Geschlechts kann hier keine Rede sein, Gerda pocht auch nicht darauf, eine Frau zu sein. Sie demonstriert vielmehr, daß sie alle Versprechen eingelöst hat, die mit der Selbsterkenntnis verbunden sind. Durch den Bezug auf die materialisierte Transsexualität fühlt sich Gerda in einer Position, in der sie die Ärztin »wie eine dumme Kuh« stehen lassen kann, die auf einer Redeweise beharrt, zu der sie kein Recht mehr hat.

Der Ausgleich des Machtgefälles vollzieht sich also auf zwei Arten: Zum einen durch die Realisierung des neuen Geschlechts, die durch medizinische Eingriffe unterstützt werden kann, und zum anderen durch die Einlösung des transsexuellen Zukunftsversprechens. Beide Momente wirken füreinander entlastend. Die Realisierung entlastet »ich« davon, daß einzig seine von anderen erlebte Glaubwürdigkeit das neue Geschlecht verbürgt, und die »ich«-bezogenen Realisierungseffekte – vor allem wenn sie die Einlösung der versprochenen Zukunft beinhalten – befreien die transsexuelle Person von der Gefahr, immer das neue Geschlecht zu verlieren, wenn die Realisierung situativ mißlingt.

Insgesamt sind dabei zwei Aspekte von wesentlicher Bedeutung. Selbst die einfache Realisierung des neuen Geschlechts kann nur schwer und vielleicht gar nicht aus den sozialen Konflikten um die Durchsetzung des neuen Geschlechts herausgelöst werden. Weiterhin ist es so, daß die medizinischen Verfahren, die als Inbegriff des Real-Werdens des neuen Geschlechts gelten, bezüglich der Verwirklichung des neuen Geschlechts doppeldeutig sind: Auch als fertiges Produkt wirken sie nicht einfach realisierend, sondern können immer wieder zu bloß »ich«-bezogenen Realisierungseffekten werden, d. h., sie sind Bestandteil einer Relation zwischen »ich« und dem neuen Geschlecht.

4. Die neue Vergangenheit

Der Status des neuen Geschlechts macht im Laufe des Veränderungsprozesses einen Wandel durch: Es existiert anfangs als Wunsch und wird zu einem Entwurf, in dem »ich« leidenschaftlich engagiert ist und dessen Legitimität es durch eine Selbsterkenntnis stützt. Die wesentliche Modifikation, der die Vergangenheit dabei unterliegt, betrifft nicht einzelne Details, sondern deren ontologische Struktur. Ein ehemals irrealer, d. h. (noch) nicht seiender Sachverhalt, wird zu etwas, das schon immer real da war. Um es ganz klar zu sagen, die ontologische Neukonstruktion betrifft die Geschichte, die wirklich zum Leben im neuen Geschlecht geführt, d. h. die, die sich wirklich ereignet hat, und nicht etwa die Erfindung einer Geschichte, zu der sich Transsexuelle veranlaßt sehen, wenn sie situativ eine bruchlose Realisierung des neuen Geschlechts nicht gefährden wollen.

Der Umschlag, den die ontologische Struktur der Vergangenheit durchmacht, ermöglicht es, die »ich«-bezogenen Realisierungseffekte, die sich auf die glaubhafte Schilderung und Erkenntnis seiner selbst stützen, sehr eng an die Realisierung des neuen Geschlechts anzuschließen, denn wenn »ich« überzeugend darlegen kann, »eigentlich« schon immer das neue Geschlecht gewesen zu sein, bildet die Tatsache – äußerlich –, als das Ausgangsgeschlecht gelebt zu haben, nur noch einen scheinbaren Widerspruch zur aktuellen Realisierung des neuen Geschlechts. Durch diesen Umgang mit der Futur-II-Vergangenheit eröffnen sich Transsexuelle die Dimension der Vergangenheit als solche, diese wird in die leiblich-affektive Gegenwart integrierbar, ohne daß ein geschlechtlicher Bruch die aktuelle Erfahrung stören würde.

Daniela hatte, als sie als Gabriel in die Beratung kam, gerade eine Englandreise hinter sich, während der sie von sehr vielen schon als Mädchen wahrgenommen wurde. Davon hat sie in einer der ersten Stunden sehr ausführlich erzählt; das gleiche Ereignis schildert sie ungefähr 3 1/2 Jahre später noch einmal. In der zweiten Darstellung liegt wie in der ersten der inhaltliche Schwerpunkt darauf, zu ihrer eigenen Überraschung von sehr vielen für ein Mädchen gehalten worden zu sein; trotzdem ist die Situation grundsätzlich anders geworden.

Zur Zeit der ersten Schilderung war die Angst, als Junge »entdeckt« zu werden, vorherrschend[17], und ihre Schilderungen sind von einem ununterbrochenen ontologischen Changieren gekennzeichnet.

DANIELA: *Es haben wirklich alle irgendwie gedacht, du bist n Mädchen, und selbst Leute, mit denen ich ne ganze Weile zusammen war. Die haben dann janz erstaunt gefragt, ich hab dann natürlich nich gleich meinen Namen gesagt nich, und wenn et irgendwie doch so rauskommt, denn wollten die et wirklich nich glauben (X), also ja das baut auf.*

Diese Darstellung wiederholt in der Geschlechtsprädikation Gabriels anfängliche Strategien der Veränderung. »Du«, d. h. Gabriel in der Perspektive der anderen, erhält im Indikativ das Prädikat »Mädchen«. »Ich«, d. h. Gabriel für sich selbst, erhält im Konjunktiv das Prädikat Junge. Indem Gabriel für andere ein Mädchen zu sein sucht, wird das eigene männliche Ausgangsgeschlecht für ihn selbst weniger wirklich, ein Junge ist er nur im Konjunktiv. Da er auf diese Weise – zumindest vorübergehend – als ganze Person irreal wird, hat er Schwierigkeiten, für sich wirklich einzustehen, und fürchtet sich daher, »entdeckt« zu werden, denn dann wäre er nicht mehr ein Mädchen, sondern ein Junge, der sich real in erster Person darin engagieren müßte, ein Mädchen zu werden.

Dreieinhalb Jahre später ist die gleiche Situation sehr viel unkomplizierter geworden.

DANIELA: *Ich werd wirklich nie vergessen, wie ich nach Brighton gefahren bin… (mit der Schülergruppe) zu dieser Gastfamilie und die wirklich bis zum Schluß geglaubt haben, daß ich 'n Mädchen irgendwo bin… Also auch niemals auf den Gedanken oder sowas gekommen wärn… Dieser Leiter, obwohl der wirklich meinen Namen auch gesehn hat und ich weiß nich, ich kam da auch bloß an, bin dann noch gerannt und so und der Leiter also hat dann alle unsere Namen aufgerufen (X) und ich kam dann total geschafft rein und natürlich viel zu spät wie immer und wie der dann auch gesagt, das stimmt doch nich, ah hihihi ich hab jetzt gedacht du wärst äh das äh is ja n Jungenname, ich hab gedacht, du wärst n Junge und so, und ich wußte nich, daß du*

17 vgl. hierzu die Analyse in Kapitel II.

*und so kommst nich – alles klar und so wa und alles sone Sachen. Und
die das auch wirklich ernst gemeint haben. Also nich jetzt irgendwie
denn bloß so gesagt haben. (stolz:) Sondern für die war das wirklich
fest irgendwie gewesen. Ja und auch ganz viele, ja alle die ich denn da
so kennengelernt habe ja so. (X) Wenn das wenn die das rausgekricht
haben, war es natürlich peinlich gewesen... klar. Also das war wirklich peinlich, also für mich denn natürlich. Denn war natürlich erstmal Oh-Gott! war also dieses, konnten se mich natürlich nirgendswo
..1 reinstecken irgendwie, also dann war ich natürlich erstmal das
unbekannte Wesen, würde ich halt sagen.*

»Ich« ist hier schon damals ein Mädchen gewesen, das Jungesein ist
dagegen auf zweifache Weise von »ich« abgerückt, es existiert im
Konjunktiv und lediglich als eine Vermutung, die durch den Namen
angeregt wird; selbst wenn »es« rauskommt, ist Daniela damals kein
Junge gewesen – weder für sich selbst noch für andere –, sie rutscht
lediglich in ein geschlechtliches Niemandsland. Der wesentliche Affekt ist nicht mehr die Angst, die die Erfahrung, als Mädchen wahrgenommen zu werden, begleitete, sondern die Peinlichkeit, die sich
einstellt, wenn »es« rauskommt. Vor der peinlichen Situation war
alles so, wie es sein soll: Ein Mädchen wird als Mädchen wahrgenommen, dessen einziges Problem darin besteht, mit einem Namen belastet zu sein, der es in unangenehme Situationen bringt.

Beide Schilderungen beziehen sich auf die gleiche Begebenheit,
die mit z. T. gleichen Worten dargestellt wird, und trotzdem sind die
ontologischen Strukturen der Ereignisse jeweils verschieden; denn
Daniela hat eine Vergangenheit erhalten, in der sie schon immer und
ohne jeden Zweifel an sich selbst in erster Person ein Mädchen war.

Eine wichtige Unterstützung bei der ontologischen Gestaltung der
Vergangenheit bilden psychologische Theorien. Für Transsexuelle
ist in diesem Zusammenhang vor allem der Begriff der »Geschlechtsidentität« wichtig. Die Annahme, daß es sie gibt, begünstigt einen
»ich«-bezogenen Realisierungseffekt, der es ermöglicht oder zumindest entscheidend erleichtert, sich auf das prekäre Gebiet sexueller
Begegnungen zu begeben.

Die Identität existiert als Form der Selbsterkenntnis wie diese als
interindividuelle Wirklichkeit, die von denen, die auf sie vereidigt
sind, getragen wird. Nachdem Niklas – als Mädchen mit dem ambi-

valenten Namen Toni – eine Therapie begonnen hatte, in der seine männliche Identität als interindividuelle Wirklichkeit getragen wurde[18], konnte er sich erstmals auf sexuelle Begegnungen einlassen, bei denen er Gefahr läuft, daß die Realität der leiblichen Erfahrung das Engagement im Entwurf, ein Mann zu werden, gefährdet.

NIKLAS: *Gleichzeitig auch immer wieder… diesen inneren Kampf mit mir hatte und auch so .. 3 ja diese… Sache so, ja wenn de das jetzt zuläßt, is das jetzt n Zeichen dafür, daß du jetzt Fr oder Frau bist oder weiblicher bist oder daß de irgendwo quasi dich veränderst oder so, also das konnte ich damals irgendwie noch gar nich so trennen… da hatte ich noch nich so diese… Selbstverständlichkeit von der Art und Weise, wie man sexuell miteinander schläft und so der männlichen Identität. Daß ich immer dachte, wenn ich das jetzt zulasse .. 2 denn ob das dann überhaupt noch so richtig is mit meiner Identität, also für mich war meine männliche Identität natürlich irgendwie richtig, aber so immer dieser Zwiespalt, wenn ich jetzt zulasse, daß mich ne Frau so jetzt befriedigt und da in mich eindringt in dieses eigentlich ja weibliche Genital und das waren dann immer so diese wahnsinnigen Auseinandersetzungen, die ich innerlich mit mir selber hatte.*

Heute – zur Zeit des Interviews – gibt es eine männliche »Identität«, die durch die Realität des symbolisch aufgeladenen körperlichen Leibes nicht so stark tangiert wird. Eine völlige Unabhängigkeit gibt es aber auch gegenwärtig nicht, denn auch in der sexuellen Begegnung mit seiner Freundin ist es verboten, daß diese in Niklas eindringt. Der prekäre Seinsstatus des männlichen Geschlechts, der in der Schilderung noch anklingt, wird aus der Perspektive des realisierten männlichen Geschlechts zu einer Unfähigkeit, zwischen verschiedenen Entitäten zu differenzieren. Eigentlich gab es auch damals schon die sichere Unterscheidung zwischen »Identität« und körperlichem Leib, aber »damals« konnte Niklas es »noch gar nicht so trennen«. Offenbar waren die »ich«-bezogenen Realisierungseffekte, die sich in

---

18 Später wurde Niklas damit konfrontiert, daß die Vereidigung seiner Therapeutin lediglich in einer vordergründigen Akzeptanz bestand und wesentlich dadurch motiviert war, ihn in das therapeutische Arbeitsbündnis einzubinden. Die Erfahrung des Eidbruchs bzw. des Vertrauensmißbrauchs beschäftigt ihn auch zur Zeit des Interviews – einige Jahre später – immer wieder.

der Therapie ergaben, nicht stark genug, um die leibliche Akzentuierung des weiblichen Geschlechtskörpers in der Begegnung mit seinen damaligen lesbischen Freundinnen zu neutralisieren. Dazu hat wahrscheinlich beigetragen, daß diese nicht immer etwas von Niklas' männlicher »Identität« wußten, so daß es keine aktuell gültige interindividuelle Realität gab, die das in einer sexuellen Beziehung intensiv ausgeprägte Realwerden des Ausgangsgeschlechts hätte auffangen können. Man muß sich allerdings klarmachen, welche Möglichkeiten ein Begriff wie »Identität« in der affektiven Besetzung der Vergangenheit liefert. Es wird möglich, Situationen konsistent in die männliche Gegenwart einzuarbeiten, in denen das Engagement in den Entwurf, ein Mann zu werden, von dem intensiven Erleben, eine Frau zu sein, nahezu verdrängt wurde.

5. Die paradoxe Wirklichkeit des neuen Geschlechts

Vor allem bei der Analyse der neuen Vergangenheit zeigt sich, daß die Wirklichkeit des neuen Geschlechts unauflöslich an die in sich widersprüchlichen Momente der »ich«-bezogenen Realisierungseffekte und der Realisierung des neuen Geschlechts gebunden ist. Ein einfaches Einhaken in der leiblich-affektiven Interaktion löst für Transsexuelle das Problem nämlich nicht, auch wenn sie im neuen Geschlecht völlig überzeugen. Jedes Gespräch über vergangene Ereignisse kann zu einer prekären Angelegenheit werden.

ANNA: *Früher war ich ja auch sehr froh, wenn ich Informationen kriegte, aber heute denke ich, für mich persönlich wäre es besser, wenn da kein Mensch drüber reden würde. So kann keiner auf dumme Gedanken kommen.*

GL: *Befürchtest du das manchmal?*

ANNA: *Nein, eigentlich nicht. Ich befürchte es dann, wenn ich mit jemandem näher zu tun hab, wo ich es eben nicht will, daß der's weiß und dann dieses Vergangenheitsproblem kommt, (X) das ist eigentlich mein Punkt, und das wird sich natürlich nie lösen, die Vergangenheit habe ich.*

Um in solchen Situationen eine bruchlose Realisierung des neuen Geschlechts aufrechtzuerhalten, ist es erforderlich, eine Geschichte zu präsentieren, zu der die transsexuelle Person eine explizit reflexive Distanz hat und von der sie weiß, daß deren ontologische Struktur nicht mit der tatsächlichen Geschichte übereinstimmt. Auch hierbei handelt es sich primär nicht um eine Frage von irgendwelchen Details, sondern darum, daß die biographische Erzählung ein Objekt hervorbringt, das irreal ist. Die Produktion einer irrealen Vergangenheit läuft aber im weiteren darauf hinaus, auch die aktuelle Realisierung des neuen Geschlechts brüchig werden zu lassen, insofern nämlich nicht nur die reale Geschichte ausgeklammert wird, sondern auch die Gegenwart des Erzählens unsagbar wird. Es darf nicht deutlich werden, daß das Erzählen ein irreales Objekt hervorbringt. Es gibt also nicht nur eine thetische Distanz zum dargestellten biographischen Objekt, sondern auch eine Distanz zur Situation als solcher.[19]

Selbst im Falle einer optimalen Anpassung – wenn es Transsexuellen also gelingt, im neuen Geschlecht problemlos zu überzeugen, und ihr Körper durch medizinische Maßnahmen so verändert wurde, daß er nackt gezeigt werden kann, ohne Irritationen hervorzurufen – ist eine bruchlose Realisierung des neuen Geschlechts ausgeschlossen, da ihre Geschichte auch nach einer ontologischen Neukonstruktion nicht die Geschichte einer Person des neuen Geschlechts sein wird.

Es gibt angesichts dessen zwei Möglichkeiten: Man kann sich entweder in eine reflexive Distanz zur Situation begeben und so die Unmittelbarkeit der Interaktion gefährden oder die Realisierung aufbrechen und die wahre Vergangenheit darstellen. Die letztere Strategie birgt das Risiko in sich, daß es nicht gelingt, die reale Geschichte erneut zu einer interindividuellen Wirklichkeit werden zu lassen.

Die transsexuelle Frau Anna vermeidet es, daß ihre Vergangenheit in irgendeiner Form thematisch wird, da sie sich nicht sicher ist, ob ihr Gegenüber deren Neukonstruktion nachvollziehen wird.

ANNA: *Das ist mir einfach peinlich.*

GL: *Daß du mal was anderes warst?*

ANNA: *Vermeintlich. Sozusagen vielleicht die Angst davor, im nachhinein nochmal mißverstanden zu werden.*

19 Für eine genaue Analyse dieser Problematik vgl. Lindemann (1992 a).

GL: *Mißverstanden, so daß die eigentlich so das wissen, was du da warst, und nicht das, was du jetzt bist?*

ANNA: *Ja, oder das, was ich da war, (räuspert sich) ..3 mehr von mir ausmacht, als ich das zugebe oder sowas. (X) Das weiß ich ziemlich genau, daß das natürlich nicht so ist. Weil das, was auf dem Photo zu sehen ist, das sind eben genau diese äußerlichen Aspekte der Geschichte, die ich der Seite von meinem Doppelleben zurechne, zu der ich eben heute die große Distanz hab.*

Im Kontext dieser Passage ging es darum, daß sie alte Photos von sich fast alle vernichtet hat. Sie schildert dann die Scham, als jemand, der aber ohnehin um ihre Geschichte weiß, ein altes Photo von ihr findet. Für sie ist dann in Frage gestellt, ob der Eid auf die Wirklichkeit, daß sie eigentlich immer schon eine Frau war und das Photo lediglich für einen äußerlichen Aspekt ihrer Geschichte steht, immer noch gültig ist oder ob diese interindividuelle Wirklichkeit dabei ist, in Anbetracht der neuen Information zusammenzubrechen.

Die Wirklichkeit des neuen Geschlechts von Transsexuellen ist – wie sich zeigt – auf eine vielfältige Weise in sich gebrochen. Eine einfache Realisierung, d. h. das leibliche Einhaken im System von Gleich- und Verschiedengeschlechtlichkeit, ist nur begrenzt möglich, da zumindest der Bezug zur eigenen Geschichte das neue Geschlecht immer wieder in Frage stellt. Der Versuch, den Realitätsmangel durch »ich«-bezogene Realisierungseffekte auszugleichen, ist in sich widersprüchlich, denn er hebt zunächst den Mangel an Sein hervor: Personen mit einem Geschlecht, das einfach real ist, müssen dessen Wirklichkeit nicht durch intime Geständnisse oder das Versprechen einer Zukunft belegen. Erst nachdem die »Arznei« die »Krankheit« verschlimmert hat, wirkt sie als interindividuelle Wirklichkeit des Verstehens »heilend«, indem sie neben der einfachen Realisierung eine leiblich-affektiv getragene Wirklichkeit anderer Art entstehen läßt. In dieser Realität wird aber primär, d. h. unhinterfragt, die Wirklichkeit von »ich« akzentuiert und nicht die des neuen Geschlechts. Letztere bildet gewissermaßen eine Wirklichkeit zweiten Grades, die von der von »ich« abhängt.

IV

VON RICHTIGEN UND FALSCHEN NAMEN

> Es war freilich nicht fein, daß er sich mit
> meinem Namen diesen Spaß erlaubte:
> denn der Eigenname eines Menschen ist
> nicht etwa ein Mantel, der bloß um ihn
> her hängt und an dem man allenfalls
> noch zupfen und zerren kann, sondern
> ein vollkommen passendes Kleid, ja wie
> die Haut selbst ihm über und über ange-
> wachsen, an der man nicht schaben und
> schinden darf, ohne ihn selbst zu verlet-
> zen.
>
> *Johann Wolfgang von Goethe*

Die Veränderung des Geschlechts einer Person vollzieht sich, indem diese im System von Gleich- und Verschiedengeschlechtlichkeit die Position des neuen Geschlechts einnimmt. Dies erfolgt nicht durch einen abrupten Positionswechsel, sondern im Rahmen eines aufwendigen Veränderungsprozesses, der im wesentlichen durch drei Elemente gekennzeichnet ist: erstens durch eine Distanzierung von der alltäglichen Reproduktion der Geschlechterwirklichkeit, zweitens durch »ich«-bezogene Realisierungseffekte sowie drittens durch das erneute Einhaken in der leiblichen Interaktion, der eigentlichen Neupositionierung.

In den Veränderungsprozeß werden sukzessiv weitere Personenkreise miteinbezogen, wodurch eine Person ein neues Geschlecht erhält, das auf eine vielschichtige Weise real ist. Einige der Beteiligten kennen die transsexuelle Person noch im Ausgangsgeschlecht, andere wissen zumindest um das Faktum der Geschlechtsveränderung, während für einen mehr oder weniger großen Kreis von Personen die Betreffenden einfach Frauen oder Männer sind. Wie stellen sich nun Personen zum neuen Geschlecht von Transsexuellen, wenn sie diese noch im Ausgangsgeschlecht kannten oder zumindest um das Faktum der Veränderung wissen? Welche Schwierigkeiten haben die Beteiligten, es anzuerkennen, und wie gehen sie mit diesen um? Diesen Prozeß bezeichne ich als Ausbreitung des neuen Geschlechts. Als Leitfaden für die Untersuchung dieses Prozesses die-

nen mir zwei sprachliche Phänomene: Der Wechsel des geschlechtsspezifischen Vornamens und der Personalpronomen.

Eine Person wird mit einer geschlechtsspezifischen Anrede, einem
Vornamen und mit Personalpronomen als ein Geschlecht bezeichnet. Die Rede folgt dabei der Evidenz der Wahrnehmung, die sich im
Verhaktsein in der leiblichen Interaktion einstellt. Wie stark diese
Verknüpfung ist, wird an der Praxis der GutachterInnen deutlich,
die ihre eigene Rede gewissermaßen als den Ausschlag eines seismo-
graphischen Instruments verstehen, an dem sie ablesen können, in
welchem Geschlecht jemand auf sie wirkt.

GUTACHTERIN: *Ich frag die Leute zwar auch, wie sie genannt werden
wollen, aber ich mache es nicht schematisch, weil ich denke, es muß
sich auch so entwickeln, wie es – ja, wie es is. Wenn ichs nicht empfinde, dann dann sage – sage ichs auch nicht.*

GUTACHTER: *Das ist jetzt eine Fußnote dazu, bei manchen habe ich
das Gefühl, ich kann, so leids mir tut, ich kann den nicht als, sagen
wir mal, Frau ansprechen, wenn ich – ich empfinde sie als männlich,
ich müßte mir was vorlügen, wenn ich den als Frau ansprecke.*

In diesen Schilderungen fungiert die Rede als spontaner Ausdruck
der Geschlechtswahrnehmung. Den gleichen Zusammenhang wie
die Wahrnehmenden formulieren die Wahrgenommenen; für sie bildet die Rede einen Hinweis darauf, in welchem Geschlecht sie erlebt
werden.

MANFRED: *Das merkste auch nur an*deutungsweise – *kriste das mit,
wenn einer dich fragt: sie oder er?... Wenn einer nurn Moment nach
Luft schnappt, dann weißte sofort, was Sache is.*

Das minimale Zögern wird von Manfred im Sinne der Diskrepanz
erfahren, die die GutachterInnen in ihrer Rede gegenüber Transsexuellen nicht entstehen lassen möchten. Die leiblich-affektive
Wahrnehmung des Geschlechts und die Rede über dieses lassen sich
offensichtlich nur schwer trennen. Dies gilt für die Rede der Gutachtenden ebenso wie für die alltägliche Bezeichnungspraxis. Wie gestaltet sich nun dieser Zusammenhang im Rahmen der Veränderung
des Geschlechts einer Person?

1. Der richtige Name

Nach deutschem Namensrecht muß der Vorname einer Person geschlechtlich eindeutig sein, d. h., der Name muß als Name das Geschlecht einer Person bezeichnen. Insofern ist der Name dem Körper vergleichbar, denn es ist die Wortmaterie selbst – das Schriftbild bzw. der Klang oder im Falle der Blindenschrift die getastete Form –, die mit einer geschlechtlichen Bedeutung aufgeladen ist. Der Name ist, wie der Körper, ein objektiviertes Geschlecht; das gleiche gilt für die Personalpronomen.

Die Nennung des Namens kann so den gleichen Effekt haben wie das Sichtbarwerden des nackten Körpers.

NIKLAS: *Als ich so reinkam (in die Klasse der Berufsschule, die er nach dem Abitur besuchte, GL), weiß ich noch so die die ersten Schultage, da haben mich eben die meisten schon auch fürn Jungen gehalten ne (X) bloß halt dadurch, daß die Namen dann auch aufgerufen werden, dann ham se halt mitgekriegt und meine Englischlehrerin, z. B. auch, die hat, die hat mich auch erst für n Jungen gehalten ne und . . 2 aber gut okay, dann die meisten lächeln erst mal oder lachen halt naja und dann phm, ja dann steht da halt der Name und dann biste halt eingeordnet und fertig.*

Wegen des Bekanntwerdens des Namens wird »ich« zwar nicht zu einem Mädchen, aber Niklas' Geschlecht für andere wird aufgrund des Namens weiblich.

Weil das sprachliche Geschlecht wie der Körper eine objektive Realität besitzt, vermeiden es Transsexuelle, zu »früh« den Namen und vor allem die Personalpronomen zu wechseln.

MANFRED: *Ich weiche sehr gern Problemen aus . . 3 und mir reicht, wenn ich mit jemand zusammen bin, der das akzeptiert (Manfred offenbarte sich bei längeren Beziehungen als transsexuell, GL), der also weiter mit mir zusammen sein möchte. (X) Warum soll ich da n Problem draus machen… wobei eben dann die Schwierigkeiten anfangen bzw. ausgeweitet werden, wenn ich von der jeweiligen Frau, mit der ich zusammen bin, verlange, mich mit »er« und mit m männlichen Vornamen anzureden, was im Grunde genommen nur in unseren vier Wänden passieren kann, weil, sowie es außerhalb passiert, es zu Problemen kommt.*

Manfred hat den Kreis derjenigen, die um seine Transsexualität wissen, im großen und ganzen auf die Frauen beschränkt, mit denen er eine längere sexuelle Beziehung hat. Aber auch in einer Beziehung objektiviert er das Wunschgeschlecht nur durch die Offenbarung und verzichtet darauf, diesem eine sprachliche Form zu geben, die er nicht mehr beherrschen könnte. Wenn er darauf beharrt hätte, von seiner damaligen Freundin sprachlich zum Mann gemacht zu werden, hätte sich das neue Geschlecht vielleicht nicht mehr »beherrschen« lassen. Seine Freundin hätte ihn eventuell auch vor anderen so angesprochen, oder sie hätte von ihm wie von einem Mann erzählt, und schon hätte sich sein Namensgeschlecht selbständig gemacht und würde ihm draußen in der Welt, wer weiß wo und zu welch unpassendem Moment, begegnen und ihn evtl. dazu zwingen, sich gegenüber Personen zu offenbaren, denen gegenüber er das gar nicht will, oder ihn dazu zwingen, sein Wunschgeschlecht zu verleugnen. Es ist also die Furcht vor der Objektivität des Namensgeschlechts, die Manfred dazu veranlaßt, von seiner Freundin nicht zu verlangen, ihn mit »er« und mit einem »männlichen Vornamen« anzureden.

In den Schilderungen von Niklas und Manfred ist eine explizite Distanz zum Geschlecht des Namens gegeben. In der ebenfalls retrospektiven Schilderung der transsexuellen Frau Kristina ist das nicht der Fall, die Relation zwischen »ich« und Namen wird dadurch erheblich komplexer. Sie beschreibt, wie der Name in die Scham, das Ausgangsgeschlecht zu sein (vgl. II. 1.), einbezogen ist.

KRISTINA: *Plötzlich kamen die ersten Briefe mit der Anschrift* Herr *Hage, jedesmal wenn ich dieses* Herr *gelesen habe, das fand ich so* ätzend, *das fand ich* furchtbar, *damit kann ich nicht* gemeint *gewesen sein, habe ich mir gesagt. (X) Und so… dann habe ich die Schule gewechselt… dann gings* wieder *los, dann saß da – Frauen da, also saßen Mädchen da und es saßen die Jungens da, und dann wurde Frau soundso aufgerufen und dann wurde Herr Hage aufgerufen, und ich mußte* aufstehen, *ich mußte vor* zwanzig *Leuten aufstehen. Ich mußte zeigen, daß ich ein* Mann *bin, ich bin* Herr *Hage, das war* eklig, *das war* eklig, *ich konnte – ich hatte* immer *mich selbst geschämt, allen gegenüber.*

Kristina differenziert noch nicht strikt zwischen »ich« und dem Namen, der zu der Anrede im alten Geschlecht führt. Indem sie als Herr

Hage bezeichnet wird, wird sie wieder in erster Person zu einem Mann. In der Erfahrung des Sich-Schämens wird zwar eine Unterscheidung erlebt zwischen »ich«, insofern es sich schämt, und »ich«, insofern es beschämt ist. Aber diese Verschiedenheit wird gerade nicht als ontologische Differenz erfahren. Obwohl voneinander unterschieden, sind schämendes und beschämtes »ich« miteinander identisch.

In den ersten Stadien der Geschlechtsveränderung ist der Zusammenhang zwischen dem Namen des Ausgangsgeschlechts und »ich« derart eng, daß jener als der »richtige« Name bezeichnet wird.

ELLEN: *Es haben alle Ellen zu mir gesagt ... reden mich auch heute noch so an ... das habe ich mir gleich so eingerichtet, die können mir nichts mehr in den Weg legen ... wenn die meinen Namen wüßten, meinen richtigen Namen, würden einige zwar Ellen rufen, aber die anderen würden all meinen Namen rufen, das wär ne große seelische Belastung.*

Der neue Name Ellen wird klar von dem Namen unterschieden, mit dem Ellen richtigerweise zu bezeichnen wäre, dem des Ausgangsgeschlechts; die »Belastung«, die sich aus der Verwendung des alten Namens ergibt, bestünde also zumindest zum Teil darin, in erster Person wieder der alte Name und sein Geschlecht sein zu müssen.

Die enge Verbindung zwischen dem Namen, der der richtige Name ist, und der leiblich-affektiv gegenwärtigen Person, die sich mit ihm bezeichnet, hat zur Folge, daß Daniela, als sie noch als Junge mit dem Namen Gabriel lebt, gegenüber Fremden buchstäblich verstummt.

GABRIEL: *Ick würde jerne manchmal zu nem Jungen jehn oder wiss ich, wenn n Junge jetzt fragt, haste mal ne Zigarette oder irgendwie möchteste was trinken oder irgendwie sowat, würde ich jerne sagen, ach ja warum nich irgendwie oder denn n paar Takte sprechen oder so. Aber wenn er fragt, wie heißt n du oder so, naja (mit Stimme, die Peinlichkeit ausdrückt:) einen Namen sagen, oder sowat in der Art.*

Gabriel unterscheidet hier implizit zwischen einem richtigen Namen und »einem Namen ... oder sowat in der Art«. Zur Zeit dieses Gesprächs wäre sein richtiger Name sein alter Name, den er nicht sagen kann, weil er für andere ein Mädchen sein möchte; aber einen weiblichen Namen kann er auch nicht sagen, denn dieser würde sich zwar wie ein Name anhören, aber es wäre nur »sowat in der Art«, also kein Name, der ihn als das meint, was er ist.

Das Grundproblem des neuen Namens besteht in einem ontologischen Mangel.

GABRIEL: *Ich glaube nich, daß mich meine Mutter plötzlich Cara nennen wird, bloß weil ich ihr sage: »du nennst mich ab heute Cara«. Ich glaube nich, daß se et machen wird. Zumindesten jetzt noch nich... später wenn der Name so im Paß steht, eingetragen, ich bin es, selbst dann wird es wahrscheinlich noch schwerer werden. Und meine Mutter wird vielleicht doch später aus Versehen.. i meinen ri (stockt kurz) meinen alten Namen irgendwie sagen ja.*

Erst wenn die spezifische ontologische Relation zwischen »ich« und neuem Namen hergestellt sein wird, die darin liegt, dieser in erster Person zu sein, wird es für Gabriel möglich sein, sich mit diesem Namen so zu meinen, daß er von anderen fordern kann, ihn zu benutzen. Am Anfang der Geschlechtsveränderung existiert diese spezifische Seins-Beziehung nur für den alten Namen.[1]

2. Die Veränderung des sprachlichen Geschlechts

Jakobson (1960) unterscheidet bei seiner Analyse der Sprache insgesamt sechs Funktionen, von denen es mir hier nur um die referentielle Funktion geht. Die Bezeichnung als Mann oder Frau kann sich auf zweierlei Weise vollziehen: als Deklaration oder als Behauptung. Eine Deklaration kann in einen Fragesatz umgewandelt, d. h., der ausgesagte Sachverhalt kann bezweifelt werden. Wenn dieser gegen den Zweifel weiterhin als wahr ausgesagt wird, wird aus der Deklaration eines Sachverhalts die Behauptung, daß dieser tatsächlich so und so beschaffen ist. Eine Deklaration kann problemlos zurückgenom-

---

1 Ein Ausweg aus den ontologischen Problemen scheint darin zu bestehen, sich mit einem in Anlehnung an den alten Namen gebildeten geschlechtsneutralen Namen zu bezeichnen. Für diesen Umgang habe ich jedoch nur Beispiele aus retrospektiven Schilderungen. Niklas hatte nach seiner eigenen Darstellung keine Probleme, sich unter dem Namen Toni, der mit Bezug auf Antonia gebildet wurde, als Mann vorzustellen. (Dazu siehe das nächste Kapitel.)

men werden, während die Behauptung eines Sachverhalts ein größeres Engagement des/der Sprechenden impliziert.[2]

In der alltäglichen Rede deklarieren Name und Pronomen eine Person als jemand, die ein Mann oder eine Frau ist. Wenn die Deklaration bezweifelt wird, muß definitiv geklärt werden, ob die Rede den gemeinten Sachverhalt wirklich trifft oder nicht. Wenn Transsexuelle daran gehen, ihr neues Geschlecht in die Rede der anderen hineinzubringen, d. h. vor allem in die Rede von Personen, die sie im Ausgangsgeschlecht kennen, stehen sie vor folgendem Problem: In der Rede über ihr eigenes Geschlechtwechseln befinden sich Transsexuelle auf der Ebene der Behauptung eines realen Sachverhalts, die sie gegen die Rede der anderen stellen; damit fordern sie ihr Gegenüber auf, die Ebene der Deklaration zu verlassen und bezogen auf das Geschlecht der transsexuellen Person das festzustellen, was tatsächlich der Fall ist. Für diejenigen, deren Rede verändert werden soll, stellt sich aber das Problem, daß die transsexuelle Person für sie das Ausgangsgeschlecht ist. Durch diesen Modus wird die Veränderung der Rede erschwert: Die transsexuelle Person kann nicht einfach als das neue Geschlecht bezeichnet werden, weil sie nicht lediglich als ein solches – vielleicht versehentlich – deklariert werden kann, denn auf der Ebene der Behauptung wird ein Sachverhalt bewußt als wahr oder falsch ausgesagt.

Um die Umgangsweise mit diesen Problemen zu verstehen, ist es sinnvoll, sich zu vergegenwärtigen, daß der Name einer Person diese mindestens in zweifacher Hinsicht meint: zum einen, insofern sie ein besonderes, von allen unterscheidbares Individuum ist, und zum anderen, insofern sie etwas Allgemeines – nämlich Angehörige einer Geschlechtsklasse – ist.[3] Dies nenne ich die Bifunktionalität des Bezeichnens mit einem geschlechtlich bestimmten Vornamen. Im Rah-

---

2 Die Unterscheidung von Deklaration und Behauptung wird von Jakobson nicht explizit gemacht. Ich beziehe mich dabei auf die Diskussion des Bühlerschen Sprachmodells, das auch für Jakobson den Ausgangspunkt bildet (1960: 90), bei Schmitz (1974: 394, 497).

3 Zu dem Gedanken, daß ein Name einen Gegenstand in diesen zwei Hinsichten meinen kann, vgl. Plessner (1980: 168f.). Plessner unterscheidet zwischen Name, der einen besonderen Gegenstand benennt, und Begriff, der ein ›Urteil von bestimmbarem Allgemeinheitswert‹ impliziert.

men dieser Doppelfunktion erhalten auch geschlechtsneutrale Namen eindeutig und, insofern sie das Ausgangsgeschlecht bezeichnen, nur schwer revidierbar ein Geschlecht. Indem ein geschlechtsneutraler Vorname eine besondere Person, die ein Geschlecht ist, bezeichnet, wird er selbst in das System pronominaler Geschlechter derart eingeführt, daß ihm das Geschlecht der Person, die er bezeichnet, selbst anhängt. Es erweist sich nämlich als äußerst schwierig, einen einmal vergeschlechtlichten geschlechtsneutralen Vornamen bezogen auf dieselbe Person anders in das pronominale System einzuführen.

FRAUKE: *So in den Anfängen war das eben immer noch Toni, weil die Namenssuche, weiß ich gar nicht mehr, wann die so richtig vonstatten ging...*

NIKLAS: *Also es ist eigentlich so, daß ich nie gesagt habe, so massiv, ich will jetzt Toni nicht mehr hören, weil ich bin auch mit dem Namen aufgewachsen ne, und nur daß ich halt doch von manchen Seiten gehört habe, also Toni ähm dann dieses »er« dazu, das –*

FRAUKE: *– das fiel schwer.*

NIKLAS: *– das fiel den meisten viel schwerer, daß ich dann gesagt habe, okay dann sagt Niklas, dann passiert euch das nich, weil dann sagt man eben automatischer »er«.*

Der Name Toni ist ein geschlechtsneutraler Name, anhand dessen eine Person sich eigentlich genauso leicht in das männliche wie das weibliche Pronominalgeschlecht einordnen lassen müßte. Das ist aber nur hypothetisch der Fall. In dem Moment, wo der Name eine bestimmte Person meint, nämlich diese Toni, die sehr burschikos auftritt und lesbische Beziehungen hat, wird der geschlechtsneutrale Name durch die Namensträgerin zu einem weiblichen Namen. Das gilt natürlich nur für diejenigen, die Toni als Antonia kennen. Für andere kann der Name »Toni« die Person, die sie gerade kennenlernen, durchaus in das männliche Pronominalgeschlecht einführen. Wenn der Name erst einmal in ein Pronominalgeschlecht integriert ist, ist es schwerer, die so bezeichnete Person in das andere grammatische Geschlecht einzuordnen, wenn sie den Namen nicht ändert. Aus Toni muß erst Niklas werden, damit er ein kohärentes männliches sprachliches Geschlecht erwerben kann.

Ausgehend von der Bifunktionalität des Namens lassen sich drei

Formen, das sprachliche Geschlecht Transsexueller zu verändern, unterscheiden: 1. eine Funktionsreduktion bei der Verwendung des neuen Vornamens: dieser wird so verwendet, als würde er nur noch die Person als Individuum benennen, ohne sie mit dem Namen in das pronominale Geschlecht einzuführen; 2. ein Zerfall der beiden Funktionen; es wird zwar der neue Name verwendet, aber zugleich auch die Pronomen des alten Geschlechts; 3. das sprachliche Geschlecht insgesamt wird von seiner Bezeichnungsfunktion getrennt: der Name und die Pronomen werden dadurch zu relativ beliebigen Äußerungen, die nicht den Charakter von seriösen Deklarationen oder Behauptungen haben – der Zusammenhang von sprachlichem Geschlecht und Geschlechtsein wird tendenziell beliebig.

Um dahin zu kommen, ihr neues Geschlecht in der Rede der anderen zu verankern, müssen Transsexuelle es ihren InteraktionspartnerInnen, die sie als das Ausgangsgeschlecht kennen, plausibel machen, daß es angemessener ist, von ihnen als Angehörige des neuen Geschlechts zu sprechen. Dies geschieht wesentlich, indem sie anderen offenbaren, daß sie eigentlich das neue Geschlecht sind und daß sie eine Geschlechtsveränderung inklusive der juridischen und medizinischen Prozeduren anstreben.

Das Ergebnis dieser Offenbarung und der ersten Versuche, überzeugend im neuen Geschlecht zu wirken, kann nun darin bestehen, daß die transsexuelle Person weder als Frau noch als Mann gesehen wird; dies kann zumindest vorübergehend auch der Selbsteinschätzung der Betreffenden entsprechen.

GL: *Und hast du das Gefühl, daß du als Frau akzeptiert wirst, oder daß du eher so als dazwischenstehend akzeptiert wirst?*

DORA: *Naja im Moment würde ich schon eher sagen, daß ich eher als dazwischenstehend akzeptiert werde, so als Mensch (X) allgemein, geschlechtslos irgendwo, weder Mann noch Frau, das spielt eigentlich keine Rolle mehr so ... aber ich denke mir auch, daß das auch n Entwicklungsprozeß is ne, denn die ham mich auch als Dieter kennengelernt und ich hab ihnen das früher oder später erzählt und die müssen auch sich erstmal dran gewöhnen ne (X) und das gestehe ich den Leuten auch zu.*

Ein transsexueller Mann, der die Begutachtung hinter sich hat und ebenso die Entfernung der inneren Sexualorgane (Ovarien, Gebär-

mutter), die Brustamputation aber noch vor sich hat, beschreibt sich
so.

FELIX: *Ich kann mich als Mensch ohne Geschlecht annehmen, dann ist
das Problem, Frau will ich nicht sein, Neutrum auch nicht, aber n
softer Mann. Es ist n Zwischending in unserm Fall, den Rest produ-
zierst du in deinem Kopf.*

Felix spricht sich sozusagen auf gewundenen Pfaden ins neue Geschlecht hinein. Er nimmt sich »als Mensch ohne Geschlecht« an,
kann aber doch nicht auf ein Geschlecht verzichten und kommt
dahin ein Mann zu sein, weil er »Frau... nicht sein (will)« und
»Neutrum auch nich«. Schließlich ist er ein Mann und zugleich ein
»Zwischending«, das sich mental, im »Kopf«, zum Mann vervoll-
ständigt. Doras Verständnis entspricht dem, wie eine ihrer nichttranssexuellen Freundinnen sie erlebt.

GEDÄCHTNISPROTOKOLL: *Für Dorit ist Dora weder Mann noch
Frau, sie spricht deshalb von Djati, und nicht von Dieter oder Dora,
weil »Dora is es eben noch nich, aber n Mann is es auch nich«.*

In der alltäglichen Redepraxis ist der Rückzug auf das allgemein
Menschliche allerdings schwer durchzuhalten, denn diese Praxis impliziert eine unübliche referentielle Reduktion bei der Verwendung
des Vornamens. Der Name meint eine Person als Besonderes und als
Allgemeines. Insofern der Name eine Person als Geschlecht bezeichnet, kann er auch durch die Pronomen der dritten Person Singular
ersetzt werden, insofern die Person ungeschlechtlich gemeint wird,
ist das nicht möglich. Von daher wäre eine Redepraxis, die sich auf
eine Person nur mit dem Vornamen oder mit der direkten Anrede
»du« bezieht und nie mit anderen Pronomen, die Konsequenz des
Versuchs, jemanden als Menschen zu meinen und nicht als Geschlecht. Auf diese Weise kann der Name zwar eine Person real meinen, aber er meint sie monofunktional nur als Individuum und nicht
auch als Allgemeines, d. h. als Angehörige einer Geschlechtsklasse.

MAREN: *Und es war so, daß eigentlich – ja eigentlich niemand von denen mehr männliche Pronomen für mich verwendet hat. Peter hatte
wohl die größeren Schwierigkeiten, aber der hat es so gemacht, (X)
daß er nur noch den Namen gesagt hat ne, immer Maren also gesagt
und nie »sie« oder »ihr«.*

Maren beschreibt den Zeitraum der Durchsetzung des neuen Namensgeschlechts in einer Clique, deren Mitglieder sie zunächst als Mann kennengelernt hatten und sich dann mit ihrer Veränderung zur Frau auseinandersetzen mußten. Peter, der die »größten Schwierigkeiten« hat, sie als Frau zu akzeptieren, verwendet zwar den neuen Namen, obwohl er den alten kennt, trennt aber den neuen Namen von der Geschlechtseinordnung. Für ihn bezeichnet der Name »Maren« zwar eine Person, meint diese aber nicht als ein Geschlecht.

Die Trennung der Bezeichnungsfunktionen des Namens kann soweit gehen, daß das neue sprachliche Geschlecht zerfallen kann. Die transsexuelle Person führt dann zwar einen Namen, der sie sowohl als Besondere als auch als Mitglied des neuen Geschlechts meinen müßte, tatsächlich bezeichnet er sie aber nur als Individuum, denn die pronominale Vergeschlechtlichung erfolgt gemäß dem Ausgangsgeschlecht.

RICHARD: *Naja und dann kam das halt, dann hieß es Richard und »sie« ne.* Richard und »sie«. *Das war schlimm. Und ich weiß auch, ich muß ganz ehrlich sagen, ich weiß nich, ob meine Mutter bis heute vollkommen drüber weg is.*

Ein anderer transsexueller Mann machte eine ganz ähnliche Erfahrung.

MANFRED: *Ich habs meinen (Eltern) z. B. erst nach der Op gesagt, die wußten bis dahin nich, was Sache is und hatten nur gedacht, um Gottes Willen mit ner Frau zusammenleben und sowas haben wir großgezogen... die haben es bis heute nicht richtig verstanden. (X) Meine Mutter redet mich heute noch mit »sie hat« und »ich habe ihr« und so, sie gebraucht zwar meinen männlichen Vornamen (X) aber ansonsten is es »sie« und »ihr« und all son Scheiß.*

Die Lockerung des Gegenstandsbezugs

Die Schwierigkeiten, vor die sich Transsexuelle gestellt sehen, wenn sie ihr Geschlecht in der Rede anderer verändern wollen, sind nicht dadurch beseitigt, daß diejenigen, die sie im Ausgangsgeschlecht kannten, von ihnen im Sinne des neuen Geschlechts sprechen. Das Problem besteht nämlich darin, daß sie auf die anderen Druck ausüben müssen, damit diese – zumindest anfänglich – in ihrer Rede gegen die Evidenz verstoßen, daß die transsexuelle Person das Ausgangsgeschlecht ist.

Die Schwierigkeiten, die sich in diesem Zusammenhang ergeben können, kulminieren für die transsexuelle Frau Daniela, als sie feststellt, daß sie im Klassenbuch – Daniela holt auf dem Zweiten Bildungsweg den Realschulabschluß nach – noch unter ihrem männlichen Namen Gabriel geführt wird.

DANIELA: *(traurig resigniert) Ich habs wirklich zu dem Mathelehrer, bin ich am Ende der Stunde hingegangen und hab gesagt, also wenn das irgendwie, wenn sich denn nicht irgendwie das ändert, dann komme ich nich mehr. . . 3 Und das hat er denn irgendwie auch eingesehen. Sie sehn es ja auch alle ein ja. Aber irgendwie, niemand macht irgendwie was daran, das is es ja eben. Alle sagen natürlich, bei Ihnen können wirs verstehen, wenn Sie fehlen wenn Sie die Zeit brauchen und wenn Sie so große Pläne mit sich haben, daß Sie, weiß ich, Ihre Gedanken ganz woanders sind. Wirklich alle verstehn mich irgendwie ja. Aber trotzdem alle wollen mich trotzdem noch anders beeinflussen, obwohl se mich alle verstehn ja.*

Für Daniela sind die »falsche« Eintragung im Klassenbuch und die Redeweise seitens derer, die sie als Gabriel kennen, Versuche, sie wieder zu einem Mann zu machen; es ist als hätte die Sprache eine seinsgestaltende Macht. Von ihr als von einem Jungen zu reden ist nicht etwas, was ihr äußerlich bleibt. Entsprechend versucht sie, ihre InteraktionspartnerInnen unter Druck zu setzen.

DANIELA: *Ja und die Woche war wirklich unheimlich schlimm und extrem kann man sagen ja. (X) Vor allem wenn man sieht, was man da für* Mühe *reinbaut:* Ich heiß Daniela! Ich heiß Daniela! *Daniela, sie. Und denn, weiß ich, n nächsten Tag wirds wieder falsch gemacht, aber ich weiß nich, langsam* reichts *mir auch irgendwann mal ja. Genauso immer so* Erklärungen *abzugeben oder mich zu* rechtfertigen, *das reicht mir auch irgendwie langsam aber sicher.*

Dieses Verhalten ist allerdings nur sehr bedingt darin erfolgreich, das neue Geschlecht real werden zu lassen, denn es wird unklar, ob die anderen, wenn sie von Daniela im neuen Geschlecht sprechen, dies tatsächlich ernst meinen.

DANIELA: *Ja ich habe wirklich gesagt, sie sollen auch, wenn se unter sich sprechen, irgenwie über Daniela sprechen. Ich meine, was nützt es*

mir, wenn se mir Daniela irgendwie vorstellen und sagen (leicht iro-
nisch): Hallo Daniela und so. Und wenn se sich, unter sich sprechen
se noch mit n alten Namen. Und das is es ja, was ich irgenwie auch,
was ich irgendwie nich mehr will; (X) daß sie sich unternander eben
auch sagen, na was macht Daniela heute und... wo geht sie heute hin
oder so nich, und sobald ich ihnen den Rücken dreh, daß ich denn,
weiß ich, äh aus dem Auge aus dem Sinn ja. Das nützt ja denn gar
nichts. (seufzt)

Solange Daniela mit ihren Freundinnen, ihrer Mutter oder ihrer
Oma zusammen ist, kann sie einen gewissen Druck ausüben, um die
anderen zu bewegen, die Referenz auf das neue Geschlecht durchzuhalten. Zugleich ahnt sie, daß sie damit den Zusammenhang von
Rede und gemeintem Sachverhalt zerreißt. Die anderen könnten ja
bloß ihr zuliebe den neuen Namen sagen, ohne damit wirklich zu
meinen, sie habe ihr Geschlecht verändert. In diesem Fall spielten sie
ihr eine Komödie vor, d. h., sie stellen das neue Namensgeschlecht
vor sich hin, besser noch, zwischen sich und Daniela, ohne daß eine
ernsthafte Kommunikation stattfände. Daniela wäre auf diese Weise
in einem Spiel gefangen, aus dem sie nur heraus könnte, wenn sie
wieder Gabriel würde. Solange die anderen nur ihr zuliebe Daniela
sagen, lebt sie in einer nicht ernstzunehmenden Geschlechtswirk-
lichkeit.

Weil das neue Geschlecht seine Entstehung einem sozialen Konflikt verdankt, behält es für Daniela, auch nachdem sie ihren neuen
Namen schon zwei Jahre führt und ihr gegenüber Fremden eine
bruchlose Realisierung des neuen Geschlechts gelingt, eine gewisse
Beliebigkeit.

DANIELA: *Daß die Träume richtig so wie Mahnmale dastanden nich,*
irgendwie so so einfach so geht das irgendwie nich. Ich glaub auch,
daß da irgendwie unbewußte Ängste ne ganz große Rolle *gespielt*
haben... so die Ängste... ja paß mal auf, wir machen dir da noch n
Strich durch die Rechnung... oder eben die Angst, *weiß ich, die Angst*
vor Leuten, die die vielleicht so oberflächlich das akzeptieren, aber
vielleicht... überhaupt nich, ja... vielleicht bloß irgendwie den neuen
Namen sagen... um sich ja nur nich irgendwie n Streit... mit mir...
einzuhandeln... die Angst, daß es eben bloß auf total oberflächlicher
Basis...

GL: *Ja.*

DANIELA: *...bleibt, daß es irgendwie so gedacht wird, als aha hat n neuen Namen und fertig aus ja, daß da weiter nichts mitstattfindet ja, so... Namen sind austauschbar so nach dem Motto.*

Die Beliebigkeit des neuen Geschlechts, die Daniela erfährt, wird umgekehrt von einer nichttranssexuellen Frau beschrieben, die sich mit der Zumutung auseinandersetzen muß, jemanden, den sie als Mann kenngelernt hat, als Frau anreden zu sollen.

SABINE: *Und im Juli 89... da wars dann eben richtig deutlich. Denn wollte sie eben auch Kristina genannt werden, das war für mich eben am Anfang tierisch schwer. Ich habe denn grundsätzlich Christoph gesagt, und da ist Kristina ausgerastet. Ich meine, auf der einen Seite konnte ich es verstehen, aber auf der anderen Seite, ich kann doch nicht jetzt plötzlich, ich kenn da jemand ein paar Monate, fange an, den ein bißchen besser kennenzulernen, und denn soll ich plötzlich so richtig Frau und Kristina, gut, ich hab das ja akzeptiert und fand das auch nicht schlimm und, ich habe, aber ich hab eben dann mich rumgedrückt, Christoph, und dann ist Kristina schon ausgerastet nä. Da habe ich mir das so anerzogen praktisch, denn hab ich denn Kristina gesagt, aber öfter ist mir dann eben noch rausgerutscht »er«. So wenn ich mit anderen geredet habe, sage ich, ja und da hat er und da hat Kristina, da haben wir uns einmal so in die Wolle gekriegt, da haben wir uns so darüber gestritten... Wenn ich jetzt so die Vergangenheit noch mal aufrolle, da ist es dann schwierig – sie war und hat sich schon immer als »sie« gefühlt, aber ich hab sie damals eben (lacht) als Christoph kennengelernt, als männlich. Das ist also, das ist mir am Anfang sehr schwer gefallen. Zwar von der Akzeptanz her war das bei mir kein Problem, aber eben dieses Umgewöhnen, das – das war ziemlich schwierig.*

Sabine weigert sich zunächst, sprachlich gegen die Evidenz zu verstoßen, daß Christoph ein Mann ist, dann »trainiert« sie sich die neue Redeweise an, womit sie den Zusammenhang zwischen Rede und Geschlechtsein auflöst: Sie referiert auf Christoph mit dem Namen »Kristina« und dem Pronomen »sie«, ohne daß diese Rede etwas darüber sagte, wo Kristina für Sabine im System von Gleich- und Verschiedengeschlechtlichkeit (vgl. I.) ihren Platz hätte. Eine ähnliche Strategie affektfreien sprachlichen Trainings beschreibt die nichttranssexuelle Frau Frauke bezüglich des Sprechens einer ebenfalls nichttranssexuellen Freundin über ihren transsexuellen Freund.

FRAUKE: *Andererseits habe ich ne Bekannte, die das nachvollziehen konnte und die, nachdem Niklas sich... für seinen Namen usw. usf. entschieden hatte und das eigentlich so jetzt klar war, dann wirklich, die is sowas von bewundernswert, die... gesagt hat, »so Niklas, alles klar, ab heute Niklas«. Und die kann das so was von akkurat durchziehen. Ich weiß nich, wie sie das schafft, aber da is nie, nie ein Versprecher mehr gekommen ne. (X) Die hat das dann so hingenommen und höchstwahrscheinlich sehr an sich gearbeitet.*

3. *Der Zwang zur moralisch und
ästhetisch wohlgestalteten Differenz*

In der Durchsetzung des neuen Geschlechts wird die referentielle Funktion der Rede zumindest vorübergehend beschädigt, denn es werden sprachlich Personen als das neue Geschlecht gemeint, obwohl sie es noch nicht sind. Für diejenigen, die um die Transsexualität wissen, schließt sich der Riß beim Bezeichnen vielleicht nie vollständig. In diesem Abschnitt sollen Begebenheiten untersucht werden, bei denen der Riß im Bezeichnen, d. h. die Differenz zwischen Sein und Rede, derart virulent wird, daß Transsexuelle auch sprachlich ihr Geschlecht wieder verlieren. Dabei zeigt sich, daß das Geschlecht Transsexueller von situativen Dichotomisierungen abhängt, die auf eine kohärente, wohlgestaltete Geschlechterunterscheidung abzielen. Gegenüber denjenigen, die es wissen, unterliegen Transsexuelle einem Zwang zur ästhetischen und moralischen Wohlgestaltetheit der Geschlechter. Bei Nichttranssexuellen ist dieser Zusammenhang relativ locker; ob sie ein Geschlecht sind, hängt nicht davon ab, ob sie die Differenz der Geschlechter als wohlgestaltete präsentieren. Ein wichtiges Ingredienz der Unterscheidung von Geschlechtsein und Dichotomisierung sind Hilfsregeln, die es erlauben, situative Abweichungen von einer an Differenz orientierten Geschlechtspräsentation zu erklären, ohne diese grundsätzlich in Frage zu stellen. Nichttranssexuelle Frauen dürfen sich z. B. eher männlich verhalten, ohne dadurch ihr Geschlecht zu riskieren. Es scheint so, als wäre die Möglichkeit, Hilfsregeln anzuwenden, ein maßgebliches Kriterium ontologischer Solidität; nur Personen, deren Geschlecht gediegen wirklich ist, können sich eine Abweichung von der Dichotomisierung leisten, ebenso wie sie durch Abweichungen die Solidität ihres Seins akzentuieren. Personen, deren Geschlecht es an Sein mangelt, müssen sich dagegen loyal gegenüber situativen Dichotomisierungen verhalten.

Ich hatte im zweiten Kapitel schon dargelegt, wie Transsexuelle, indem sie die Differenz zwischen Sein und Dichotomisierung einebnen, situativ ins neue Geschlecht gelangen können. Hier geht es nun umgekehrt darum, wie leicht sie von anderen wieder ins Ausgangsgeschlecht gebracht werden können, wenn sie gegen die Regeln der wohlgestalteten Geschlechterdifferenz verstoßen. Verstöße dieser Art können u. a. die Art des Sprechens, literarische Vorlieben, Körperformen betreffen; es läßt sich letztlich alles zum Mittel für eine wohlgestaltete Differenzierung zwischen den Geschlechtern machen; entscheidend ist, daß alltäglich das Sein der Geschlechter von deren wohlgestalteter Differenz unterschieden wird.[4]

Clara ist eine nichttranssexuelle Frau, die sich als Lesbe versteht, auch in Lesbenzusammenhängen politisch aktiv ist, zur Zeit des Interviews aber eine Beziehung zu einem Mann hat. Vor mehreren Jahren war sie mit einer transsexuellen Frau, Bärbel, liiert, von der sie sich getrennt hatte, weil Bärbel ihr geschlechtlich zu uneindeutig war. Zum damaligen Zeitpunkt hatte Bärbel die genitalverändernde Operation seit einem halben Jahr hinter sich, machte eine Lehre als Photographin und lebte schon seit einiger Zeit in der weiblichen Position. Daß Bärbel transsexuell ist, hat sie Clara am Anfang der Beziehung erzählt. Um Bärbels Männlichkeit zu beschreiben, führt Clara u. a. folgendes Beispiel an.

CLARA: *Es ging darum, daß sie meinte, es ging also darum, welche Haarfrisur mir nun stehen würde oder nicht (X), und sie hat dann aber irgendwann gesagt, irgendwie, das ist nicht gut, oder das sieht*

4 Die Sex-Gender-Unterscheidung läßt sich als die wissenschaftlich elaborierte Form der Differenz von Sein und Dichotomisierung beschreiben, wobei allerdings die alltäglich stattfindende Ontologisierung durch eine Naturalisierung ersetzt wird.

nicht gut aus. Und da habe ich gesagt, du kannst sagen, daß du das nicht gut findest, aber so diese allgemeine, diese Verallgemeinerung, die gefällt mir nicht. Und die hatte für mich was Männliches. Gerade diese Verallgemeinerung, das ist so die Objektivierung (X) und nicht so auf ihre Person bezogen ne... und dann weiß ich noch ne Situation, daß ich mit ihr im Frauenferienhaus war und gemerkt habe, daß ich fürchterlich sauer war, weil ich das Gefühl hab, was will die denn hier überhaupt, eigentlich kann ich sie als Frau überhaupt nicht akzeptieren und das war auch letztlich der Punkt, der... zum Scheitern unserer Beziehung geführt hat, daß ich für mich also eindeutig männlich, würde ich sagen, war sie, ist sie auch nicht, aber ne Frau eben auch nicht.

Bärbels Geschlecht erleidet in dieser Schilderung eine Degradierung. Sie ist nicht »eindeutig männlich«, »aber ne Frau eben auch nicht«. Im ersten Teil der Beschreibung führt Clara einen Grund für diese Einschätzung an. Wenn man auf Bärbel die von der feministischen Kritik am Sprachverhalten der Geschlechter[5] herausgearbeitete Regel anwendet, derzufolge Männer sagen, das ist so – »das ist nicht gut, oder das sieht nicht gut aus« –, während Frauen sagen, ich finde das nicht gut, kommt man zu dem Ergebnis, daß die objektivierende Aussage von Bärbel etwas »Männliches« hat. Die Darstellung dieses Syllogismus ist in Claras Rede gemäß den Prinzipien weiblichen Sprechens gebrochen: »Diese Verallgemeinerung... hatte für mich was Männliches.« Der Verstoß gegen die Regeln der Gestaltung der Differenz zwischen Männern und Frauen, die sich am Sprechverhalten orientiert, macht aus Bärbel einen Zwitter. Sie kann keine Frau bleiben und zugleich wie ein Mann sprechen. Bei Frauen, die Frauen sind, ist das etwas anderes.

CLARA: *Frauen sind für mich nich dadurch gekennzeichnet, dat se n weiblichen Körper haben, sondern dadurch, daß se durch ihr Verhalten... ich habe auch ne Frau kennengelernt, na gut, die is ne Frau, aber die hatte sehr männliche Verhaltensweisen, und zwar abstoßend männliche Verhaltensweisen, die ich bei Frauen auch nicht akzeptier... was der Unterschied is? Ja, wie soll ich sagen, da wüßte ich den eigent, ja ich überlege gerade. Weil es doch Bereiche gibt, in denen ich*

5 Vgl. etwa Trömel-Plötz (1982).

ihr näher stehe, als ich meiner Freundin je gestanden hätte... wir
haben eigentlich ne gleich, gleiche Kindheitserfahrungen, ja und wie
de da schon angefangen hast, gegen bestimmte Sachen zu kämpfen...
es ist, glaube ich schon ein Unterschied, ob du jetzt sagen wir mal als
Junge aufwächst und dich dagegen wehrst, in diese Kämpferrolle rein-
gedrängt zu werden, oder ob du als Frau erzogen wirst und als Mäd-
chen und bestimmte Sachen nich darfst.

Hier verstößt auch eine Frau, die eine Frau ist, gegen nicht näher
benannte Dichotomisierungsregeln, nach denen das Verhalten von
Männern und Frauen unterschieden wird, ohne daß ihr Geschlecht
dabei in irgendeiner Weise eine Degradierung erleidet. Der erste
Grund, den Clara dafür nennt, ist das ontologisch solide Geschlecht
dieser Frau: sie »is ne Frau«. Da Clara aber gerade behauptet hat, das
Geschlecht einer Person würde durch Dichotomisierungsregeln bei
der Verhaltensbeurteilung bestimmt werden, fragt sie sich selbst, wo
denn nun der Unterschied zwischen Mann und Frau liegt. Diese Frau
müßte, wenn man Claras Regeln anwendet, zumindest ein halber
Mann sein. Ihre erste Reaktion scheint darauf hinzudeuten, daß sie
glaubt, ihre Dichotomisierungsregel würde versagen, »da wüßte ich
den eigent«, klingt wie, »da wüßte ich den eigentlich nicht«. Im weiteren Nachdenken verlegt sie den Unterschied aus der erfahrbaren
Gegenwart in die Vergangenheit, »wir haben eigentlich... gleiche
Kindheitserfahrungen«. Diese angenommene Erfahrungsgleichheit
führt dazu, »daß es doch Bereiche gibt, in denen ich ihr näher stehe,
als ich meiner Freundin je gestanden hätte«. Die Sozialisation funktioniert als eine Hilfsregel, die dann greift, wenn Frauen, die Frauen
sind, gegen die Regeln der angemessenen Gestaltung der Differenz
verstoßen. Solche Hilfsregeln ließen sich natürlich auch aufstellen,
um das neue Geschlecht von Transsexuellen zu festigen, damit
würde aber eine Möglichkeit der Demonstration ontologischer Di-
gnität vergeben. Es scheint so, als würde anhand der Transsexualität
verdeutlicht, daß es Geschlechterunterschiede unabhängig von Ge-
schlechtsstereotypen wirklich gibt.

In Claras Schilderung hat die Degradierung von Bärbels Geschlecht lediglich zur Konsequenz, daß deren Geschlecht doppeldeutig wird. Am Anfang der Geschlechtsveränderung kann dagegen
die Anwendung einer Dichotomisierungsregel zur Destruktion

des Namensgeschlechts führen. Die transsexuelle Heike berichtet von einem Erlebnis mit ihrer nichttranssexuellen Freundin Anna:

HEIKE: *Dann fällt mir noch ein, einmal da saß ich mit Wilhelm und Anna in der Kneipe, wir waren eigentlich zu fünft verabredet, aber Hannes und Carmen waren noch nich da .. 1 und Wilhelm hatte gerade die Romane von den Schwestern Brontë, von dem einen »Sturmhöhe« von Emily Brontë war er ganz begeistert, aber die anderen fand er langweilig. (X) Anna fand sie alle irgendwie gut und Wilhelm meinte dann, daß das vielleicht auch daran liegt, daß er n Mann is, also weil er eben ein Mann is, findet er Romane nich so gut, die so weiblich geschrieben sind, er hat also nich son leichten Zugang dazu, weil so wie die Brontës Menschen und ihre Umwelt beschreiben und wahrnehmen, das is sehr weiblich und das versteht er als Mann nich (X) und das fand Anna auch, daß diese Romane eben aus einer weiblichen Perspektive geschrieben sind ne und daß die eigentlich auch nur ne Frau gut finden kann und verstehen kann und so ne. Und ich fand das nich so, bis auf »Sturmhöhe« finde ich die Romane von denen einfach nich gut; das habe ich dann gesagt und auch, daß ich Freundinnen habe, die sind auch nich transsexuell, die finden das auch. Und Anna, es war dann, also ich weiß nich genau wann, aber auf einmal fängt sie an und sagt »er« und »ihn«, also benutzt die männlichen Pronomen für mich. Das ging dann so bis Hannes und Carmen kamen (X), und Carmen verbessert Anna einmal, also Anna sagt »er« und Carmen sagt dicht hinterher »sie«, wie ne Verbesserung und dann sagt sie kurz darauf als sie von mir spricht »sie«, aber irgendwie betonter. Also jetzt nicht superbetont, aber doch deutlich und dann sagt Anna auf einmal auch wieder »sie«.*

Meine Interpretation dieser Passage setzt voraus, daß die Verwendung der männlichen Pronomen bezogen auf Heike nicht lediglich zufällige Versprecher sind, wie sie vielleicht auch gegenüber Nichttranssexuellen vorkommen, sondern daß es sich um die Aberkennung des weiblichen Geschlechts handelt. Dafür spricht, daß es sich nicht um einen einmaligen Versprecher handelte, denn Annas Sprechweise bleibt über einen längeren Zeitraum verändert. »Das ging dann so, bis Hannes und Carmen kamen.« Weiterhin verstehe ich die sprachliche Vermännlichung Heikes durch Anna als eine Konsequenz von Heikes Verhalten in der Diskussion um die Qualität der literarischen Produkte der Brontë-Schwestern. Dafür gibt es letztlich keinen Beweis. Der Tonfall des Satzes – »und Anna, es war dann, also ich weiß nicht genau wann, aber auf einmal fängt sie an und sagt ›er‹ und ›ihn‹« – deutet darauf hin, daß Heike diese Reaktion von Anna als Konsequenz ihres Diskussionsverhaltens versteht. Das läßt natürlich immer noch offen, ob dieses Situationsverständnis von Heike Anna gerecht wird. Da Transsexuelle aber ein ausgeprägt feines Gehör dafür haben, in welchem Geschlecht von ihnen gesprochen wird, Anna also ziemlich sicher vorher und hinterher von Heike tatsächlich in der weiblichen Form gesprochen hat, liegt es nahe, Annas vorübergehend modifizierte Sprechweise auf Heikes Verhalten zurückzuführen. Die weitere Interpretation geht jedenfalls davon aus. Wenn das stimmt, stellt sich die Frage, was Heike getan hat, daß es für Anna notwendig wurde, sie zu vermännlichen?

Anna und Wilhelm sitzen in einer Kneipe, und Wilhelm erzählt von seinen Erfahrungen bei der Lektüre der Romane der Schwestern Brontë. Er ist »begeistert« von »Emily Brontë«, wohingegen er die Romane ihrer beiden Schwestern langweilig findet. Es wird nicht klar, ob er auch noch andere Romane von »Emily« gelesen hat und sie ebenfalls nicht gut fand. Wilhelm versucht, sich selbst seine unterschiedliche Wertung der Romane zu erklären, indem er es zu einem geschlechtsspezifischen Problem macht, ob jemand »son leichten Zugang« zu diesen Romanen hat; ihm »als Mann« fällt es schwer, Romane zu verstehen, die »so weiblich geschrieben sind«. »Weiblich geschrieben« ist ein Roman, in dem »aus einer weiblichen Perspektive« »Menschen und ihre Umwelt« beschrieben werden. Mit anderen Worten: Etwas, das »so weiblich geschrieben« ist, ist für ihn »als Mann« langweilig. Anna übernimmt diese relativ defensive Verteidigung der Qualitäten der Literatur von zwei der drei Brontë-Schwestern: »Eigentlich« kann »das auch nur ne Frau gut finden… und verstehen«. Die Romane der Schwestern von Emily Brontë beschreiben eine Welt, zu der nur Frauen Zugang haben, womit weiterhin gesagt wird, daß Wilhelm sich gar kein Urteil erlauben kann, weil er ein Mann ist. Angesichts des Urteils über die Romane der Brontës ist die Situation geschlechtlich polarisiert: Frauen haben Zugang zu dieser literarischen Welt, verstehen sie und finden sie gut, während sie Männern verschlossen bleibt, die sich folglich gelangweilt abwenden. Hier funktioniert also die Haltung zu literarischen Produkten als situative, dichotomisierende Gestaltungsregel. Heike tut jetzt dreierlei. Sie unterläßt es erstens, Anna in dieser Situation zu unterstützen, und schlägt sich statt dessen mit ihrem literarischen Urteil auf die Seite von Wilhelm.[6] Sie unterläßt es zweitens, sich entsprechend der Dichotomisierungsregel wie eine Frau zu verhalten. Und drittens argumentiert sie, wenn auch zurückhaltend, mit ihrem eigenen weiblichen Geschlecht. »Und ich fand das nich so«, d. h., Heike findet nicht, daß diese Romane »eigentlich nur ne Frau gut finden kann«, sondern auch eine Frau diese Literatur »aus einer weiblichen Perspektive« »nich gut« finden kann. Es scheint Heike allerdings selbst klar zu sein, daß ihr weibliches Geschlecht nicht ausreicht, um die Ansicht der nichttranssexuellen Frau Anna zu relativieren, sie ergänzt den Einwand damit, daß sie »Freundinnen« hat, »die sind auch nicht transsexuell, die finden das auch«.

Wenn Heike eine Frau wäre, die eine Frau ist, wäre Anna gezwungen, in ihre situative Dichotomisierung eine Hilfsregel einzuführen, die mit dem Verweis Claras auf die Sozialisation der Frau, die »männlich abstoßende Verhaltensweisen« an den Tag legte, vergleichbar wäre. Anna zieht aber eine andere Konsequenz, sie macht die Integrität von Heikes Geschlecht von der Dichotomisierungsregel abhängig. Heike ist keine Ausnahme, wenn sie der Regel nicht entspricht, sondern sie ist keine Frau. An einem weiteren Beispiel läßt sich zeigen, daß die Anwendung derselben Regel auf dieselbe Person je nach den situativen affektiven Erfordernissen variieren kann.

REINHILD: *Obwohl, man siehts schon manchmal noch am Rauchen oder so. Ich hab selten Frauen gesehen, die ihre Zigarette soweit rauchen.*

---

6 Eine These, die bei mündlichen Diskussionen allen Frauen und nur wenigen Männern eingeleuchtet hat. Aufgrund dieser Erfahrung bin ich geneigt, das Verständnis dieser Interpretation ebenfalls als Dichotomisierungsregel aufzufassen. Das hat die überaus angenehme Konsequenz, daß diese Interpretation nahezu unangreifbar wird, sie kann nicht wahr oder falsch gefunden, sondern nur weiblich oder männlich verstanden werden. Falls Personen mit ontologisch solidem Geschlecht empirische Widersprüche gegen diese Regel produzieren sollten, halte ich mich für kreativ genug, mit entsprechenden Hilfsregeln geeignete Abhilfe zu schaffen.

Die Regel der wohlgestalteten Geschlechterdifferenz besagt, daß Frauen ihre Zigaretten nicht so weit rauchen wie Männer; während eine Frau, die eine Frau ist, einfach eine Ausnahme von dieser Regel wäre, die etwa durch die Hilfsregel, nervöse Frauen rauchen ihre Zigaretten eben so weit, problemlos mit der Regel in Übereinstimmung gebracht werden könnte, ist es bei einer transsexuellen Frau anders. An der Gestik kann man den Mann erkennen, der sie einmal war oder vielleicht noch ist. Aus irgendwelchen Gründen kann in dieser Situation das Geschlecht der Freundin nicht unbeschädigt eine Ausnahme von einer Dichotomisierung sein.

Die unweibliche Rauchgestik kommt in den Interviews zweimal zur Sprache: zuerst, als ich mit Reinhild und der transsexuellen Petra zu zweit, und später, als ich mit Reinhild allein gesprochen habe. Im zweiten Gespräch wird die Bedeutung der Rauchgestik mit einer Hilfsregel entschärft, während man »es« im eben zitierten ersten Interview daran »sieht«. Es ist also nicht nur so, daß das Geschlecht von Transsexuellen von Dichotomisierungsregeln abhängt, die wahrscheinlich von Person zu Person verschieden sind, sondern auch von der jeweiligen Gesprächssituation und der entsprechenden affektiven Beteiligung. Im ersten Interview hatte sich Petra kurz vor der Entlarvung ihrer Rauchgestik nämlich einen viel eklatanteren Verstoß gegen die Dichotomisierungsregeln zuschulden kommen lassen, nämlich gegen die betreffs der Körperhaltung beim Urinieren: Frauen hocken sich hin und Männer stehen, wenn sie im Freien urinieren. Bezüglich der Unterwerfung unter diese Regel kommt es zu einem kleinen Streit zwischen Reinhild und Petra.

REINHILD: *Daß es manchmal is, wo ich manchmal einerseits neidisch werde und andererseits denke, es müßte ja eigentlich nich sein. Irgendwie finde ich es nich ganz in Ordnung, wenn wir spazierengehen und im tiefsten Winter, wenns eisig kalt is und wir müssen pinkeln und ich zieh Hose runter und hock mich hin zum Pinkeln und Petra holt ihren Schwanz aus der Hose und pinkelt im Stehen. Da denke ich doch manchmal, nee entweder will ichs jetzt auch sofort können.*

PETRA: *Aber das is nur Neid bei dir.*

REINHILD: *Nee, es is auch son bißchen, daß ich auch so denke, son Stückchen son Verhalten, das würd ich nich machen, wenn ich transsexuell wäre.*

PETRA: *Wobei das noch n anderen Grund hat.*

REINHILD: *Du meinst, wenn jemand kommt und du hockst, daß das jemand sieht oder was?*

PETRA: *Mhm (zustimmend)*

REINHILD: *Ja aber –*

PETRA: *Dadurch daß es längere Zeit dauert, schätze ich also die Möglichkeit...*

REINHILD: *...daß du gesehen wirst, schneller ein...*

PETRA: *...höher ein.*

REINHILD: *Ja aber ich denke andererseits, wie oft pinkelt man oder pinkel ich irgendwo am Straßenrand oder so, wenn wir jetzt im Urlaub waren oder sonst wann, da fahren Autos vorbei, das is mir scheißegal, ob die mich sehen oder nich.*

PETRA: *Mir is es nich scheißegal.*

REINHILD: *Ja, das kann ich auch irgendwie verstehen, nur ..2 ich glaube, es...*

PETRA: *...oder in dem Fall pinkelegal.*

REINHILD: *Wenn ich mich in deine Situation reinversetzen würde. Ich glaube, dann würde ich mich doch wirklich hinhocken, auch wenn es länger dauert. Weil wenn du hockst Petra, du hast doch meistens lange Jacken und Hosen also*

PETRA: *Nein im Urlaub hatte ich keine.*

REINHILD: *Aber wenn du hockst, dann hängt doch die Hose, vorne hängt die Hose und hinten hängt nu gar nichts.*

PETRA: *Ja aber ich muß auch irgendwann aufstehen.*

REINHILD: *Ja, aber wie schnell kriegt man die Hose hochgezogen. Du kannst doch, wenn du stehst, ordnen, wenn du ordnen willst, also irgendwie finde ich das nicht nötig.*

PETRA: *Und das is auch im (nennt Namen eines Lesbenlokals) n Problem, seit da der Kloschlüssel verschwunden is, bis ich da meine Technik beim Aufstehen und Anziehen rausgekriegt habe.*

REINHILD: *Ja siehst du, da hast dus doch hingekriegt.*

PETRA: *Ja, da muß ich auch nich so tief runter.*

REINHILD: *Also finde ich, ich weiß nich, wenn du dich hinhockst, dann –*

PETRA: *Aber sicher, weil –*

REINHILD: *Also ich finde und außerdem gibt es auch noch mich, entweder hocke ich mich vor dich und verdecke dich oder ich halt n Mantel*

hin oder mach sonst irgendwas, also irgendwie das sind dann so...
eine der wenigen Situationen, wo ich denke, finde ich komisch, also
finde ich komisch ... mich würds dann auch an der eigenen Ehre krat-
zen irgendwie, ja und das macht sie, und das passiert selten und dann
habe ich richtig manchmal das Gefühl von Sauersein auf sie. (X)
Obwohl das auch Blödsinn is, weil irgendwie is es wirklich ihr Bier,
wie sie pinkelt.

Kurz darauf fällt die Bemerkung, daß man es auch noch an anderem sieht, wie z. B. der Rauchgestik. Das ist eine der wenigen Interview- passagen, wo eine Dichotomisierungsregel nicht einfach angewen- det, sondern expressis verbis diskutiert wird. Nun läßt sich präziser bestimmen, wie solche Regeln funktionieren. Es gibt von Reinhilds Seite aus ein affektives Engagement betreffs der Regel zur Körper- haltung beim Urinieren. Sie ist »neidisch« auf das praktische Verfah- ren »Schwanz aus der Hose« und »im Stehen« urinieren. Das kommt an anderer Stelle noch deutlicher zum Ausdruck. Reinhild muß auf eine Uriniertechnik verzichten, weil sie eine Frau ist. Nur wenn Reinhild es »jetzt auch sofort« könnte, würde die Dichotomisie- rungsregel Petras Geschlecht nicht betreffen, dann wären sie beide eine Ausnahme.[7]

Weiterhin hängen die Dichotomisierungsregeln mit einem mora- lischen Programm zusammen, wenn Reinhild sich vorstellt, eine transsexuelle Frau zu sein, würde es sie »an der Ehre kratzen«, wie ein Mann zu urinieren. Die moralische Dimension der Dichotomisie- rung tauchte auch schon in anderen Beispielen auf.[8] Petra ist sozusa- gen eine Frau ehrenhalber, und wenn ihre Ehre angekratzt ist, ist sie nicht mehr richtig eine Frau.

Als ich Reinhild allein interviewe und sie nicht – wie nach dem Gespräch über das Urinieren – etwas aufgebracht ist, findet sie spon- tan eine Hilfsregel, die es erlaubt, Petras Rauchgestik als die einer genuinen Frau zu verstehen.

7 Im Rahmen anderer Kleidervorschriften können auch Frauen im Stehen urinie- ren – sogar noch viel praktischer als Petra. Mit einem weiten, die Beine bedek- kenden Obergewand und ohne Slip reicht es, wenn sie sich so hinstellen, daß der Urinstrahl nicht die Beine oder den Stoff naß macht (vgl. Dürr 1988: 426).
8 Siehe etwa die Schilderung des männlichen Sprechens bei Clara und die Be- deutung des unsolidarischen Verhaltens bei Anna.

REINHILD: *Wo ich es manchmal noch merke, aber das hängt vielleicht auch mit m Alkohol zusammen, das hat meine eine Schwester, die Alkoholikerin is, auch, mit m Rauchen, daß sie einfach die Zigaretten wahnsinnig weit raucht und ihr das auch nichts ausmacht, wenn Asche an n Fingern is oder so.*

Grundsätzlich bleibt die Regel bestehen, wonach es sich bei Petras Rauchverhalten um eine unweibliche Gestik handelt, aber sie wird jetzt damit erklärt, daß Petra eine trockene Alkoholikerin ist, bei der eine solche Rauchgestik nicht ungewöhnlich ist. Also sieht man daran nicht, daß sie ein Mann war oder evtl. noch ein wenig ist, sondern man sieht Petra lediglich an, daß sie eine trockene Alkoholikerin ist.

Dichotomisierungsregeln akzentuieren den Unterschied der Geschlechter, ihre Befolgung bringt eine wohlgestaltete Differenz zwischen Männern und Frauen hervor. Was als eine solche erlebt wird, kann von Person zu Person und Situation zu Situation unterschiedlich sein; es wird aber jeweils als eine leiblich-affektive Evidenz erlebt, daß die Differenz moralisch und ästhetisch angemessen existiert. Die Fixpunkte dieser Dichotomisierung sind die in einer Gesellschaft gängigen Vorstellungen darüber, wie Männer oder Frauen zu sein oder wie sie sich zu verhalten haben usw. Insbesondere für ontologisch unsolide Geschlechter besteht ein Zwang zur Wohlgestaltetheit, sonst droht sich der Riß zwischen Sein und Rede zu vertiefen – unter Umständen so, daß selbst das sprachliche Geschlecht zusammenbricht.

Für Männer scheint das Problem, sich an einer wohlgestalteten Differenz zu orientieren, nicht in der gleichen Weise zu existieren, jedenfalls findet man für die Diskrepanz von Sein und Dichotomisierung bei transsexuellen Männern kaum Phänomene, die den Schwierigkeiten transsexueller Frauen vergleichbar wären. Transsexuelle Männer werden einfach Männer und müssen diesen Status nicht dadurch unterstreichen, daß sie »richtige Kerle« sind. Es scheint so, als könne es nur im Rahmen des Frauseins notwendig werden, ontologische Unsolidität durch die Darstellung der wohlgestalteten Differenz auszugleichen, während die Unterscheidung von Sein und Dichotomisierung im Rahmen des Mannseins kaum zum Problem wird.

4. Die Unterstützung der transsexuellen Revolte

Diejenigen, die die Transsexuellen im neuen Geschlecht bezeichnen, geraten in eine schwierige Situation, denn mit der Bezeichnung einer Person als ein Geschlecht sagen sie nicht nur etwas über die/den BetreffendeN, sondern auch etwas über sich selbst, insofern sie dem/der Bezeichneten mit ihrer Deklaration/Behauptung einen Platz im System von Gleich- und Verschiedengeschlechtlichkeit zuweisen. Die Probleme, die sich aufgrund des Risses in der referentiellen Funktion ergeben, sind unterschiedlich, je nachdem, ob diejenigen, denen gegenüber die transsexuelle Person bezeichnet wird, Wissende oder Unwissende sind. Gegenüber Wissenden kann die Rede im Sinne »ich«-bezogener Realisierungseffekte wirken, während sie gegenüber Unwissenden kommentarlos das neue Geschlecht meint, mit der Konsequenz, daß die Sprechenden etwas behaupten, das für die anderen entweder nur vielleicht oder gar nicht der Fall ist.

Wenn eine transsexuelle Person gegenüber Dritten, die um deren geschlechtliche Besonderheit wissen, als das neue Geschlecht bezeichnet wird, trifft der/die Sprechende implizit eine Feststellung über sich selbst, da er/sie die transsexuelle Person in das System von Gleich- und Verschiedengeschlechtlichkeit einordnet. Dies hat einen doppelten Effekt: Zum einen wird die reale Position des/der Sprechenden im System von Gleich- und Verschiedengeschlechtlichkeit zum Garanten für die Realität des neuen Geschlechts. Zum anderen kann aufgrund des problematischen Geschlechts von Transsexuellen die sexuelle Präferenz des/der Sprechenden zweifelhaft werden, d. h., Nichttranssexuelle können zwar nicht ihr Geschlecht verlieren, wohl aber die Definitionsmacht über ihr Selbstverständnis bezüglich der eigenen sexuellen Orientierung. Die nichttranssexuelle Frau Birgitta überlegt sich, nachdem sie erfahren hat, daß der Mann, in den sie sich verliebt hat, eine Frau war, ob sie lesbisch sei. Daß das nicht zutrifft, entscheidet sie nicht etwa mit Bezug auf das Geschlecht ihres Freundes, sondern durch eine Erkenntnis ihrer selbst, d. h., das Geschlecht des Freundes ist gewissermaßen die abhängige Variable, die von der Feststellung ihrer sexuellen Orientierung abhängt.

BIRGITTA: *Erstmal drüber nachgedacht, so wat is jetzt mit dir irgend-*

was verquer, fing ick an zu überlegen, bin ick nur lesbisch oder wat.
(X) War eigentlich so mit der erste Gedanke, dann ha ick versucht so
zu rekonstruieren, ob ick irgendwann mal diesen Drang jehabt hätte
oder son Touch davon oder so ne (X) fällt mir nix bei ein also det war
eigentlich der erste Gedanke, ob jetzt mit mir irgendwat verkehrt is (X)
und ick meine, nee!, bin nich verkehrt .. 1 (X) ansonsten, er ändert
sich doch dadurch nich, also die Person wa und wenn ick irgendje-
mand kennenlerne, dann reagiere ick nich darauf, daß er hübsche
Beene hat oder irgendwie son Quatsch, det is die Person an sich und
die ändert sich doch nich.

Zunächst ist Birgittas Freund ein Mann, dann erfährt sie, daß er eine
Frau war und daß er immer noch statt Penis und Hoden Vulva und
Vagina hat. Die Problematisierung seines Geschlechts verunsichert
ihre Position in der Ordnung von Gleich- und Verschiedengeschlechtlichkeit, diese Ungewißheit löst sie nicht durch die Erkenntnis, daß er eigentlich ein Mann ist, sondern durch die Erkenntnis
der Stabilität ihrer heterosexuellen Orientierung. Wenn diese ihr
zweifelhaft würde, wäre auch das Geschlecht ihres Freundes in
Mitleidenschaft gezogen. Der souveränen Behauptung des neuen
Geschlechts seitens Transsexueller entspricht die souveräne Behauptung der sexuellen Orientierung seitens ihrer BeziehungspartnerInnen.

In der Beziehung zu Dritten können die PartnerInnen von Transsexuellen bezüglich ihrer sexuellen Orientierung allerdings ebenso in
eine Abhängigkeit geraten wie Transsexuelle mit ihrem Geschlecht.
Die Relation zu der transsexuellen Person als gleich- oder verschiedengeschlechtliche wird in einer vergleichbaren Weise fragwürdig
wie das Geschlecht des/der Transsexuellen, das seine Realität nicht
nur einer einfachen Realisierung, sondern auch »ich«-bezogenen
Realisierungseffekten verdankt.

GEDÄCHTNISPROTOKOLL: *Ich war bei einer Filmvorführung in*
einem Lesbenlokal. Der Film behandelte die Beziehung einer nicht-
operierten transsexuellen Frau zu einer nichttranssexuellen Frau. In
der Diskussion nach dem Film war die Meinung der diskutierenden
Frauen zwar geteilt, aber eine Mehrheit war der Meinung, die darge-
stellte Beziehung sei lesbisch und es sei nicht vertretbar, einer Frau
vorzuschreiben, wie sie auszusehen habe. Auf dem Weg zur U-Bahn

frage ich eine Frau nach ihrer Meinung über den Charakter der im
Film dargestellten Beziehung. Meine Gesprächspartnerin ist der Mei-
nung, daß es sich nicht um eine lesbische Beziehung handelt, da die
transsexuelle Frau noch einen Penis habe.

In diesen Diskussionen stand nicht nur das Gechlecht der transsexuellen Frau zur Debatte, sondern auch die Relation von Gleichheit
und Verschiedenheit zwischen den beiden Frauen.

Die Schilderungen der nichttranssexuellen Frau Frauke erlauben
es, die besondere Struktur der »ich«-bezogenen Realisierungseffekte
näher zu beschreiben. Es geht nämlich sowohl darum, andere als
auch sich selbst davon zu überzeugen, daß es, ausgehend vom neuen
Geschlecht der transsexuellen Person, mit der eigenen Position im
System von Gleich- und Verschiedengeschlechtlichkeit seine Richtigkeit hat.

GL: *Wie hast du zu Kornelia von Niklas oder über Toni gesprochen?*

FRAUKE: *Das war immer »er«…*

GL: *Von Anfang an?*

FRAUKE: *Ja von Anfang an. Weil das auch für mich wichtig war ..3*
daß die das einfach dadurch auch begreifen ne, (X) indem ich von
»ihm« sprach, daß die dadurch einfach auch viel besser nachvollzie-
hen konnten (X) oder das mitgekriegt oder mitgeteilt habe, ich hab das
praktisch so als Mitteilung immer wieder so benutzt ne. (X) Wenn ich
von »ihm«, daß ich von »ihm« gesprochen hab ne.

Durch die Verwendung der Personalpronomen macht Frauke den
Sachverhalt, daß Niklas/Toni ein Mann ist und sie als Frau zu ihm
eine heterosexuelle Beziehung hat, für andere »nachvollziehbar«,
und zugleich teilt sie einfach den Sachverhalt, daß sie eine Beziehung zu einem Mann hat. In ihrer Rede bezeichnet »ich« sie selbst in
ihrer Realität als Frau, die zugleich verspricht, daß sie eine für sie
glaubhafte heterosexuelle Beziehung hat. Das Versprechen einer
verschiedengeschlechtlichen Beziehungskonstruktion erleichtert es
ihr schon, zu einer Zeit gegenüber anderen das neue Pronominalgeschlecht zu verwenden, als sie gegenüber ihrem Freund, als dieser
noch Toni heißt und nicht Niklas, damit noch Schwierigkeiten hat.

FRAUKE: *Ich weiß, daß da auch eben dann so in den Anfängen auch*
dann Versprecher kamen so. Kann ich mich auch selber erinnern, daß
Leo dann einfach sagte, »Mensch kann se doch gar nich« oder so ne…

»das nachvollziehen«, oder »überleg doch mal« ne, daß ich aber trotz
alledem kontinuierlich auch in den Gesprächen beim »er« blieb . . . Ich
weiß nich, ich hätte auch das Gefühl gehabt, ich würde mich selber
belügen oder verraten, oder ihn verraten, wenn ich jetzt, angenom-
men, er wäre nicht dabeigewesen, dann von von »ihr« plötzlich rede,
weil es jetzt das Gespräch einfacher oder nich so lustig wär, der eine
redet von ihm der andere von ihr . . 3 das hat mir auch nie Schwierig-
keiten bereitet, weil ich ebend Niklas entsprechend wahrgenommen
habe.

Das Gefühl haben, sich oder Niklas zu verraten, wenn sie von ihm als
»ihr« spricht, bezieht sich nicht darauf, anderen überhaupt etwas von
Niklas Transsexualität zu sagen, das wußten ihre GesprächspartnerInnen ohnehin. Der Verrat, von dem hier die Rede ist, ist vielmehr ein Verrat an der Sache, die Frauke und Toni/Niklas gemeinsam ist: die heterosexuelle Liebesbeziehung. Wenn Frauke von
»belügen oder verraten« redet, ist dies ein Indiz für die doppelte
Wirklichkeit des Geschlechts Toni/Niklas: Einerseits gibt es eine
Realisierung des neuen Geschlechts, insofern würde sie sich belügen,
wenn sie ihn als Frau bezeichnet, denn es müßte eine erlebte Gewißheit sein, daß sie zu ihm eine lesbische Beziehung hat; andererseits
existiert das neue Geschlecht auch als »ich«-bezogener Realisierungseffekt, insofern sie nämlich sich oder ihn verraten würde.

Da Frauke eine Frau ist, führt ihre Unterstützung der transsexuellen Revolte nicht zu einer Problematisierung ihrer eigenen Position
im System von Gleich- und Verschiedengeschlechtlichkeit. Aber
mit ihrer Behauptung, ihre Beziehung zu Toni sei verschiedengeschlechtlich, gerät sie in eine Abhängigkeit von anderen, die der bezüglich des neuen Geschlechts bei Transsexuellen vergleichbar ist.
Wenn Frauke sich in Toni verliebt, können ihre Freundinnen das
nicht einfach wahrnehmen, sondern sie müssen es verstehen.

FRAUKE: *Ich hab eigentlich bei* allen für meine Gefühle, *die da waren,*
(X) Verständnis gefunden ne (X) also keiner hat da irgendwie gesagt,
oh Gott, du bist verrückt, du spinnst oder solche Geschichten (X) also
die waren . . 3 konnten das, es kam schon so, daß sie gesagt haben, sie
können sich das für sich vielleicht nicht vorstellen ne, daß das habe ich
auch mal gesagt, ach Gott, ob ich mir das für mich hätte vorstellen
können, wenn mir das einer erzählt, das ist ne andere Geschichte.

Bei den Personen, die in dieser Weise für Frauke »Verständnis« aufbringen, handelt es sich vor allem um drei Freundinnen. Das Verständnis einer der drei wird näher beschrieben.

FRAUKE: *Ich kann mich erinnern, als Kornelia ihn, die wußte nun so Bescheid, ich hatte mich verknallt und wir gingen damals noch mit so ner Truppe des öfteren zum Squashen und sie kam dann auch mal mit und da war dann Niklas auch dabei und da lernte sie ihn bewußt kennen... und sagte dann so spontan hinterher, so nach dem Motto, »ja is n Charmanter«, nich, »konnt ich verstehen«, meinte se dann halt nur, weil er, wenn er seinen Charme spielen läßt so ne, dann och genügend da sind, die ihn mögen und die darauf abfahren; sagte sie nur: »Ja ich kann dich verstehen einfach vom Gefühl her, daß es gefunkt hat«. Das konnte sie nachvollziehen.*

Die geschlechtliche Realität des Paars Frauke-Toni/Niklas wird vom »Verständnis« oder bei Kornelia »vom Gefühl her« bestimmt, dabei geht es primär um die Achtung gegenüber der guten Freundin Frauke, der niemand sagt, »oh Gott du bist verrückt«. Von dieser Achtung ausgehend, die Frauke bei »allen für meine Gefühle« gefunden hat, beginnen ihre Freundinnen, die Beziehung als eine heterosexuelle zu verstehen.

Entsprechend der These der protentionalen Erotisierung (vgl. I.) lassen sich diese Aussagen in abgeschwächter Form auch auf die Rede von Personen übertragen, die zu Transsexuellen eine affektiv weniger aufgeladene Beziehung haben. Die Probleme, die Rede umzustellen, bzw. die Notwendigkeit, sich zu einer affektfreien Rede zu zwingen, können nur entstehen, weil die Umweltbeziehung der Sprechenden bezüglich der Ordnung von Gleich- und Verschiedengeschlechtlichkeit in Mitleidenschaft gezogen wird. Wenn die Sprechenden eine Person als das eine Geschlecht wahrnehmen, sie aber als das andere bezeichnen, so ist damit zugleich eine Falschaussage über sich selbst verbunden.

Diese Probleme verschärfen sich in gemischten Settings. Wenn Transsexuelle, Wissende und Unwissende zusammen sind, finden sich die Wissenden in einer Situation, in der sie Transsexuelle gegenüber Personen bezeichnen müssen, die von einem Riß in der referentiellen Funktion bei der pronominalen Bezeichnung der transsexuellen Person nichts wissen; für die Nichtwissenden ist diese einfach ein Mann oder eine Frau, und sie werden von ihnen auch einfach als solche benannt.

Die transsexuelle Frau Maren, die zum Zeitpunkt des Interviews seit gut einem halben Jahr begonnen hatte, ihren neuen Namen gegenüber der Umwelt zu vertreten, verbringt ihre Freizeit zumeist in einer stabilen Gruppe, die sich regelmäßig trifft, um kulturelle Veranstaltungen zu besuchen u. ä. Es war in dieser Gruppe schon nach kurzer Zeit üblich geworden, den neuen Namen, Maren, mit dem entsprechenden grammatischen Geschlecht zu verwenden. Bei einem gemeinsamen Besuch in einer Pizzeria, erweist sich die gruppeninterne Redeweise allerdings nicht als durchgängig.

MAREN: *Wir sitzen da in der Pizzeria, der Ober hatte die Karten gebracht, und es war so, daß eigentlich – ja eigentlich niemand von denen mehr männliche Pronomen für mich verwendet hat. Peter hatte wohl die größten Schwierigkeiten, aber der hat es so gemacht, (X) daß er nur noch den Namen gesagt hat ne, immer Maren also gesagt und nie »sie« oder »ihr«. Manuel war einer der ersten, der richtig Maren und »sie«, ja fast so, als war das alles gar kein Problem für ihn.*

GL: *Ja.*

MAREN: *Ja und wir saßen da in der Pizzeria .. 1 ich hab etwas länger gebraucht mit m Aussuchen, der Kellner war wohl schon am weggehen, da war ich fertig und guck hoch so und das hat der Manuel wohl gesehen, der Kellner stand auch neben ihm ne und dann sagt er zu dem: »Halt er möchte auch noch was«.*

Leider konnte Maren sich an die Reaktion des Kellners nicht mehr erinnern, so daß offen bleiben muß, ob er überrascht war, weil eine Frau mit einem männlichen Pronomen belegt wurde. Vermutlich hat er aber in keiner Weise auffällig reagiert; da Maren zu dieser Zeit sehr aufmerksam die Reaktionen von anderen registrierte, wäre ihr das aufgefallen und in Erinnerung geblieben, denn damit wäre auch ein Triumph gegenüber Manuel verbunden gewesen. Aus dem Freundeskreis, der außer Maren nur nichttranssexuelle Frauen und Männer umfaßt, werden zwei Männer hervorgehoben. Peter mit den »größten Schwierigkeiten« und Manuel, für den das »alles gar kein Problem« ist. Peters Umgang mit Marens Namensgeschlecht habe ich weiter oben schon untersucht (vgl. IV.2.). Für ihn hat Maren zwar einen Namen, aber kein Namensgeschlecht. Manuel bewältigt seine Schwierigkeiten mit Marens Geschlechtsveränderung anders. Innerhalb der Gruppe, in der jeder und jede Maren kennt, in der sie schon als Mann bekannt war, in der jeder und jede das Coming-out mitbekommen hat und schließlich die Veränderung des Geschlechts, benutzt Manuel das neue sprachliche Geschlecht. Gegenüber anderen, die nicht wissen, was es mit Marens Geschlecht auf sich hat, verwendet er die Pronomen des alten Geschlechts.

Um Manuels Problem näher zu beschreiben, ist es sinnvoll, einen kleinen Umweg zu machen, und zwar über eine Erfahrung, die Peter dazu bewogen hat, Maren, wenn auch nur zögernd, im neuen Geschlecht zu bezeichnen.

MAREN: *Peter hat ziemlich lange gebraucht ne, bis der mal »sie« über die Lippen gebracht hat, das hat gedauert, aber dann gings ganz plötzlich ne, das war echt lustig, wir waren inner Kneipe, nee nich Kneipe, warn Restaurant, etwas vornehmer auch ne (X) Und dann mußten wir mal, nicht alle jetzt, aber Isabella, Peter und ich, wir sind dann zu dritt die Toiletten suchen gegangen. Zuerst haben wir die Herrentoilette gefunden, da saß ne Klofrau davor, und die hat gesagt: »Für den Herrn hier und für die Damen da drüben.« Es is echt wahr, als wir dann hoch kamen, also ich meine an dem Abend, da kam das von Peter zum ersten Mal, daß er »sie« und »ihr« gesagt hat, wegen der Klofrau, echt.*

GL: *Hat er dann überhaupt keine Probleme mehr gehabt oder?*

MAREN: *Nein so auch wieder nich ne, das is heute noch so, daß er manchmal – da sagt er nur Maren, aber seitdem – na wenigstens ab und zu mal »sie«, »ihr« und so.*

Maren wird von Peter nur zögernd als Frau bezeichnet; den Ausschlag gab dabei das Urteil einer gruppenexternen Sachverständigen. Nachdem diese Marens Frausein expressis verbis bestätigte, war es für Peter möglich, die monofunktionale Verwendung des Namens aufzugeben und von Maren nicht mehr nur als Individuum, sondern auch als Geschlecht zu sprechen. Auf diese Weise involviert er sich selbst stärker in Marens neuem Geschlecht, denn er deklariert durch seine Rede die Beziehung zwischen sich und Maren als eine protential »verdünnte« heterosexuelle. Maren erhält zumindest situativ einen von Peter leiblich-affektiv getragenen Platz im System von Gleich- und Verschiedengeschlechtlichkeit.

Wenn man sich jetzt noch einmal dem Verhalten von Manuel zuwendet, ergibt sich folgendes. Die leichte Veränderung der Bezeichnungspraxis deutet darauf hin, daß Manuel problemlos einen begrenzten Riß in der referentiellen Funktion verarbeiten kann; er kann von Maren gegenüber Personen, die Bescheid wissen, in der weiblichen Form sprechen. Gegenüber Dritten verwendet er zwar nicht den alten Namen, aber er spaltet den Gegenstandsbezug der Rede derart, daß der (weibliche) Name Maren nur noch das Individuum meint, während der pronominale Bezug aus ihr einen Mann macht. Das System von Gleich- und Verschiedengeschlechtlichkeit wird durch Manuels gruppeninterne Rede nicht berührt, denn alle in der Gruppe wissen, was es mit Maren auf sich hat, sehr wohl aber durch die Rede gegenüber Dritten, d. h. gegenüber Gruppenexternen. Maren würde von Manuel als Frau und damit als das protentional erotisierte Geschlecht bezeichnet. Um Maren als Frau zu bezeichnen, die einfach eine Frau ist, müßte Manuel gegen die von seinem eigenen Befinden garantierte Evidenz dessen, daß Maren ein Mann ist, verstoßen.

Die These, daß Maren für Manuel ein Mann ist, wenn es um das unkommentierte Geschlechtsein geht, wird durch die Schilderung einer anderen Episode bestätigt. Zu seinem Geburtstag veranstaltete Manuel ein Frühstücksbuffet, zu dem er neben seiner Freizeitaktivitätengruppe noch weitere FreundInnen eingeladen hatte.

MAREN: *Ich kam von meinem Platz irgendwie schlecht weg, es war ziemlich eng in der Küche. Und als ich dann was trinken wollte, ja kam eben nich gut weg da, und ich frag dann Manuel, ob er mir ne Seltersflasche geben kann, und er gibt das dann also an seinen Nachbarn weiter und sagt so »gibst du mir mal die Flasche, er möchte was trinken«. Als wir dann hinterher – am Abend sind wir noch ins Kino gegangen, da hat er wieder »sie« gesagt und überhaupt...*

GL: *Wer ist da mitgegangen?*

MAREN: *Jetzt ins Kino?*

GL: *Mhm (bejahend).*

MAREN: *Na so wir, also dieser Kreis – na wie ich gesagt habe, also wir – exklusiv sozusagen.*

In dem exklusiven »Kreis«, in dem alle Bescheid wissen, spricht Manuel von Maren als von einer Frau, und sonst ist sie nicht »sie«, sondern »er«, also ein Mann. In Manuels Rede bricht Marens Geschlecht zusammen, wenn Personen dabei sind, die die näheren Umstände nicht kennen, die es auch Manuel erlauben, von Maren wie von einer Frau zu sprechen.

Es scheint so, als hätten Transsexuelle eine dunkle Ahnung davon, daß sie ihr Geschlecht nicht allein haben, sondern daß sie mit dessen Veränderung auch die Position im System von Gleich- und Verschiedengeschlechtlichkeit wechseln und insofern in das leiblich-affektive Befinden ihrer InteraktionspartnerInnen eingreifen. Die transsexuelle Frau Helga erzählt:

HELGA: *Ich hab da bei einem Freund beim Umzug geholfen, der is damals um n Pudding gezogen.*

GL: *Wohin is er gezogen?*

HELGA: *(lacht) Um n Pudding, sagt man bei uns, wenn es nur n paar Straßen weiter is nich. (X) Ja und nachdem wir mit Einladen fertig waren bin ich mit Almut und Hermann, das is ihr Freund, zu der neuen Wohnung gegangen, und als wir da ankamen, da waren wir die ersten, da stand sonst nur noch ein anderer Umzugshelfer, mit dem haben wir dann etwas geredet und so, und der hat in in mir wohl n Mann gesehen, hat »er« gesagt und so nich und Hermann hat da überhaupt nichts dazu gesagt, nich »ihr« gesagt, nich »sie« gesagt, (X) er hat auch nich »Helga« gesagt, gar nichts. Obwohl also ich fand das sehr auffällig.*

GL: *Daß er die ganze Zeit geschwiegen hat?*

HELGA: *Nee, nee. Der hat ja schon geredet, Almut hat gar nichts gesagt, aber er hat eben, auch wenn er von mir gesprochen hat, eben nie – nie n Pronomen verwendet oder den Namen nich . . 2 Diese Begegnungen mit Leuten, die mich für n Mann halten, sind mir richtig peinlich, es ist so . . 2 ja ich schäme mich fast, ja auch für die anderen, die mich kennen, ja eben wie jetzt zum Beispiel Hermann und Almut, nich.*

GL: *Mhm. Peinlich?*

HELGA: *Ja in was für ne Situation bringe ich die rein und was sollen die dann von mir denken?*

Almut und Hermann haben Helgas Veränderung zur Frau mitbekommen, und zum Zeitpunkt dieser Begegnung verwendeten beide seit über einem halben Jahr den neuen Namen und weibliche Pronomen, wenn sie von Helga sprachen. Dennoch ist Helga für Hermann und evtl. auch für Almut nicht jemand, die einfach eine Frau ist und einen »richtigen« Namen hat. Da Helga bezüglich Hermann und Almut ansonsten keine besonderen Vorkommnisse schildert, nehme ich an, daß sie, wenn Helga von Fremden als Frau wahrgenommen wird, keine Schwierigkeiten haben, sie als solche zu bezeichnen. Wenn Helga von einer dritten Person als Mann erlebt und bezeichnet wird, müßte eigentlich Evidenz gegen Evidenz stehen, jedenfalls dann, wenn Helga für Hermann eine Frau wäre, wie etwa seine Freundin Almut eine ist. Das beiläufige Gespräch in der Umzugspause, wo jeden Augenblick der Wagen mit den Möbeln kommen kann, die ausgeladen werden müssen, läßt es auch als unangemessen erscheinen, einen erklärenden Kommentar bezüglich des besonderen Charakters von Helgas Geschlecht abzugeben. In dieser Situation gibt es nur Männer und Frauen und nicht etwa Männer, die aufgrund der Offenbarung einer Selbsterkenntnis als Frau angesprochen werden. In dieser Situation läßt Hermann Helgas Geschlecht gänzlich aus seiner Rede verschwinden. Er verwendet weder den weiblichen Vornamen noch ein weibliches Pronomen. Nachdem Helga das beschrieben hat, kommt es zu einer eigenartigen Satzkonstruktion: »obwohl, also ich fand das sehr auffällig«. Wenn man davon ausgeht, daß sie nicht einen anderen Satz mit »obwohl« beginnen wollte, kann man fragen, was an der Aussage, daß sie Hermanns Redeweise »auffällig« fand, im Gegensatz zu seiner Vermeidung ihres Geschlechts steht. Durch seine Rede vermeidet Hermann den auffälligen Kontrast zwischen Helgas Geschlecht, wie es »wirklich«, d. h. für einen unbeteiligten Betrachter, ist, und ihrem sprachlichem Geschlecht. Er tut dies aber auf eine Weise, die darauf hinweist, daß mit Helgas Geschlecht irgend etwas nicht stimmt. Er sagt also durch die Form seiner Rede, was er ihrem Inhalt nach vermeiden möchte.

Der Totalzusammenbruch von Helgas Geschlecht verweist wie die Verwendung des männlichen Pronominalgeschlechts durch Manuel auf die erlebte Notwendigkeit, in Gegenwart von Dritten die Integrität der Ordnung von Gleich- und Verschiedengeschlechtlichkeit aufrechtzuerhalten. In diesem Zusammenhang läßt sich auch die doppelte Scham von Helga verstehen. Sie schämt sich einerseits für die Zweifelhaftigkeit ihres Geschlechts, die es Hermann verunmöglicht, von »ihr« zu sprechen. Andererseits schämt sie sich, weil ihr weibliches Geschlecht wieder ausschließlich zu einem »ich«-bezogenen Realisierungseffekt wird; vorher konnte sie vermuten, daß ihr neues Geschlecht zumindest auch auf der Ebene einer einfachen Realisierung existierte und nicht nur aufgrund der Offenbarung ihrer Selbsterkenntnis. Umgekehrt, so kann man schließen, hätte ihr Geschlecht an Festigkeit gewonnen, wenn sie auch hier eine Frau gewesen wäre. Sich dafür zu schämen, Hermann und Almut in so eine »Situation« gebracht zu haben, setzt voraus, daß Helga meint, es sei für diese nicht gleichgültig, wie sie wahrgenommen wird. Demnach tut Helga den beiden durch das geschlechtliche Wechselbad etwas an, was sie ihnen nicht antun würde, wenn sie für diesen Fremden ebenfalls eine Frau gewesen wäre. Es scheint so, als hätte Helga ein vages Bewußtsein davon, wie stark sie mit ihrer Geschlechtsveränderung in die leiblich-affektive Realität ihrer FreundInnen eingreift.

Die größten Schwierigkeiten, das neue Geschlecht wenigstens sprachlich aufrechtzuerhalten, bestehen dann, wenn das objektivierte Geschlecht (vgl. I.) sichtbar ist oder auch nur sichtbar zu werden droht, aber es nicht angezeigt erscheint, den Bruch in der referentiellen Funktion durch angemessene und glaubhaft vorgetragene Offenbarungen zu kitten.

VERENA: *Ich bin lange Zeit auch nicht mit schwimmen gegangen, dann hatte ich irgendwann den Einfall, wie ich mein ähm .. i naja also so drapieren konnte, daß es auch im Badeanzug niemand sieht, und dann bin ich eben (X) auch mit schwimmen gegangen, beim ersten Mal war noch ne Bekannte von Wilhelm mit dabei, und wir haben uns ausgezogen – wir sind an einen See gefahren –, da standen bei mir ziemlich dicht eben diese Bekannte, dann Wilhelm und Franz, irgendwie, ich weiß nicht mehr, was er gefragt hat, (X) auf jeden Fall, sagt der Franz zu dieser Bekannten etwas über mich und sagt »er« und Wilhelm – also ganz kurz hintereinander – Wilhelm sagt »sie«, ich bin innerlich total rot geworden, ich war erst unheimlich stolz auf mich, (X) daß ich das bringe, mich da auszuziehen, und dann das, ich hätte am liebsten gleich meine Klamotten wieder angezogen und wär gegangen.*

GL: *Wie äh, hast du auch den Badeanzug ausgezogen?*

VERENA: *Nein. (lacht) Natürlich nicht, aber eben bis auf den Badeanzug alles.*

Um die unterschiedliche Reaktion der beiden Männer zu verstehen, muß ich noch anfügen, daß Wilhelm im Unterschied zu Franz nach einiger Zeit davon ausgegangen ist, daß Verena dank einer Operation ein objektiviertes weibliches Geschlecht hat. Im Verhältnis zu Manuel sind beide offensichtlich einen Schritt weiter gegangen, sie sprechen auch gegenüber einer Dritten, der Bekannten von Wilhelm, von Verena als Frau. Für Franz tut sich allerdings ein Problem auf, als Verena sich in der Gegenwart »der Bekannten« auszieht. Einerseits scheint Verena keine Anstalten gemacht zu haben, sich zu offenbaren oder sonstwie offensiv mit ihrer für eine Frau ungewöhnlichen Anatomie umzugehen. Im Gegenteil, sie war ja »unheimlich stolz« darauf, Penis und Hoden so »drapieren«[9] zu können, daß sie auch im Badeanzug unsichtbar bleiben. Von dieser neuen Kunst hat sie höchstwahrscheinlich weder Franz noch Wilhelm erzählt. Für Franz, der nicht begonnen hat zu glauben, daß Verena operiert ist, nähert sich mit dem Ausziehen der Moment, wo seine Rede über Verenas Geschlecht eines erklärenden Kommentars bedürfte, denn für einen anonymen Blick bedeutet ihr Körper »Mann«. Der Kommentar bleibt aus, und prompt kippt Verenas Geschlecht in Franz' Rede, denn ohne erklärenden Kommentar ist diese Person mit diesem Körper ein Mann.

Der Widerspruch zwischen objektiviertem Geschlecht und der leiblich-affektiv getragenen Rede über das Geschlechtsein scheint einer der Gründe zu sein, der auch Nichttranssexuellen die Notwendigkeit der genitalverändernden Operation spontan einleuchten läßt.

GEDÄCHTNISPROTOKOLL: *Heike hatte mit Anna eine Reise unternommen, bei der sie mehrere Nächte in Jugendherbergen verbracht hatten. Eines Morgens, als Heike duschte, kam noch eine Frau in den Duschraum, da es keinen Vorhang gab, hat sie Heike wohl von vorne gesehen, obwohl diese sich schnell umgedreht hatte. Anna sagte hinterher, daß die hereinkommende Frau ganz irritiert gewesen sei. Seitdem sei ihr klar gewesen, daß sich Heike operieren lassen müsse.*

---

9 Das Wort »drapieren« in diesem Zusammenhang ist ein schönes Beispiel für die sprachlich weibliche Sozialisierung des mißlichen Körperteils, dessen Namen Verena vermeidet. Drapieren kann man Schals und Tücher, und es scheint mir ein Wort zu sein, das eher zur weiblichen als zur männlichen Garderobe gehört. Wenn sie ihr »ähm .. i naja« drapiert, wird dieses zu einer Art Stoff, den sie ästhetisch entsprechend zurechtlegt. Penis und Hoden zu verbergen, wird so zu einer Variante des Sich-hübsch-Machens.

Es ist die irritierte Reaktion der fremden Frau, die es der nichttranssexuellen Frau Anna spontan einleuchten läßt, daß es für Heike notwendig ist, sich operieren zu lassen. Wenn keine Erklärung möglich ist, ist es unumgänglich, den Widerspruch, der in der transsexuellen Weise des Geschlechtseins liegt, zu beseitigen.

Durch die Anwesenheit von Dritten wird es schwerer, die referentielle Funktion außer Kraft zu setzen, die Rede erhält wieder einen Ernst, der daraus resultiert, daß sie »einem Wahrheitstest unterworfen« werden kann (Jakobson 1989:90). Eine direkte Anwesenheit von Dritten ist nicht erforderlich, um diese Macht auszuüben, deren imaginäre Präsenz kann völlig ausreichen.

Der nichttranssexuelle Mann Joseph begründet der transsexuellen Frau Frieda, daß er sie nicht als Frau anerkennen kann, so:

GEDÄCHTNISPROTOKOLL: *Frieda hat Joseph darauf angesprochen, warum er sich weigert, sie als Frau anzusprechen. Joseph antwortet, daß er sie nicht als Frau anspricht, weil er sie nicht in Sicherheit wiegen will. Frieda lebe doch in einer links-alternativen Scheinwelt, aber außerhalb davon würde sie nicht als Frau anerkannt. Da wäre sie dann einer wirklichen Diskriminierung ausgesetzt. Von ihm bräuchte sie keine Diskriminierung zu fürchten, aber er würde andere Leute kennen, die das machen würden. Den anderen sei sie doch ausgeliefert.*

Offensichtlich kann Joseph Frieda nicht als Frau wahrnehmen, zugleich weigert er sich, die referentielle Funktion seiner Rede zu beschädigen; weiterhin kann er es nicht über sich bringen, indem er Frieda versteht, sich in »ich«-bezogenen Realisierungseffekten zu engagieren. Im Zentrum der dreifachen Weigerung stehen imaginäre andere, die Josephs leiblichem Verhaktsein in der Gegenwart ihren Halt geben und für ihn eine unveränderliche geschlechtliche Realität bewirken.

Die Analysen dieses Kapitels bezogen sich darauf, wie das neue Geschlecht Transsexueller sich in den Beziehungen zu denen, die von ihrer Geschlechtsveränderung wissen oder sie sogar miterlebt haben, ausbreitet. Nichttranssexuelle geraten dabei bezüglich der Relation von Gleich- und Verschiedengeschlechtlichkeit in ähnliche Schwierigkeiten wie Transsexuelle bezüglich ihres Geschlechts. Solange die neue Position von Transsexuellen in diesem System nicht im Spannungsfeld von Realisierung und »ich«-bezogenen Realisierungseffekten festgemacht und damit eine besondere Form von Gleich- und Verschiedengeschlechtlichkeit kreiert wird, ist Nichttranssexuellen das neue Geschlecht nicht ganz geheuer, und sie »wehren« sich gegen die Zumutung, Transsexuelle einfach als das neue Geschlecht zu bezeichnen, indem sie die referentielle Funktion der Sprache außer Kraft setzen. Die Rede wird dadurch tendenziell beliebig. Dieses Vorgehen erlaubt es Nichttranssexuellen, einem unter Umständen drängend vorgetragenen Wunsch zu entsprechen, ohne damit real die im Leiblich-Affektiven fundierte Ordnung von Gleich- und Verschiedengeschlechtlichkeit zu tangieren. Grundsätzlich eröffnen sich für Nichttranssexuelle drei Möglichkeiten. Zum einen kann es bei der gefühlsneutralen Rede bleiben, die referentielle Funktion bleibt außer Kraft oder wird monofunktional. Zum anderen kann die Rede situativ variieren, in Abhängigkeit davon, ob in einer gegebenen Situation das neue Geschlecht Transsexueller – und damit auch die Behauptung bezüglich geschlechtlicher Gleichheit und Verschiedenheit – von einer einfachen Realisierung oder/und von »ich«-bezogenen Realisierungseffekten getragen wird. Schließlich kann das Bezeichnen als fortlaufende Vereidigung auf das neue Geschlecht funktionieren – eine Strategie, die darauf hinausläuft, sich durch die Rede gegenüber Dritten selbst davon zu überzeugen, daß die eigene Beziehung zur transsexuellen Person – ausgehend vom neuen Geschlecht – eine zum gleichen oder zum anderen Geschlecht ist. Ich habe in den Interviews zwar nur Beispiele gefunden, wo diese Art des Sprechens von Nichttranssexuellen gegenüber Wissenden stattgefunden hat, so daß die Selbstüberzeugung und die Überzeugung anderer zusammenfallen. Es ist aber nicht auszuschließen, daß so eine Redeweise auch gegenüber Unwissenden verwendet wird, dann würde der Akzent eher auf der Selbstüberzeugung liegen. In jedem Fall wird das leiblich-affektiv präsente »ich« von Nichttranssexuellen auf die neue homo- oder heterosexuelle Relation zur transsexuellen Person festgelegt.

Bezüglich der Relation von Gleich- und Verschiedengeschlechtlichkeit werden Nichttranssexuelle durch ihre Beziehung zu Transsexuellen ebenso verwundbar, wie es bei Transsexuellen hinsichtlich ihres Geschlechts der Fall ist: Nichttranssexuelle sind genauso auf das Verständnis anderer für die sich am neuen Geschlecht orientierende Relation von Gleichheit und Verschiedenheit angewiesen wie Transsexuelle, wenn sie ihre Selbsterkenntnis offenbaren. Aufgrund der Tatsache, daß Menschen ihr Geschlecht nicht allein, sondern nur im leiblichen Ineinanderverhaktsein sind, löst die Realisierung des transsexuellen Wunsches ein regelrechtes Kuddelmuddel aus, das alle Beteiligten zumindest vorübergehend um ihre leiblichen Sicherheiten bringt. In diesem Durcheinander und den damit einhergehenden Distanzierungen von sich selbst, d. h. von den eigenen leiblich-affektiven Gewißheiten, wirken die Stellungnahmen von unbeteiligten Dritten wie die »Gutachten« von externen Sachverständigen – es entsteht eine neue Sicherheit, durch die das Kuddelmuddel in der einen oder anderen Richtung leichter in Ordnung gebracht werden kann.

Es scheint so, als würde von Transsexuellen als Gegenleistung für das Durcheinander, das sie anrichten, eine als affektiv notwendig erlebte, moralisch und ästhetisch ansprechende Gestaltung der Geschlechterdifferenz gefordert. Verabsäumen es Transsexuelle – trotz ihrer Seinslosigkeit –, den affektiven Erfordernissen an eine geschlechtlich wohlgestaltete Situation zu entsprechen, laufen sie Gefahr, daß selbst ein Bruch in der referentiellen Funktion nicht mehr ausreicht, um ihnen das neue Geschlecht wenigstens sprachlich zu erhalten. In diesem Zusammenhang deutet sich eine Differenz der transsexuellen Geschlechter an. Transsexuelle Frauen können ihr Geschlecht leichter wieder verlieren als transsexuelle Männer. Diese müssen ihr Mannsein auch nicht durch eine Orientierung an geschlechtlichen Dichotomisierungen unter Beweis stellen. Offensichtlich ist der »Grenzübertritt« verschieden, je nachdem ob es sich um einen Übertritt aus dem Mann- ins Frausein oder einen vom Frau- ins Mannsein handelt.

V.

DIFFERENZEN DER TRANSSEXUELLEN GESCHLECHTER

> Die Kunst der Weisheit besteht darin,
> zu wissen was man übersehen muß.
> *William James*

Ich habe bisher die Geschlechtsveränderung so betrachtet, als würde es zwischen der Veränderung von Frau-zu-Mann und der von Mann-zu-Frau keine Unterschiede geben. Daß dies nicht der Fall ist, wurde zwar schon von anderen AutorInnen konstatiert (vgl. Kessler/McKenna 1978, Hirschauer 1993), bislang fehlt jedoch eine systematische Analyse dieser Differenzen. Mein Versuch, diese in Angriff zu nehmen, nimmt die Perspektive des ersten Kapitels wieder auf, in dem es darum ging, ausgehend von den Irritationen, denen sich Transsexuelle und ihre InteraktionspartnerInnen ausgesetzt sehen, allgemeine Aussagen über die alltägliche Reproduktion der Geschlechterordnung zu machen. In dieser Sicht fällt bei einer Analyse der Überschreitung der Geschlechtergrenzen ein deutliches Licht darauf, wie diese in unserer Kultur zur Zeit verlaufen.

Im ersten Kapitel habe ich auf die Notwendigkeit aufmerksam gemacht, die kontinuierliche Reproduktion der Geschlechterordnung auf der Ebene des Leiblich-Affektiven zu begreifen, da es sonst unmöglich sei, mikrosoziologisch die Stabilität sozialer Strukturen zu erfassen. Gemäß dieser Intention wird es darum gehen, die Geschlechterdifferenzen sowohl auf der Ebene des Körpers als auch auf der leiblich-affektiven Ebene zu untersuchen. Insofern die Phänomene der Veränderung behandelt werden, werden auch die Probleme der Derealisierung des Ausgangsgeschlechts (vgl. II.) und der Realisierung des neuen Geschlechts (vgl. III., IV.) in der Perspektive der Geschlechterdifferenz erneut zum Gegenstand gemacht.

1. Signifikante und insignifikante Körperformen

Im Rahmen der Theorie der »exzentrischen Positionalität« ist eine doppelte Perspektive auf die Geschlechterwirklichkeit gegeben. Die Körper sind visuell-taktile Zeichen, die es ermöglichen, Personen geschlechtlich einzuordnen. Durch die Verschränkung des Leibes in den Körper wird dieser in mehrfacher Weise zum normativen Code der leiblichen Erfahrung: Zum einen wird der Leib im Sinne der Formen des Körpers gespürt, d. h., die Gestalt des Körpers, den ich habe, wird als der Leib erfahren, der ich bin. Der so hinsichtlich seiner Form bestimmte Leib ist durch die Verschränkung mit dem Körper zum anderen auf Empfindungsprogramme bezogen, die etwa festlegen, wie die Sensibilität für Berührungen beschaffen ist. Schließlich stellt der gemäß dem Körper erfahrene Leib eine Nötigung dar, sich so oder so zu verhalten, bzw. sich in dieser oder jener Weise sozial zu positionieren.

Die Geschlechterwirklichkeit ist durch eine binäre Opposition[1] strukturiert. Anhand der Studie von Laqueur (1992) läßt sich zeigen, daß binäre Oppositionen auf (mindestens) zwei verschiedene Weisen verstanden werden können. Laqueur (1992) unterscheidet ein »Ein-« von einem »Zweigeschlechtmodell«, das Eingeschlechtmodell entspricht einer konträren Opposition, während das Zweigeschlechtmodell auf der Logik einer kontradiktorischen Opposition beruht. Eine kontradiktorische Opposition bezeichnet eine Relation, bei der gilt, wenn »a« dann nicht »b« und umgekehrt.[2] Bei einer konträren oder polaren Opposition sind dagegen die Extrempunkte eines Kontinuums gemeint, zwischen denen es Abstufungen geben kann. Beim von Laqueur untersuchten Eingeschlechtmodell geht es um graduelle Abstufungen auf der Skala des mehr oder weniger vollkommenen Menschen.[3] »Mann« bezeichnet dabei den Pol der Voll-

---

1 Die Worte Opposition und Gegensatz verwende ich synonym.
2 Garfinkel (1967: 117) bestimmt die Relation zwischen Mannsein und Frausein in dieser Weise.
3 Konträre Oppositionen müssen nicht unbedingt derart hierarchisch strukturiert sein; Hirschfelds Modell der sexuellen Zwischenstufen stellt z. B. eine egalitäre Variante einer konträren Opposition dar. Wobei man allerdings hinzufügen muß, daß sich dieses Modell wissenschaftspolitisch nicht durchgesetzt hat.

kommenheit und »Frau« den Pol des weniger vollkommenen. Im 18. und 19. Jahrhundert hat sich gegen das »Ein-« das »Zweigeschlechtmodell« zwar durchgesetzt, es aber nicht vollständig verdrängt, wie Laqueur mit Verweis auf die Freudschen Reflexionen über den Geschlechterunterschied hervorhebt. Für die Gegenwart wäre demnach, bezogen auf die Zeichenhaftigkeit der Körperregionen, davon auszugehen, daß die Körper mit verschieden strukturierten binären Oppositionen überzogen sind.[4]

Diese Vermutung wird durch die Gespräche, die ich geführt habe, bestätigt. Es ergeben sich drei Paarkonstellationen, deren Elemente sich in einer zweifach strukturierten Oppositionsbeziehung gegenüberstehen: Penis/Hoden – Vulva/Klitoris, Busen – Männerbrust, Vagina – Innenraum des männlichen Körpers. Diese Paare bilden sowohl einen asymmetrischen kontradiktorischen als auch einen asymmetrischen konträren bzw. polaren Gegensatz. Die Asymmetrie der kontradiktorischen Opposition besteht darin, daß eine Vulva sowohl als »Vulva« als auch als »Nicht-Penis« bezeichnet werden kann, während umgekehrt ein Penis nur mit dem Terminus »Penis« und nicht auch mit dem Terminus »Nicht-Vulva« belegt wird. Penis und Vulva stehen sich so in einer Seins- bzw. Nichtseins-Relation gegenüber. Als konträre Opposition nimmt diese die Form von Vollständig- und Unvollständigsein an. Die Asymmetrie besteht also darin, daß die Pole der Opposition nicht von zwei Eigenschaften – wie etwa Schwarz und Weiß – gebildet werden, sondern daß die Qualität des Kontinuums durch einen Pol definiert wird, und als solche mehr oder weniger vollständig ausgeprägt ist. Ich bezeichne eine Körperform als signifikant, die in der doppelten Opposition durch Sein bzw. Vollständigkeit definiert ist, die ihr gegenüberliegende Körperform dagegen als insignifikant.

In diesem Sinne signifikant sind Penis, Busen und Vagina, denen

---

4 Duden (1991 a) hatte Laqueur vorgeworfen, daß er die Dimensionen einer Geschichte des Körpers beschneide, indem er die Beschreibungen der Körper auf zwei verschiedene Modelle reduziere und vor allem das Eigengewicht der leiblichen Erfahrung übergehe. Vor dem Hintergrund dieses Streits zeigt sich der Gewinn, der in der Plessnerschen Theorie liegt, da sich auf diese Weise vermeiden läßt, verschiedene Ebenen gegeneinander auszuspielen.

die insignifikanten Körperformen Vulva/Klitoris, Männerbrust und Innenraum des männlichen Körpers entsprechen. Die Opposition Vagina – männlicher Körperinnenraum nimmt dabei eine Sonderstellung ein, da sie sich fast ausschließlich auf die Struktur des körperlichen Leibes bezieht, während die Bedeutung der sichtbaren Körpergestalt relativ gering ist. Genaugenommen handelt es sich also um den Gegensatz Vagina – männlicher körperlich-leiblicher Innenraum.[5] In diesem Abschnitt werde ich nur auf die am Körper und am Leib festgemachten Asymmetrien eingehen. Die Vagina und der männliche körperlich-leibliche Innenraum werden im dritten Abschnitt dieses Kapitels behandelt.

Die Struktur einer kontradiktorischen Opposition zeigt sich in der Rede der von mir befragten Personen insofern, als in den Beschreibungen Körperform und geschlechtliche Bedeutung zusammenfallen. Einen Penis oder einen Busen zu haben oder nicht, fällt unmittelbar damit zusammen, ein Mann oder eine Frau zu sein. Insignifikante Körperformen können dabei sowohl als das Nichtvorhandensein signifikanter beschrieben werden als auch mit einem eigenen Namen belegt werden. Die Körperformen Vulva und Klitoris werden sowohl als »Vulva und Klitoris« bezeichnet als auch als das Nichtvorhandensein eines Penis, ebenso wird von einer Männerbrust mit dem Wort »Männerbrust« gesprochen und zugleich als einer Körperregion, der der Busen fehlt, bzw. wo er zuviel ist. Es kommt dagegen nicht vor, daß ein Penis als Nicht-Vulva-Klitoris und ein Busen als Nicht-Männerbrust bezeichnet wird.

Bei einem Interview, das ich mit dem transsexuellen Mann Manfred und seiner Freundin führte, rekonstruieren sie gemeinsam die Zeit ihres Kennenlernens. Nachdem Manfred dargestellt hat, wie er sie davon in Kenntnis gesetzt hat, daß es sowohl Mann-zu-Frau- als auch Frau-zu-Mann-Transsexuelle gibt, d. h. Männer »ohne Schwanz«, schildert Lil ihre Reaktion.

5 Zur Differenz von Körper, körperlichem Leib und Leib vgl. Kap. I. Hiervon ist weiterhin der Begriff Körper-Leib zu unterscheiden, der mit Bezug auf die Verschränkung von Körper und Leib meint, daß im Sinne Plessners sowohl vom Körper als auch vom Leib die Rede ist.

LIL: *Mit m Mann ohne Schwanz kann ich nichts anfangen ... Und zwar ich kann mir nich vorstellen: ohne Schwanz .. 1 irgendwie, könnte mit Frauen nichts anfangen, so .. 1 Weil der Gedanke* Mann *ohne Schwanz, der war gar nich in meinem Kopf, den gabs ja gar nich ... Der kam von dir, irgendwann als es dann um die Aufklärung ging, ja Mann ohne Schwanz ne. Da fiel mir dann erst mal die Klappe runter: wie sieht das denn aus?! (lacht)*

Für Lil entscheidet der Penisbesitz die Frage, ob jemand ein Mann oder eine Frau ist. Die Asymmetrie von Haben und Nichthaben zeigt sich auch daran, daß bei transsexuellen Frauen der Besitz des Penis im Vordergrund steht und nicht der Nichtbesitz von Vulva und Klitoris:

GERBURG: *Für mich war et ja ne Tatsache, daß ich nurn falschen Körper erwischt habe (X) ja, allet andere, allet andere is Frau jewesen, war von Anfang an Frau ja, da da gab es gar nix anderet ...*

GL: *... weil du zwar äußerlich als Mann gelebt hast aber –*

GERBURG: *Ja, notgedrungen. Von der Jesellschaft rinjepreßt.*

GL: *Ja*

GERBURG: *... In diese Form ja (X) nich und äh ja naja des dem Merkmal gegenüber, wat man ja nun denn an sich trug ja, dementsprechend de och erzogen wurdest ja.*

Das gleiche gilt für den Busen. Es ist seine Nichtexistenz, die es unmöglich macht, eine Frau zu sein. Als Gabriel/Daniela in der Beratung darüber spricht, daß es für ihn/sie noch unmöglich sei, sich mit einem weiblichen Namen vorzustellen, führt er/sie als Begründung den fehlenden Busen an.

GABRIEL: *Angenommen wir kommen jetzt uff ne andere Party und die halten mich fürn Mädchen alle. Okay. Und dann stellt mich Eva vor, das is Cara. Aber irgendwie is doch denn .. 2 vielleicht gibts denn doch irgendwie denn noch, vielleicht kiekt eener denn jenau hier ruff (zeigt auf den Busen) is ja möglich. Jungen kieken ja öfter dahin. Und denn merkt der, da fehlt doch irgendwat.*

Gabriel verknüpft Frausein, d. h. in diesem Fall, sich rechtmäßig mit einem weiblichen Namen vorzustellen, unauflöslich mit dem Vorhanden- bzw. Nichtvorhandensein der signifikanten Körperform.

Allgemein steht in der sprachlichen Praxis im Vordergrund, ob jemand signifikante Körperformen hat oder nicht.

Alle transsexuellen Männer, die ich befragt habe, halten es für problematisch, daß sie Penis und Hoden nicht haben.

RICHARD: *Weil also für mich immer noch, wenn ich ganz ehrlich bin, klein bißchen das Problem, wie reagiert die Umwelt auf einen Mann ohne Phallus.*

Richard, der sich als schwul versteht, antwortet auf die Frage, ob er sich vorstellen könne, mit einem transsexuellen Mann zu schlafen, so:

RICHARD: *(seufzt) Ich muß ganz ehrlich sagen, egal ob ich nun selbst also n Phallus hätte und der andere hat keinen oder ich bin so wie ich bin und der andere ist ebenfalls so. Ich kann es mir nicht vorstellen.*

Für transsexuelle Frauen ist umgekehrt nicht die fehlende Vulva das Problem, sondern die Existenz des Penis. Präliminarien vor dem Ausgehen gestalten sich etwa so:

FRANZA: *Oder ich ziehe drei Strumpfhosen an, dann isser auch weg.*

Reinhild, die Freundin der transsexuellen Frau Petra, hat einige Streits von Petra mit ihrer Exfreundin miterlebt.

REINHILD: *Ich hatte nur das Gefühl, es lag irgendwie dadran, einmal wegen S/M dann aber auch einfach wegen'n Schwanz, daß sie da irgendwo Schwierigkeiten hatte.*

Bezogen auf den Busen gibt es ein analoges Phänomen. Es geht den transsexuellen Männern darum, ihn loszuwerden, während transsexuelle Frauen ihn haben wollen. Wenn das fehlende Körperteil ersetzt wird, geht es in der kosmetischen Praxis nicht um das Verbergen einer Männerbrust, sondern darum, die Existenz eines Busens zu suggerieren. Eine transsexuelle Frau versucht dies z. B. ganz raffiniert, indem sie sich eines trägerlosen BHs und eines trägerlosen Kleides bedient.

ELLEN: *Und dann (X) natürlich n trägerlosen BH ja, da sieht man ja den BH (X) nich und dann das Kleid, da sieht das praktisch aus, wie wenn du gar keinen BH anhast... so Raffinessen... denn auf der Straße dich bewegst, is das doch logisch, daß die – hat kein BH aber trotzdem n Busen und so ja verstehste.*

Der Busen, der bei transsexuellen Frauen fehlt, ist bei den transsexuellen Männern zuviel. Die Freundin eines transsexuellen Mannes könnte es sich durchaus vorstellen, daß ihr Freund auch einen Busen hätte, sie persönlich würde das nicht stören.

LIL: *Nur* diese einsame Inselkonstruktion, *die is ja leider nich und ..*2 *die Konsequenz daraus is eben auch, daß kein Busen da is, keine Oberweite da is ne.*

Ein transsexueller Mann hat zunächst nur vor, die Brustoperation zu machen.

GERHARD: *Das is die einzige Operation, die ich machen will – auf jeden Fall, das ist die Brustamputation (X) weil das verrät mich natürlich auch am Arbeitsplatz oder so äh in Pullovern oder sehr engen Hemden.*

In der Rede über den Körper steht das Haben oder Nichthaben signifikanter Körperformen eindeutig im Vordergrund, positive Bezeichnungen insignifikanter Körperformen sind weitaus seltener.

RICHARD: *Ich hatte mich ursprünglich der Hoffnung hingegeben, wenn ich jetzt wenigstens ne einigermaßen vernünftige Männerbrust herzeigen kann und nur zwischen den Beinen nicht alles stimmt, dann wäre das etwas, worüber ich hinwegkommen kann.*

Mit einer transsexuellen Frau, die schon vor der genitalverändernden Operation schwimmen geht, entspinnt sich folgender Dialog.

GL: *Wie machst du das mit dem Penis?*

DANIELA: *Ach so naja, das entwickelt sich ja auch zurück, da das is irgendwie (seufzt) ja das könnte man auch fürn (laut lächelnd:) Venushügel halten ja.*

Obwohl in diesem Fall meine Frage eher suggeriert, daß es darum geht, was sie mit dem Vorhandensein des Penis macht, wird dieser in der Antwort nicht einfach zum Penis, der verborgen werden muß, d. h. zum Nicht-Penis, sondern zum scheinbaren Venushügel. Zugleich zeigt sich hier auch deutlich die Struktur der Asymmetrie, denn es geht für Daniela nicht darum, das Nichtvorhandensein einer Vulva zu verbergen. Ein Penis kann zwar unter dem Stoff eines Badeanzugs derart zum Nicht-Penis werden, daß er wie ein »Venushügel« aussieht, aber das führt nicht dazu, daß das Vorhanden- oder Nichtvorhandensein eines »Venushügels« das Problem wäre.

Bisher standen die Körperformen als solche im Vordergrund, im nächsten Abschnitt wird es darum gehen, wie die binäre Opposition der Körper in der Verschränkung mit dem Leib erfahren wird. Dabei geht es darum, wie sich – vor allem in sexuellen Begegnungen – die erlebte Realität von Gleich- und Verschiedengeschlechtlichkeit und der Körper zueinander verhalten, wenn die Körperformen mit dieser Wirklichkeit kontrastieren.

Bei einer Analyse sexueller Begegnungen sind zwei Punkte von besonderer Wichtigkeit. Eine sexuelle Begegnung ist erstens eine leibliche Erfahrung und zweitens eine Art von Erfahrung, die es ermöglicht, die scharfe Trennung zwischen Wirklichem und Imaginärem zu suspendieren. Die Tatsache, daß sexuelle Beziehungen leiblich sind, führt zu einer Modifikation der primär kontradiktorischen Gegensätze der Körper. Diese können in der Verschränkung von Körper und Leib in polare Oppositionen umgeformt werden. Die Verdopplung der Struktur des binären Gegensatzes vollzieht sich so, als würden die sichtbaren Körperformen der Gegebenheitsweise des körperlichen Leibes angepaßt. Leibesinseln sind, wie Schmitz (1965) gezeigt hat, nicht einfach da oder nicht da, sondern bilden ein Gefüge, dessen Bestandteile – die einzelnen Leibesinseln – und Struktur – die Gesamtheit des körperlichen Leibes – hinsichtlich ihres Seins veränderbar sind. Leibesinseln können sich in ihrer Größe ausdehnen, mehr oder weniger aufdringlich gespürt werden oder auch ganz verschwinden. In einer Weise, die dieser Art der Gegebenheit vergleichbar ist, wird in den Interviews die Wahrnehmung der Körperformen beschrieben.

In den Beschreibungen sexueller Begegnungen wird auffallend oft die Dimension der Phantasie bzw. die der Vorstellung im Unterschied zur Wirklichkeit angesprochen. Der Phantasie kommt die wichtige Funktion zu, das, was der angemessenen Homo-[6] oder Heterosexualität einer Beziehung widerspricht, zu entschärfen, indem Fehlendes »hinzugefügt« und Störendes »entfernt« wird. Die Phantasie funktioniert wie ein subtiler »ich«-bezogener Realisierungseffekt. Daß sie diese Funktion erfüllen kann, scheint mir mit folgendem zusammenzuhängen. Eine sexuelle Begegnung ist eine leiblich-affektive Erfahrung, in der die Gleich- oder Verschiedengeschlechtlichkeit der Beteiligten zu einer intensiv erlebten Gegebenheit wird. Wenn nun einer der Beteiligten transsexuell ist, ist die Homo- bzw. Heterosexualität nicht nur von einer einfachen Realisierung, sondern

---

6 Ich verwende das Wort »homosexuell« durchgängig in einem allgemeinen Sinn, es sind also lesbische und schwule Beziehungen gemeint.

auch von »ich«-bezogenen Realisierungseffekten getragen, in denen nicht nur die LiebespartnerInnen engagiert sein sollten, sondern auch ihr soziales Umfeld. Auf diese Weise entsteht eine Norm, wie eine konkrete sexuelle Begegnung zu erleben ist, und zwar auch dann zu erleben ist, wenn es störende Körperregionen gibt. Falls eine Lücke zwischen zu erlebender und erlebter Gleich- oder Verschiedenheit aufzureißen droht, wird sie durch Phantasien gestopft. Damit das geschehen kann, ist es erforderlich, zumindest situativ die Differenz zwischen Phantasie und Wirklichem einzuebnen, so daß es nur noch die aktuelle intensive Erfahrung gibt. Wie das Verhältnis von einfacher Realisierung und »ich«-bezogenen Realisierungseffekten genau beschaffen ist, läßt sich immer nur im Einzelfall entscheiden.

Obwohl auf diese Weise eine große Flexibilität im Umgang mit »falschen Körpern« erreicht wird, ist dieser nicht völlig beliebig, sondern orientiert sich strikt an einer asymmetrischen polaren Opposition, in der die regionalen Gestaltungen der Körper als Erscheinungsformen auf dem Kontinuum von Mehr-oder-weniger-vollständig-haben bzw. -sein eingeordnet werden können. Signifikante Körperformen sind vollständige Körperformen, denen unvollständige Versionen ihrer selbst als insignifikante Entsprechungen gegenüberstehen. Es ist buchstäblich so, daß insignifikante Körperformen als eine Art eingeschränkter Realität ihrer signifikanten regionalen Korrelate aufgefaßt werden können. Diese werden dagegen fast immer in ihrer Gestalt als sie selbst wahrgenommen, und es erfordert einige Mühe, sie für beide Beteiligten überzeugend ihres symbolischen Gehalts zu entleeren. Der leiblich-affektiv erfahrenen zweifachen Wirklichkeit[7] des neuen Geschlechts kommt bei der jeweiligen Neustrukturierung des Körpers in der Wahrnehmung eine fundierende Bedeutung zu, auf deren Grundlage sich die die neue Wirklichkeit stützenden Routinen entwickeln. Ausgehend von der leiblich-affektiven Erfahrung der Homo- oder Heterosexualität einer Beziehung wird das Verständnis des Körpers als Symbol von Gleichheit und

---

7 Mit zweifacher Wirklichkeit ist der Sachverhalt gemeint, daß das neue Geschlecht und die entsprechende Position im System von Gleich- und Verschiedengeschlechtlichkeit sich sowohl einer einfachen Realisierung als auch »ich«-bezogenen Realisierungseffekten verdankt.

Verschiedenheit den Erfordernissen aktueller Realitäten angepaßt. Lil wußte nicht, als sie ihren jetzigen Freund kennenlernte, daß Manfred transsexuell ist. Zu diesem Zeitpunkt fällt für sie der Unterschied zwischen Männern und Frauen mit der kontradiktorischen Opposition des Besitzes oder Nichtbesitzes eines Penis zusammen. Manfred, der diesen Zusammenhang bei Frauen, die er neu kennenlernt, grundsätzlich unterstellt, wendet deshalb einen »Trick« an, um sich auch im sexuellen Bereich in die Beziehung bruchlos als Mann einzuführen«, bevor er seine Partnerin davon in Kenntnis setzt, daß er ein Mann »ohne Schwanz« ist. Der »Trick« besteht darin, es für Lil zu einer intensiven leiblich-affektiven Evidenz werden zu lassen, daß er ein Mann ist; erst nachdem ihm dieses Fundament ausreichend fest erscheint, offenbart er seinen organischen Mangel und überantwortet damit den Fortbestand seines männlichen Geschlechts sowie die Heterosexualität der Beziehung dem nachvollziehenden Verständnis seiner Partnerin.

MANFRED: *Wobei ich zugeben muß, ...daß ich da n Trick bei habe... Wenn irgendwas laufen soll in der Richtung, Startsprung setze ich mit der Frau, bevor ich mich anfassen lasse, d. h., sie weiß schon, daß es funktioniert, bevor se es weiß... D. h., wenn de die Aufklärung machst, bevor irgendwas gelaufen is (X), dann gehen die mi m Kopf dabei, (X) ne, dann sind die nämlich nich mehr entspannt. Entschuldige »die«, hört sich blöd an... es läuft einfach besser so.*

Der Effekt dieser Strategie besteht darin, daß sich Lil – ebenso wie ihre Vorgängerinnen – als eine Frau gefühlt hat, die mit einem Mann zusammen ist, der sich für einen Mann zwar merkwürdig verhält, aber nichtsdestoweniger einer ist.

LIL: *Das stimmt. Folgendes: Man liegt auf m Teppich fummel fummel, mach, hier, da. Läßt mich nich ran. Ich denke, Scheißkerl. War ich auch sauer. Ziemlich sauer. Naja gut dachte ich, soll er sehen, was er davon hat. Platsch ha ich mich richtig fallen lassen. Was anders hat er nich erreicht. Nach dem Motto, dann mach du mal was. (X) Hatta auch gemacht. Denn kam das, daß er das gesagt hat. Naja (lacht) und das stachelte natürlich auch meine Neugierde an und dann noch mal Teppich. (lacht) Am ersten Mal hat mich das stutzig gemacht, wieso denn eigentlich nich? M, dachte ich, wenn er nich will, dann willa nich, auch in Ordnung.*

Lil ärgert sich zwar über Manfreds Weigerung, sich am Genital berühren zu lassen, akzeptiert diese aber zunächst und gibt sich ihm hin. Auf diese Weise entsteht in der Begegnung eine leiblich-affektive, d. h. erlebte, heterosexuelle Wirklichkeit, die so stabil ist, daß es nur eines geringfügigen »Zusatzes« an Verstehen bedarf, um in sie auch das vorher Undenkbare und als nicht-existent betrachtete Phänomen, ein Mann ohne Penis, integrieren zu können.

Das Überwiegen der einfachen Realisierung der Heterosexualität der Beziehung und damit des Mannseins von Manfred erleichtert es Lil, dem Fehlen des Penis seine geschlechtliche Signifikanz zu nehmen.

LIL: *Manfred zeigt sich im Grunde genommen nich ohne Hose... Nich hier. (X) Muß ich dazu sagen, weil* hier *sind keine Gardinen usw. ne is verständlich, is klar, is logisch, das kann ich akzeptiern, das is für mich auch in Fleisch und Blut übergegangen, daß er immer ne Hose in Reichweite, in Nähe hat. Und neulich ergab sich (leiser:) aber mal so .. 2 und da stand er da so und da habe ich n angeguckt und da fand ich n eigentlich nur irgendwie, fand ich noch nich mal irgendwas anders. Noch nich mal irgenwas* seltsam. *(X) Das fand ich, fand ich vollkommen in Ordnung so wie er dasteht ne. Da .. (1) fand ich nich irgendwie, daß was fehlte, daß was anders sein sollte oder so. Ich habe ihn mir so richtig, ...2 richtig betrachtet objektiv, versucht objektiv zu betrachten (X) zu* sehen, was *da is ne (X) zu sehen, was is wo und wie is es und die die ja eben die Brust und* Bauch, *Becken und Oberschenkel, Füße und so, Arme, Deckel da oben drauf und so nich, habe ich richtig versucht, mir den Mann anzusehen .. 2 und irgendwann fiel mir auf, ach ja .. 3 (einatmen mit hohem Ton) das war mir nich aufgefallen, nich gesehen, daß, irgendwann kam das ne (X). Aber das hat lange gedauert, das hat echt lange gedauert.*

Einerseits weiß Lil, daß es dem Körper ihres Freundes an vorzeigbarer Symbolik mangelt, andererseits fällt es ihr schwer, tatsächlich zu sehen, was sie weiß. Da sie ihn als Mann erlebt, unterstützt sie routiniert, daß der Mangel für andere nicht sichtbar wird, und zugleich sieht sie das Fehlende buchstäblich an seinen Körper, d. h., sie sieht diesen so, als würde nichts fehlen. Der Penis wird so zu einem Detail, dessen Vorhandensein bzw. Nicht-Vorhandensein nichts mehr über das Geschlecht einer Person aussagt.

In diesen Schilderungen ging es darum, ausgehend von der erlebten Gleichheit und Verschiedenheit dem Nichthaben des Penis seine Signifikanz zu nehmen. Darüber hinaus kann der Körper definitiv in eine polare Opposition eingespannt werden, so daß ein Bestandteil der insignifikanten Körperform, nämlich die Klitoris, den Penis bedeutet.

MANFRED: *Und jetzt, mit einem is er ja ins Bett gegangen, sind auch soweit gekommen, daß daß der ihn wohl an n Schwanz gefaßt hat, aber er hat* falsch *angefaßt, woher soll er's beim ersten Mal wissen, meine Güte.*

GL: *Wer hat falsch angefaßt, Peer?*

MANFRED: *Der Typ! der Typ bei Peer. Und da hat er ihn wieder rausgeschmissen.*

Manfred mokiert sich hier über einen ebenfalls nicht am Genital operierten transsexuellen Freund, der sich als schwul versteht, aber sich von Männern nicht anfassen lassen möchte. Obwohl ich zur Zeit dieses Interviews schon eine gewisse Vertrautheit mit ungewöhnlichen Weisen des Körperverständnisses entwickelt hatte, war ich von der umstandslosen Verwendung des Wortes »Schwanz« in diesem Kontext überrascht. In einem Gespräch, das ich mit Lil geführt habe, wird diese Rede nicht nur übersetzt, sondern auch deutlich als »ich«-bezogener Realisierungseffekt beschrieben.

LIL: *Also wir haben die Klitoris zum .. 2 zu »ihm« erklärt .. 2 zu ihm und zum .. 3 Schwanz eigentlich. Oder Manfred hat se so erklärt. (X) Ja gut, habe ich gedacht. Weil es is auch, is sehr groß bei Manfred ne. Im Verhältnis zu meiner nun, gehen wir mal davon aus (X), mehr kann ich ja nun nich anbieten. Is mit Sicherheit doppelt so groß und es läßt sich auch so wie wie wie n Glied so die Haut so n bißchen zurückschieben, so die Spitze kommt so n bißchen .. 1 eichelig, klingt auch gut, vor. Aber deswegen kann man das sehr gut übersetzen so. (X) Ich kann das gut so annehmen ne. Und wie gesagt, wenn er erregt is, haben wir die ganze Nummer noch n büschen größer und recht hart* auch.

Die gemeinsame Wirklichkeit, auf die sich Lil und Manfred vereidigt haben, auch gegenüber mir als einer Fremden zu vertreten, geht Lil nicht völlig ohne Schwierigkeiten von der Zunge. Erst nach einem dreifachen Stocken sagt sie, daß die »Klitoris« für sie und Manfred ein »Schwanz« ist. Sowie sie das getan hat, löst sie die gemeinsame Feststellung allerdings sofort wieder auf und macht daraus einen Verstehensprozeß. Den Ausgangspunkt bildet eine Behauptung von Manfred, deren Richtigkeit sie auf der Grundlage einiger besonderer Eigenschaften seiner Klitoris – ihre eichelige Spitze sowie ihre Größe und Härte – bestätigen kann. Für sie ist die Klitoris dadurch zwar immer noch kein vollständiger »Schwanz« geworden, aber doch mit Qualitäten ausgestattet, die es erlauben, in ihr eine unvollständige Version dieses Organs zu sehen. Auf diese Weise bildet die Klitoris ein wirksames Substitut des Penis. Sie evoziert als sie selbst dessen Gegenwart und kann deshalb problemlos in das Liebesspiel einbezogen werden, ohne die heterosexuelle Struktur der Beziehung nachhaltig zu stören.

Ein anderer transsexueller Mann nimmt eine ähnliche Perspektive ein, als er seine Scheu beschreibt, sich auf eine sexuelle Begegnung mit einem Mann einzulassen, die eine Berührung am Genital einschließt.

FELIX: *Dazu is er noch zu klein.*

Dieser Satz beinhaltet zweierlei. Zum einen behauptet er eine Homologie zwischen Penis und Klitoris, zwischen denen es keine qualitativen, sondern nur quantitative Differenzen gibt. Zum anderen ist sein »Penis« aber noch nicht so groß, wie es nötig wäre, um auch einen anderen Mann von der prinzipiellen Gleichartigkeit der Organe zu überzeugen. In einem solchen Fall wäre es notwendig, die mangelnde Größe des Penissubstituts durch einen entsprechenden »Vertrauensvorschuß« beim Appell an das Verstehen seitens seines Liebespartners zu ersetzen.

In vergleichbarer Weise wie die Klitoris die Existenz eines Penis bedeuten kann und so zum Kriterium von Gleichheit und Verschiedenheit wird, kann eine flache Männerbrust als Busen fungieren.

MARIA: *Mit den Brüsten, z. B., das war für mich ganz wichtig, nä, das war auch irgendwie kein Problem, daß ich eigentlich sagte, na, eigentlich ist das keine richtige Frauenbrust, das war mir irgendwie klar, weil ich an den Reaktionen einfach gemerkt habe, was das ausmacht für sie, nä. Wie sich das anfühlt. Und .. 5 ja, was dann – was dann noch ganz wichtig eigentlich ist, daß eben in dem Augenblick, wo ich, sagen wir mal, ihre Brüste gestreichelt habe, mir das irgendwie – ich .. 3 ich mich da natürlich sehr gut reinfühlen kann. Weil ich weiß, wie das ist, wenn, wenn meine Brüste gestreichelt werden. (X) Insofern war das eben auch ganz toll, weil sich das gegenseitig – so zusammen aufgeschaukelt hat, ja. (X) Also so, das ist einfach immer, wenn ich mit Frauen Sex habe, ist das was anderes als mit Männern, weil da eben aus der Gleichheit, sage ich mal, der Empfindungen (X) eine andere, ja, was anderes entsteht, ein anderes Gefühl für mich da ist, als wenn ich jetzt mit Männern Sex habe, die einen ganz anderen Körper haben, nä. Den ich also so nicht empfinden kann, das ist eine ganz andere Qualität von Sex einfach, nä. Und das ist eben so gewesen, daß ich das mit ihr eigentlich so zum ersten Mal richtig praktisch so... ausgelebt habe.*

Der Hintergrund von Marias Schilderung ist qualitativ anders als z. B. der der Darstellungen von Lil; denn Maria hat ihre Freundin als Mann kennengelernt. Sie wußte zwar von vornherein, daß »er« transsexuell war, aber trotzdem basiert das neue Geschlecht und damit die Homosexualität der Beziehung zunächst auf einem Verständnis für die besondere Situation dieser Person. Auf der Grundlage eines mehr oder weniger deutlich ausgesprochenen wechselseitigen Versprechens geschlechtlicher Gleichheit beginnt eine Liebesbeziehung, in der dieses Versprechen auf eine zweifache Weise in die sexuelle Begegnung eingearbeitet wird. Zum einen wird das Nichtvorhandensein einer signifikanten Körperform irrelevant für die Einordnung der Beziehung als gleich- oder verschiedengeschlechtliche, und zum anderen werden Busen und Männerbrust als körperlichleibliches Phänomen in einen polaren Gegensatz gebracht, wodurch die Männerbrust als sie selbst zu einem minder ausgeprägten Busen wird. Als Kriterium für eine analoge Verschiebung hatte Lil Größe, Härte und Gestalt von Manfreds »Klitoris« angegeben; für Maria ist das Entscheidende, daß in der »Männerbrust« ihrer transsexuellen Freundin ein zu einem Busen gehöriges, d. h. weibliches Empfindungsprogramm, inkarniert ist. Sie erlebt Annas Reaktionen auf ihre Berührungen als die Reaktion von jemand, die ihr geschlechtlich gleicht. So ist nicht nur die Flachheit der Brust nicht mehr signifikant, sondern Annas Brust ist auch zu einer Frauenbrust geworden, deren Form unvollständig ist. Diese Schilderungen deuten darauf hin, daß die Gleich- und Verschiedengeschlechtlichkeit der Beziehungen zwar auch von »ich«-bezogenen Realisierungseffekten getragen werden, aber einen zumindest ebenso starken Anhalt auf der Ebene der einfachen Realisierung haben. Weiterhin scheint es sehr gut zu gelingen, beide Realisierungsmodi des neuen Geschlechts ineinander zu verschmelzen.

In der polaren Opposition der Körper wird die Qualität des Kontinuums, in das diese als Gegensätze eingetragen sind, durch die signifikante Körperform bestimmt. Die jeweils unvollständigen Ausprägungen können in diesem Rahmen als Hinweise auf das, was sie wären, wären sie vollständig, verstanden werden. Umgekehrt kann aber die vollständige Version nicht als Verweis auf eine defizitäre Variante aufgefaßt werden. Weder kann vermittels eines Penis eine Klitoris anwesend sein, noch kann ein Busen die Gegenwart einer Männerbrust evozieren. Der Umgang mit insignifikanten Körperformen ist zweistufig, das Fehlen der signifikanten Körperform wird zu einem nichtsignifikanten Phänomen und die insignifikante Körperregion bedeutet als sie selbst ihr signifikantes Korrelat. Signifikante Körperformen lassen dagegen nur einen einstufigen, negativen Umgang zu, der zwei Elemente beinhaltet: Signifikante Körperformen können zum einen hinsichtlich ihres Seins demontiert werden und zum anderen bezüglich ihrer Symbolik. Wenn Phantasien eine Rolle spielen, wirken sie nicht »produktiv«, sondern negativ bzw. neutralisierend.

Um eine Seinsverminderung, die darauf hinausläuft, zu versuchen, etwa den Busen weniger zu spüren, bemühen sich vor allem Transsexuelle selbst. Darauf werde ich weiter unten näher eingehen. In diesem Zusammenhang liegt der Akzent auf dem Versuch, die Körperform ihres Symbolgehalts zu entleeren. In der Schilderung der nichttranssexuellen Frau Frauke zeigen sich beide Aspekte. Für sie symbolisiert der Busen ihres Freundes nicht, daß sie eine homosexuelle Beziehung zueinander haben. Zugleich läßt sich ihrer Darstellung entnehmen, daß ihr Freund darauf bedacht ist zu vermeiden, sich durch das Spüren des Busens intensiver als Frau realisieren zu müssen.

FRAUKE: *Ja absolut positiv fand ich einfach, als dann eben die Brust auch weg war, .. 2 weil es dann wirklich möglich war, .. 2 ihn an der Brust zu berühren oder überhaupt die männliche Brust überhaupt erstmal anzufassen, ne, zu streicheln oder ihn da auch zu küssen, was eben vorher einfach .. 2 ja mir einmal Schwierigkeiten gemacht hat, wenn es doch ne weibliche, also du bist ja doch dann, es is einfach ne weibliche Brust und davon konnte ich mich auch nicht ganz lösen und freimachen... Daß ich das eigentlich immer auch gewollt habe und ihn dort auch berühren wollte und das als ganz normal hinnehmen wollte, so, das is so halt jetzt noch solange, wie das noch nicht operiert is, aber daß ich eigentlich auch gemerkt hab, daß er auch geblockt hat, ne (X) zwar nich total das abgelehnt hat und daß ich auch oft gesagt habe, das wär normal und nich schlimm und wir sollten da jetzt keinen Hermann so in etwa draus machen, (X) einfach das solange, wie es noch so is, so hinnehmen, aber das war eben sowieso das Schlimmste für Niklas, diese große Brust, ne, mit der er bestückt war.*

Durch eine Berührung der Brust wird diese deutlicher gespürt, d. h., der körperliche Leib wird in seiner Struktur auf das objektivierte Geschlecht hin akzentuiert, entsprechend vermeidet Niklas, daß ihn seine Freundin dort berührt. Die Furcht, sich durch das Spüren der Brust leiblich als Frau zu erfahren, kann nicht durch das Vertrauen auf die Heterosexualität der Beziehung, die sich Niklas und Frauke wechselseitig versprochen haben, aufgefangen werden. Dem mangelnden Vertrauen Niklas' scheint ein nicht ganz entschiedenes Engagement in der Verschiedengeschlechtlichkeit der Beziehung seitens Frauke zu entsprechen. Für sie bleibt Niklas' Brust weiblich. Der Wunsch, sie zu berühren, wäre demnach als das Verlangen zu verstehen, eine weibliche Brust zu streicheln. Auf diese Weise bekäme die sexuelle Begegnung einen lesbischen Zug, womit zugleich Niklas' Männlichkeit grundsätzlich in Frage gestellt wäre. Wenn diese Überlegung richtig ist, wäre nicht das Faktum der Berührung das allein Entscheidende. Es scheint vielmehr so zu sein, als würde durch die Art der Berührung die geschlechtliche Signifikanz der Struktur des körperlichen Leibes geschaffen.

Die nichttranssexuelle Frau Reinhild wußte schon vor Beginn der Beziehung zu ihrer jetzigen Freundin Petra um deren Transsexualität. Wie aus anderen Gesprächspassagen deutlich wird, ist es für sie relativ unproblematisch, die geschlechtliche Selbstdeklaration einer Person zu akzeptieren. Sie selbst bringt diese Bereitschaft mit eigenen – jetzt nicht mehr aktuellen – Wünschen nach einer Geschlechtsveränderung in Zusammenhang. Im Unterschied zu Frauke, der es nur schwer gelingt, dem Busen ihres Freundes seine geschlechtliche Signifikanz zu nehmen, vermag sie es, den Penis ihrer Freundin als Nicht-Männerpenis wahrzunehmen. Daß der Penis die Annahme geschlechtlicher Gleichheit nicht allzusehr stört, hängt damit zusammen, daß die Unterscheidung zwischen Penissen mit Bezug auf eine bewußt nicht zu kontrollierende Ekelreaktion erfolgt. Selbst wenn die Homosexualität der Beziehung anfangs hauptsächlich von »ich«-bezogenen Realisierungseffekten getragen gewesen sein sollte, erhält sie auf diese Weise einen starken Anhalt in einer realen leiblichen Erfahrung.

REINHILD: *Das Merkwürdige war auch, daß mir das dann mit einem mal auch überhaupt keine Schwierigkeiten mehr gemacht hat, sie anzufassen ne, wo ich bei den Männern immer (mit Ausdruck von Abwehr und Widerwillen:) oah, ganz fürchterlich, ganz schrecklich – und womöglich in'n Mund nehmen, oder irgendwas, da habe ich früher gekotzt. Ich habe auch mal'm Typen auf'n Schwanz gekotzt deswegen (lacht verlegen) und das is irgendwie gar nicht mehr, ne, es is irgendwie Petra, is Petra und hat irgendwie mit'm Typen nichts weiter zu tun irgendwie ne.*

Mit jeder Erinnerung an den vergangenen Brechreiz und der Überraschung darüber, Petras »Schwanz« nicht ekelhaft zu finden, wird das Versprechen der Homosexualität ihrer Beziehung zu einer leiblich erfahrenen Gewißheit, die die Differenz des an Petra gewachsenen Stückes Fleisch von einem Männerpenis betrifft.

Reinhild unterscheidet allerdings nicht zwischen einem Männer- und einem Frauenpenis, sondern nur zwischen solchen, die bedeuten, daß ihr Träger ein Mann ist, und solchen, bei denen das nicht der Fall ist. Ein nicht-ekelerregender Penis ist lediglich indifferent gegen die Geschlechterunterscheidung. Das hat zur Konsequenz, daß das Erleben eines insignifikanten Penis an einer Person für deren weitere Verweiblichung kein grundsätzliches Hindernis mehr darstellt.

GL: *Wenn ihr zusammen redet, hat dann der Schwanz auch n anderen Namen?*

REINHILD: *Mhm (zustimmend).*

GL: *Wird der so mit Schwanz benannt oder?*

REINHILD: *Nee, Schwanz nicht, nee. (lautes Schmunzeln) Nee hat n anderen Namen. Also ich glaub, das is, könnten wir auch nich, wenn wir dann über die Männerwelt und über die Männer schimpfen und über die Schwänze schimpfen oder so und Petra selbst irgendwie, ich meine, klar können wir das, weil wir irgendwie wissen, daß is n Unterschied, aber hat n anderen Namen. Besser.*

Durch den Namen wird es möglich, einen evidentermaßen insignifikanten Penis mehr oder weniger problemlos in die hier implizit gemachte Unterscheidung zwischen Männern und Frauen auf der weiblichen Seite einzuordnen. Die Benennung wirkt verweiblichend und sichert diesen Penis endgültig vor Verwechslungen mit einem Männerpenis.

Die Differenzen zwischen signifikanten und insignifikanten Körperformen lassen sich jetzt so beschreiben. Insignifikante Körperformen können in einem polaren Gegensatz als sie selbst ihr signifikantes Äquivalent bedeuten, denn sie sind in dieser Relation grundsätzlich von gleicher Qualität wie diese. Die Verweisstruktur funktioniert allerdings nur in eine Richtung: Unvollständiges verweist auf Vollständiges, aber nicht umgekehrt. Vollständige Körperformen können nur hinsichtlich ihres Seins vermindert oder ihres symbolischen Gehalts entleert werden, so daß sie nicht mehr maßgeblich dafür sind, ob eine Beziehung als gleich- oder verschiedengeschlechtlich erlebt wird. Aber auch diese Umgangsweise erfordert eine Einordnung der Körperformen in einen polaren Gegensatz, so daß sie grundsätzlich mehr oder weniger relevant sein können. Es wird sich im weiteren zeigen, daß nicht alle Körperformen in gleicher Weise sowohl in eine kontradiktorische als auch in eine polare Opposition eingespannt werden können.

2. Asymmetrien signifikanter Körperformen

Die Asymmetrien der bisher untersuchten signifikanten Körperformen Penis und Busen bestehen darin, daß der Penis die Region des Körpers ist, die nur schwer sowohl in eine kontradiktorische als auch in eine polare Form der binären Opposition eingeordnet werden kann. Ein Penis wird fast ausschließlich in einer kontradiktorischen Opposition wahrgenommen, weiterhin sind Zeichen und Bedeutungsgehalt bei dieser Körperform enger zusammengezogen als bei anderen Körperformen.

Um dieses Phänomen zu verstehen, ist es erforderlich, den Bedeutungsgehalt der Körper-Zeichen genauer zu untersuchen. Ein Geschlecht zu sein, zerfällt – wie gesagt – in eine zweifach gegliederte Struktur: Erstens: Eine Person ist ein Geschlecht, indem sie eines für andere ist; zweitens: eine Person ist ein Geschlecht, indem andere von der eigenen Position als Frau oder Mann aus als Frauen oder Männer wahrgenommen werden, d. h. als solche, die ihr geschlechtlich gleichen oder von ihr verschieden sind. Der Bedeutungsgehalt des Penis umfaßt diese Struktur insgesamt: Er definiert sowohl das Geschlecht für andere als auch die eigene Begehrensposition, von der aus andere vergeschlechtlicht werden. Der Busen bedeutet dagegen lediglich das Geschlecht für andere.

Um diese Differenzen der Körper und die damit zusammenhängenden Unterschiede zwischen den transsexuellen Geschlechtern herauszuarbeiten, werde ich zunächst erneut die Begutachtung untersuchen, um mich in einem zweiten Schritt dem Bedeutungsgehalt der körperlichen Zeichen direkt zuzuwenden.

Es fällt den GutachterInnen entschieden leichter, transsexuelle Männer im neuen Geschlecht wahrzunehmen als transsexuelle Frauen, d. h., transsexuelle Männer werden im System von Gleich- und Verschiedengeschlechtlichkeit leichter in der Position wahrgenommen, die ihrem neuen Geschlecht entspricht. Die GutachterInnen sehen Beziehungen transsexueller Frauen zu Männern vor der Operation fast ausschließlich als homosexuell an, demnach gefährden für sie transsexuelle Frauen durch sexuelle Beziehungen ihr neues Geschlecht; transsexuelle Männer bestätigen dagegen ihr neues Geschlecht in Beziehungen zu Frauen und laufen entschieden weniger Gefahr, aufgrund dieser Beziehungen in der Begutachtung als homosexuell wahrgenommen zu werden.

Um zu untersuchen, in welchem Geschlecht Transsexuelle wirken, verlasse ich mich auf das sprachliche Geschlecht. Wenn man die Rede der Gutachtenden daraufhin untersucht, stellt sich heraus, daß – wenn überhaupt – nur bei transsexuellen Männern die »Bifunktionalität des Bezeichnens« (vgl. IV.2.) intakt bleibt. Für transsexuelle Frauen wird dagegen nur im engeren Zusammenhang der Operation das weibliche Pronominalgeschlecht verwendet.

Der Idealfall einer problemlosen Entdeckung des neuen Geschlechts läßt sich so beschreiben.

GUTACHTERIN: *Ich kann mich gut erinnern. Als ich den sah, dachte ich, das ist aber n hübscher Junge. (X) Und dann sah ich's, aber hatte, sah dann auf den Bogen, also ich sah ihn vorbeilaufen – und dachte, …der gefällt mir, is n hübscher schwarzer Junge, und sah dann aber, daß er n weiblichen Vornamen (X) .. 3 war… Also ich kann sagen, er gefiel* mir, *auch nachdem ich nun wußte, daß er n Mädchen, also weiblich ist, er gefiel mir als, als Junge, das spielt schon eine Rolle. Für mich… spielt das eine Rolle, ob ich denjenigen oder diejenige in dem von ihm gewünschten Geschlecht besetzen kann.*

GL: Ja.

GUTACHTERIN: *Weil ich denke, daß es auch n Stück was ausdrückt, wie er sich selber .. 2 besetzen kann. Und das war dann nachher auch so in der Therapie oder in den vielen Stunden, die wir miteinander verbracht haben, war das auch sehr deutlich spürbar, ja, daß er zwar weibliche Körperteile an sich nicht mochte oder… die üblichen Geschichten, Duschen, nicht gut findet und sowas, aber daß er durchaus auch – sagen wir mal – genießen konnte, wenn er durch die Straßen ging und die Mädchen blitzten ihn an oder also so Spiele machen konnte, wie das halt Jungs in dem Alter auch tun. (X) Also so eine Ebene gab es.*

GL: Ja. Ja.

GUTACHTERIN: *Und die hat aber später nicht daran gehindert, das fand ich dann auch spannend, sagen wir mal, bei so Überlegungen, das hat ihn selber beschäftigt, wie das gekommen is – is ja oft sonst eine große Angst, wenn man sich überlegt, wie das kommt, daß man's austreiben wollte.*

GL: Ja.

GUTACHTERIN: *Was ich nich will, und oft kommen dann Leute von selber auf so Ideen, (X) sich zu beschäftigen, ob es was z. B. mit dem Schwarzsein, was ja nich nur einfach ist in diesem Land…*

GL: Ja.

GUTACHTERIN: *…zu tun hat, ob es mit der Trennung der Eltern und viele andere Dinge, das wurde nachher alles Thema, aber es war eigentlich zwischen uns* beiden, *glaube ich, nie in Frage gestellt, daß er ein Junge ist. (X) Also das war, ging dann sehr darum, wie er ein Junge* is und wie die Beziehungen sind und die Schwierigkeiten mit seiner Freundin und viele solche Dinge. Aber eigentlich nicht die Tatsache, daß, und das is vielleicht eine günstige Voraussetzung.

GL: Ja. Ja.

GUTACHTERIN: Also ich hatte nich das Gefühl, es gibt, wenn ich mal so an ein Gegenbeispiel denke, auch ein Frau-zu-Mann, wo ich die ganze Stunde im Erstgespräch dachte, du bist ein unglückliches Mädchen. (X) Und nicht dieses spüren konnte, du bist ein Junge.

Der transsexuelle Junge wird von Anfang an als Junge beschrieben. Auch in der ersten noch allgemein gehaltenen Formulierung, in der dieser Junge auftaucht, wird er als eine männliche Person behandelt: »Gut, ich beschreibe mal einen«. In der zitierten Passage wird das männliche Pronominalgeschlecht einer harten Probe ausgesetzt, aber es übersteht auch die Konfrontation mit dem weiblichen Namen und dem Wissen um den weiblichen Körper.

Die leiblich-affektive Realität des Geschlechts wird in dieser Schilderung deutlich hervorgehoben. Die Gutachterin kann den Jungen »besetzen«, was sie als Ausdruck dessen erlebt, daß »er sich selber besetzen kann«, d. h., er ist ein Junge, indem er für sie ein Junge ist, und zugleich ist er für sich selbst ein Junge, und – so folgere ich weiter – sie kann sich ihm gegenüber als die Frau erleben, zu der er sie von der eigenen Geschlechtsposition aus macht.

Dieselbe Gutachterin schildert noch ein Beispiel, in dem das neue Geschlecht eines transsexuellen Mannes fast unbeschädigt bleibt.

GUTACHTERIN: Als ich reinkam, dachte ich, da sitzt ein 45jähriger Mann, und die Sekretärin dachte es auch. Und dann war das biologisch ein 21jähriges Mädchen... das war auch jemand, wo ich relativ schnell dann »er« gedacht habe. Wo ich auch noch so gedacht hab, wenn ich ihn jetzt schon als Mann wahrgenommen hab, zwar als alten Mann erstmal, wo ich ich erstmal noch gar nicht dachte, ist der jetzt transsexuell oder nicht. Aber dachte zunächst mal ganz äußerlich, als Frau..1 kann die sich umbringen lassen, als Mann..2 kann das so – gibt ja manchmal so kleine ein bißchen ungestalte Männer, die man aber irgendwie so ..2 dann gutfinden kann; als Mann darf man ja auch irgendwo häßlicher sein als als Frau – kommt auch noch hinzu ja.

Zunächst wird von dem Betreffenden in der männlichen Form gesprochen, sowohl die Sekretärin als auch die Gutachterin waren der Meinung, es handele sich um einen Mann; dessen Geschlecht übersteht aber die Konfrontation mit dem objektivierten Geschlecht nicht ganz unbeschadet – »dann war das biologisch ein 21jähriges Mädchen« –, das sprachliche Geschlecht wird neutralisiert; im weiteren wird er erst einmal wieder zum Mann; als es dann aber um eine mögliche weibliche Zukunft geht, in der er es mit seiner äußeren Erscheinung – er hatte eine »multiple körperliche Schwerstbehinderung« – sehr schwer hätte, wird er nicht nur zum Neutrum, sondern zur Frau: »als Frau kann die sich umbringen« und nicht etwa »der«.

Ganz ähnlich ergeht es dem Geschlecht eines anderen transsexuellen Mannes in der Rede eines Gutachters.

GL: *Ist für Sie Transsexualität und Operation bzw. Operationswunsch untrennbar zusammen oder?*

GUTACHTER: *Also ich würde nie sagen, transsexuell (überlegt) is nur (lacht) derjenige, der sich operieren lassen will. Nein, denn dazu – ich kenne einige, die sind in meinen – in meinen Augen klar transsexuell, die sind nicht operiert. (X) Ein Frau-zu-Mann-Transsexueller, Besitzer einer Fleischfabrik, lebt voll als Mann, wird als Mann in der Gesellschaft gesehen, (X) würde sogar glauben, daß in seiner eigenen Firma, die er hat, keiner weiß, daß das ne Frau ist biologisch. (X) Der Mann is nicht operiert.*

GL: *Auch keine Brustoperation?*

GUTACHTER: *(überlegt) ich glaube nicht einmal das. Ich glaub, da is überhaupt nichts Operatives geschehen. Derjenige .. 3 ja, nein, da ist überhaupt nichts Operatives geschehen.*

Auch hier überlebt das männliche Geschlecht die Gegenüberstellung mit dem objektivierten Geschlecht nicht gänzlich unbeschadet. Es ist nicht so, daß *der* eine Frau ist biologisch, sondern »daß das ne Frau ist biologisch«. Im großen und ganzen bleibt das Pronominalgeschlecht allerdings männlich, daran ändert auch die Tatsache nichts, daß »derjenige« noch einen Busen hat.

Von transsexuellen Frauen sprechen die Gutachtenden fast nie in der weiblichen Form, auf eine eigentümliche Weise ähnelt die Rede dem »Zerfall der Funktionen des Bezeichnens« (vgl. IV.2.). Auf die Frage nach einer Person, deren Transsexualität für ihn klar war, schildert ein Gutachter ausführlich eine Mann-zu-Frau-Transsexuelle.

GUTACHTER: *Das ist ein Mensch, der .. 2 ich denke, vor 5 Jahren viel-*
leicht das erste Mal zu mir kam, damals noch ganz unsicher war, was
eigentlich mit ihm los sei; der .. 2 von sich vermutete oder vermutet
hatte über längere Zeit, homosexuell zu sein, dann aber eben dadurch,
daß er mit der entsprechenden Gruppe Kontakt aufgenommen hatte,
gemerkt hat, das is es nicht, und er hat es vor allem eben daran ge-
merkt, so aus seiner Schilderung, daß er sagte, wenn es dann zu homo-
sexuellen Kontakten kam, merkte ich ja, daß mein Partner eben
eigentlich an mir als biologischer Mann interessiert war, und das
wollte ich ja nun wieder gar nicht. So daß nach kurzer Zeit ähm diese
Beziehungen einfach daran zerbrachen, daß er, derjenige von dem ich
spreche, sich eben nicht *bei sexuellen Kontakten in seiner Männlich-*
keit erleben wollte.

In der Darstellung wird aus einer transsexuellen Frau zunächst ein
»Mensch«, der Gutachter scheint der geschlechtlichen Festlegung
auszuweichen. »Mensch« kann zwar Männer und Frauen meinen, ist
aber selbst grammatisch männlich, das macht es schwierig, das Pronominalgeschlecht zu interpretieren. Bis zur Schilderung des sexuellen Kontakts könnten die männlichen pronominalen Bezüge –
»was... mit ihm los sei; der von sich vermutete« – als Nachwirkung
von »Mensch« verstanden werden. Man hat es sozusagen mit einem
fast ungeschlechtlichen Pronominalgeschlecht zu tun. Spätestens
aber seitdem der Gutachter in der Schilderung die Perspektive des
transsexuellen »Menschen« übernimmt (»Das wollte ich ja nun wieder gar nicht«), ist das männliche grammatische Geschlecht nicht
mehr durch den Rekurs auf Mensch zu erklären. Ab jetzt ist von der
transsexuellen Frau als »er« usw. die Rede.

»Derjenige« bleibt dann zunächst einfach ein Mann. Sein Geschlecht wird erst wieder ein Problem, als er sich weiblich kleidet.

GUTACHTER: *Er erschien dann so ungefähr nach einem Jahr .. 2 als*
Frau gekleidet. Eigentlich zu dem Zeitpunkt damals schon recht über-
zeugend, so daß es für mich kein Problem war, ihn mit Frau XY anzu-
sprechen... und seit dieser Zeit ist es eben für mich Frau Sowieso.

GL: *Wie ist es zu diesem Umschlag gekommen? Von »ihm« zu »ihr«? Wie*
ist das passiert?

GUTACHTER: *Bei mir?*

GL: *Ja.*

GUTACHTER: *Davor kam er neutral gekleidet und kam auch als Herr Sowieso. Hatte sich auch so angemeldet. Dann so etwa nach einem Jahr kam er weiblich gekleidet, und ..3 das war, glaube ich schon, für mich das Entscheidende, er kam weiblich gekleidet, er kam als Frau.*

Obwohl ich mit meiner Frage die Veränderung des Geschlechts direkt mit dem Pronominalgeschlecht in Verbindung bringe, besteht der Gutachter auf dem Zerfall der referentiellen Funktion. Es ist »er«, der »als Frau kommt«, d. h., es handelt sich um einen Mann, der eine gewisse Geschicklichkeit darin besitzt, als Frau zu wirken.

Ein anderer Gutachter beschreibt eine überzeugende Kandidatin für die genitalverändernde Operation ganz ähnlich.

GUTACHTER: *Am Ende war das auch für mich ganz eindeutig und stimmig für mich, ihn als Frau anzusprechen.*

Auch in dieser Beschreibung geht es um einen Mann, der aus was für Gründen auch immer stimmig als Frau angesprochen werden kann.

Die größere Leichtigkeit, transsexuelle Männer ohne Einschränkung der referentiellen Funktion im neuen Geschlecht zu bezeichnen, impliziert, daß sie auch im System von Gleich- und Verschiedengeschlechtlichkeit überzeugender in der männlichen Position erlebt werden. Alle Gutachtenden halten es zwar für möglich, daß transsexuelle Männer vor einem operativen Eingriff heterosexuelle Beziehungen zu Frauen haben können, schätzen aber die sexuellen Beziehungen transsexueller Frauen zu Männern vor der Operation grundsätzlich als homosexuell ein.[8]

GUTACHTERIN: *Und was mich auch zusätzlich beeindruckt hatte, daß der in seiner* Clique... *alle Bescheid wußten, daß er noch biologisch ein Mädchen is, sich als Junge fühlt und quasi in der Clique mit diesem Wissen als Junge akzeptiert war... Der hatte z. B. heftige Rivalitäten mit anderen Jungs in der Clique (X) um Mädchen in der Clique. Die Jungs haben mit ihm rivalisiert, obwohl sie eigentlich wußten, daß er biologisch ein Mädchen war. Die haben sich auch gegenseitig die Freundinnen ausgespannt und also das, was so zwischen Jugendlichen ganz normal läuft.*

8 Über vom neuen Geschlecht aus homosexuelle Beziehungen von Transsexuellen haben sich die von mir befragten GutachterInnen nicht geäußert.

Die Beziehung zu seiner jeweiligen Freundin beinhaltete auch direkt sexuelle Kontakte.

GL: *Die hatten auch ne Liebesbeziehung?*

GUTACHTERIN: *Ja. Mit festen Regeln, was sein darf und was nicht sein darf, also er hatte so ganz klare Regeln, er darf die Freundin überall anfassen (X) Und die Freundin darf ihn nur da anfassen, wo es nicht spezifisch weibliche .. 2*

GL: *Mhm. Ja. Ja.*

GUTACHTERIN: *. . . Körperteile sind.*

Während transsexuellen Männern, deren Körper nicht operativ verändert sind, sexuelle Begegnungen möglich sind, ohne daß dadurch ihr Mannsein in Frage gestellt wird, verlieren transsexuelle Frauen ihr Frausein durch eine sexuelle Erfahrung mit einem Mann endgültig. Vor der Operation können sie in den Augen der GutachterInnen zu Männern fast nur homosexuelle Beziehungen haben.

GUTACHTERIN: *Oder halt auch die große Angst vor der Homosexualität, was ja bei vielen nach meiner Erfahrung, Mann-zu-Frau-Transsexuellen, wenn sie was gegenüber einem Mann empfinden oder sich drauf einlassen, dann könnten sie ja homosexuell sein. Erst recht wenn der Partner homosexuell is, was ja dann nicht selten der Fall ist, weil soviel Heterosexuelle werden die nicht finden, die dann dazu bereit sind. (X) Und das is ja ne – da muß man ja auch sehr differenzieren, auch bei sich selber, ob man dann plötzlich meint, ja vielleicht is ers wirklich, sollte besser ein glücklicher Homosexueller werden, oder ist das eine wichtige Durchgangsphase zum Experimentieren.*

Der Verweis auf die wenigen Heterosexuellen, die zu einer sexuellen Beziehung mit einer transsexuellen Frau bereit sind, scheint mir eher eine hypothetische Annahme zu sein, im Mittelpunkt steht auf jeden Fall der homosexuelle Charakter einer solchen Beziehung.

Der Penis und die leiblich-affektiven Strukturen
des Geschlechtseins

Die vorangegangenen Schilderungen zeigten, daß die Beziehung zwischen Personen mit jeweils einem männlichen Geschlechtskörper auf eine zwingendere Weise homosexuell ist als die Beziehung von

Personen mit jeweils einem weiblichen objektivierten Geschlecht. Es stellt sich also die Frage, was es mit dem Penis auf sich hat.

Frauke, die mit einem transsexuellen Mann befreundet ist, beschreibt das, was ihr an ihm fehlt, so.

FRAUKE: *Ich weiß einfach, daß eben, d. h., das habe ich ihm auch mal gesagt, daß... auch so im sexuellen Bereich, ich es eigentlich als schade oder traurig empfinde, daß kein Penis vorhanden is, weil es einfach auch n schönes Gefühl is, wenn du deinen Partner anfaßt und das einfach feststellen kannst, daß du ihn erregst, (X) und das einfach in dem Sinne feststellst, wenn der Penis sich versteift, ne (X) dann merkst Du ne sofortige Reaktion auf zärtliche Berührung beispielsweise. Und diese optischen äußerlichen Dinge, wo das sofort sichtbar und merkbar is ne, daß die fehlen, das muß ich schon sagen, das vermisse ich. Wobei ich jetzt in keinster Weise ne Frau bin, die zum Beispiel wahnsinnig auf aufn Penis fixiert is, so auch beim Geschlechtsverkehr, das brauch ich nich, (X) geht anders auch wunderbar und genausogut.*

Diese Schilderung zeigt sehr gut, was das Besondere am Penis ist. Wenn Niklas und Frauke miteinander schlafen, spüren sie, wie aus anderen Schilderungen hervorgeht, sehr wohl die Erregung des Partners bzw. der Partnerin, aber die Versteifung des Penis ist ein sichtbarer und tastbarer Sachverhalt, der die Erregung des Partners auf der Ebene der »optischen äußerlichen Dinge« bedeutet. Diese Körperform selbst ist für Frauke zwar nicht erregend, aber der versteifte Penis bedeutet ihr: Sie ist für ihn erregend, d. h., sie spürt, daß er sie begehrt.

Die nichttranssexuelle Frau Lil beschreibt die Bedeutung des erigierten Penis ähnlich, fügt aber noch hinzu, daß der aufgerichtete [9]

9 Freud formuliert das Aktionsprogramm des erigierten Penis so: »Während durch die Pubertätsvorgänge das Primat der Genitalzonen festgelegt wird und das Vordrängen des erigiert gewordenen Gliedes beim Manne gebieterisch auf das neue Sexualziel hinweist, auf das Eindringen in eine die Genitalzone erregende Körperhöhle, vollzieht sich von psychischer Seite her die Objektfindung, für welche von frühester Kindheit vorgearbeitet worden ist«. (Freud 1972: 91) Ebensowenig wie bei meinen InterviewpartnerInnen findet sich bei Freud auf der weiblichen Seite eine Körperform, die auch nur in annähernd vergleichbarer Weise »gebieterisch« wirkt.

Penis einen Handlungsablauf vorschreibt, er bedeute nicht nur die Erregung eines Mannes, sondern auch, daß diese zu Taten dränge.

LIL: *Das war etwas, das hat mich bei meinem oder bei seinen Vorgängern ziemlich gebremst. Wenn man die einfach mal nur so streichelte, dann stellten sich diese 15 cm gleich* mahnend *auf, und dann fing dein Schädel sofort zu rotieren an. M? Und wie solls nun weitergehn? Eigentlich willste garnich soviel weiter ja. Eigentlich so n bißchen larifari rumfummeln, n bißchen streicheln, mehr willste ja gar nich. Aber wenn diese 15 cm so mahnend sich zu 20 aufgebaut haben, is ja gemein ne. Fühlt man sich ja verpflichtet irgendwie.*

Das, wozu Lil sich hauptsächlich »verpflichtet« fühlte, war der Koitus. Der erigierte Penis bedeutet also, daß der Mann sexuell erregt ist und in seiner Erregung den Vollzug einer Handlung anstrebt, an der zu beteiligen sich Lil verpflichtet fühlt. Mit anderen Worten, der erigierte Penis bedeutet ein aktives Begehren, das hauptsächlich auf eine Penetration als seine Befriedigung aus ist. Der Penis bedeutet also nicht nur das Geschlecht für andere, sondern auch daß eine Person begehrt.

Vor diesem Hintergrund läßt sich die Darstellung eines Gutachters verstehen, der versucht, sich vorzustellen, was passiert, wenn ein heterosexueller Mann an einer begehrten Frau einen Penis entdeckt. Er beginnt mit einer Überlegung zu der Frage, ob eine transsexuelle Frau vor der Operation eine sexuelle Beziehung haben könne.

GUTACHTER: *Ich denke, daß der dann keine sexuellen Beziehungen eingehen kann. In dem Moment, wo er sexuelle Beziehungen eingehen möchte mit irgendeinem Mann und er hat noch einen männlichen Körper – ja da wirds ja deutlich, daß es n biologischer Mann is und wird dieser andere Mann .. 2 – klar, es kann ja dann in diesem Menschen nicht die* Frau *sehen, sondern sieht* natürlich *den biologischen Mann (X) und entweder er is entweder der Partner is homosexuell, na gut, dann is es eben diese Art von Beziehung, oder aber er wird geschockt auf und davon, wenn die Frau, wenn sie plötzlich als biologischer Mann herausstellt. Da (gepreßt lachend:) wird das wohl chaotisch enden, diese sexuelle Beziehung, nicht. Das is es wohl.*

Um sich in dieser Schilderung zu orientieren, ist es sinnvoll, sich an die Verwendung der Personalpronomen zu halten. Die nicht-operierte transsexuelle Frau ist »er«, ganz am Schluß wird einmal das Pronomen »sie« verwendet; der männliche Sexualpartner ist »er«, und einmal wird auf ihn das neutrale Pronomen »es«[10] angewendet. Jetzt kann man darangehen, die fiktive Begegnung, auf die in dieser Schilderung angespielt wird, zu rekonstruieren. Ein heterosexueller Mann trifft eine Frau, die er im System von Gleich- und Verschiedengeschlechtlichkeit als das andere Geschlecht erlebt und die er konkret und direkt begehrt. Zugleich erlebt er, daß diese Frau ihn von der eigenen Geschlechtsposition aus als einen Mann erlebt, d. h., er erlebt, daß die Frau ihn erlebt, indem sie sich als Frau erlebt.

Dies entspricht der Begegnung zwischen der oben angeführten Gutachterin und dem transsexuellen Mann. Solange die Begegnung derart beschaffen ist, kann sich dieser heterosexuelle Mann auf die transsexuelle Frau mit dem Pronomen »sie« beziehen und von ihm kann mit Recht als »er« gesprochen werden. Die beiden kommen sich näher, und es wird deutlich, die Frau ist ein »biologischer Mann«. In dem Moment, wo das klar ist, verliert der heterosexuelle Liebespartner sein Geschlecht: »er« wird zu »es« und zugleich ist es unmöglich, weiterhin in der transsexuellen Frau eine Frau zu sehen. Die Erfahrung des Penis der transsexuellen Frau seitens des Liebespartners zerstört demnach nicht nur die leiblich-affektive Evidenz ihres weiblichen Geschlechts, sondern auch das Geschlecht des Liebespartners. Das ist nur möglich, wenn der Penis auch die Geschlechtsposition bedeutet, von der aus andere vergeschlechtlicht werden, d. h., der fiktive Liebhaber dieser Schilderung sieht sich durch das subjektive Begehren der transsexuellen Frau einer paradoxen Vergeschlechtlichung ausgesetzt, denn auf der leiblich-affektiven Ebene war die Begehrensposition seiner Partnerin weiblich und durch die Existenz des Penis an dieser Frau ist sie zugleich männlich.

Da ein weibliches objektiviertes Geschlecht transsexuelle Männer nicht in vergleichbare Schwierigkeiten bringt, ziehe ich folgenden

10 »Es« könnte grundsätzlich auch der Beginn einer grammatischen Passivkonstruktion sein, die aber nicht weiter ausgeführt, sondern wieder verlassen wird. Dagegen spricht allerdings, daß ein Wechsel in der grammatischen Konstruktion zumeist mit kurzen Stockungen im Redefluß einhergeht, was hier nicht der Fall ist.

Schluß: Insofern der Geschlechtskörper das Geschlecht für andere bedeutet, gibt es keinen Unterschied zwischen dem männlichen und dem weiblichen objektivierten Geschlecht. Der Unterschied besteht darin: Der männliche Geschlechtskörper legt die subjektive Begehrensposition zwar nicht absolut, aber doch nachhaltig fest, d. h., er bedeutet, daß die Person, die diesen Körper hat, andere als Mann begehrt. Der weibliche Geschlechtskörper ist dagegen tendenziell gleichgültig gegen die Form des Begehrens, durch ihn wird nicht derart deutlich die subjektive Begehrensposition definiert, d. h., einer Person, die diesen Körper hat, ist es möglich, sowohl als Mann als auch als Frau zu begehren.

Jetzt lassen sich alltagsweltliche Schilderungen ausgesprochen panischer Reaktionen heterosexueller Männer verstehen, wenn sie mit dem Umstand konfrontiert werden, daß ihre Geliebte ein objektiviertes männliches Geschlecht hat.

KRISTINA: *Eine meiner letzten Erfahrungen war gewesen, daß einer mit entsetztem Gesicht (Räuspern) aus dem Bett rausgesprungen ist, als ich gerade über ihm lag (lacht).*

GL: *Du hattest vorher auch nichts gesagt?*

KRISTINA: *Hab ihn (lacht) vor vollendete Tatsachen gestellt. (lacht) In dem Moment. Und... es war ein Engländer, ein Ire gewesen, hier von der Kaserne, ... er meinte so, du warst mal ein Mann nä, und ich so, ja, jetzt bin ich eine Frau. Und er so: (lacht) Abstand, ... gleich mich von ihm geschoben, (X) und (Räuspern) ..3 angezogen... da war er eigentlich mehr recht* rüde, *(Räuspern) erklärt nochmal, wie er mich empfindet, als ein Typ und (Räuspern) zieht seine Hose runter, hats vorher noch nicht gemacht nä, er zeigt seinen Schwanz, nä, hält den so in der Hand, sagt, du hast doch auch sowas, ... Was sollte ich denn da anders antworten als ja, nä.*

In dieser Darstellung wird die Frage, ob die Beziehung homo- oder heterosexuell ist, drastisch auf der Ebene des Körpers geklärt. Zunächst war die Beziehung auf der Ebene der leiblichen Interaktion heterosexuell, es begegneten sich eine reale Frau und ein realer Mann. Da bei einer leiblichen Interaktion immer ein entsprechender Körper unterstellt wird, ist Kristinas Verehrer völlig überrascht, bei seiner Geliebten Penis und Hoden zu finden. Dies bringt ihn in eine solche Verlegenheit, daß er sich des Symbols der eigenen Begehrensposition sowohl visuell als auch taktil versichert: des Penis. Selbst wenn man die Sprachschwierigkeiten in Rechnung stellt, die die Kommunikation zwischen einer deutschen Frau und einem englischen Soldaten erschweren, ist es doch höchst unwahrscheinlich, daß es die fehlenden Worte waren, die ihn dazu veranlaßt haben, »seinen Schwanz« zu präsentieren. Indem er das tut, wird erstens klargestellt, daß ein Geschlechtsverlust nicht stattgefunden hat, und zweitens wird das heterosexuelle Selbstverständnis gerettet.

Wie katastrophal die überraschende Begegnung mit einem Penis an einer Frau für einen nichttranssexuellen heterosexuellen Mann sein kann, zeigt auch das folgende Beispiel. Es ist einem Gespräch mit einer nichttranssexuellen Journalistin entnommen, die zum Zeitpunkt des Interviews gerade eine Reportage über Transsexuelle abgeschlossen hatte. Sie hatte bei ihren Recherchen die Bekanntschaft einer sehr attraktiven transsexuellen Frau gemacht, die bewußt mit ihrer Wirkung auf Männer spielte. Da sie noch nicht am Genital operiert war, vermied sie allerdings direkte sexuelle Beziehungen. Trotzdem hatte sie immer wieder Verehrer, von denen sie sich auch gelegentlich nach Hause bringen ließ. Dabei begab sie sich in Situationen, die nach Ansicht der Journalistin die Gefahr einer »Entdeckung« heraufbeschwören würden, da es nicht unwahrscheinlich sei, daß ein Mann, der eine Frau mit dem Auto nach Hause bringe – zumal über eine längere Strecke – sexuell zudringlich werden würde. Nach dieser Recherche erzählte die Journalistin einem Kollegen von dieser Frau.

JOURNALISTIN: ...*und so hab ich das erzählt dem Kollegen, und der guckte mich an und sagte: Die, die oder der, das weiß ich nich mehr, ob er sagte, die oder der spielt ja mit seinem Leben oder ihrem Leben. Und da habe ich gedacht: Was?! Naja, ich konnt mir ja schon vorstellen, daß einer, wenn er untern Rock greift und da was findet, was er nich erwartet, zulangt oder zuschlägt.*

Wenn man davon ausgeht, daß Abwehr und Bedrohung einander entsprechen, weist die Reaktion des Kollegen darauf hin, daß ein Mann, wenn er in einer intimen Situation an einer Frau einen Penis entdeckt, sich lebensgefährdend bedroht fühlt. Es handelt sich direkt um einen Angriff auf seine körperlich-leibliche Integrität.

Das unmittelbar Problematische scheint mir die drängende Gegenwart eines Paradoxes zu sein. Denn einerseits realisieren die beteiligten Männer die transsexuellen Frauen auf der Ebene des leiblichen Ineinanderverhaktseins als Frau und sich als Mann, andererseits sind sie aber vom Symbol der Männlichkeit, das diese Frauen an sich haben, in ihrem leiblichen Selbstgefühl derart getroffen, daß sie sich nicht mehr als Männer erleben können. Das Erleben ihrer selbst wird grundsätzlich paradox. Ihr Gegenüber macht sie sowohl zu einem Mann, der von einer Frau begehrt wird, als auch zu einem Wesen, das von einem Mann begehrt wird, mit der Konsequenz, daß sich die geschlechtliche Evidenz ihrer selbst auflöst und durch einen Gewaltakt wieder hergestellt werden muß.[11]

· Selbst das Wissen um einen gewesenen Penis bei einer operierten transsexuellen Frau kann heterosexuelle Männer noch in Verlegenheit bringen.

GEDÄCHTNISPROTOKOLL: *Bei einem Spaziergang hat sie ihm gesagt, daß sie transsexuell sei, er war daraufhin ganz unruhig, und auf einmal wird er lauter und fährt sie an, daß er »nicht schwul« sei. Solche Reaktionen hat sie »mehr als einmal« erlebt.*

Dieser Mann hat erst nach einer sexuellen Begegnung erfahren, daß seine Geliebte und ihr Körper eine für eine Frau eher ungewöhnliche Geschichte haben. Schon diese Tatsache macht für ihn das eigene heterosexuelle Selbstverständnis prekär. Das männliche objektivierte Geschlecht hat selbst als etwas, das nur noch als Vergangenheit gegenwärtig ist, eine intensive homosexualisierende Wirkung.

Insgesamt bestätigen diese Beschreibungen die Phantasie des Gutachters, die er über die sexuelle Begegnung zwischen nicht operierten transsexuellen Frauen und nichttranssexuellen Männern entwickelt hat. Die vom Penis ausgehende Gefahr besteht darin, daß sein Vorhandensein die subjektive Begehrensposition und damit die Art des Begehrens festlegt. Auf diese Weise erfährt sich ein nichttranssexueller Mann von einer Frau mit Penis automatisch als von einem Mann begehrt, was diese Begegnung in einer qualitativ anderen Weise homosexualisiert, als es bei einer Begegnung zweier weiblicher Geschlechtskörper der Fall wäre.[12]

11 Auf die geschlechtskonstituierende Wirkung von Gewalt wird im Abschnitt V.4. ausführlich eingegangen.

12 Diese Feststellung bietet zugleich eine Interpretation für das weitgehende Fehlen nichttranssexueller heterosexueller Männer in dieser Studie. Solange sich

Bezieht man diese Ergebnisse auf die Relation Zeichen–Bedeutungsgehalt und die Strukturen binärer Oppositionen, so ergibt sich folgendes.

1. Mannsein ist in die visuell-taktile Gestalt des Penis auf eine qualitativ andere Weise eingelassen als Frausein in die geschlechtlich weiblich signifikanten Körperformen.

2. Der Penis bedeutet weiterhin Mannsein in einer umfassenderen Weise, als dies für die Regionen des weiblichen Körpers zutrifft, denn der Bedeutungsgehalt des Penis umfaßt auch die für das Begehren relevante eigene Geschlechtsposition und nicht nur das Geschlecht für andere.

3. Ein vorhandener Penis wird fast immer in einem kontradiktorischen Gegensatz wahrgenommen, es erweist sich als ausgesprochen schwierig, ihn in einer polaren Opposition zu seinem signifikanten Korrelat zu sehen, d. h., ihn auf einem Kontinuum von mehr oder weniger ausgeprägter Vollständigkeit zu sehen.

Wie gehen Transsexuelle nun mit den ihnen im Leibe sitzenden Zeichenoppositionen um, wenn sie ihr Geschlecht verändern?

3. *Asymmetrien der operativen Eingriffe –*
Die Sonderstellung der Vagina

Das TSG schreibt gemäß § 8 für eine Änderung des Personenstandes vor, daß eine Person »nicht verheiratet ist«, »dauernd fortpflanzungsunfähig ist« und »sich einem ihre äußeren Geschlechtsmerkmale verändernden operativen Eingriff unterzogen hat, durch den eine deutliche Annäherung an das Erscheinungsbild des anderen Geschlechts erreicht worden ist«. Die chirurgische Veränderung der Körperform hat bei transsexuellen Frauen automatisch Unfruchtbarkeit zur

transsexuelle Frauen noch im »Übergangsstadium« befinden und körperlich noch allzu »belastet« sind, hält sich diese Personengruppe fern, und wenn die Geschlechtsveränderung inklusive der operativen Maßnahmen abgeschlossen ist, ist es eher schwierig, die betreffenden Frauen und ihre etwaigen männlichen Liebespartner für ein Interview zu gewinnen, das die bruchlose Konstruktion einer heterosexuellen Beziehungswirklichkeit problematisch machen könnte.

Folge, da bei dieser Operation auch die Hoden entfernt werden. Bei transsexuellen Männern wird dagegen die Unfruchtbarkeit eigens durch eine Entfernung der Gebärmutter und/oder der Eierstöcke sichergestellt.

Entgegen den Formulierungen des Gesetzes, die eine weitgehende Symmetrie bezüglich der operativen »Annäherung« an das neue Geschlecht und der Herstellung der Fortpflanzungsunfähigkeit suggeriert, bestehen in der Praxis erhebliche Unterschiede hinsichtlich der als notwendig erachteten Operationen. Die Differenzen akzentuieren die Signifikanzhierarchie der Körperformen: Ein Busen muß in eine Männerbrust verwandelt werden und Penis und Hoden in eine Vulva und eine Vagina, der jeweils umgekehrte Weg muß nicht mit der gleichen Dringlichkeit beschritten werden. Es ist für Transsexuelle sowohl erlaubt als auch leichter, mit der Nicht-Existenz signifikanter Körperformen fertig zu werden, d. h., eine falsche insignifikante Körperform zu haben, als mit dem Vorhandensein einer falschen signifikanten Körperform zu leben. Um diesen Sachverhalt zu untersuchen, ist es notwendig, auf den Zusammenhang zwischen signifikanter Körperform, Körperscham und Leibinselscham einzugehen.

Ich hatte im zweiten Kapitel die Subversion der Körperscham als eine Weise, das Ausgangsgeschlecht nicht zu sein, beschrieben. Darunter ist eine zweistufige Radikalisierung der Körperscham zu verstehen, die zunächst die Scham von der falschen Präsentation der geschlechtlich relevanten Körperregion hin zu dem Geschlecht verschiebt, das diese bedeutet; so wird es möglich, in einem zweiten Schritt über die Vermeidung schamerregender Situationen eine definitive affektive Distanz zum Ausgangsgeschlecht entstehen zu lassen. Der Effekt ist eine prekäre Distanz: »Ich« ist zwar nicht mehr das Ausgangsgeschlecht, aber auf eine Weise, die »ich« stets der Gefahr aussetzt, es wieder zu werden, wenn die Vermeidung beschämender Situationen nicht gelingt. In dieser Weise schambesetzt sind sowohl der Körper als auch der Leib und der körperliche Leib. Sich als nackter Körper gesehen zu erfahren, heißt für Transsexuelle den Körper, den sie haben, als den Leib zu realisieren, der sie sind. Weiterhin kann aber auch eine Region des körperlichen Leibes, d. h. eine Leibesinsel, oder eine leibliche Erregung beschämend wirken. Von einer

Analyse dieser Phänomene her lassen sich die unterschiedlichen Operationserfordernisse, die für transsexuelle Frauen und Männer gelten, verstehen.

In zwei Hinsichten sind die Schamphänomene bei transsexuellen Männern und Frauen vergleichbar: Es gibt – vor operativen Eingriffen – eine stark ausgeprägte Körpersham und problematische Leibesinseln, deren Bildung beschämend wirkt. In einer Hinsicht existiert allerdings ein gravierender Unterschied: Entsprechend dem Sachverhalt, daß das männliche objektivierte Geschlecht die subjektive Begehrensposition bedeutet, ist bei nicht-operierten transsexuellen Frauen die Äußerung eines offensiven Begehrens schambesetzt, während das Begehren bei transsexuellen Männern weitgehend unbeeinträchtigt ist.

Die körperbezogene Scham ist weitgehend durch eine kontradiktorische Opposition gekennzeichnet. Im Sinne des Habens oder Nicht-Habens signifikanter Körperformen geht es darum, entweder ganz falsch oder ganz richtig zu sein. Einen Penis zu haben, ist in einer kontradiktorischen Opposition genauso problematisch, d. h. schambesetzt, wie ihn nicht zu besitzen. Der transsexuelle Mann Manfred arbeitet in einem Krankenhaus, wo zwar alle wissen, daß er einmal eine Frau war, aber seiner Meinung nach alle davon ausgehen, daß er auch eine Phalloplastik hat machen lassen. Um diesen Eindruck nicht zu gefährden, vermeidet er es, sich in seiner Heimatstadt einer medizinischen Behandlung – wie etwa einer Operation – zu unterziehen, bei der seine Penislosigkeit herauskommen könnte.

GL: *Was ist daran so schwierig zu begreifen, also daß du jetzt keinen Penis hast?*

MANFRED: *Ein Mann hat einen Penis zu haben. Ich bitte dich. Wenn er keinen hat, is er n Monstrum. (X) ..2 Und das is nichts, was ich unbedingt hinter meinem Rücken erzählt kriegn möchte oder erzählt hörn muß, oder die Gespräche verstummen, wenn ich reinkomme. Das muß ich mir nich antun. Warum soll ich? Aufgrund dessen, auf freiwilliger Basis wird das nie passieren. Es sei denn, wie gesagt, dieser Autounfall. (X) Z. B. is das auch n Grund, warum ich mich grundsätzlich in Berlin operieren lasse. Ich würde nie in n Krankenhaus in H. (seiner Heimatstadt) gehen.*

Einem anderen transsexuellen Mann ist es sogar unmöglich, mit einem ebenfalls transsexuellen Freund privat Bodybuilding zu treiben, ohne die Brust zu verbergen.

RICHARD: *Das erste Vierteljahr war noch sehr unangenehm, weil man halt mit diesem Wickelverband also nicht allzu aktiv sein konnte ne. Immer eine Übung gemacht und dann (zeigt wie der Stoff, mit dem die Brust abgebunden wird, geradegerückt wird) und dann noch ne Übung gemacht, so. Also auf die Idee, das öffentlich zu machen, wäre ich nie gekommen.*

Während es auf der Ebene der Körperscham, d. h. bezogen auf das Sehen, eine ausgeprägte Tendenz zur kontradiktorischen Opposition gibt, ist die Leibinselscham eher durch polare Opposition charakterisiert. Dies hängt mit der Eigenart von Leibesinseln zusammen, nicht einfach da oder nicht da zu sein, sondern mehr oder weniger ausgeprägt vorhanden zu sein, bzw. sich auch ganz auflösen und neu bilden zu können.[13]

Der Körper bedeutet das Geschlecht; da Körper und Leib ineinander verschränkt sind, signifiziert der Körper auch das Spüren des körperlichen Leibes einer Person. Insofern umfaßt der körperliche Leib Leibesinseln, die in die Scham, das Ausgangsgeschlecht zu sein, einbezogen sind. Entsprechend der Diszipliniertheit des Leibes auf den Körper hin kann die Erfahrung des Gesehen- und Ertastetwerdens die Bildung einer problematischen Leibesinsel anregen oder das Problematische, das Schambesetzte, einer Leibesinsel akzentuieren. Um mit diesen Schwierigkeiten fertig zu werden, lassen es Transsexuelle manchmal auch nicht zu, daß sie von Personen, die mit ihrem Körper vertraut sind, allzudeutlich gesehen zu werden; ebenso werden Berührungen an diesen Körperstellen vermieden. Eine dritte Möglichkeit, mit der Leibesinselscham umzugehen, besteht darin, den gespürten körperlichen Leib aus dem Empfindungs- bzw. Aktionsprogramm, das vermittels der Symbolik des Körpers als leibliche Realität erfahren wird, herauszulösen.

In der sexuellen Beziehung des transsexuellen Mannes Niklas zu seiner Freundin Frauke ist es zwar erlaubt, daß sie ihn im Bereich der

13 Für eine genauere Beschreibung des körperlichen Leibes bzw. von Leibesinseln vgl. Schmitz (1965).

Vulva mit der Hand berührt und seine Klitoris streichelt, aber es ist für ihn nicht auszuhalten, daß sie etwas Vergleichbares mit dem Mund tut.

NIKLAS: *Das sind so Praktiken, das haben wir erst einmal gemacht, und ich bin mir auch immer noch nich so ganz sicher, ob ich das gut finde oder nich (lacht).*

GL: *Was irritiert dich daran?*

NIKLAS: *(Räuspert sich) Ja kann ich so eigentlich nich so sagen, ...also ich denke mir, daß ich... mich damit auch noch nich so ..2 auseinander gesetzt habe so richtig, ... das sind oftmals dann auch so, so Übertragungssachen, daß ich dann immer denke, daß sie ja in dem Moment auch dann konfrontiert ist, daß da kein Penis is, ...daß ich dann, daß sich das dann so überträgt. Ich kann das gar nich so richtig übertragen äh erklären, ich denke so, (seufzt) daß ich mich dann auch wieder auseinandersetzen muß, daß da nichts is, also ich denke, sie merkt es dann in dem Moment ja und ja und ich muß mich dann damit auseinandersetzen ..2 und wenn sie jetzt z.B. mich lecken würde oder mich so befriedigen würde.*

Obwohl Frauke weiß, daß Niklas keinen Penis hat, ist es ihm nicht gleichgültig, wie er am Genital berührt wird. Wenn man versucht zu verstehen, worin der Unterschied zwischen Berührungen mit der Hand und dem Mund liegt, scheint mir folgendes naheliegend. Mit dem Mund läßt sich die Form eines Körperteils nicht genauer ertasten als mit der Hand, wenn Niklas trotzdem annimmt, seine Freundin würde durch einen oralen Kontakt mit seinem Genital deutlicher von dessen Mangelhaftigkeit in Kenntnis gesetzt, liegt das sehr wahrscheinlich an der räumlichen Nähe des Mundes zu den Augen. Wenn sie ihn am Genital leckt, ist die Gefahr größer, daß sie sieht, was sie weiß. Sowie Niklas unterstellen kann, daß Frauke seinen Mangel zu deutlich wahrnimmt – wahrscheinlich sieht –, spürt er die Struktur seines körperlichen Leibes von ihrer Wahrnehmung her, und die empfundene Erregung am Genital wird weitaus intensiver zu einer Gefährdung seines Mannseins.

Transsexuelle Frauen umgehen es ihrerseits, am Penis berührt oder gesehen zu werden.

KRISTINA: *Ja, und wir waren auch im Bett gewesen, und da war allerdings immer nur mit Bikini-Unterteil, ...d. h. also mit weggestecktem*

Pimmel, und ich hab das irgendwie toll gefunden, denn er wollte
auch immer irgendwie unten ran, nä. (Räuspern) Und denn, nein,
nein, nein, nä, habe ich denn – habe ich immer seine Hand so ein
bißchen weggeschoben.. 3 Geheimzone von Kristina ein bißchen.
(lacht) Streng geheim!

Einige vermeiden aus diesem Grund jede Form deutlicher sexueller
Erregung.

DANIELA: *(leise anfangend): Nee, ich mach sowas – nee wirklich nich.*
Also ich hab bis jetzt wirklich noch. Naja ich meine, man fand zwar
schon irgendwie jetzt welche gut oder so nich, … aber so jetzt (seufzt)
noch richtig eigentlich nich. Also irgendwie, daß es jetzt schon was
Größeres irgendwie war.

Über eine diffuse Attraktivität, die Männer für sie haben, hinausgehend, hat Daniela noch keine sexuelle Erregung verspürt. Die fast
beschwörende Reaktion auf die Frage, ob sie schon einmal onaniert
habe, wirkt so, als wäre schon der Gedanke an eine leiblich gespürte
Erregung beschämend.

Das Spüren des eigenen Körpers ist weiterhin nicht nur bezogen
auf die signifikante Körperform, die als Leibesinsel als das realisiert
wird, das jemand ist, sondern der Leib ist damit auch auf ein regional
differenziertes Empfindungsprogramm bezogen. Wenn es gelingt,
den eigenen körperlichen Leib aus der betreffenden Programmatik
herauszulösen, kann das einen Weg darstellen, die Leibinselscham zu
umgehen. Geschlechtlich signifikant ist die programmatische Differenz zwischen einem Busen und einer Männerbrust etwa dahingehend, daß die Berührung des Busens bei einer sexuellen Begegnung
für die berührte Person erotisch deutlich stimulierend wirkt. Bei
einer Männerbrust ist das nicht der Fall. Die Trennung von Leibesinsel und Empfindungsprogramm ermöglicht es Manfred, schon vor
der operativen Veränderung der Brust eine Berühung seines Busens
zuzulassen.

MANFRED: *Ich wollte gerade sagen, ich habs früher abgeblockt, aber es*
stimmt nich. Ich habs nich abgeblockt, aber es is nach ner Zeit dann
unterblieben, weil es hat mir nichts gebracht. Es is also jeweils nur für
die Frau gewesen, das Gefühl ne Brust anzufassen, aber sexuell in
meine Richtung war keine Reaktion da … Die haben dann gemerkt,
ich hab nichts davon und hams gemacht, wenn es ihnen Spaß macht.

Und wenns darauf kam, daß se dachten, ich hab Spaß dran und haben gemerkt, ich hab keinen Spaß dran, is es weggeblieben.

Manfred spürt zwar seinen Busen, wenn dieser berührt wird, aber nicht so, wie es für eine Frau angemessen wäre, denn erregend ist diese Berührung für ihn nicht.

Der gespürte körperliche Leib kann, wie diese Schilderungen zeigen, relativ einfach im Rahmen einer konträren Opposition wahrgenommen werden, es geht nicht wie bei der Körperscham darum, ob etwas vorhanden ist oder nicht, sondern darum, die problematischen Leibesinseln möglichst wenig zu spüren oder sie zumindest als möglichst wenig signifikant für das Ausgangsgeschlecht zu erfahren.

Die Vagina nimmt insofern eine Sonderstellung ein, als sie fast ausschließlich in der Logik einer polaren Opposition erfahren wird. Als Körperöffnung ist sie kaum sichtbar und so auch kaum ein Gegenstand der Körperscham. Es ist noch nicht einmal so, daß die Leibinselscham durch das Gesehenwerden akzentuiert wird. Die Vagina wird nur über das Tasten zu einer schambesetzten gespürten Leibesinsel. Der weibliche körperliche Leib hat einen signifikanten gespürten Innenraum. Für transsexuelle Männer stellt sich die Aufgabe, diesen zu verschließen und für transsexuelle Frauen geht es darum, ihren körperlichen Leib zu öffnen. Dabei ist es überraschend, wie bedeutungslos anatomische Details sind, die sich nur im männlichen Geschlechtskörper finden. Die Existenz einer Prostata etwa stellt überhaupt kein Hindernis dar, einen geöffneten körperlichen Leib als weiblich zu erleben. Der Innenraum eines männlichen Körpers ist so wenig signifikant, daß transsexuelle Frauen im Erleben ihres mit diesem Körper verschränkten körperlichen Leibes auch nicht auf irgendeine Kleinigkeit stoßen, die sie zu einer weiteren Operation motivieren würde. Vagina und männlicher Innenraum stehen sich gegenüber wie eine signifikante Leibesinsel und ihr insignifikantes regionales Äquivalent.

Das Tasten der Vagina und damit das Spüren der Offenheit ihres körperlichen Leibes ist für transsexuelle Männer in einem Maße geschlechtlich signifikant, das sonst nur mit dem Busen verglichen werden kann. Auch wenn transsexuelle Männer die Berührung ihrer Vulva zulassen, muß der körperliche Leib verschlossen bleiben.

NIKLAS: *Was jetzt so den vaginalen Bereich so betrifft mit dem Eindrin-*

gen und so, da ..2 haben wir also, was weiß ich, Frauke macht das nich, weil ich das auch nich will.

Ein anderer transsexueller Mann beschreibt den Sachverhalt ganz ähnlich.

FELIX: *Ach mit der Hand, was wär das denn, mit dem Finger, mit dem Fingernagel mit (lacht) nee, also das geht wirklich nich. Ich krieg jedesmal n halben Nervenzusammenbruch.*

Auch für Felix ist es fast ohne Probleme möglich, daß seine Freundin ihn an der Vulva bzw. der Klitoris berührt. Aber auch nur die leichteste Andeutung, daß sie in ihn eindringen würde, brächte ihn einem »Nervenzusammenbruch« nahe, d. h., seine situative männliche Realität wäre gefährdet.

Um den körperlichen Leib zu verschließen, bedürfen transsexuelle Männer keiner Unterstützung durch einen die Körperöffnung versiegelnden operativen Eingriff, der technisch ohne weiteres möglich wäre.[14] Daraus schließe ich, daß die Signifikanz der Vagina fast ausschließlich eine des körperlichen Leibes ist und nicht auf den Körper als solchen bezogen ist. Als gespürte Region des körperlichen Leibes ist die Vagina in einem Ausmaß auf dem Kontinuum vollständig-unvollständig verschiebbar, das es erlaubt, sie ohne größere Mühe dem Pol der Unvollständigkeit anzunähern.

Entscheidende Bedeutung scheint dabei dem ebenfalls konträr strukturierten Verweisungszusammenhang zuzukommen, innerhalb dessen eine Klitoris als unvollständiger Penis aufgefaßt werden kann und insofern dessen Qualitäten repräsentiert. Die Existenz eines Penis tendiert nämlich dahin, den körperlichen Leib zu verschließen. Diese Überlegung wird umgekehrt durch die Schilderung einer transsexuellen Frau gestützt. Diese zeigt zum einen, wie weitgehend die leibliche Erfahrung im Zusammenspiel von einfacher Realisierung und »ich«-bezogenen Realisierungseffekten modifiziert werden kann, und zum anderen verdeutlicht diese Darstellung, welche Grenzen einer Veränderung des Leibes durch die Symbolstruktur des Körpers gesetzt sind. Kristina schildert eine sexuelle Erfahrung mit einem Mann, bei dem sie schon beim ersten Kennenlernen das sichere Gefühl hatte, daß er sie als Frau akzeptiert, obwohl er von

14 Darauf gehe ich ausführlicher im nächsten Unterabschnitt ein.

Anfang an um ihre Transsexualität wußte. Den Rahmen der folgenden Darstellung bildet also eine Verschiedengeschlechtlichkeit, die zumindest auch von einem verstehenden Nachvollzug von Kristinas besonderer Situation getragen wird.

KRISTINA: *Bei ihm habe ich mich als Frau gefühlt, glaube mir. Ich habe nicht das Gefühl gehabt, einen Schwanz zu haben... Er hat mir ja nie das Gefühl gegeben, daß ich jetzt einen Penis habe.*

GL: *Ja.*

KRISTINA: *Wenn er mir jetzt das Gefühl gegeben hätte, daß ich einen Penis hätte, dann wäre das vielleicht was anderes gewesen. Nein, nein, gleich von vornherein hatte ich das Gefühl, ich würde eine Vagina haben, ganz komisch, ich hab mir nie vorgestellt, jetzt eine Vagina zu haben, habe ich mir nich vorgestellt, aber ich habe das Gefühl gehabt, das is ne ganz andere Geschichte, wenn ich was ganz bewußt mache oder wenn ich etwas unbewußt empfinde.*

Kristina vertraut sich seinem Glauben an ihre Wirklichkeit an, und indem sie darin nicht enttäuscht wird, hat sie das Gefühl, eine Vagina zu haben, die sie explizit von einer bloßen »Vorstellung« absetzt. Die Unterscheidung zwischen Vorstellung und Gefühl wirkt wie eine Replik auf einen vorweggenommenen Zweifel gegen die Deklaration der zwischen den Beinen gespürten Leibesinsel als eine Vagina. Demnach behauptet Kristina explizit, daß sich real eine Leibesinsel gebildet hat, die zu Recht mit dem Namen Vagina belegt werden kann. Es handelt sich also bei dieser Erfahrung nicht um etwas, das auf einer zwischen Realem und Irrealem schillernden Ebene verbleibt.

Kristina berichtet weiterhin nichts davon, daß der gespürte Innenraum ihres geöffneten Leibes in irgendeiner Weise insignifikant gemacht werden müßte, bevor er als Vagina, d. h. als weiblich geöffneter körperlicher Leib erlebt werden könnte. Ausführlicher stellt sie aber dar, wie Penis und Hoden ihre geschlechtliche Signifikanz verlieren, was die Voraussetzung für die Bildung einer Leibesinsel »Vagina« zu sein scheint.

KRISTINA: *Er hat mir nie das Gefühl gegeben, daß ich so ein Ding zwischen den Beinen baumeln hab. Der hat auch nicht damit gespielt, als hätte ich einen Penis, verstehst du, der hat das so benutzt, als wär's eine Vagina.*

GL: *Wie geht das?*

KRISTINA: *Ja, z. B. nicht hoch-runter... so – Vorhaut vor-und-zurück-Geschichte, ganz behutsam mit der Zunge neben den Hodensack, und da die sensiblen, empfindlichen Stellen eben. Mich damit sozusagen stimuliert. Und mit angefeuchteten Fingern oder mit der Zunge eben halt dann meine Eichel, aber verstehst du – so, ich habe da überhaupt keinen Bezug zu diesem Glied gehabt, weißt du (X), ich habe einfach mich von meinen Gefühlen leiten lassen können. Ich habe alles um mich herum vergessen können, und ich habe auch vergessen können, daß das ein Glied war, und dann plötzlich kommt dann, in diesem schönen Moment kommt dann der Satz: Das wird später deine Klitoris werden. Weißt du, das ist etwas ganz Tolles. (X) Und das war der erste Satz gewesen in der Nacht, wo wir uns auch so kennengelernt haben. Das war sehr wichtig für mich. Und da wußte ich, in dem Moment, ist komisch, da kam mir dann endlich die Sicherheit, ich muß, ich werde mich endlich operieren lassen, und das ist ganz wichtig.*

Diese Darstellung zeigt zunächst, wie das Vertrauen in die Verschiedengeschlechtlichkeit entstehen kann. Ihr Freund versteht nicht nur Kristinas besondere Situation, sondern er berührt sie so, daß sie sein Verstehen am eigenen Leibe spürt. Durch die Art, wie er ihren Penis anfaßt, fühlt sie sich nicht dazu aufgefordert, diesen als ein Organ, das Mannsein bedeutet, zu spüren. In dem Maße wie der Penis zu einer erotisch sensiblen Leibesinsel ohne geschlechtliche Signifikanz wird, kann entsprechend der geschlechtlich insignifikante leibliche Innenraum als die weiblich signifikante Struktur Vagina erfahren werden.

In einer Hinsicht scheinen Kristinas Beschreibungen allerdings meinen Thesen zu widersprechen, denn es wird nicht eine Klitoris mit einem Penis, sondern ein Penis mit einer Klitoris gleichgesetzt. Bei näherem Hinsehen zeigt sich allerdings etwas anderes. Die Homologie wird nicht als aktuelle behauptet, sondern in einen zeitlichen Rahmen gestellt. Der Penis ist eine Klitoris, insofern er auf die operative Genitalveränderung bezogen wird. Es handelt sich gewissermaßen um eine Futur-II-Klitoris, die dieser Penis nach der Operation schon jetzt gewesen sein wird. Nur diese Zeitstruktur macht es auch erklärlich, warum eine Situation, in der Kristina sich gegenwärtig mit ihren körperlichen »Makeln« – wie sie an anderer Stelle sagt – als Frau anerkannt fühlt, sie zu der Einsicht in die Notwendigkeit der Operation führt. Es scheint so, als könne nur ein Penis, der auf seine operative Beseitigung seiner Penishaftigkeit hin erlebt wird, den körperlich-leiblichen Innenraum freigeben. Umgekehrt verstehe ich die gelassene Haltung transsexueller Männer gegenüber einer operativen Beseitigung der Körperöffnung als Resultat der den körperlichen Leib verschließenden Wirkung des Klitoris-Penis.

Während sich transsexuelle Frauen und Männer in ähnlicher Weise ihres »falschen« Körpers bzw. körperlichen Leibes schämen, gibt es auf der Ebene des Begehrens eine bemerkenswerte Differenz. Transsexuelle Männer können sich problemlos begehrend auf Frauen und auf Männer beziehen, ohne dabei von ihrem Ausgangsgeschlecht behindert zu werden, wohingegen das Begehren transsexueller Frauen in einer Weise schambesetzt ist, wie dies auch auf andere geschlechtlich signifikante Phänomene zutrifft.

Renate Anders beschreibt in ihrer Autobiographie, wie sie als junger Mann zu studieren begann und in der – durch die Studiensituation bedingten – neuartigen Begegnung mit Frauen mit dem eigenen Begehren konfrontiert wurde.

ANDERS: *Ich erlebte mich als geliebtes Objekt, brauchte dazu nicht mehr zu tun, als eine der jungen Frauen um mich herum freundlich anzuschauen, sie zu grüßen, in der Diskussion auf ihre Argumente einzugehen. Doch ich fühlte mich auch in meiner Körperlichkeit gefordert, und erstmals war ich bereit, das Tier in mir freizulassen, und entwand mich nicht mehr brüsk und voller Scham einer Umarmung, sobald ich spürte, daß mein Körper eigenständig zu reagieren begann, ich Lust und Begehren erfuhr. Obwohl ich nicht sehr wählerisch war und mich von dem erhebenden Gefühl, begehrt zu werden, nur zu gerne bestechen ließ, kam es dennoch nicht zu mehr als zu heftigen Küssen; denn den nächsten Schritt von mir aus zu tun, war ich nicht imstande, und meine wechselnden Partnerinnen waren wohl auch etwas irritiert, daß ich mit meinen 23 Jahren noch so ganz unerfahren war.* (Anders 1984:80)

Für Anders ist nicht nur das Spüren einer Leibesinsel – das Erleben einer Erektion – problematisch, sondern auch der Sachverhalt, daß Anders seine Partinerinnen begehrt. Dabei findet eine zweifache je-

weils prekäre Distanzierung statt. Das Begehren ist nicht mit »ich«
identisch, ist also entsubjektiviert, aber zugleich ist die Nicht-Identi-
tät relativiert, denn das Tier ist in ihm. Zum anderen ist es für ihn
beschämend zu begehren, was dazu führt, daß er, obwohl »das Tier«
freigelassen ist, zu gehemmt ist, den nächsten Schritt zu tun. Die
Beschämung schwächt das Begehren so, daß es unmöglich wird, offensiv auf seine Partnerin zuzugehen.

Einen ähnlichen Effekt hat der Ekel vor sich selbst. Die Ablehnung
des eigenen Begehrens kann dabei soweit gehen, daß der Leib gleichsam in sich eingeschlossen wird und ihm das Begehren nur noch von
außen zustößt; das verhindert allerdings nicht, die leibliche Erregung
intensiv als Realität des Ausgangsgeschlechts zu erfahren.

YVONNE JOHNSON: *Sie hakte sich bei mir ein und war sichtlich stolz,
mich überredet zu haben.*

*Ihre Nähe tat mir wohl. Ich vergaß meine Bedenken. Dachte nur daran,
daß ich wieder einen Menschen um mich hatte, dem ich wesensver-
wandt war.*

*Eve war ein Mädchen von der ganz eiligen Truppe. Schon während des
Tages schmuste sie mit mir. Wie bei Jane war ich über mich selbst
entsetzt, daß es angenehme Empfindungen bei mir auslöste. Als wir
später allein und eng umschlungen am Strand spazierengingen, blieb
sie immer wieder stehen. Wir küßten uns.*

Ich spürte, wie mein Glied steif wurde.

*Als Eve mich beim Park hinter einem Busch zu sich auf den Boden zog
und unter Küssen den Schlitz meiner Hose öffnete, wehrte ich ab: »Bitte,
laß das, es ekelt mich, mit dir zu schlafen.«*

*Eve lachte. »Du bist wohl noch unschuldig. Komm, ich zeig's dir. Wenn
man's erst kann, ist es das Schönste auf der Welt, was Mann und Frau
miteinander tun können.« Ich war zutiefst erschreckt über das, was da
vor sich ging: Ich ekelte mich so abgrundtief, daß ich mich hätte überge-
ben mögen. Dennoch funktionierte mein Körper so normal wie der eines
normalen Mannes – bis zum Orgasmus.* (Geibel 1983: 65 f.)

Bei dem jungen Mann, der Frau Johnson war, ist die Entsubjektivierung des – Männlichkeit symbolisierenden – Begehrens vollständig.
»Ich« ist zwar anfänglich in das leibliche Geschehen involviert, denn
das Küssen löst zwar Entsetzen aus, aber deshalb, weil es angenehme
Gefühle auslöst, von denen sich »ich« nicht distanziert. In dem Mo-

ment allerdings, in dem das eigene leibliche Erleben Johnsons durch die Erektion deutlich vergeschlechtlicht ist, wird ein grundsätzlicher Trennstrich zwischen »ich« und dem leiblichen Geschehen gezogen. Ein offensives Zugehen auf andere kommt in der Passage insgesamt nicht vor, das Begehren geschieht Johnson nur von außen.

Selbst wenn die begehrende Bezugnahme nicht als solche problematisch ist, kann sie es sofort werden, wenn sie allzu deutlich durch den Penis signifiziert wird.

GEDÄCHTNISPROTOKOLL: *Bezogen auf die Operation ist sie zurückhaltend, aber die Hormone möchte sie auf keinen Fall absetzen, da dann das »sexuelle Verlangen so über den Schwanz laufen« würde. Das wäre ihr unangenehm, gerade im Moment, wo sie sich verliebt hat, könne sie sich das überhaupt nicht vorstellen.*

Für die Zurücknahme des eigenen Begehrens gibt es bei Frau-zu-Mann-Transsexuellen kein Äquivalent. Im Gegenteil, das Begehren kann zum Schlüssel des eigenen Selbstverständnisses werden.

GEDÄCHTNISPROTOKOLL: *Eine Frau-zu-Mann-Transsexuelle*[15] *beschreibt es in der Beratung als eine Art Erleuchtung, als sie auf einer Theaterbühne sieht, wie zwei Männer zärtlich zueinander sind. Seit diesem Erlebnis sei ihr klar gewesen, daß sie sexuell nicht erlebnisunfähig sei, sondern daß sie Sexualität mit einem Mann als Mann haben wollte. Seit diesem Zeitpunkt versteht sie sich als transsexuell.*

Hier ist, um die Worte von Anders zu verwenden, die Freilassung des Tiers der Ausgangspunkt eines keimenden männlichen Selbstverständnisses. Es gibt keinen Widerspruch zwischen dem neuen Geschlecht und dem Begehren. Auch eine identifikatorische Aneignung des Penis kann durch das Begehren getragen werden.

FELIX: *Was mich mit 16 ungefähr gereizt hat, war n Mann zu berühren, z. B. (X) Also weil es is irgendwie dieses, was man selbst ja nich hat. (X) du setzt n zweiten dafür ein, weiß ich als (verschmitzt:) Träger, (lacht) und dabei bist du das eigentlich.*

15 Das hier protokollierte Gespräch fand statt, als die betreffende Person noch als Frau lebte und eine Veränderung des Geschlechts noch vor sich hatte, aus diesem Grund verwende ich – auch ihrem Selbstverständnis folgend – die weibliche Form.

Bei Mann-zu-Frau-Transsexuellen kann ein solches Vorhaben auf massive Schwierigkeiten stoßen.

RENATE ANDERS: *Je weniger mir meine Partnerin bedeutete, desto mehr empfand ich meine körperlichen Reaktionen als autonom, fremd und nicht zu mir gehörend. Je mehr ich ihr aber zugeneigt war, desto stärker identifizierte ich mich mit ihr und empfand meine Sexualität als aggressiv und gewalttätig und unvereinbar mit meinen Vorstellungen von Zärtlichkeit und Liebe und versuchte darum, sie zu unterdrücken. Je stärker die Identifikation mit der Geliebten war, desto mehr verlor ich auch das Gefühl für die Grenzen unserer Körper und erlebte das unfaßbare Glück, daß in der innigen Umarmung sich meine männlichen Merkmale verloren und ich selbst jene meiner Geliebten erwarb.* (Anders 1984: 80f.)

Von einer begehrlichen Aneignung kann hier keine Rede sein, die Identifizierung mit den weiblichen Formen scheint im Gegenteil zu erfordern, das sexuelle Verlangen aufzugeben. Wenn es transsexuellen Frauen gelingt, im Prozeß der Geschlechtsveränderung eine neue Form des Begehrens zu entwickeln, geschieht das oft auf eine Weise, die die Existenz der Körperregion, die das Ausgangsgeschlecht bedeutet, in einer qualitativ anderen Weise mit Scham belegt, als das bei transsexuellen Männern der Fall ist.

KRISTINA: *Ich verspüre eine Lust, und zwar eine tiefe innere, innerliche Lust, so 'n Lustgefühl, ich möchte gern mal wieder was erleben, ich möchte gern mal wieder körperliche Wärme spüren, das ist meine Lust, mein Lustempfinden. Wenn ich so etwas verspüre und wenn ich jemanden auch so kurz – ja, auf so direkte Art und Weise kennenlerne, dann muß er gut aussehen. (X) Das ist die Voraussetzung, mehr nicht, gut aussehen und freundlich sein und mich akzeptieren. (X) Und mich beachten einfach. Und das war der Fall gewesen. Wir sind hier hoch, .. 2 ich werde dann eigentlich sehr .. 3 ich würde sagen, fast theatralisch werde ich dann, weil ich versuche, wie kann man sagen, nicht den* Vamp *zu spielen, sondern einfach nur, ich versuche, auf ihn erotisierend zu wirken, ja, und denn lege ich im Prinzip meine Natürlichkeit, die ich sonst habe, in meinem Alltag, lege ich völlig ab, ...ich umgarne den Menschen, ich – ich versuche, ihn anzumachen, einfach richtig – richtig direkt anzumachen... Also entfalte ich da so ein kleines* Tier *in mir, (X) so eine* Raubkatze, *weißt du, so ein bißchen was*

Fauchendes, so n bißchen, ach, da mußt du vorsichtig sein und so, ich versuche ihm ein kleines Abenteuer zu geben, weil ich einfach der Meinung bin, es soll nicht einfach nur eine – ne einfache Bettgeschichte sein, auch wenn ich danach eben halt wirklich keinen großartigen Sex *mache, weil ich ja da ein bißchen (räuspert sich) .. 3 wie kann man sagen,* frigide *bin, ich stehe zu meinem Geschlechtsteil nicht, das ist –*

GL: *Stehst du nicht dazu?*

KRISTINA: *Ja – im – mit – im Sex zumindestens, ich hab das schon versucht und alles, aber es bringt mir nichts, also gliedere ich das nicht mit ein. (X) Und – (räuspert sich) daß da jetzt jemand an meinem Penis rumspielt, weil er das interessant findet, da, tut mir leid, da... muß er sich jemand anders suchen, dann kann er sich einen Mann suchen. (X) Also .. 3 dafür bin ich eigentlich nicht da, weil, ich hab davon nichts, wenn er an meinem Schwanz rumfummelt. (X) Und .. 2 deswegen (räuspert sich) ist das erst mal tabu. Aber zumindest er soll sich daran erinnern, noch* Jahre *danach, und von mir aus auch – der optimalste Fall ist natürlich sein ganzes Leben, daß er mal mit mir im Bett war.*

Bei Kristina geht es um ein Verlangen nach dem anderen, das zwar nicht sehr ausgeprägt genital gespürt zu werden scheint, trotzdem aber eine leibliche Realität hat, derer sie sich nicht schämt. Im Verlauf der Darstellung wird das Verlangen in eine theatralische Inszenierung eingebunden, die sie für den anderen interessant machen soll. Dabei stößt sie aber auf eine Schwierigkeit. Je attraktiver sie sich für den anderen macht, um so mehr sinkt ihr Verlangen, denn die Signifikanz des Geschlechtsteils drängt sich in den Vordergrund, und sie wird »frigide«. Das Problem dieses Begehrens liegt darin, daß es das Für-andere-Sein akzentuiert. Sie geht nicht nur begehrend auf den anderen zu, sondern stachelt auch ein auf sie gerichtetes Verlangen an, dem sie sich allerdings nicht hingeben kann. Vielmehr muß sie sich entziehen, um ihr Geheimnis nicht preiszugeben. In dem Maße, wie sie sich ihrem eigenen Begehren überließe und sich auch ihrem Liebespartner auslieferte, würde sie Gefahr laufen, daß ihr Penis für den anderen erfahrbar wird; da dieser Mannsein bedeutet, würde die Erfüllung ihres Begehrens den Charakter ihrer Beziehung von einer verschieden- zu einer gleichgeschlechtlichen ändern.

Die Schilderung des transsexuellen Mannes Niklas scheint zunächst eine gewisse Ähnlichkeit mit Kristinas Beschreibungen zu haben, denn auch er zieht seine Lust aus der Erregung, die er seiner Partnerin verschafft, aber dabei steht nicht das Geschlecht für andere im Vordergrund, sondern ein begehrendes Besitzergreifen seiner Freundin.

NIKLAS: *Für mich is es natürlich auch so, daß… jetzt mit so nem Dildo, also mit so m umgeschnallten Penis… ich die Erfahrung gemacht habe mit anderen Frauen halt, daß sie dadurch eben auch so befriedigt waren, das toll fanden. Zumindest haben se mir nichts Gegenteiliges gesagt. (X) Ich kann das jetzt nur so erzählen, wie ich es wahrgenommen habe, ne. Und ..2 sage ich mal so, …durch… diese Befriedigung, die ich den Frauen durch dieses Eindringen eben gegeben habe, auch das wieder sich auf mich rückübertragen hat und mich auch befriedigt hat, ne. Und obwohl eben auch durch dies Umschnallen und die Bewegung auch… meine Klitoris (leise:) selber auch mit stimuliert worden… Wenn die Frau dadurch stimuliert wird oder befriedigt wird, dann dann is das alles so im Einklang, aber wenn es halt so is, ja ..2 ich das Gefühl habe, das bringt der Frau nichts, (leise:) dann is es eben auch nich toll für mich dann.*

In dieser Schilderung wird das eigenleibliche Spüren von der erregten Partnerin her erlebt. Indem diese eine durch eine Penetration erregte Frau ist, wird Niklas zu einem Mann. Er entgeht der Schwierigkeit, in die sich Kristina hineinmanövriert, indem er sich direkt begehrend auf seine Freundin richtet und sich unmittelbar von ihr her erlebt. Kristina stellt eine Frauenfigur dar, die sie vielleicht einmal gewesen sein wird, aber aktuell noch nicht ist; da sie das Geschlecht für andere akzentuiert, muß der Penis fast zwangsläufig beschämend wirken. Niklas kann dagegen in und durch sein Begehren den beschämenden Mißlichkeiten seines Körpers bzw. körperlichen Leibes entgehen.

Kristinas und Niklas' unterschiedliche Formen, mit der Existenz eines falschen Körpers umzugehen, sind ein weiterer Beleg für den besonderen Bedeutungsgehalt des männlichen Körpers, der nicht nur das Geschlecht für andere umfaßt, sondern auch die Begehrensposition, von der aus andere in der Logik von Gleich- oder Verschiedenheit vergeschlechtlicht werden. Damit ist nichts über das Vermögen von Frauen gesagt, andere zu begehren und sie von der eigenen Position aus zu vergeschlechtlichen, sondern nur darüber, daß sie von der Symbolik ihres Körpers nicht dazu aufgefordert werden, es zu tun. Die Schwierigkeiten, die nichtoperierte transsexuelle Frauen mit dem Begehren haben, zeigen, daß die Verschränkung ihres Leibes mit einem Körper, der so eindeutig und nahezu ausschließlich in eine kontradiktorische Opposition eingespannt ist, es nahezu verunmöglicht, die leibliche Erfahrung im Sinne eines konträren Gegensatzes zu strukturieren. Sich trotzdem vor der Operation auf eine sexuelle Beziehung einzulassen, die das Genital einschließt, ist daher eine äußerst prekäre Angelegenheit.

Die transsexuelle Frau Petra und ihre Freundin Reinhild wagen sich dabei relativ weit vor. Dies dürfte nicht zuletzt daran liegen, daß die Gleichgeschlechtlichkeit ihrer Beziehung in gemeinsam getragenen »ich«-bezogenen Realisierungseffekten ein stabiles Fundament hat. Auf dieser Grundlage gelingt es Petra, die anfängliche Scham, ihre »männlichen Genitalien« in die sexuelle Begegnung einzubeziehen, zu überwinden, obwohl sie dabei immer wieder auf eine für sie problematische Weise berührt wird.

PETRA: *Also Block kommt bei mir . . 2 nicht bei . . 1 zufälligen Berührungen, also wenn ich mit Reinhild im Bett liege, wir kuscheln und da lassen sich zufällige Berührungen nicht vermeiden, da müßte ich ja andauernd n Block haben. (X) Er kommt zum Beispiel auch nicht bei bewußten Berührungen, also bei Streicheln oder eben . . . was wir auch des öfteren machen, daß wir so ziemlich eng aneinandergepreßt liegen, so daß ich sie gerade so an n Schamlippen oder an der Klitoris reize, (X) da is auch kein Block. Also Block setzt ein bei schon ä bißchen gezielteren und stärkeren Streicheln, ganz gezielt im Genitalbereich, (X) setzt ein bei Penetration (X) und setzt ein bei Oralverkehr, wenn sie och bei mir mim Mund ran möchte, also da is bei mir absoluter Block, das sind so die drei wesentlichen Bereiche eben.*

Petra verweist hier zunächst auf die körper- und leibinselbezogene Scham. Durch die gezielte Berührung wird der Penis in stärkerem Maße als solcher spürbar, die gespürte Gestalt des körperlichen Leibes wird durch die gezielte Berührung definitiv zu der eines Penis gemacht. Wenn das geschieht, vollzieht sich ein Ereignis, das Petra mit den unpersönlichen Worten, ein »Block kommt«, beschreibt. Dies verstehe ich so, daß sie sich in der leiblichen Zuwendung zu ihrer Freundin auf eine für sie nicht kontrollierbare Weise gehemmt fühlt, so als würde sie über ihre eigene ihr offenbar werdende Männlichkeit erschrecken. Petra führt zwei Gründe für den Block an: Einerseits stört sie einiges an ihrer Anatomie, und andererseits gehen ihr diese Berührungen »zu tief«.

PETRA: *Nee nich weil ich mir unsicher war, sondern weil mich eben einiges an meiner Anatomie stört... Geändert hat sich das inzwischen schon, insoweit – ich reagiere da inzwischen nich mehr so ganz allergisch (X) auf Berührungen oder Kontakt .. 1 aber es gibt doch einiges, wo es mir dann einfach zu viel wird, wo es mir zu tief geht.*

GL: *Zu tief?*

PETRA: *Ja ich meine, psychisch zu tief. (X) .. 10*

GL: *Also, wo so eine, wo bestimmte Formen von Berührung dir auch psychisch zu tief gehen?*

PETRA: *Ja.*

GL: *Und die du dann auch vermeidest?*

PETRA: *(Nickt) (X) .. 20*

GL: *Wo es jetzt auch... später dann nach (nennt Namen einer früheren Freundin), so auch möglich war, weitere zuzulassen?*

PETRA: *Ja.*

GL: *Und du, was dir am Anfang auch zu tief gegangen wäre?*

PETRA: *Ja.*

Petra verneint im weiteren meine Nachfrage, ob sie befürchte, Reinhild nähme sie als Mann wahr, wenn sie sie so berührt. Das Gefühl, das zu tief geht, meint demnach noch etwas anderes als die Angst und die Scham, wieder das Ausgangsgeschlecht zu werden. Wenn etwas psychisch »zu tief« geht, liegt es nahe, dies als ein Gefühl oder Erleben zu verstehen, von dem sich die Person zumindest situativ nicht distanzieren kann, dem sie ausgeliefert ist. Ich vermute, daß eine derartige Erfahrung bei Petra mit einer ins Extrem gesteigerten Paradoxie der Situation zusammenhängt. Einerseits ist die Beziehung sowohl für Petra als auch für Reinhild im wesentlichen eine lesbische, andererseits realisiert Petra zumindest manchmal einen schambesetzten männlichen körperlichen Leib. Überspitzt gesagt, ist sie in solchen Situationen als Mann mit einer Frau in einer gleichgeschlechtlichen Beziehung und realisiert eben dies als etwas, das für sie unhintergehbar ist.

Petras Beschreibungen haben in denen ihrer Freundin eine lediglich im Akzent leicht verschobene Entsprechung.

GL: *Wie war das, als sie zum ersten Mal in dir drin war?*

REINHILD: *Das war schön, aber zuerst auch son bißchen – nee – eigentlich war es nur schön, aber es ging von ihr aus, also ich hatte vorher schon dran gedacht und überlegt, ob ich s ihr sagen soll, daß ich s vielleicht mal ganz nett fände, und dann dachte ich aber nee, irgendwie lieber abwarten, bis sie will, (X) und wenn sie niemals will, is auch okay... und dann hat sies dann gesagt und ich weiß nur noch, daß sie geweint hat, also es muß ganz schön einschneidend bei ihr gewesen sein. Sie hat auch bis, also bis auf ganz früher, wie sie mit ihrer Frau damals verheiratet war, hat sie, glaube ich, auch nie den Schwanz bei ner Frau drin gehabt oder so oder das getraut zu sagen oder so, also das war bei mir schon das erste Mal, also das hat sie wahrscheinlich Überwindung gekostet oder oder hat sie sich vielleicht auch schon länger gewünscht, ich weiß es nich genau, aber sie hat geweint, aber eher glücklich also nicht irgendwie so traurig, und och was mach ich hier Schreckliches, also nicht irgendwie mit so ner Unsicherheit (X) sondern schon, daß sie es sehr schön fand...*

GL: *Is das so eine Möglichkeit unter mehreren, oder schon auch noch n bißchen rausgehoben?*

REINHILD: *Nee, ich glaube eher eine Möglichkeit unter mehreren. (X) Also es is schon irgendwie find ich schon was Besonderes, weil da sind wir uns wirklich am nächsten und ich auch oft das Gefühl habe, ich hab n Schwanz und nich sie. Ganz oft komm ich da im Kopf völlig durcheinander und denke, also ich bin diejenige welche (X) also was ich auch irgendwie ganz schön finde.*

Diese Schilderung scheint zunächst ein völlig anderes Licht auf die Art der sexuellen Begegnung zu werfen, denn die Initiative für die problematische Berührung ging für Reinhild von Petra aus, und sie wollen es beide. Der Äußerung des Wunsches geht allerdings voraus, daß Reinhild die Körper- bzw. Leibinselscham ihrer Freundin achtet; auch in ihrer Darstellung bleiben gewissermaßen noch Reste der Ambivalenz Petras gegenüber dem Wunsch erhalten. Der geschlechtlichen Paradoxie Petras entspricht bei Reinhild eine zwischen Realität und Phantasie oszillierende Erfahrung bezüglich des Penisbesitzes. Zunächst berichtet Reinhild von dem Gefühl, einen

Penis zu haben, eine Beschreibung, die auf das Spüren einer Leibesinsel hindeuten könnte, dann verlagert sie das Problem vom gespürten Genital in den Kopf, in dem sie durcheinanderkommt. Es ist, als
müsse eine diffuse Erfahrung, für die die Unterscheidung zwischen
Realem und Imagniärem noch nicht gilt, im Interview in die Ordnung des Wirklichen gebracht werden.

Eine weitere Korrespondenz der Schilderungen liegt in dem »zu
tief« gehenden Gefühl Petras und Reinhilds Beschreibung davon, wie
bewegend sie und vor allem Petra es erlebt haben, als diese in ihr drin
war. Daß Petra geweint hat, ließe sich im Sinne Plessners (1982) als
Antwort auf eine paradoxe, d. h. unbeantwortbare Situation verstehen. Petra läßt sich in einer Situation, in der eigentlich nichts mehr
richtig sein kann, weil die Ordnung von Gleich- und Verschiedengeschlechtlichkeit völlig durcheinandergeraten ist, von einer selbstän-
digen Reaktion ihres Leibes überwältigen. Ich halte es nicht für ausgeschlossen, daß gerade, indem das geschieht, die Situation wieder
klarer wird. Denn sich emotional derart von einer erotischen Situation einnehmen zu lassen, ist wahrscheinlich auch für Petra weiblich
konnotiert. Auf diese Weise würde gerade in dem sich Einlassen auf
die ausweglose Paradoxie eine Bestätigung der Homosexualität der
Beziehung liegen. Diese Interpretation wird dadurch gestützt, daß
Reinhild Petras Weinen als »eher glücklich« beschreibt, was ich im
Sinne einer Beziehungsbestätigung verstehe. Es scheint so, als hätte
der Penis seine geschlechtliche Signifikanz auch für Petra wieder
etwas verloren. In jedem Fall bleiben diese Erfahrungen für Petra
aber so schambesetzt, daß sie von sich aus nicht auf ihre Wünsche zu
sprechen kommt und sich in der Beschreibung sexueller Begegnungen einer neutralen, fast technischen Sprache bedient.

Den Schilderungen von Petra und Reinhild ist zu entnehmen, welcher Mühe es bedarf, den Penis als körper-leibliche Erfahrung in
einen polaren Gegensatz zu bringen, um so seine Signifikanz auf
einem Kontinuum zu verschieben. Im Vergleich zu diesem »Verfahren«, Leibesinsel und Bedeutungsgehalt zu trennen, erscheint es fast
als problemlos, wie sich der gleiche Prozeß bei Manfred vollzog, der
eine Berührung seines Busens zulassen konnte, ohne dadurch zu
einer Frau zu werden. Der wesentliche Unterschied besteht darin,
daß für Manfred das offensive Begehren immer einen Rückzugs-

punkt darstellt, der von der Symbolik bzw. Programmatik seines Körpers nicht falsch gemacht wird. Eine Gefahr, in der sich Petra tendenziell befindet.

Die Analyse der Scham, sich als das Ausgangsgeschlecht zu erfahren, ermöglichte ein tieferes Verständnis der Verleiblichung des in binären Oppositionen eingespannten Körpers. Dabei war zwar auch schon Thema, wie die geschlechtliche Wirklichkeit verändert wird, aber es handelt sich zum großen Teil um temporäre oder selten verwendete Weisen, das Geschlecht als körper-leibliche Realität zu modifizieren. Ausgehend von diesen für die Transsexualität eher selteneren Formen moderner Geschlechtsveränderung lassen sich nun die vertrauteren beschreiben, die den Betroffenen in Deutschland zum Teil gesetzlich vorgeschrieben sind.

Die operativen Veränderungen, die Frau-zu-Mann-Transsexuelle zur Zeit an sich vornehmen bzw. vornehmen lassen müssen, beziehen sich einerseits auf die Veränderung der Körperform in der Brustregion und andererseits auf die Herstellung der Fortpflanzungsunfähigkeit. Während die erste Operation auch von transsexuellen Männern gewünscht wird, erleben sie die zweite als eine äußerliche lediglich vom Gesetz auferlegte Notwendigkeit. Die Gebärfähigkeit gehört für die Betreffenden offensichtlich nicht zu den signifikanten am Körper festmachbaren Merkmalen des Frauseins.

Die operative Umformung des Busens in eine Männerbrust entlastet transsexuelle Männer zum einen von der am Körper ansetzenden Scham und gibt ihnen zum anderen eine leibliche Bewegungsfreiheit, die nicht dadurch beeinträchtigt wird, daß vor der Brust etwas »rumschwingt«, »-baumelt« oder sonstwie stört. Mißlingen kann diese Operation hauptsächlich hinsichtlich des optischen Ergebnisses, auch eine mit Narben übersäte Brust stört nicht unbedingt, wenn man sich bewegt. Ebenso stellt eine etwaige Reduktion der Berührungssensibilität den Erfolg der Operation nicht in Frage, denn diese ist – wie gesagt – bezüglich der Empfindungsprogrammatik für eine Männerbrust nicht charakteristisch.

RICHARD: *Und als dann eben die Oberkörperkorrektur war und damit eben das Äußerliche angepaßt war, so daß ich ich mich auch richtig frei bewegen konnte ...*

Diese Feststellung gilt, obwohl bei Richard die Operation derart mißlungen ist, daß er sich nicht mit freiem Oberkörper zeigen möchte.

RICHARD: *Ich bin ..2 seit drei Jahren, vor meiner Operation nich schwimmen gegangen und ich bin bis heute nich schwimmen gegangen, weil meine Brust also dermaßen auffällig is, ...also mußt du dir so vorstellen, daß unterhalb der Brustwarze habe ich so ne lange Riefe hier (X) auf der linken Seite habe ich hier so, ..4 diesen normalen Brustmuskelansatz, dann geht das hier bis zur Brustwarze aber hier so schräg flach runter (X) und hab dann hier unten wie so ne Art Würstchen, weil das also nich ganz richtig angewachsen is und hier auch unter der Brustwarze so ne richtig tiefe Riefe. (X) Ich seh also beinah aus wie schwer verletzt.*

Ein anderer transsexueller Mann hat eine ganze Serie von Operationen über sich ergehen lassen.

MANFRED: *Dann habe ich mein Gutachten gekricht und dann habe ich n Arzt in Berlin gefunden, der das gerade bei nem Bekannten gemacht hatte und dann war alles klar... Er hat se... bei meinem Bekannten hat er die Brustoperation sehr gut gemacht und bei mir hat er se versaut. Ich hab jetzt, Anfang des Jahres war ich wieder in Berlin bei nem plastischen Chirurgen und das war die sechste Op an der Brust und das is so einigermaßen geworden.*

Das optische Resultat und die neue Bewegungsfreiheit sind die relevanten Kriterien einer gelungenen Brustoperation, die Empfindlichkeit für Berührungen spielt kaum eine Rolle.

Die operative Veränderung der Genitalregion im weiteren Sinne, die bei transsexuellen Männern durchgeführt wird, beschränkt sich auf die Entfernung von Gebärmutter und/oder Eierstöcken. Diese Operation gilt als notwendig, um die Fortpflanzungsunfähigkeit dauerhaft zu gewährleisten. Weitergehende Körperveränderungen, die technisch machbar wären, ziehen die Betreffenden nicht in Betracht. Keiner der von mir befragten Männer legte Wert darauf, daß seine Vagina operativ entfernt wird und die dazugehörige Körperöffnung zugenäht wird.

Dies ist einer der wenigen Punkte, an dem das offiziell vorgetragene Operationsbedürfnis von Sexualmedizinern und Transsexuellen divergiert. Wille u. a. (1981) ziehen die Transsexualität einer

Person grundsätzlich in Zweifel, wenn sie nicht darauf aus ist, sich Gebärmutter und/oder Eierstücke und Vagina entfernen zu lassen. Diese Diskrepanz läßt sich nur so erklären, daß die Vagina als erlebte Öffnung des körperlichen Leibes so ausschließlich auf der leiblichen Ebene geschlechtlich signifikant ist, daß es für die lebenspraktischen Bedürfnisse transsexueller Männer sowohl ausreichend als auch ohne größeren Aufwand erreichbar ist, sie auf der Ebene der leiblichen Erfahrung zu verschließen. Ich hatte in diesem Zusammenhang die These aufgestellt, die erlebte Gegenwart eines Penis impliziere, daß der körperliche Leib nicht als geöffnet erfahren wird. In dem Maße, wie die Klitoris transsexueller Männer den Penis bedeutet, verschwindet die Leibesinsel Vagina.

Diese These erklärt, warum es für transsexuelle Männer nahezu unerheblich ist, ob sie noch eine Gebärmutter oder Eierstöcke haben. Wenn der körperliche Leib verschlossen ist, werden die inneren Reproduktionsorgane, d. h. die anatomischen Voraussetzungen der Gebärfähigkeit, annähernd bedeutungslos.

FELIX: *Mich hat das vorher nicht gestört, ich hatte nie irgendwie sexuell was damit zu tun, (X) gesehen hat mans sowieso nich, obs nun drin is oder nich, (X) und seit nem Jahr hat sich da eh nichts mehr gerührt (lachend): also so Probleme jeden Monat – war alles weg ne, (X) und dann habe ich mich auch gefragt, warum machen die das eigentlich, ich hab nur den Erfolg, daß ich hinterher rumkrepel, daß ich nich mehr tanzen kann, daß ich dann erstmal unheimlich lange nichts heben kann – jetzt nichts tragen so, (X) also mache ich doch nur Miese, (X) und dann habe ich mich daran aufgerichtet, daß es ja für meinen Namen ist ne, so für die Personenstandsänderung und das is aber auch das einzigste, was übriggeblieben is ne. (X) Sonst kann ich sagen, habe ich voll daneben gegriffen, irgendwie – so für mich – momentan in der Situation. Auf lange Sicht is es gut, (ironisch:) also man hofft doch.*

Die Aussage »nie irgendwie sexuell« etwas mit Gebärmutter und Eierstöcken zu tun gehabt zu haben, verstehe ich als konsequente Vermeidung der geschlechtlich signifikanten Leibesinsel Vagina. In dem Maße, in dem das gelingt, verschließt sich der körperliche Leib wie von selbst, und die inneren Organe verlieren ihre Bedeutsamkeit.

Keine andere Operation wird derart als eine ausschließlich vom Gesetz geforderte Notwendigkeit beschrieben.

GL: *Was für Operationen hast du machen lassen?*

CHARLY: *Eigentlich is es mehr oder weniger Gebärmutter raus, Eierstöcke, das braucht man für die Personenstandsänderung, (X) na und dann Brustoperation.*

Charly unterscheidet klar zwischen den Operationen, die für die Personenstandsänderung gebraucht werden, und der Operation, bei der das nicht der Fall ist.

Noch in anderer Hinsicht ist die souveräne Haltung transsexueller Männer gegenüber den chirurgischen Angeboten, den Genitalapparat im weiteren Sinne zu verändern, bemerkenswert. Es scheint ein fast ubiquitäres Phänomen zu sein, daß Frauen sexuellen Zumutungen bis hin zu Vergewaltigungen seitens des anderen Geschlechts ausgesetzt sind. Das Faktum der Offenheit des weiblichen körperlichen Leibes wird dabei zum Ausgeliefertsein gegenüber der »Verletzungsmacht«[16] eines anderen gesteigert. In der Angst vor einer Vergewaltigung wird dieses Ausgeliefertsein als dauernde Möglichkeit mehr oder weniger alltagsrelevant, indem z. B. der Raum, in dem sich Frauen bewegen, durch sie strukturiert wird (etwa: welche Wege können zu welcher Tageszeit gegangen werden?).

Mit der Realisierung des neuen Geschlechts, d. h. dem Einhaken im Interaktionssystem von Gleich- und Verschiedengeschlechtlichkeit von der männlichen Position aus, verschließt sich der körperliche Leib wie von selbst, so daß ebenso, wie der körperlich-leibliche Innenraum unbedeutend wird, die erlebte Möglichkeit, vergewaltigt zu werden, ihre lebenspraktische Relevanz verliert. Nur ein transsexueller Mann kam überhaupt auf das Problem, vergewaltigt werden zu können, zu sprechen.

FELIX: *Mich hat schon mal jemand gefragt, ob ich früher Angst hatte, vergewaltigt zu werden, (X) weil ich ja damit gar nich, weil ich ja dazu eigentlich gar keine Beziehung und das ablehne. (X) Und dann is das irgendwie ähnlich, wie mit den Brüsten und dem Strandbad ja ... Ich*

---

16 Vgl. hierzu Wobbe (1993), die versucht, den von Popitz geprägten Begriff der »Verletzungsmacht« für eine Analyse der Geschlechterverteilung im sozialen Raum fruchtbar zu machen.

hab das völlig abgelehnt, ich hab gesagt, ich bin keine Frau, das müssen (X) die anderen gefälligst jetzt auch so sehen. Irgendwie war diese Reaktion in meinem Unterbewußtsein so stark, daß ich nie so Angst hatte ja. Das is erst – jetzt habe ich Angst. Also seit zwei Wochen ganz extrem, weil .. 1 mir wollen (lacht) immerzu irgendwelche Leute was; so Kinder – weiß ich – im Alter zwischen zwölf und vierzehn, die wollen dann eben prügeln und Streit mit mir anfangen und: »Du schwules Arschloch, komm mal rüber oder solln wir kommen«, und jetzt bin ich überhaupt nich in der Lage, ich kann nich rennen, ich kann nich zuschlagen, ich kann überhaupt nichts ja und dann fühl ich mich irgendwie völlig am Arsch ja, also habe ich jetzt auch Angst ziemlich.

Diese Passage macht auf verblüffende Weise deutlich, wie unterschiedlich besetzt die Signifikanz des Körpers und des körperlichen Leibes ist. Die »Brüste« ließen sich letztlich nicht aus Felix' Erfahrung ausblenden (vgl. die Analyse im I. Kapitel). Der Sachverhalt, einen Körper mit einer Vagina zu haben und damit zumindest potentiell Opfer einer Vergewaltigung zu werden, läßt sich dagegen aus Felix' Leben ausschließen, ohne daß die Körperöffnung vernäht werden müßte. Es ist offensichtlich auch in diesem Zusammenhang ausreichend, den körperlichen Leib zu verschließen, um sich nicht mehr als Objekt dieser spezifischen Verletzungsmacht zu erfahren. Die Angst, die Felix tatsächlich hat, ist eine des neuen Geschlechts. Nach der Entfernung der Gebärmutter fühlt er sich so schwach, daß er sich nicht mehr gegen Angriffe, die ihm als schwul wirkendem Mann gelten, verteidigen zu können glaubt.

Der Busen ist als problemlos sichtbare Körperform durch eine kontradiktorische Opposition auf sein insignifikantes Korrelat bezogen, insofern hängt ihm das Geschlecht im Sinne einer Entweder-oder-Relation an, in dem Maße, in dem das der Fall ist, muß er operativ entfernt werden. Die Vagina ist dagegen primär eine Struktur des körperlichen Leibes und steht als solche fast ausschließlich in einer polaren Opposition. Auf dem Kontinuum vollständig–unvollständig kann ihre Signifikanz ausreichend dem Pol des Unvollständigseins angenähert werden. Die Vagina nimmt also in der Signifikanzhierarchie eine Sonderstellung ein, da die Signifikanz-Insignifikanz-Relation nur konträr und nicht auch kontradiktorisch strukturiert ist.

Bei den Körperveränderungen, die Mann-zu-Frau-Transsexuelle über sich ergehen lassen, steht im Zentrum, dem Penis seine Signifikanz zu nehmen, die optische Gestalt einer Vulva und eine Vagina als Körperöffnung zu schaffen. Schließlich geht es darum, sich die Vagina als Struktur des körperlichen Leibes anzueignen. Es erübrigt sich bei transsexuellen Frauen, die Fortpflanzungsunfähigkeit gesondert zu gewährleisten, da bei der Genitaltransformation die Hoden entfernt werden.

Der Penis steht als sichtbare Körperform in einer kontradiktorischen Opposition, d. h., es geht darum, ob er da ist oder nicht.

GERDA: *Das war für mich vollkommen klar, daß, wenn ich eine Überlebenschance kriege, daß ich die nur kriege, wenn das Teil wegkommt. Das hätte fast schon gereicht, sage ich mal, eine Totalkastration.*

Wenn der Penis erst einmal weg ist, ordnen auch transsexuelle Frauen die neugeschaffene Klitoris in eine polare Opposition Klitoris–Penis ein. Es gibt allerdings auch dabei noch Anklänge an den ehemaligen kontradiktorischen Gegensatz. Durch die Einnahme weiblicher Hormone wird bei transsexuellen Frauen der Penis kleiner, ebenso wie durch die Einnahme von männlichen Hormonen die Klitoris transsexueller Männer größer wird. Die hormonellen Veränderungen reichen für letztere aus, damit die Klitoris zum Penis werden kann, bei der Veränderung Mann-zu-Frau bedarf es zusätzlicher chirurgischer Eingriffe, um den Penis in ein Kontinuum Klitoris–Penis einzufügen. Erst das Nichtsein des Penis macht es möglich, die neue Klitoris als kleinen Penis zu verstehen. Ein durch Hormone verkleinerter Penis bleibt dagegen ein Penis.

ANNA: *Was ich jetzt im nachhinein weiß, daß – daß die Hormone mich halt völlig – sagen wir mal, orgasmusunfähig gemacht haben, drei Jahre, das ging fast gar nicht mehr, sehr unbefriedigend das auf Dauer. Und – weiß ich nicht, ich nehm mal an, daß das Glück ist oder sonstwas, das funktioniert jetzt wieder großartig, allerdings hat s auch seine Nachteile, aber die nehme ich dafür in Kauf.*

GL: *Was heißt Nachteile?*

ANNA: *Ich hab halt eine wahnsinnig große Klitoris, weil ich den Penis nicht amputiert gekriegt hab, sondern irgendwie so wahnsinnig (lacht) verkleinert, daß der – daß der wohl erhalten geblieben ist. Also … die Harnröhre ist auch nicht abgetrennt worden.*

Klitoris und Penis werden hier als Unterschiede einer Qualität auf einem Groß-Klein-Kontinuum verstanden, welche allerdings nicht in einer optisch vergleichbaren Form besteht, sondern in der Art der sexuellen Erfahrung. Das Verwirrende dieser Schilderung liegt darin, daß der Penis als Körperform in einer kontradiktorischen Opposition steht, aber erst wenn die körperliche Form beseitigt ist, wird es möglich, die neue Gestalt mit einem Empfindungs- und Aktionsprogramm zu verbinden, dessen leibliche Realisierung die neue Klitoris hinsichtlich ihres Erlebens in eine polare Opposition mit dem Penis bringt.

GL: *Kannst du das Orgasmusgefühl bei dir beschreiben?*

ANNA: *Es unterscheidet sich nicht großartig von dem vorher. Es ist nach wie vor so, daß ich z. B. ejakuliere. (X) Und das ist dann ganz wenig, und das ist auch eher Wasser als was anderes, aber da das nicht abgetrennt wurde, (X) ich weiß auch wirklich nicht, wo s herkommt, ich habe mich selbst drüber gewundert, das ist im Grunde nach wie vor so, daß es eine Erektion gibt, bis die dann auch eben aufgelöst wird, aber es dauert sehr viel länger. Also der Orgasmus selbst dauert länger, die Reizung hält länger an. Das ist nicht so wie früher, daß ich eben abgespritzt hab und das ist sofort vorbei, (X) sondern es läßt sich länger halten und man kann s auch beliebig oft hintereinander machen, wenn die Situation erregend genug ist.*

Die beschriebenen Orgasmen, die im Rahmen des Besitzes männlicher und weiblicher Organe erlebt werden, sind grundsätzlich gleich; Unterschiede gibt es nur hinsichtlich deren Länge und situativer Häufigkeit. Dies entspricht den sexualwissenschaftlich definierten (vgl. Masters/Johnson 1977) wesentlichen Differenzkriterien der sexuellen Programmatik männlicher und weiblicher Sexualorgane. Der Übertritt in diese polar verfaßte Binarität war für Anna erst möglich, nachdem der Penis als visuelles Symbol, d. h. als Bestandteil der kontradiktorischen Opposition, weg war.

Ich hatte schon im dritten Kapitel dargelegt, daß die Operation insofern vergeschlechtlichend wirkt, als sie die manifest gewordene Einlösung des Zukunftsversprechens ist, das jemand mit der Selbsterkenntnis als transsexuell gegeben hat. Dies trifft auf beide transsexuellen Geschlechter zu. Der Akt des chirurgischen Eingriffs spielt aber im Selbstverständnis transsexueller Männer keine Rolle, was zählt, ist das Ergebnis. Bei transsexuellen Frauen wirkt dagegen die Operation selbst verweiblichend, insofern diese mit der Erfahrung von Schmerzen verbunden ist. Einerseits wird dadurch die Einlösung des Zukunftsversprechens hervorgehoben, und andererseits ermöglicht der Schmerz eine problemlose Gleichsetzung mit als spezifisch weiblich geltenden Leidenserfahrungen.

Als ich in einer Beratungsstunde einer transsexuellen Frau die Details der Operation darlege, reagiert sie mit Bezug auf den dabei zu erwartenden Schmerz.

GEDÄCHTNISPROTOKOLL: *Mir soll noch mal eine Frau erzählen, daß ich keine Frau bin, da kann ich ja locker zwei oder drei Kinder kriegen, da kann ich ja lächeln drüber.*

Diese Reaktion macht zweierlei deutlich, einmal scheint diese transsexuelle Frau die Erfahrung gemacht zu haben, daß ihr ihr Frausein wegen eines Mangels an Schmerz- (oder anderen Leidens-)erfahrungen abgesprochen wurde, und zum anderen gilt auch in diesem Zusammenhang die Logik, daß ein insignifikanter Term für einen signifikanten einstehen kann: Operationsschmerzen können für Geburtsschmerzen stehen. Die Umkehrung kommt dagegen nicht vor: transsexuellen Männern, die schon geboren haben, gilt der dabei erfahrene Schmerz nicht als vorweggenommene Operationserfahrung.

Eine andere transsexuelle Frau, die vor der genitalverändernden wie vor jeder anderen Operation auch der erwarteten Schmerzen wegen Angst hat, erlebt ebenfalls das Faktum des chirurgischen Eingriffs als etwas, das sie mit nichttranssexuellen Frauen auf eine Stufe stellt.

DANIELA: *Operiert wird jeder irgenwie mal ja, weiß ich, Pia wird jetzt irgendwie bald operiert ja am Bauch, dann Ayse hatte vor kurzem ne Abtreibung ja, also wurde se auch operiert und das irgendwie, denke ich mir, baut mich dann wieder so n Stück auf ja, daß ich eine von ihnen* bin dann irgendwie ja.

GL: *Durch die Operation auch?*

DANIELA: *Durch die Operation, richtig.*

Die Operation mit allem, was an Ängstigendem mit ihr verbunden ist, macht Daniela mit ihren Freundinnen gleich: Sie wird dadurch eine von ihnen. Die Tatsachge, daß Schmerz eine signifikant weibliche Erfahrung ist, bestätigt die These von Landweer (1990), wonach weibliche Realität wesentlich durch Leiden bestimmt sei. In dieser Perspektive lassen sich die operativen Verfahren und – wie sich noch zeigen wird – die aufwendige Nachsorge als Einverleibung des »Märtyrerinnenmodells« (Landweer 1990) verstehen.[17]

Neben der Herstellung der Insignifikanz des Penis besteht das Ziel der Operation auch darin, eine Vagina als Körperöffnung zu schaffen, die von den Frauen als Struktur ihres körperlichen Leibes angeeignet werden muß.

Die neue Vagina ist anfänglich eine Wundhöhle, die die Tendenz hat, wieder zuzuwachsen. Um das zu verhindern, werden transsexuelle Frauen von den operierenden Ärzten dazu angehalten, die neue Vagina offen zu halten und zu weiten. Dies geschieht mit Hilfe eines Plastikstabs, der in seiner Dicke und Länge ungefähr dem vaginalen Hohlraum entspricht. Der Vorgang des Öffnens und Dehnens der Vagina wird als »bougieren« bezeichnet, der Stab als »Bougi«. Das Bougieren gilt als condito sine qua non eines dauernden Operationserfolges und ermöglicht es den Frauen, die neue Vagina auch als ihr eigenes Werk zu betrachten.

Gerburg führt die Tatsache, daß ihre neue Vagina für einen Koitus ausreichend tief und weit ist, fast ausschließlich darauf zurück, daß sie mit Ausdauer und ohne Rücksicht auf sich selbst bougiert hat.

GERBURG: *Es is mir die ersten Male selbst so gegangen, daß man ne Scheu hat, mit n Finger selbst reinzugehen in de Vagina. (X) Irgendwie is det eigenartig, du mußt dich daran auch erst gewöhnen.*

Gerburg macht hier die Erfahrung, die transsexuelle Männer konsequent vermeiden, sie dringt mit dem Finger in die Vagina ein; sie braucht allerdings einige Zeit, bis sie sich an die neue Leibesinsel gewöhnt hat. Von der Körperöffnung weiß sie, aber die damit als verbunden anzusehende leibliche Erfahrung wird erst durch das Eindringen mit dem Finger realisiert.

17 Landweer spricht davon, daß Frauen das Märtyrerinnenmodell »eingekörpert« werden müsse. Das damit Gemeinte bleibt allerdings dunkel, da es ihrer an Goffman und Foucault orientierten Studie an einem geeigneten begrifflichen Instrumentarium mangelt, um Phänomenbereiche wie Körper – Wissen – leibliche Erfahrung in ihrem Verhältnis zueinander beschreiben zu können.

Von der ersten Entdeckung der Offenheit des Leibes ausgehend, beginnt eine regelrechte Entdeckungsreise.

GERBURG: *Ich habe mir dann son Massagestab besorgt, du mußt ganz schön grob zu dir sein ja, (X) is nich so, daß es einfach immer gleich so flutscht und so, ...det geht Millimeter für Millimeter tiefer. Ja. Und det dauert und dauert und ich hatte son der war so eigenartig gemustert und an dem Muster konnte ich denn immer sehn, wie weit der Stab ringing ne, und da hab ick denn immer jemerkt, et geht immer n Stückchen tiefer, immer n bißchen weiter rein. Und denn hatte ich n Widerstand gespürt, ...dachte immer – nee, det ist noch nicht zuende – ...det geht noch weiter rein und eines Tages habe ich den Widerstand auch überwunden, und det is n Muskelkranz, der innen drinnen is, genau wie bei der Frau auch und dieser Muskelkranz, den kannst du richtig bewegen.*

GL: *Mhm. Bewußt auch?*

GERBURG: *Ganz bewußt kannste det machen, und damit machste Männer verrückt (lacht). Ja aber den mußteste auch erst mal wieder weiten und dadurch jeschmeidig machen, denn ein Muskel, der nich bewegt wird, der wird schlapp, (X) und det muß denn erstmal jeweitet werden, und danach is et dann aber n ganz schönes Stück tiefer jegangen, (X) ja und denn ging es ja dann immer weiter, bis ich dann gesagt habe, der bringt nun auch nichts mehr, der Massagestab, und denn habe ich mir n Gummipenis gekauft, (X) und das wurde dann immer n bißchen dicker und da mußte ganz schön Geduld haben und denn passiert es ja auch immer, daß es mal n bißchen einreißt. (X) Aber weißte, det is alles nichts Schlimmet, da reißt die Haut mal n bißchen ein und det heilt dann wieder, det passiert immer mal.*

Mit Hilfe des Massagestabes und eines Gummipenis wird die neue Öffnung immer tiefer, und Stück für Stück wird der geschlechtlich bedeutungslose leibliche Innenraum, der ehemals in einen männlichen Körper verschränkt war, als geöffneter körperlicher Leib weiblich.

Auch die Erfahrung, daß die neue Vagina blutet und schmerzt, wenn sie geweitet wird, erhält ganz im Sinne der geschlechtlichen Signifikanz des Schmerzes eine weibliche Bedeutung. Von einer Bekannten, der diese Prozedur zu leidvoll war und deren Vagina wieder zugewachsen ist, erzählt Gerburg so.

GERBURG: *Sage ich zu ihr: »daran bist du selbst schuld, dann hast du das nicht richtig gemacht, dann hast du gar nichts gemacht«. (imitiert die Bekannte:) »Ja und das hat immer so weh getan, und dann hats auch mal geblutet.« Ja, sage ick: »Weißte, wenn de dich n bißchen mit den weiblichen Körper beschäftigt hättest und mit sexuellen Dingen beim Mädchen«, sage ick, »dann wüßtest de och, daß se beim ersten, zweiten und dritten Mal och blutet. Ja«. (X) »Und vielleicht noch öfter. Nich, wenn se das erste Mal Verkehr hat.« Sage ick »und dann mußte dich darum gar nicht kümmern zum Anfang is es ja erklärlich, daß es mitunter ja doch n bißchen blutet, ja, denn et reißt ja mal was ein« (X) »denn det wird ja geweitet nich«. (X) Naja, und det kann man denn nich auf den Doctor schieben, uff den operierenden Arzt, det geht nich.*

Hier wird zum einen ausgeführt, wie selbstverständlich und problemlos der Verweis geschlechtlich insignifikanter Regionen des Körpers bzw. des körperlichen Leibes auf ihre signifikanten Äquivalente funktioniert. Zum anderen wird aber auch der Arzt entmachtet, nicht seine Operationskünste garantieren eine neue Vagina, sondern die schmerzhafte Aneignung der Körperöffnung als Struktur der leiblichen Erfahrung. Erst in diesem Prozeß wird der Innenraum geschlechtlich signifikant.

Der Lohn dieser überaus schmerzhaften Mühen ist eine angstfreie Sexualität mit Männern.

GERBURG: *Das is dann doch ne Sache, die sich dann doch . . 1 auszahlt, daß de also überhaupt keine Angst mehr haben brauchst ja, (X) wenn de jetzt mit n Mann zusammen bist ja, denn geht det also bedeutend besser nich, wenn et noch nich soweit is, denn sind immer irgendwelche Schwierigkeiten da.*

Es ist allerdings nicht in jedem Fall so, daß die Öffnung des körperlichen Leibes mit einem Bougi, die subjektive Aneignung ermöglicht.

ANNA: *Oh, da habe ich geschlurt, ich bin halt – erst alle zwei Wochen nach Frankfurt gefahren, dann alle vier Wochen, hab das nachsehen lassen. (X) Dann muß man halt . . . n Dildo tragen und das ist Horror, den habe ich fast ein Jahr durchgehend getragen. Irgendwann habe ich n rausgenommen. Hab dadurch ein bißchen Schwierigkeiten, ist alles sehr eng und so, aber . . 3 auf Geschlechtsverkehr is mir mehr oder weniger dadurch vergangen. Ich habe zwar Geschlechtsverkehr gehabt, aber . . 2 möchte ich gar nich. Das – weiß ich nicht, das ist auch*

irgendwie sehr ungünstig für mich, wenn es irgendeine Möglichkeit
gibt, das zu umgehen, wäre das sehr klug. Ich weiß nicht, ob man das
ohne Knacks machen kann. (X) Ich habe eine Miederhose an, und
dann eben, weiß nicht, 20 cm, 3 cm im Durchmesser, und das ist
wirklich aus Stahl, Chirurgenstahl. Und das eben die ganze Zeit im
Bauche und dann hat das unten so Kanten, daß die Schamlippen
dauernd geblutet haben. Ich meine, das ist dann irgenwann alles ver-
heilt, aber dieses Teil – das möchte ich echt nicht mehr sehen – das
dauert halt ewig, bis es verheilt.

GL: *Mhm. Wie lange hat's bei dir insgesamt gedauert?*

ANNA: *Bis das wirklich ausgeheilt war – ja, bis ich das Teil halt rausge-*
nommen habe. Ja, sagen wir, zehn Monate...2 Richtig absolut be-
schwerdefrei bin ich vielleicht seit, ..3 seit dem Winter. (X) Das hat
auch ewig noch Entzündungen gegeben und immer wieder vereitert
und Antibiotika und ..15 Ich meine, es wäre sicher besser, wenn ich
das Teil da irgendwann reintun würde und das länger benutzt hätte,
aber das geht echt nicht, (X) das tue ich mir auch nicht an...2 Ich
meine, ich halt es natürlich sauber und und – aber ich gehe halt mit
dem Teil da nicht rein – ich mache es mit der Hand. (X) Aber ich habe
einen Knacks weg davon, ich laß da keinen mehr ran nä. Ich hasse das
auch, wenn mir irgend jemand da ..2 rum – da rumspielt, das kann
ich nicht haben. Das is n bißchen schwierig. Ich mein, das kann sich
wieder ändern, ich weiß nicht, vielleicht ist das ja auch irgendwann
nicht mehr so ..2 so drin. Aber im Moment habe ich dann immer diese
Vorstellung von sonem Stahlteil, wie das so blutig war und so. Ich
meine, ansonsten ist das toll, das hat alles Gefühl, die Schamlippen
haben Gefühl, alles, das ist schon – toll.

Zu bougieren hat für Anna eindeutig den Charakter einer Tortur, die
die neue Leibesöffnung im Schmerz eher zu einer offenen Wundhöhle macht, statt zu einer Vagina. Eine Neugestaltung des körperlichen Leibes im Sinne einer Vagina scheint erst dann eingesetzt zu
haben, als sie die eigene Hand statt des »Chirurgenstahls« verwendet,
um sich die Körperöffnung leiblich anzueignen. Jede Berührung anderer scheint diesen Prozeß zu gefährden, denn dadurch droht aus
der Vagina erneut eine Wunde zu werden.

Sowohl Gerburg als auch Anna ist es gelungen, das neue Genital in
irgendeiner Weise als etwas Eigenes in die leibliche Erfahrung zu

integrieren, wodurch sie die Scham, das Ausgangsgeschlecht zu sein, bzw. die Entsubjektivierung der leiblichen Erfahrung bewältigen konnten. Es kann aber auch geschehen, daß die Fremdheit gegenüber sich selbst auch durch die Operation nicht gemildert wird. Aber selbst das verhindert nicht, daß der neue Körper leiblich als geschlechtsangemessen erfahren wird. Die nichttranssexuelle Frau G. hat zu mehreren transsexuellen Frauen und Männern Kontakt. N. hat mit ihr ausführlicher über die Operation, die Nachsorge und ihre sexuellen Erfahrungen gesprochen.

FRAU G.: *N. hat mir diese ganzen Sachen vom Bougieren erzählt und hat so erzählt, es sei natürlich alles viel schöner als vorher mitm Geschlechtsverkehr, den sie auch vorher hatte als Mann. Aber so wie sie sich das vorgestellt hatte, sei es doch nich und sie fände es auch im Grunde – und es hat sich dann so etwas gesteigert – so ziemlich unangenehm und wenn der Mann dann das Zeugs in sie reinspritzt und das läuft dann hinterher wieder raus und sie würde hinterher auch gleich ins Bad gehen. Nu is das ne Empfindung, die viele Frauen haben, (X) aber sie mit – im Grunde genommen so sich geschildert als mit einer ihr persönlich auch fremden Öffnung versehen, die ihr also – zu der sie so ne Distanz hat, nich (X) und die ihr eigentlich ... ja was damit passiert, is ihr doch ziemlich unangenehm, aber das muß wohl so sein, wenn man ne Frau is – so hat sie mir das dargestellt. (X) Und ich hab das einem Freund erzählt. Es war wirklich absurd. Hab dem das so erzählt und der kriegte son Kopp, weil so hab ich mit dem noch nie geredet. Ich hab mit dem irgendwie durchaus ne erotische Spannung, (X) und wo ich normalerweise sowas nie .. 2 auf n Tisch packen würde, ... wir reden relativ offen miteinander, aber so, so, so doch nich, und ich hab mich plötzlich dabei beobachtet, wie ich also diesem Mann etwas erzähle, wie Frauen Männer und also auch ihn erleben, erleben können, (X) wie möglicherweise seine Frau ihn erlebt und hab aber diese ganzen Gedanken völlig weggetan nich. Ich hab, für mich wars ne rein, also, ne, auch son chirurgisches Problem und, ... nun is diese Frau (N., GL) damit versorgt worden, nu soll se damit umgehen, und sie is gar nich glücklich und vielleicht is es alles falsch und hatte so ne seelische – also so Sachen richtig abgespalten nich und merkte dann in der Reaktion, irgendwie bin ich verändert im Umgehen mit m Körper.*

Diese Schilderung ist sehr komplex. Zum einen geht es um den

Schock über die Entsubjektivierung der leiblichen Erfahrung, zum anderen um die Erschütterung über die Schamlosigkeit, die sich mit der technisierten Rede über Sexuelles einstellen kann und die dazu führt, daß Frau G. einem Mann ein ansonsten unter Frauen gehütetes Geheimnis »anvertraut«, und schließlich geht es um die Darstellung der leiblichen Erfahrungen von N.

Auf der Grundlage der Beschreibungen von Frau G. läßt sich nicht entscheiden, ob die Fremdheit, die N. gegenüber ihrem Körper erlebt, durch die Form ihrer sexuellen Begegnungen bestimmt ist oder nicht. Auch Anna würde ihr Körper, den sie ansonsten durchaus als »ihr eigen« erlebt, wieder fremd werden, wenn sie an das Bougieren erinnert würde, indem ihre Liebespartner in ihre Vagina eindringen. Frau G. ist zwar geschockt darüber, wie fremd sich eine Frau in einer sexuellen Begegnung leiblich sein kann, aber das führt nicht dazu, daß sie N. nicht als Frau akzeptiert. Im Gegenteil, sie empfindet es als eine Art unangebrachter Aufklärung, diesen Mann anhand von N.s Schilderung über Aspekte sexueller Begegnungen zwischen Männern und Frauen in Kenntnis gesetzt zu haben, über die sie ihn zuvor im unklaren gelassen hatte.

Die Darstellung von Frau G. hat etwas Doppeldeutiges, einerseits hält sie die Fremdheit gegenüber der eigenen leiblichen Erfahrung für etwas, das spezifisch für Transsexuelle ist, andererseits ist diese Fremdheit aber zumindest in sexuellen Begegnungen nach Frau G.s Ansicht etwas, das allgemein auf die Erfahrungen von Frauen zutreffen kann. Es bleibt letztlich unklar, ob N. unglücklich ist, weil es für sie falsch war, eine Frau zu werden, oder deswegen, weil sie in die Misere weiblicher Realität übergewechselt ist. Wenn man N.s eigenem Verständnis folgt – soweit es von Frau G. beschrieben wird –, trifft das letztere zu: »aber das muß wohl so sein, wenn man ne Frau« ist.

Es scheint im Zusammenhang mit der Operation und der leiblichen Realität des neuen Körpers kaum eine Widrigkeit zu geben, die nicht als signifikant fürs weibliche Geschlecht erfahren werden könnte.

Betrachtet man das operative Procedere insgesamt und berücksichtigt auch die Ergebnisse des dritten Kapitels, lassen sich drei Ebenen unterscheiden, auf denen die Operation wirkt. 1. Sie ist wichtig im Rahmen »ich«-bezogener Realisierungseffekte, d. h., sie ist ein – wenn nicht der – Beweis, daß »ich« die Versprechen, die mit der Selbsterkenntnis, transsexuell zu sein, verbunden sind, einlöst; das ist gewissermaßen die ungeschlechtliche Bedeutung der Operation. 2. Chirurgische Eingriffe operieren im Rahmen kontradiktorischer Oppositionen. Indem sie signifikante Körperformen in ihre regionalen Äquivalente umformen, orientieren sie sich an einer Logik von Vorhandensein bzw. Nichtvorhandensein signifikanter Gestalten des Körpers. 3. Auf der Ebene des Leibes lassen sich mehrere Wirkungen unterscheiden: a) es wird der Bildung beschämender Leibesinseln vorgebeugt; b) der Innenraum des körperlichen Leibes transsexueller Frauen wird leichter geschlechtlich signifizierbar; c) die mit der Operation verbundenen Schmerzen wirken verweiblichend.

Die Asymmetrien bei der Chirurgie der Geschlechtsveränderung beziehen sich darauf, daß eine zentrale Struktur der Konstruktion »Frau«, die Vagina, nur auf der Ebene des körperlichen Leibes und damit nicht in beiden Formen der Binarität existiert, sondern nur in einer polaren Opposition. Aufgrund der Besonderheit von Leibesinseln, daß sie sich nämlich bilden, intensiver gespürt werden und sich wieder auflösen können, ist es möglich, daß die Vagina auf dem Kontinuum signifikant–insignifikant, bzw. vollständig-unvollständig, weitgehend dem Insignifikanz-Pol angenähert werden kann. So läßt sich verstehen, daß der Verschluß des körperlichen Leibes transsexueller Männer keiner unterstützenden operativen Maßnahme auf der Ebene des Körpers bedarf. Umgekehrt stellt sich allerdings die Frage, warum der operative Aufwand bei transsexuellen Frauen notwendig ist, damit sich die Leibesinsel Vagina bildet. Aus dem Gesagten ergibt sich hierzu das Folgende. Es hatte sich bei transsexuellen Männern gezeigt, daß die Existenz einer den Penis und damit Mannsein bedeutenden Klitoris den körperlichen Leib verschließt. Diese Wirkung dürfte noch viel ausgeprägter einem Penis zuzuschreiben sein; zumal es nicht sehr gut zu funktionieren scheint, diesen aus einer kontradiktorischen in eine polare Opposition zu überführen, um so seine Signifikanz auf einem Kontinuum vollständig–unvollständig verschieben zu können. Selbst wenn es gelingt, den durch einen binär codierten Penis verschlossenen körperlichen Leib zu öffnen, verbleibt der Penis selbst immer noch in einem kontradiktorischen Gegensatz, der den gegenwärtigen körperlichen Leib transsexueller Frauen nur dann für eine Öffnung freigibt, wenn der Penis auf die Operation hin erfahren wird, d. h. als einer, der zukünftig nicht da ist.

Die ausgeprägte Stabilität des Penis als Zeichen der binären Geschlechteropposition hängt nicht zuletzt mit seinem Bedeutungsgehalt zusammen. Er bedeutet umfassender als alle anderen körperlichen Formen das Geschlecht, in Wechselwirkung mit seinem Sinngehalt ist er als Zeichen schärfer als andere akzentuiert. Je zentraler und wichtiger der Bedeutungsgehalt ist, um so deutlicher ist das Zeichen, d. h., es kann schwerer übersehen werden.[18]

Bezogen auf die Verschränkung von Körper und Leib läßt sich dieser Sachverhalt so beschreiben. Männliche Geschlechtskörper, die über das aufgrund seines Bedeutungsgehalts am wenigsten zu übersehende Geschlechtszeichen verfügen, sitzen in der Verschränkung mit dem Leib den Beteiligten geschlechtlich deutlicher unter der Haut und strukturieren die leibliche Erfahrung auf eine nachhaltigere Weise als weibliche Geschlechtskörper. Männliche Körper-Leiber sind so umfassender in eine kontradiktorische Opposition eingeordnet, während weibliche Körper-Leiber eine ausgeprägte Tendenz zur polaren Opposition haben. Die Geschlechterbinarität ist also von den beiden Geschlechtern her unterschiedlich strukturiert. Von der männlichen Position aus kontradiktorisch und von der weiblichen Position aus polar. Überspitzt könnte man den Geschlechtergegensatz daher als einen Gegensatz von Oppositionen beschreiben.

4. Asymmetrien beim Einhaken in der Begegnung

Die Interpretation des Geschlechtergegensatzes als einer Opposition von Oppositionen bestätigt sich auch bei einer Analyse der unter-

18 Die Feststellung der höheren Signifikanz der Körperform Penis entspricht einem Ergebnis von Kessler/McKenna (1978: 145 ff.), die darauf hingewiesen haben, daß bei gezeichneten nackten Figuren der Penis immer den Ausschlag gibt, während Personen mit einer Vulva durchaus für Männer gehalten werden können. Allerdings vermeidet meine Interpretation der Signifikanz des Penis eine Reifizierung, indem sie die Deutlichkeit des Zeichens mit Bezug auf die Relevanz seines Bedeutungsgehalts erklärt.

schiedlichen Schwierigkeiten transsexueller Männer und Frauen, im neuen Geschlecht leiblich-affektiv einzuhaken und sich so im System von Gleich- und Verschiedengeschlechtlichkeit auf der Position des neuen Geschlechts zu etablieren. Die weibliche Position befindet sich der männlichen gegenüber in einer polaren Opposition, d. h., die Geschlechtsveränderung findet auf einem Kontinuum statt, auf dem Frausein allmählich ins Mannsein übergeht. Bei der Veränderung von Mann zu Frau stoßen die Beteiligten dagegen an eine deutlich markierte Grenze. Die Betreffenden können dann zwar noch deutlich machen, daß sie keine »richtigen« Männer mehr sind, aber sie werden immer noch als Männer wahrgenommen und nicht als Frauen. Wenn die Geschlechtsveränderung als stabilisierende Reproduktion des neuen Geschlechts gelingt, befinden sich die neuen Männer in einer Position, die scharf gegen das andere Geschlecht akzentuiert ist, womit sie vor »Rückfällen« relativ sicher sind. Umgekehrt befinden sich transsexuelle Frauen als Frauen zu Männern in einer polaren Opposition, die viele Abstufungen bis hin zum Mannsein zuläßt, ihr neues Geschlecht ist so weitaus gefährdeter, es kann auf dem Geschlechtskontinuum gewissermaßen hin und her geschoben werden.

Diese These ermöglicht es, ein Ungleichgewicht in der Materiallage zu erklären, die sich bei der Analyse des Zwangs zur »moralisch und ästhetisch wohlgestalteten Differenz« (vgl. IV.3.) findet. Da die weibliche Geschlechtsposition von der Art ihrer Konstruktion her nicht gegen Verwechslungen mit Männern schützt, muß sie deutlicher herausgestellt werden. Männer unterliegen dem Zwang zur wohlgestalteten Differenz nicht, dieses Problem stellt sich nur für Personen, deren Geschlecht in einem polaren Gegensatz zum anderen steht. Daß ihr Geschlecht auf ein Kontinuum Frausein–Mannsein verschoben werden kann, charakterisiert – wie das Beispiel der leichteren Entdeckung des Mannseins bei transsexuellen Männern durch die GutachterInnen zeigt – nicht nur die Erfahrung transsexueller Frauen, die leichter »rückfällig« werden, sondern auch die transsexueller Männer, die leichter Männer werden.

Offen ist noch die Frage, worin der schärfere Akzent besteht, der die männliche Position in eine kontradiktorische Opposition zum Frausein bringt. Dieses Problem läßt sich anhand der Analyse von Situationen klären, in denen das neue Geschlecht von Transsexuellen zweifelhaft ist. Beim Zweifel, das neue Geschlecht zu sein, kann es sich sowohl um den Zweifel an sich selbst handeln als auch um den Zweifel anderer an der Geschlechtszugehörigkeit der betreffenden Person. Der Unterschied zwischen transsexuellen Frauen und Männern scheint nun darin zu bestehen, daß sie verschiedene Möglichkeiten haben, mit beiden Formen des Zweifels umzugehen.

Um das zu verstehen, ist es sinnvoll, sich noch einmal die doppelte Perspektive der formalen Struktur der alltäglichen Konstruktion des Geschlechts zu vergegenwärtigen: Erstens: ich bin ein Geschlecht, indem ich eines für andere bin; zweitens: andere sind ein Geschlecht für mich, indem ich eines bin. Die Konstruktion »Frau« zieht diese beiden Momente nun in einer qualitativ anderen, gewissermaßen zwingenderen Weise zu einer Einheit zusammen, während es die Konstruktion »Mann« eher erlaubt, das Aufeinanderbezogensein beider Perspektiven zu lockern.

Die Analyse des Prozesses der Entsubjektivierung hatte ergeben, daß das Wünschen als erlebter Affekt den realen Bezugspunkt des wünschenden »ich« bildet, als das sich Transsexuelle bezeichnen, wenn sie dem Ausgangsgeschlecht die Qualität, Ich zu sein, absprechen, d. h. es entsubjektivieren. Ein wichtiges Moment dieses Prozesses war es, den Druck des Realen zu verändern, indem dieses zu etwas wird, dessen man sich schämen muß. Die transsexuelle Revolte hatte ich als einen Ausbruch aus der Scham, das eigene Geschlecht zu sein, beschrieben, in der sich ein leibliches »ich« als es selbst engagiert. Diese Revolte wirft nun je nach Richtung der geschlechtlichen Veränderung unterschiedliche Probleme auf.

Bei Frau-zu-Mann-Transsexuellen hat die brüske Behauptung, das andere Geschlecht zu sein, die Tendenz, wie von selbst zu einer selbstverständlichen Wirkung als Mann zu führen. Es kann sogar so sein, daß das Faktum der rücksichtslosen Behauptung des eigenen Geschlechts auch dann zu einer Einordnung als Mann führt, wenn die betreffende Person explizit darauf besteht, eine Frau zu sein. In jedem Fall gefährdet die konsequente Behauptung des männlichen Geschlechts gegen einen Zweifel anderer nicht das männliche Selbstgefühl transsexueller Männer, sondern verstärkt dieses. Ihnen ist es also möglich, aus der leiblichen Enge, in die sie durch Scham und Angst gedrängt werden, auszubrechen. Dies ist bei transsexuellen Frauen nicht in der gleichen Weise der Fall. Die brachiale Behauptung des neuen Geschlechts angesichts eines Zweifels anderer droht vielmehr die Anerkennung im neuen Geschlecht endgültig zu ruinieren. Darüber hinaus ist auch das geschlechtliche Selbstgefühl transsexueller Frauen gefährdet.

Die deutliche Akzentuierung des männlichen Geschlechts, die dieses zum weiblichen in eine kontradiktorische Opposition bringt, besteht also in der Möglichkeit einer offensiven Selbstbehauptung, die die Definitionsmacht über das eigene Geschlecht einschließt. Beide transsexuellen Geschlechter müssen sich dieser offensiven Vorgehensweise bedienen, die bei transsexuellen Männern allerdings die deutliche Absetzung vom Frausein ermöglicht, während sie bei transsexuellen Frauen dazu führt, in dem Maße Männer zu bleiben, wie sie sich dafür engagieren, Frauen zu werden. Eine hervorgehobene Form der Selbstbehauptung ist die körperliche, aggressive Durchsetzung des eigenen Geschlechts. Gewaltbereitschaft bildet einen essentiellen Bestandteil der Konstruktion »Mann«.

Der transsexuelle Mann Charly spricht zwar nicht explizit davon, daß er sich geschämt hat, als Mädchen angesehen zu werden, aber auf jeden Fall stellt es für ihn eine Beleidigung dar, als ein solches angesprochen zu werden. Mit 15 Jahren beginnt er, die Zumutung, ein Mädchen zu sein, zurückzuweisen.

CHARLY: *Sobald jemand gesagt hat, (verächtlich:) Du Schnalle! Du Mädchen! (feststellend:) Gabs eins auf die Mütze, aber ich hab mich auch nich dazu geäußert.*

Im Verlauf seiner weiteren Entwicklung dient ihm die zornige Reaktion auf die Beleidigung, ein Mädchen sein zu sollen, dazu, das Ausgangsgeschlecht nicht sein zu müssen.

CHARLY: *Das war früher im Jugendzentrum, aber das war mehr oder weniger in Frage gestellt, ob du n Mädchen bist. Aber es kam auch durch andere Leute, die mich eben kannten, die ham das gesagt, aber trotzdem wollten sie es wissen. Die einzige Antwort, die ich gegeben hab, der is dann mit m Gesicht an Stuhl geknallt, der andere hat gesagt, is schon okay. Das war eigentlich so die meiste Erinnerung, die ich dran hatte. Ja und dann war ich einmal in n Laden rein und der hat dann gesagt: »Was brauchst du denn mein Deern?« Und da hab ich nur gesagt, seh ich so aus und da war das Thema auch wieder gut.*

Daß es für Charly eine Ehrverletzung darstellt, als Frau angesprochen zu werden, gilt in diesen beiden Darstellungen zumindest für die erste Schilderung, wie sich aus seiner spontanen Strafaktion ergibt. Da beide Begebenheiten hintereinander erzählt werden und die Darstellungen einer zweifelhaften Geschlechtswirkung insgesamt mit der Bemerkung abgeschlossen werden, »da war das Thema wieder gut«, kann man davon ausgehen, daß diese Feststellung auch für die zweite Schilderung gilt. Die Reaktion des zweiten Beleidigers der ersten Schilderung – »is schon okay« – funktioniert darstellungstechnisch als Äquivalent der Formulierung: »Da war das Thema wieder gut.«

Jetzt kann man darangehen zu untersuchen, was es heißt, daß alles »okay« ist, nachdem der Kopf des ersten Beleidigers auf den Stuhl geknallt ist. Implizit unterscheidet Charly zwischen zwei Kategorien von Zweifelnden: erstens diejenigen, die ihn nur so kennen, wie er damals war, zweitens diejenigen, die ihn von früher kannten. Für die Zweifelnden der ersten Kategorie war es »in Frage gestellt, ob du 'n Mädchen bist«.

Die grammatische Form der Darstellung des Sachverhalts, ein Mädchen zu sein, verschiebt den Akzent beim Geschlechtsein auf das Für-andere-Sein. Es ist fraglich, ob Charly als »du«, d. h. aus der Perspektive eines anderen »ich«, ein Mädchen ist. Bei den Zweifelnden der zweiten Kategorie stellt sich das Problem anders. Es wissen zu wollen, heißt eine klare eindeutige Auskunft zu erwarten, die, von einem subjektiven Engagement getragen, einen Sachverhalt als wahr behauptet, d. h., die Art der Frage weist darauf hin, daß Charlys Geschlechtsein zur Debatte steht, auch insofern er es für sich ist, also auf eine Weise, von der er sich nicht mehr distanzieren könnte. Die Frage zielt darauf, daß er sich umfassend als er selbst als ein Geschlecht bekennt. Auf diese Zumutung reagiert Charly mit einer drastischen Strafaktion.

Es ist zu vermuten, daß er durch diese Aufforderung dahinkommt, sich zu schämen, das Ausgangsgeschlecht zu sein, um auf diese Weise dem Druck des Realen, ein Mädchen zu sein, zumindest subversiv zu begegnen. Seine spontane Gewaltaktion wirkt auf jeden Fall wie die Umkehrung der leiblichen Richtung der nach innen zusammenziehend wirkenden Scham. Mit dieser Aktion betritt »ich«

die Arena der Darstellung und verwahrt sich dagegen, ein Mädchen zu sein. Charly als das damals leiblich-affektiv präsente »ich« bricht aus der leiblichen Enge aus, in die es durch die Scham gedrängt zu werden drohte.

»Ich« behauptet es als sein auch gegen andere durchzusetzendes Recht, kein Mädchen sein zu müssen, und ist mit der Anerkennung dieses Sachverhalts durch »is schon okay« zufrieden. Die affektive Aufwallung hat also ihr Maß an der Anerkennung der Behauptung seines Geschlechts als einen sachlichen Bezugspunkt. In dem Moment, wo das geschieht, findet seine Gefühlswallung abrupt ein Ende. Diese Reaktionsweise läßt sich als zornige Vergeltung einer Beleidigung beschreiben.[19]

Nachdem Charly auf diese Weise klargestellt hat, welches Geschlecht er für sich ist, behauptet er in der zweiten Schilderung in jeder Hinsicht souverän sein neues Geschlecht. Schon am Beginn der zweiten Darstellung taucht »ich« auf, und »ich« kann gelassen das Geschlecht, das Charly als »du« ist, zurückweisen, wodurch sein Gegenüber beschämt wird und Charly einfach ein Mann ist.

Die Möglichkeit, das Ausgangsgeschlecht zurückweisen zu können, spielt auch im weiteren Verlauf der transsexuellen Entwicklung eine Rolle. Der Schwerpunkt liegt auch hierbei auf dem Schutz des neuen Geschlechts gegenüber Personen, die entweder direkt oder durch »Tratsch« wissen, daß der Mann, dem sie aktuell begegnen, einmal eine Frau war.

Manfred, dessen Geschlechtsveränderung schon einige Jahre zurückliegt, hatte währenddessen den Arbeitsplatz nicht gewechselt. Dort denkt jede/jeder, daß er auch am Genitale operiert ist. Er befürchtet, daß hinter seinem Rücken getuschelt würde, wenn herauskäme, daß er noch eine Vulva und eine Vagina hat.

GL: *Und was für Konsequenzen befürchtest du dann?*

MANFRED: *Daß meine Akzeptanz als Mann am Arbeitsplatz im Eimer is.*

GL: *Daß sie dann von dir also auf einmal anfangen – also von Frau Kerl zu sprechen?*

---

19 Diese Struktur entspricht der von Schmitz herausgearbeiteten Charakteristik des Zorns (vgl. Schmitz 1973: 27).

MANFRED: *Das würden se mit Sicherheit nich tun, weil dann hätten se*
n paar Zähne weniger.

Ob Manfred sich im Zweifelsfall wirklich so rabiat verhalten würde,
muß dahingestellt bleiben. Auf jeden Fall hält er es nicht ausschließlich für sein Problem, aufgrund seiner Anatomie als Frau angesprochen zu werden. Er kündigt für diesen Fall auch keine geduldige
Überzeugungsarbeit an, sondern fühlt sich im Recht, diejenigen
durch Prügel zu bestrafen, die ihn als Frau ansprechen. Ein Mann zu
sein, ist auch für ihn ein subjektives Recht, das er notfalls mit Gewalt
durchsetzen kann. Es ist für Manfred und Charly völlig unerheblich,
ob ihr Gegenüber ihre Rechtsauffassung teilt. Entscheidend ist, daß
sie ihr Mannsein mit einer extrovertierten Aktion durchsetzen (bzw.
meinen, dies tun zu können), die ihr Maß einzig in ihrem persönlichen Unrechtsgefühl findet.

In diesen Schilderungen ging es hauptsächlich darum, das eigene
geschlechtliche Selbstverständnis in Situationen zu retten, in denen
den Betreffenden das Ausgangsgeschlecht zugemutet wird. Bezüglich der geschlechtlichen Wirkung auf andere hat die gewalttätige
Behauptung des eigenen Geschlechts in Situationen, in denen dieses
fraglich ist und darüber entschieden werden muß, eine selbstidentifi-
zierend männliche Wirkung. Es scheint unmöglich zu sein, in so
einer Situation das weibliche Geschlecht zornig zu behaupten. Der
transsexuelle Mann Gerhard wirkte schon, als er das Label transsexuell noch nicht für sich akzeptiert hatte und noch als Frau lebte, derart
überzeugend als Mann, daß er regelmäßig auf der Damentoilette
Schwierigkeiten bekam. Ihm war gewissermaßen, ohne es bewußt
angestrebt zu haben, eine Geschlechtsveränderung unterlaufen, einzig aus dem Bestreben heraus, keine Frau sein zu wollen.

GL: *Was fürn Theater geht dann los?*

GERHARD: *Also angefangen von: Kreisch! – Dies is eine Damentoilette*
und überhaupt ... Bis hin, daß ich schon n paar Mal mit der Polizei
rausgeholt wurde, weil man mir auch den Ausweis nich jeglaubt hat
und nüscht ja. Und einmal is es fast zu ner Schlägerei gekommen
deshalb. Also ich war auch nich mehr ganz nüchtern oder so, hatte
aber auch die Schnauze gestrichen voll von dem ewigen Theater.

Die Situationen sind einander sehr ähnlich. Bedingt durch den geschlechtlich separaten Raum »Damentoilette« gibt es vermutlich so-

gar eine Tendenz dazu, diejenigen, die man dort trifft, für Frauen zu halten. Trotzdem wird Gerhard, damals noch Ramona, für einen Mann gehalten, »ihre« Aufgabe besteht darin zu beweisen, daß »sie« kraft »ihres« Geschlechts dazu berechtigt ist, an diesem Ort zu sein. Zu diesem Zweck wendet »sie« das gleiche Mittel an wie die beiden Männer. »Sie« behauptet »ihr« Geschlecht, ohne sich darum zu kümmern, ob die andere Toilettenbesucherin mit »ihr« einer Meinung ist. In seiner Darstellung geht Gerhard nicht auf die Zweifel der anderen ein, sondern präsentiert mit dem Ausweis, daß er schließlich von Staats wegen das Recht hätte, an diesem Ort zu sein. Als auch das nichts nützt, eskaliert die Situation so, daß es fast zu einer Prügelei kommt. Keine »ihrer« Bemühungen führt zu dem gewünschten Erfolg. Auch die Polizei glaubt nicht, daß eine Person, die sich so präsentiert, eine Frau sein könnte, obwohl im Ausweis ein Foto ist mit dem eindeutig weiblichen Namen Ramona. Als Frau darf man offensichtlich nicht einfach »die Schnauze gestrichen voll von dem ewigen Theater« haben und rücksichtslos auf dem eigenen Recht bestehen.

Anhand dieser Darstellungen von Extremsituationen läßt sich eine Struktur extrapolieren, die sich in subtiler Form auch in gewöhnlichen Interaktionen aufweisen läßt. Die geschilderte Form des Kontakts erlaubt es, die paradoxe Struktur der transsexuellen Behauptung des neuen Geschlechts in sich aufzunehmen. Im Streit – am ausgeprägtesten in einer Prügelei – wird einerseits eine intensive leiblich-affektive Beziehung realisiert. Andererseits wird dem anderen in der zornigen Behauptung des eigenen Geschlechts bzw. dessen Ablehnung gerade das Recht abgesprochen, das Geschlecht der zornigen Person bestimmen zu können. Es wird also eine Beziehung realisiert und zugleich das Geschlecht, das eine Person für andere ist, bestritten. Diese Struktur kann die transsexuelle Revolte in sich aufnehmen, ohne daß sie dabei wesentlich umgeformt werden müßte.

20 Das heißt nicht, daß jede Frau, die es wagt, das männliche Gewaltmonopol zu brechen, immer für einen Mann gehalten wird. Es gibt allerdings eine starke Affinität zwischen physischer Gewaltbereitschaft und männlicher Wirkung. GEDÄCHTNISPROTOKOLL: Eine Frau, die sich zum damaligen Zeitpunkt nicht als transsexuell verstand, aber sehr männlich wirkte, so daß, wenn sie mit ihrem Freund unterwegs ist, die beiden oft für ein schwules Paar gehalten wurden, berichtet, daß Männer sehr aggressiv reagieren, wenn sie sich gewalt-

Umgekehrt heißt das, diese wird möglich, ohne daß ein Kontakt-abbruch erforderlich wäre, denn die Struktur der Beziehung selbst garantiert die Möglichkeit, das eigene Geschlecht souverän zu be-haupten. Es scheint sogar eine gewisse Tendenz dahin zu geben, eine Person, die ihr Geschlecht brüsk und kompromißlos gegen den Zweifel anderer behauptet, eo ipso als männlich wahrzunehmen.[20]

Die Schilderungen, in denen das eigene weibliche Geschlecht er-folgreich gegen den Zweifel bzw. Anfechtungen seitens anderer durchgesetzt wird, weisen eine andere Beziehungsstruktur auf. Um sich als Frau zu behaupten, ist es für die bezweifelte Person wichtig, es so zu tun, daß die Zweifelnden ihre Ansicht teilen oder sie zumin-dest davon ausgehen kann, dies sei der Fall.

GEDÄCHTNISPROTOKOLL:

ZWEIFLERIN: *Das ist hier für Frauen!*

TS: *Deshalb bin ich ja hier (sie merkt, daß der Zweifel nicht ausgeräumt ist und fügt nach einer kurzen Pause freundlich an:) es passiert mir öfter, daß ich für einen Mann gehalten werde – auch weil ich so groß bin.*

ZWEIFLERIN: *(sieht sie genauer an) Ja, das muß es sein.*

Dieser Dialog wurde auf einer Londoner Toilette in englischer Spra-che geführt, das ist sprachlich insofern wichtig, als der letzte Satz auf englisch lautete: »Yes, that must be it, dear.« Die transsexuelle Frau schloß aus der Verwendung des Wortes »dear«, daß der Zweifel tat-sächlich bereinigt war.

Auf diese Weise läßt sich durchaus – auf eine moralische Weise – Druck erzeugen.

RENATE ANDERS: *Einer fing es besonders raffiniert an und fragte mich scheinheilig, ob ich Amanda Lear kennte, deren wahres Geschlecht zu der Zeit gerade in etlichen Publikationen zum Gegenstand peinlicher und geschmackloser Spekulationen gemacht wurde, ihr jedoch zu enormer Popularität im Plattengeschäft verhalf; die solle früher ein Mann gewesen sein. Als ich seine Frage bejahte, fügte er hinzu: »Wissen Sie, daß Sie auch so eine Stimme haben?« Da lachte ich ihm ins Gesicht und dankte ihm für das Kompliment: »So etwas Nettes*

sam gegen Anmache zur Wehr setzt. »Wenn 'ne Olle mal hinlangt, is das gleich ganz was anderes.«

hat mir lange keiner mehr gesagt, wenn ich damit doch auch so viel Geld verdienen könnte!« Er aber stand da wie ein begossener Pudel und schämte sich wohl, mir eine so dumme Frage gestellt, mich in einem so unhaltbaren Verdacht gehabt zu haben. (Anders 1984: 159)

Zunächst wird Frau Anders in die Lage gebracht, ihr Geschlecht gegen einen Zweifel behaupten zu müssen. Der Zweifel deckt auf, daß etwas nicht so ist, wie es bei einer Frau sein sollte, bei ihr war es die Stimme. In dieser Schilderung wird das weibliche Geschlecht am ausgeprägtesten als ein Recht behauptet. Denn die Verkennung der Tatsachen führt dazu, daß sich der Zweifler schämen muß. Die Durchsetzung ihres Rechts vollzieht sich aber nicht so, daß sie ihr Recht einfach behauptet, sondern sie bekommt den anderen dahin, daß er sein Unrecht einsieht. Es ist ein Fehler passiert, und jetzt muß geklärt werden, wer schuld hat. Liegt es an ihr, weil sie eine so tiefe Stimme hat, d. h., müßte sie sich ihrer Stimme schämen, oder muß sich der andere schämen, der ihre Stimme als ein Zeichen des Mannseins verstanden hat. Obwohl eine Frau zu sein von Anders als Recht behandelt wird, ist es nicht etwas, das einfach gegen den anderen als ein subjektives Recht durchgesetzt werden könnte, vielmehr muß der Zweifler vermittels der Beschämung in die Anerkennung dieses Rechts einbezogen werden.

In diesen Beschreibungen steht das Geschlecht für andere im Mittelpunkt. Die Entsprechung zur für Männer möglichen kompromißlosen Durchsetzung des neuen Geschlechts geht allerdings noch weiter. Durch eine kompromißlose Behauptung können transsexuelle Frauen auch das eigene geschlechtliche Selbstverständnis gefährden.

GEDÄCHTNISPROTOKOLL: *Frau W. beklagt sich darüber, daß die Gutachter so langsam sind. Sie würde sich dann so aufregen und auch immer wieder dahin gebracht, aggressiv zu sein, und das wolle sie gar nicht. Das sei eine männliche Eigenschaft, und hinterher würde sie sich dann noch mehr dafür hassen, daß sie sich wieder so männlich verhalten habe.*

Ausgehend von diesen Überlegungen lassen sich die unterschiedlichen Möglichkeiten der Geschlechtsveränderung von transsexuellen Männern und Frauen formulieren. Transsexuelle Männer können aus der Scham, das Ausgangsgeschlecht zu sein, ausbrechen, das neue Geschlecht behaupten und sich zugleich wieder auf eine Beziehung einlassen, ohne die souveräne Behauptung des eigenen Geschlechts aufgeben zu müssen. Transsexuelle Frauen gefährden dagegen ihr neues Geschlecht, wenn sie aus der Scham, das Ausgangsgeschlecht zu sein, ausbrechen und einfach behaupten, sie seien Frauen. Wenn sie sich im neuen Geschlecht auf eine unmittelbare Umweltbeziehung einlassen, ist dies in zweifacher Hinsicht problematisch. Damit dies gelingt, müssen sie erstens die kompromißlose Behauptung des neuen Geschlechts aufgeben und dieses von der Zustimmung der anderen abhängig machen. Das gilt, was das Geschlecht für andere betrifft, auch für transsexuelle Männer. Zweitens riskieren transsexuelle Frauen bei dieser notwendigen Distanzverringerung aber auch die eigene geschlechtliche Selbstgewißheit, da ihr Geschlecht umfassender von der Zustimmung anderer abhängt.

Dies führt zu der Hypothese, daß transsexuelle Frauen und Männer zu unterschiedlichen Zeitpunkten des Veränderungsprozesses Schwierigkeiten haben. Bei Frau-zu-Mann-Transsexuellen liegt demnach das wesentliche Problem darin, das Ausgangsgeschlecht zu verlassen und die Behauptung zu wagen, das andere zu sein. Wenn sie das allerdings erst einmal geschafft haben, geht die transsexuelle Behauptung relativ leicht im Mannsein auf. Mann-zu-Frau-Transsexuelle haben es anfangs – als Männer – leichter zu behaupten, das neue Geschlecht zu sein, die Schwierigkeit liegt darin, die transsexuelle Behauptung im Frausein aufgehen zu lassen.

Die Selbstbehauptung, die sich im Extremfall einer gewalttätigen Durchsetzung seiner selbst bedient, erweist sich so als eins der konstitutiven Momente, das das Mannsein in einen kontradiktorischen Gegensatz zum Frausein bringt, d. h. nicht unbedingt, Frauen könnten sich nie mit Gewalt durchsetzen, aber unter die Sachverhalte, die auf diese Weise erfolgreich behauptet werden könnten, fällt das Frausein in keinem Fall. Frauen können sich zwar selbst behaupten, tun damit aber nichts, das für ihr Frausein konstitutiv wäre, im Gegenteil, je mehr sie auf sich beharren, um so eher werden sie auf dem Mann-Frau-Kontinuum ins Männliche verschoben. Im Unterschied dazu ist die Selbstbehauptung für das Mannsein konstitutiv und hebt dieses scharf vom Frausein ab: Jemand, der mit Gewalt für sein

Recht einsteht, ist ein Mann. Ausgehend von dieser Struktur ergeben sich für transsexuelle Frauen und Männer unterschiedliche Schwierigkeiten, erneut in der leiblich-affektiven Realität einzuhaken.

Wenn das Geschlecht gegen den Zweifel anderer behauptet wird, heißt das, gegen die anderen auf dem eigenen Wunsch zu bestehen. Der Prozeß des Wiedereinhakens in der leiblichen Interaktion besteht also darin, den Wunsch mit der Interaktion zu verschmelzen, wodurch definitiv das neue Geschlecht real würde.

Beim erneuten Einhaken lassen sich verschiedene Ebenen benennen, die gewissermaßen Graden der Distanzverminderung entsprechen. Ganz grob lassen sich zwei Ebenen differenzieren: zum einen die gestische und kleidungsmäßige Darstellung des Geschlechts und zum anderen das Sprechen. Beim Sprechen wiederum ist zu unterscheiden zwischen der stimmlichen Präsentation des Geschlechts und der Deklaration der eigenen Person als ein Geschlecht, sei es durch den Vornamen oder durch den pronominalen Bezug in der dritten Person Singular auf die eigene Person.

Die beiden Ebenen stehen in engem Zusammenhang mit der Struktur der interaktiven Geschlechtskonstruktion: die kleidungsmäßige und gestische Darstellung des Geschlechts kann überzeugend gelingen, auch wenn sich die betreffende Person situativ nicht sicher ist, wes Geschlechts sie ist. Es ist dann gewissermaßen so, als wollte sie für sich überhaupt kein Geschlecht sein, sondern nur eines für andere.[21] Ein Gespräch anzufangen, bedeutet im Verhältnis dazu schon eine einschneidende Distanzverminderung, womit die Gefahr, entdeckt zu werden, in der subjektiven Einschätzung steigt. Das liegt zum einen daran, daß mit dem Sprechen die Verwendung eines Ausdrucksmediums – die stimmliche Präsentation – dazu kommt, das angemessen benutzt werden muß. Im Rahmen der transsexuellen Entwicklung fällt es offensichtlich schwerer, einen männlichen Stimmausdruck in einen weiblichen zu transformieren als umgekehrt. Für diese Schwierigkeit wird üblicherweise auf den Stimmapparat hingewiesen. Da die Schwierigkeiten im Prozeß der Geschlechtsveränderung sich allerdings auch sonst nicht parallelisieren lassen, scheint mir diese Annahme nicht sehr plausibel zu sein.

21 S. o. II.: das Beispiel Gabriel/Daniela.

Mann-zu-Frau-Transsexuelle haben mit der Schwierigkeit, die Stimme zu benutzen, in einem größeren Ausmaß zu kämpfen als Frau-zu-Mann-Transsexuelle. Die folgenden beiden Darstellungen sind zwar extrem, aber für Mann-zu-Frau-Transsexuelle nicht ungewöhnlich, während sich bei Frau-zu-Mann-Transsexuellen nicht so leicht vergleichbare Schilderungen finden lassen. Eine transsexuelle Frau schildert das problematische Verhalten einer ebenfalls transsexuellen Freundin so.

LEONORE: *Friederike redet einfach nicht, da hat sie Angst. Ich war mit ihr bei Karstadt und wir standen am Süßwarenstand – mit den Pralinen, davon wollte sie welche haben. Die Verkäuderin fragt dann, was sie möchte und sie sagt nur (langgezogen:) mmmm, zeigt nur drauf und die Verkäuferin fragt dann: »100 Gramm?« und sie nickt. Das war so komisch. Die Verkäuferin war auch ganz irritiert, das fällt viel mehr auf, als wenn man redet, ich mache das immer, frage, wie die schmecken und überhaupt. Das einzige ist, ich achte drauf, daß mich die Verkäuferin vorher sieht und ich erst dann was sage, sonst könnte das mit der Stimme problematisch werden.*

Leonores Freundin trug in dieser Situation eindeutig weibliche Kleidung und wurde nach Leonores Einschätzung auch zunächst als Frau eingeordnet. Wahrscheinlich um diesen Erfolg nicht zu gefährden, macht sie den Mund nicht auf.

Die Angst, aufgrund der Stimme als Mann eingestuft zu werden, kann sogar so weit gehen, daß die Betreffende fast völlig verstummt.

RIA: *Im (nennt den Namen eines Lokals) sitzt auch immer eine, die sieht wirklich gut aus, total überzeugend, aber wenn sie als Frau unterwegs ist, sagt sie kein Wort, wenn sie einer anspricht, nickt sie nur, aber sagen tut sie nichts. Oder sie schüttelt den Kopf, aber kein Wort.*

Für diese extreme Zurücknahme ihrer selbst gibt es bei transsexuellen Männern keine Parallele.

Ein wichtiges Element des Stimmausdrucks ist die Akzentuierung der situativen Präsenz eines leiblichen sprechenden »Ich« in einer Situation.

VERENA: *Das war eine von diesen Firmen, wo man so von überall also zum Ortstarif anrufen kann; habe ich also gemacht, melde mich einfach mit Peters und der Typ am anderen Ende ganz freundlich: Guten Tag Frau Peters. Da war ich natürlich unheimlich stolz – also so am Telefon nur die Stimme und dann* Frau *Peters und ich versuche gleich also noch n bißchen höher und weiblicher zu reden und so, und als er mich dann wieder anredet, sagt er Herr Peters und ich sag ihm, nein also das war schon richtig Frau Peters und er dann: Ach entschuldigen Sie, aber Sie sind auf einmal so leise geworden und zurückhaltend und da dachte ich, ich habe Sie falsch angeredet. Dachte ich so bei mir: vielen Dank für den Hinweis, ja.*

Bei dieser Schilderung sind mehrere Momente wichtig. 1. Der Stimmausdruck Verenas wirkt auf ihren telefonischen Gesprächspartner so, daß er sie anhand der Namensnennung als Frau einordnet und entsprechend anspricht. 2. Verena ist auf den Sprecherfolg stolz und möchte ihn nicht gefährden, sie redet also im weiteren nicht mehr einfach drauflos, sondern bemüht sich, höher und »weiblicher« zu reden. Der Wunsch, als Frau anerkannt zu werden, gewinnt gegenüber der unmittelbaren Interaktionsbeziehung eine gewisse Selbständigkeit. 3. In dem Maße, wie Wünschen und Interaktion auseinandertreten, verändert sich Verenas Beziehung zu ihrem Gegenüber in einer Weise, die auf diesen so wirkt, als würde sie sich aus der Interaktion zurückziehen. »Höher« und »weiblicher« wirkt auf den Interaktionspartner »leise« und »zurückhaltend«. Dies versteht er als Reaktion auf seine Anrede und wechselt zu »Herr Peters«.

Zumindest die Charakterisierung als »zurückhaltend« verweist darauf, daß Verenas Gesprächspartner Verenas Reaktion als Distanznahme erlebt. Er erlebt sie so, als wäre sie nicht mehr so präsent in der Situation. Diese Veränderung entspricht Verenas Bemühen, besonders weiblich zu wirken. Somit zeigt sich als ein Kriterium des überzeugenden Sprechens das Erfordernis, den Wunsch in der Interaktion aufgehen zu lassen, so daß er nicht mehr als solcher explizit thematisch ist. Anders gesagt, zu sprechen erfordert eine Art von Präsenz in der Interaktion, die es schwieriger macht, den Wunsch, das andere Geschlecht zu sein, als solchen in der Interaktion aufrechtzuerhalten, d. h., je mehr sich eine transsexuelle Person auf das Sprechen einläßt, um so mehr muß sie aufhören, sich zu wünschen, das andere Geschlecht zu sein, sie muß es statt dessen einfach sein.

Weiterhin befindet sich eine Person mit dem Sprechen ganz allgemein auf der Ebene, Sachverhalte zu deklarieren. Der in dieser Hinsicht für Transsexuelle problematische Sachverhalt ist die eigene geschlechtliche Realität, die mit dem Aussprechen des eigenen Vornamens in qualitativ anderer Weise akzentuiert wird als mit einer flüchtigen nonverbalen Kommunikation. Zu sprechen bringt Transsexuelle in die Schwierigkeit, sich, wenn sie sich sprachlich geschlechtlich deklarieren, der Gefahr auszusetzen, daß ihre Rede bestritten wird. Dadurch geraten sie in einen Zugzwang, das neue Geschlecht definitiv als solches zu behaupten, bzw. wenn andere das Geschlecht der transsexuellen Person deklarieren, geraten sie in den allerdings weniger ausgeprägten Zugzwang, sich zu dieser Deklaration zu verhalten, indem sie sie mittragen oder sie bestreiten. Dies ist offensichtlich schwerer, je ausgeprägter der Wunschcharakter des neuen Geschlechts ist.

Transsexuellen Männern fällt es leichter, sich auf die Ebene des Sprechens und damit auf die des Deklarierens und Behauptens zu begeben, d. h., es gelingt ihnen eher, den Wunsch, das andere Geschlecht zu sein, in die Interaktion einzuarbeiten. Um das zu illustrieren, sollen die Schilderungen jeweils eines transsexuellen Mannes und einer transsexuellen Frau miteinander verglichen werden. Beide haben schon zu einem recht frühen Zeitpunkt des Prozesses der Geschlechtsveränderung überzeugend auf andere im gewünschten Geschlecht gewirkt, dennoch besteht ein charakteristischer Unterschied zwischen ihren Darstellungen.[22] Niklas beschreibt eine erotische Konkurrenz um ein Mädchen.

NIKLAS: *Naja, und dann auf die Schulzeit nochmal bezogen, da weiß ich halt auch so noch, da war ich ... auf so ner Fete, da waren auch Karsten und andere dabei aus meiner Klasse. Der hatte ne Fete gemacht, Geburtstagsfete und der hieß Christoph, und der war auf dieser Fete auch hinter dem einen Mädchen her, ... und ich fand die auch so nett, und hab mich auch als Junge vorgestellt und so, so mit ihr geredet, getanzt und der war aber dann so ja, wie soll ich sagen, dadurch, daß er jetzt ins Hintertreffen gekommen is, war er also*

---

22 Die Vergleichbarkeit der beiden Erzählungen ist allerdings insofern beeinträchtigt, als es sich bei der des transsexuellen Mannes um eine retrospektive Schilderung handelt, während es sich bei der der transsexuellen Frau um einen Gesprächsausschnitt aus einem Beratungsgespräch handelt und aktuelle Probleme der Geschlechtsveränderung zum Thema hat.

dann so link und hat ihr das erzählt ne, daß ich eben eigentlich n Mädchen wäre.

Zum geschilderten Zeitpunkt führte Niklas noch den geschlechts-neutralen Namen Toni, mit dem er sich allerdings so vorstellt, daß er von ihr als Junge wahrgenommen wird. Niklas hat keine Schwierig-keiten, sich auf die Ebene des Deklarierens von Sachverhalten, die das eigene Geschlecht betreffen, zu begeben, obwohl er auf dieser Fete mehrere Geschlechter hat. Für diejenigen, die ihn neu kennen-lernen, ist er ein Junge und für die anderen ein Mädchen. Diese Reali-täten kollidieren miteinander, weil ein Junge, der »es« weiß, auf dasselbe Mädchen aus ist wie Niklas. Die geschlechtlichen Deklara-tionen nehmen auf diese Weise den Charakter von Behauptungen an, deren Realitätsgehalt Niklas gegen den wissenden Konkurrenten zunächst erfolgreich durchsetzt. Da das Mädchen verbal aufgeklärt werden muß, kann man folgern, daß sich in der Interaktion mit ihr der Wunsch nicht gegen die Erfordernisse des Gegenwärtigseins ver-selbständigt. Weiterhin erlebt Niklas diese Form der Interaktion als rechtmäßig, denn es ist »link«, d. h. gegen die Regeln einer fairen Männerkonkurrenz, sich durch geschlechtliche Denunziationen einen Vorteil gegenüber seinem Rivalen zu verschaffen.

Um die Dimension der protentionalen bzw. expliziten Erotisie-rung dieser Darstellung herauszuarbeiten, ist es sinnvoll, sie mit der folgenden zu vergleichen. Der Mann-zu-Frau-Transsexuelle Ga-briel/Daniela fürchtet für eine lange Zeit, an der Stimme als Mann erkannt zu werden, obwohl er gelegentlich die Erfahrung machte, daß seine Stimme einer weiblichen Einordnung nicht widersprach; zugleich war es ihm unmöglich, sich mit einem weiblichen Vor-namen vorzustellen, weil er dabei das Gefühl hatte zu betrügen. Trotzdem versuchte er, andere dazu zu bewegen, ihn als Frau wahr-zunehmen, ohne sich dann allerdings auf eine engere Interaktion ein-zulassen.

GABRIEL: *Da war och so eener jewesen, der sah unheimlich jut aus, war auch schon so 25 oder so jewesen, der sah wirklich toll aus. Der hatte so ne jewisse Ähnlichkeit mit Sting, (X) hat mich och so ange-sprochen, kam irgendwie wieder diese ganz eiskalte Art zum Vor-schein, und das passiert dann eben öfter, daß ich dann wegkucke oder, oder irgendwie spürn lasse, nee laß mich mal in Ruhe. Bei mir is ne*

bestimmte Grenze und wenn da jemand drüber tritt, den ich nich
kenne und das is männlich, denn versuche ich es eben so schnell wie
möglich wieder rauszudrängen nich. (X) Es sei denn, ich bin eben so,
daß er, daß et von Anfang an Bescheid weeß und mich vielleicht denn
och irgendwie so akzeptiert, wie ich bin – *und alles klar is und alles*
wunderbar is. Und aber, wie gesagt, es is ja, ich meine, det is n Traum
ja, von wem kann man das erwarten. Ja also denn irgendwie is es ja ne
Abschreckung.

Zum Zeitpunkt dieser Schilderung sagt Gabriel noch nicht von sich,
daß er eine Frau sei, er wünscht sich, eine zu werden. Zunächst hat es
den Anschein, als könnte dieser Wunsch in der Interaktion mit dem
jungen Mann in Erfüllung gehen. »Er« interessiert sich für Gabriel als
»sie«. Solange es nur den jungen Mann in der Erzählung gibt, kann
Gabriel gewissermaßen als der ungenannte Gegenpol des jungen
Mannes ein Mädchen sein, das von einem attraktiven Mann angesprochen wird. Dann betritt Gabriel selbst die Arena der Erzählung,
er schildert nicht nur das Ansprechen seitens des jungen Mannes,
sondern sich selbst, insofern er angesprochen wird. Sofort wird seine
Zurückhaltung deutlich. Zwischen sich und dem anderen ist eine
Grenze gezogen, die der andere nicht übertreten darf. Wenn das
doch passiert, geschieht das gleiche wie in der Darstellung des Gutachters, der beschreibt, wie er sich die sexuelle Begegnung zwischen
einem heterosexuellen Mann und einer nichtoperierten transsexuellen Frau vorstellt: Der junge Mann verliert sein Geschlecht. »Wenn
jemand über die Grenze tritt, *den* ich nicht kenne und *das* ist männlich«; kurz darauf wiederholt sich der Geschlechtsverlust gleich noch
einmal; »daß *er*, daß *es*«.

Die Grenze, von der Gabriel spricht, steht in Zusammenhang mit
der protentionalen Erotisierung. Irgendwie ist die Begegnung mit
dem jungen Mann explizit erotisch gefärbt, denn mit der alltäglichen
Begegnung stellt sich sofort das Problem eines Kontakts, in dem dieser darauf gestoßen wird, wie Gabriel »wirklich« ist, d. h., daß er Penis und Hoden hat, was eine »Abschreckung« darstellte. Die Erotisierung hat für Gabriel also nicht lediglich den Charakter einer Möglichkeit, die als solche nicht explizit Thema ist und die realisiert
werden oder aber auch gänzlich im Hintergrund bleiben kann, sondern den Charakter einer fast zwangsläufig bevorstehenden Zukunft.

Jetzt läßt sich die Grenzziehung genauer beschreiben. Gabriel fühlt sich als Frau wahrgenommen und registriert, daß der junge Mann ihn irgendwie anziehend findet. Der begegnende Mann macht von seiner Geschlechtsposition aus Gabriel zu einer Frau, und Gabriel fühlt sich entsprechend als Frau wahrgenommen. Mit der Aufnahme eines engeren Kontakts müßte er sich in dieser Begegnungskonstruktion selbst intensiver engagieren, er müßte also auch von sich aus den männlichen Interaktionspartner von der eigenen Geschlechtsposition ausgehend zu einem Mann machen. Er dürfte nicht mehr nur eine Frau für andere, sondern müßte auch eine für sich selbst sein, die andere von der eigenen Position aus erotisiert. Die Grenze verläuft demnach dort, wo es für Gabriel unabweisbar ist, daß er es selbst ist, der sich um eine weibliche Wirkung bemüht, und daß ihm das weibliche Geschlecht nicht nur von den anderen zustößt. Wenn das der Fall wäre, bestünde der Wunsch nicht mehr nur neben der Interaktion, sondern ginge in ihr auf.

Jetzt ist es möglich, genauer zu fragen, was es mit dem Verhältnis von Wunsch und Realität des neuen Geschlechts bei Niklas auf sich hat. Ergänzend muß man allerdings hinzufügen, daß Niklas/Toni sich gewünscht hat, eine Frau zu finden, die die Prozeduren der juridischen und medizinischen Geschlechtsveränderung mit ihm gemeinsam durchsteht, an deren Ende er hoffte, durchgängig und nicht mehr nur situativ ein Mann zu sein. Es ist nun naheliegend, daß Toni/Niklas diese Hoffnung auch gegenüber dem Mädchen hatte, dem er auf der Fete den Hof machte. Auf diese Weise wird in die protentionalen Strukturen der Geschlechtswahrnehmung die Hoffnung auf die Anerkennung im neuen Geschlecht eingearbeitet. Es handelt sich offenbar bei der Fetenbegegnung um eine explizit erotisierte Interaktion, in der es nicht nur allgemein um eine protentionale Erotisierung geht, sondern um die protentionale Gegenwart einer konkret avisierten sexuellen Begegnung. In der wechselseitigen Erotisierung sind sowohl das weibliche Geschlecht des Mädchens als auch Tonis männliches Geschlecht real, und sie haben füreinander auch die passenden Körper für eine sexuelle Begegnung zwischen einer Frau und einem Mann. Tonis Wunsch, ein Mann zu sein und einen entsprechenden Körper zu haben, verselbständigt sich nicht gegen die Situation, d. h., die erlebte Realität des

Körpers, den Toni für das Mädchen hat, wird zur erlebten Realität der Anerkennung im Wunschgeschlecht. Die situative Realität des Mannseins ist also zugleich eine protentional gegenwärtige Wunscherfüllung.

Diese Form, den Wunsch in die Gegenwart einzuarbeiten, scheint eng damit zusammenzuhängen, daß sich Toni das Recht gibt, die eigene Geschlechtsposition zu behaupten und von dieser aus andere zu erotisieren. Dieses Recht gibt sich Gabriel nicht, er wagt es nicht, das eigene Geschlecht zu deklarieren bzw. zu behaupten. Das führt dazu, daß das objektivierte männliche Geschlecht, das er »eigentlich« für andere ist, zu seiner wesentlichen Realität in der Interaktion wird, gegen die das Wunschgeschlecht nicht als erlebte Realität bestehen kann. Gabriels Frausein wird imaginär und hat auch in der Interaktion keine Realität.

Die stärkere symbolische Kraft des objektivierten männlichen Geschlechts und das größere Problem, sich in der weiblichen Position zu deklarieren bzw. zu behaupten, verstärken sich gegenseitig, was dazu führt, daß der Wunsch nicht in die Strukturen der realisierenden Geschlechtswahrnehmung eingefügt werden kann. Bei Toni funktioniert der gleiche Mechanismus in die umgekehrte Richtung: Es gelingt ihm, den Wunsch, ein Mann zu werden, in die reale Interaktion einzuarbeiten, da er sich mit der Möglichkeit, sich selber zu deklarieren bzw. zu behaupten, über die geringere Signifikanz seines Körpers eher hinwegsetzen kann, was dessen Signifikanz weiterhin vermindert und es so für ihn wiederum leichter macht, sich selber als Mann durchzusetzen.

Die Aneignung von Aggressivität hat bei transsexuellen Frauen den gleichen Effekt wie bei transsexuellen Männern, sie gewinnen in der Interaktion an leiblich-affektiver Präsenz und werden so auch für sich selbst überzeugender das neue Geschlecht. Bei Daniela werden dabei der Wunsch, eine Frau zu sein, die protentionale Erotisierung und die Aggression gegenüber sexuell aufdringlichen Männern und gegenüber sich konkurrent verhaltenden Frauen derart ineinander verwoben, daß die spezifisch transsexuellen Probleme wie von selbst in der neuen Form des Frauseins aufgehen können. Der Effekt ist also dem vergleichbar, was bei Niklas/Toni passiert, allerdings wird Aggressivität und Selbstbehauptung auf eine qualitativ andere Weise in

Danielas leiblich-affektive Gegenwart eingefügt, als es bei Niklas/ Toni der Fall war.

Daniela strukturiert die protentionale Erotisierung derart, daß eine sexuelle Begegnung ausgeschlossen ist; dadurch bleibt der erotische Bezug auf Männer erhalten, d. h., sie kann in die subtile Erotisierung alltäglicher Interaktionen einhaken, ohne dabei durch eine präoperative sexuelle Begegnung ihr Frausein zu gefährden. Weiterhin wird die affektive Gegenwart Danielas in dem Ärger über Männer, die immer nur »das eine« wollen, zum einen intensiviert und zum anderen deutlich weiblich akzentuiert, denn als Frau angemacht zu werden, ist die Voraussetzung dieser Aggression. Das strikte Beharren darauf, daß ihr Körper ihr Frausein nicht gefährden darf, führt so dazu, daß sie auf der Ebene der leiblichen Interaktion weiblich wird.

Für Daniela haben Begegnungen mit Männern drei Seiten. Sie wird bewundert, was sie als Frau bestätigt; sie sieht sich unter dem Zwang, die betreffenden Männer näher kennenzulernen, was die Gefahr eines Geschlechtsverlustes mit sich bringt; und sie erlebt die Avancen, die ihr Männer machen, negativ als Anmache und reagiert mit »Wut« und »Verzweiflung« darauf, zum Sexualobjekt degradiert zu werden. In dem Maße, in dem die dritte Seite für sie bestimmend wird, gelingt es ihr, auch für sich selbst ein Mädchen zu sein, das zu Recht einen weiblichen Namen trägt.

DANIELA: *Ja, also is so ne ganz komische Art, es is ja dieses* Spiel *im Grunde genommen... Daß ich s zwar* toll *finde, wenn sich... die für mich interessiern und so. Und wo die sagen, ah sie is ja toll, sieht toll aus und so hinterherpfeifen und der ganze Kram, daß ich das zwar toll finde, ...aber ich glaube einfach bloß, um mein* Ego *zu befriedigen. Jetzt nich um die weiter kennenzulernen, ...sondern einfach um mein Selbstbewußtsein zu stärken ja. (X) Nich irgendwie, weiß ich, weil ich was danach von ihm möchte oder so. Ich meine, ...wenn er mich verfolgen würde oder irgendsowas oder sich nich abschütteln lassen würde, ...dann würde im Gegenteil eher noch wieder die* Angst *dazukommen bei mir ja. Also erstmal so diese arrogante Haltung und denn aber letztlich vermischt mit dieser Angst ja. ... Also da jemand näher ranzulassen oder ja so das is (leise:) ja ..2 ganz komisch kann man sagen ja.*

Die Probleme, die hier verhandelt werden, ähneln noch sehr denen, die Daniela als Gabriel hatte. Dabei wird die Schwierigkeit, die darin liegt, die Distanz zu vermindern, noch näher dargestellt.

DANIELA: *Na dann fliehe ich vor dem, was danach kommt,... eben nach der ersten Bewunderung kommt. Und nach dieser ersten Bewunderung kommt ja immer der zweite Schritt, das Nähern, das Kennenlernen oder das,* der *Augenkontakt oder das denn doch sich noch immer näher ran und* da *is denn der Punkt wo ich sage, nein... das könnte ich wahrscheinlich auch gar nich.*

In dieser Sitzung, in der Daniela zum erstenmal mir gegenüber auf dem neuen Namen bestanden hat, deutet sich aber auch schon die dritte Seite an.

DANIELA: *Die Anmache, ...was ich in letzter Zeit erlebt habe, das geht uff keene Kuhhaut mehr. ...man muß echt so vorsichtig sein, grad abends ja. ...Einmal da bin ich... regelrecht verfolgt worden. Bin ich mal vom Ball... gekommen. Echt, ich hab echt gemerkt, mich verfolgt jemand wa, habe ich mich so ans Café gestellt ja. Da hat er sich so gegenüber von der Laterne gestellt und an seiner Hose rumgemacht und alles sowas ja.*

Die Abwehr der männlichen Zudringlichkeit erfolgt in dieser Schilderung noch relativ moderat, weil sie noch an die Angst vor Entdeckung gebunden ist. In der darauffolgenden Sitzung kommt es dann zu einer regelrechten Explosion des Engagements in der neuen weiblichen Position.

DANIELA: *Mir is jestern och wieder wat erlebt, also wat wirklich also, wo ich wirklich – echt ich hab geheult in der U-Bahn, ich war total verzweifelt. Ich war nah dran n Schreikrampf zu kriegen ja. ...Ich war gestern nich in der Schule gewesen, ich war in der Bücherei und hab mir noch so n paar Bücher besorgt über Kunst und so nich, und bin denn nach Hause gelaufen abends und bin denn eben och durch diesen dunklen Park, relativ dunklen Park gegangen nich (atmet ein) und uff jeden Fall kommt denn ebend n Türke mit n Motorrad an (lautmalerisch mit entsprechender Geste:) »Krk« n Hals umdrehn, na und kommt erst so, wie spät is es, na und ich blöde Kuh, ich dummes Stück sag dem och noch wie spät et ist ja. Und dann sagt er (leicht gemeiner Ton:) na komm steig auf. Ich fahr dich nach Hause und so. Ich sag, nee. Denn habe ich schon gar nich mehr reagiert, weil denn wußte ich sofort, es passiert mir ja nich zum* erstenmal. . . . *Na und uff jeden Fall, ey komm doch und so und naja und denn wirklich also extrem. . . na wollen wir nich usw. usf. und n schönen* Ausdruck *und komm. . . krist auch Geld und alles so ne Scheiße. Ich war echt so verzweifelt und so wütend, ich bin denn echt zur U-Bahn gerannt. Der kam noch n ganzes Stück, na komm doch und so, ich bin echt zur U-Bahn gerannt ja. Denn war da der Eingang Prinzenstraße . . . richtig so rausjerannt und denn gleich det nächste schöne Erlebnis, noch sone Gruppe von* Türken, *also ich echt, ich kann die echt nich mehr sehn, die kotzen mich so an. Hey Puppe wie gehts. . . ich saß echt auf der U-Bahn, ich war echt verzweifelt gewesen ja, ich – mich hat das so* angekotzt, . . . *man kommt sich echt vor bei denen. . . wie das letzte Stück Dreck. . . Alle Mädchen irgendwie ja, die ich irgendwie kenne, da kanns Susanna sein, Brigitte wirklich jede sein, die hat schlechte Erfahrungen mit denen gemacht ja.*

Die Aversion gegen türkische Männer bezieht im weiteren alle Männer mit ein.

DANIELA: *Weil och wenn ich mit Marina und irgendjemand anderes mit irgendwer andern zusammen bin, das geht echt auf keine Kuhhaut mehr, wie man da irgendwie . . 2 ja angemacht wird und uff welche* Weisen. *Und das is wirklich, wo man sich echt nich mehr freuen darüber kann, da kommt einen echt bloß noch die Galle hoch kann man sagen, . . . aber langsam aber sicher werden Türken ohnehin aber* Männer *für mich echt n rotes Tuch, kann man sagen, langsam aber sicher. (seufzt) Also is wirklich wahr.*

Komplementär zu den Männern richtet sich der Ärger fast ebenso intensiv auf Frauen, denen es nur um eine Schönheitskonkurrenz geht. Auf die Frage, ob sich Daniela noch an die Angst vor Begegnungen erinnern könne, die sie in der letzten Sitzung geschildert hatte, antwortet sie:

DANIELA: *Ja! Klar! Es gehört auch irgendwie, daß ich irgendwie, aber zu dieser Angst, da mengt sich doch immer mehr auch* Wut *irgendwie, Angst und Wut, das is ja doch ziemlich nah beieinander nich. . . . Bei diesen Frauen, da ärgert mich denn eben schon wieder dieses . . (4) na dieses Vergleichen irgendwie, . . . ich find das is im Moment ne unertragbare Atmosphäre auf der Straße. . . . Ich reagier jetzt schon so gereizt bei jeder Kleinigkeit. . . 2 Mich brauch bloß noch jemand, weeß*

ich, …der kriegts so dick wieder. …Na irgendwie mir is schon mal
aufgefallen, daß es wirklich selten jemand gibt, der an einen wirklich
vorbeiläuft, ohne… irgendwie ne Reaktion, also wirklich is mir, ja
okay, so schnell oder im Gedränge, aber irgendwie so auf der Straße,
man kommt von da und man kommt von da, automatisch, man guckt
sich an ja. Also es geht einfach gar nich, daß man so aneinander
vorbeiläuft ohne sich anzugucken. Das is schon das erste und dann
kommt irgendwie, wenn s ne Frau is, na sieht die irgendwie, wie auto-
matisch, zwar jetzt sie denkts nich so automatisch, aber doch irgend-
wie, na sieht die besser aus, oder sieht die schlechter aus oder irgendso-
was. Und beim Mann irgendwie, ja wenn ers nich sogar sagt, ey Puppe
oder so oder ey siehst du cool aus, oder irgendsone Scheiße, dann ir-
gendwie die Blicke so so. Oah, da werde ich, da seh ich wieder rot ja.
…2 Ja so dieses dieses dieses ss würde es mit ihr klappen… oder so ne
Scheiße, … da flieh ich nich, aber da weeß ich nich, wat ich machen
soll, irgendwie da uaaää da würde ich am liebsten brüllen, kiek weg,
blöde Sau oder irgendsowas. Aber ich mein, das kann man ja nu nich
machen, weil er s nu nich gesagt hat.

Durch das intensive Engagement, das in diesen Darstellungen deutlich zum Ausdruck kommt, hat sich Daniela im System von Gleich-
und Verschiedengeschlechtlichkeit auch für sich selbst überzeugend
als Frau positioniert. Sie ist sich des neu gewonnenen Geschlechts so
sicher, daß sie keine Blickkontakte scheut und auch nicht mehr
fürchtet, sich durch ihre Stimme zu verraten.

Der Ausbruch aus der Angst und der Scham, das Ausgangsgeschlecht zu sein, wahrt zugleich die weibliche Form. Es handelt
sich nicht um eine souveräne Behauptung, sondern darum, von der
eigenen Empörung über die Zumutungen, denen Frauen ausgesetzt
sind, überwältigt zu werden. Daniela wird für sich zu einer Frau, aber
so als würde es ihr geschehen. Sie behauptet nicht in einem zornigen
Ausbruch das Recht, eine Frau zu sein, sondern bricht wütend und
verzweifelt über eine Ungerechtigkeit zusammen, der Frauen ausgesetzt sind. Nachdem sie in diesen intensiven Erfahrungen eine Frau
geworden ist, gelingt es ihr auch, den neuen Namen in der Schule zu
vertreten und die Machtprobe um die Geschlechtsveränderung mit
offiziellen Autoritäten wie etwa Lehrern zu wagen.

Die Unterschiede und Asymmetrien im Prozeß der Geschlechtsveränderung lassen sich sinnvoll von der Doppelstruktur des Geschlechtseins her erfassen. Sich von der männlichen Position ausgehend im System von Gleich- und Verschiedengeschlechtlichkeit einzuhaken, bedeutet, das eigene Geschlecht in einer zwar auf andere bezogenen Weise zu sein, aber derart, daß in dieser Relation noch Raum bleibt für eine Behauptung seiner selbst und damit auch des eigenen Geschlechts. Den Spielraum, eine souveräne Behauptung seiner selbst bzw. des eigenen Geschlechts, die auch gegen andere aufrechterhalten werden kann, zu wagen, gibt es für Frauen nicht. Sie sind auch, insofern sie andere vergeschlechtlichen, von anderen im eigenen Selbstverständnis abhängig. Diese Differenz ist auch in den Körpern symbolisiert: Ein männlicher Körper bedeutet, daß sein Besitzer andere als Mann erotisiert, ein weiblicher Körper ist dagegen indifferent gegenüber der Form des Begehrens. Diese Unterschiede werden auch durch das Strafrecht sanktioniert. Die Exhibition von Männern wird mit Strafen belegt, insofern sie als offensiv sexuell verstanden wird. Der weibliche Körper ist in diesem Sinne exhibitionsuntauglich. Als gezeigter Gegenstand ist er vielleicht begehrenswert, aber nicht begehrlich (vgl. König 1990: 265).[23]

Vor diesem Hintergrund lassen sich die unterschiedlichen Weisen der Scham, das Ausgangsgeschlecht zu sein, bzw. der Entsubjektivierung verstehen. In der leiblichen Realisierung des Körpers, den sie haben, stehen transsexuellen Männern offensive leibliche Regungen und ein entsprechendes leibliches Verhalten offen, durch das sie nicht beschämt werden können. Für transsexuelle Frauen ist dagegen jede Form, sich offensiv zu erleben, riskant. Dies führt beim leiblichen Einhaken dazu, daß es für transsexuelle Frauen ein größeres Risiko darstellt, die Distanz zu verringern, die sie anfänglich für die Geschlechtsveränderung brauchten. Wenn ihnen ein »Fehler« unter-

---

23 Es kann auch keine Rede davon sein, daß diese Differenz im Verschwinden begriffen wäre. Das Exhibieren des Begehrens war zwar schon immer den Männern vorbehalten, explizit wurde dieser Sachverhalt aber erst 1973 im Rahmen der sozialliberalen Strafrechtsreform im Gesetz festgeschrieben. Der neu formulierte Paragraph 183 StGB lautet: »Ein Mann, der eine andere Person durch eine exhibitionistische Handlung belästigt, wird mit Freiheitsstrafe bis zu einem Jahr oder mit Geldstrafe bestraft« (zit. nach König 1990: 372).

läuft und sie wieder als das Ausgangsgeschlecht wahrgenommen werden, droht ihnen im stärkeren Maß, auch für sich selbst wieder zu jenem zu werden, denn es ist äußert schwierig, in die weibliche Position eine rigorose Behauptung eines subjektiven Rechts zu integrieren.

So läßt sich auch verstehen, daß transsexuelle Frauen stärker die Notwendigkeit erleben, sich operieren zu lassen, denn in der leiblichen Realisierung schließt sie ihr Körper intensiver und umfassender in das Ausgangsgeschlecht ein, als es bei transsexuellen Männern der Fall ist. Dezidiert operationskritische Äußerungen – bis hin zur Problematisierung der Brustoperation – habe ich nur von transsexuellen Männern gehört, während die transsexuellen Frauen, die sich (noch?) nicht haben am Genital operieren lassen, deswegen zumindest mit einer Art schlechtem Gewissen geplagt zu sein scheinen, das sie dazu treibt – etwa wie Petra –, immer wieder das Versprechen zu erneuern, daß sie sich noch operieren lassen werden. Unabhängig davon, ob die Geschlechtsveränderung sich körperlich-medizinischer oder leiblicher Methoden bedient, liegt das Wesentliche darin, irgendwie mit den in den Körper-Leib eingelassenen Signifikanzstrukturen umzugehen.

Insgesamt zeigt sich auf der Ebene der Körper als Zeichen und der der leiblichen Interaktion eine strukturelle Konvergenz, die in der Möglichkeit zur schärferen Akzentuierung auf der Seite des Männlichen liegt. Zum einen ist der Penis das deutlichste Zeichen der Geschlechteropposition, das, da es aufgrund seines Bedeutungsgehaltes kaum hintergehbar in einer kontradiktorischen Opposition eingebunden ist, seinen Träger nachhaltiger als ein Geschlecht, d. h. als Mann, bezeichnet, als alle anderen binär codierten Körperformen. Selbst die Erfahrung des Leibes, der in einen männlichen Körper verschränkt ist, hat eine nur schwer zu bewältigende Tendenz, das Erleben im Sinne eines kontradiktorischen Gegensatzes zu strukturieren, obwohl der Leib zumindest von der Art seiner Gegebenheitsweise als körperlicher Leib her eher für konträre Oppositionen offen ist. Zum anderen läßt sich auf der Ebene alltäglicher leiblicher Interaktionen, ausgehend von der Extremform der Gewaltanwendung, eine Struktur aufzeigen, innerhalb derer Mannsein sich deutlich akzentuiert vom Frausein absetzen läßt. Im Zentrum dieser Interaktionsform steht die Möglichkeit der Selbstbehauptung ohne Distanzierung vom leiblich-affektiven Ineinanderverhaktsein.

Die leichtere Verschiebbarkeit von Frauen auf dem Frau-Mann-Kontinuum läßt sich zweifach verstehen. Zum einen ist Frausein weniger etwas, auf dem man von sich aus bestehen kann, sondern das man auch für sich nur ist, indem man es für andere ist. Frausein stellt kein subjektives Recht dar, vielmehr ist in das Frausein eine konstitutive Abhängigkeit von anderen eingelassen, so daß es unproblematischer ist, Frauen für Männer zu halten. Zum anderen sind wesentliche Elemente des Personseins von Frauen, wie etwa das Zu-sich-ich-Sagen und Sich-als-etwas-Deklarieren bzw. -Behaupten, abgeschwächte Formen des Mannseins, deren ausgeprägte Betonung – was in der Durchsetzung seiner selbst, wie gezeigt, geschehen kann – aus Frauen Männer macht.

Die Geschlechteropposition stellt sich so als eine binäre Struktur dar, die von der männlichen Position aus kontradiktorisch und von der weiblichen aus polar beschaffen ist, d. h. als Opposition von Oppositionen.

Die Theorie der exzentrischen Positionalität bildete den Leitfaden dieser Untersuchung. Wie sich im ersten Kapitel zeigte, ist die binäre Opposition Mann–Frau auf eine zweifache Weise in die leibliche Erfahrung eingelassen. In der Verschränkung von Körper und Leib wird das eigenleibliche Spüren symbolisch strukturiert, wodurch die leibliche Erfahrung der eigenen Zuständlichkeit sowohl in die Form des Körpers gebracht als auch auf die im Körper symbolisierte Empfindungs- und Aktionsprogrammatik bezogen wird. Die Leibesinsel Penis nimmt z. B. im Spüren nicht nur die Gestalt an, die einem sicht- und tastbaren Penis entspricht, sondern sie wird auch als Aufforderung erfahren, sich in erotischen Situationen gemäß dem im Penis als Körperform inkorporierten Verhaltensprogramm zu betätigen. Das gleiche gilt analog für den Busen, eine Männerbrust, eine Vagina usw., die entsprechend den in ihnen inkorporierten Empfindungs- und Aktionsprogrammen erfahren werden.[1] Zum anderen wird die leibliche Erfahrung in der (protentionalen) Erotisierung als Begehren auf die Differenz der kulturellen »Objekte« Mann und Frau bezogen, damit wird die Existenz von zwei Menschenklassen zur leiblichen Differenz von Gleich- und Verschiedengeschlechtlichkeit. Geschlechterdifferenz und Begehrensdifferenz stehen dabei in einem zirkulären Verhältnis, denn sie setzen sich wechselseitig vor-

1 Bei meinen Analysen habe ich eine Dimension ausgeklammert: Programme können nämlich in der Verleiblichung zu Problemen werden. Die Relationen von Programmen und Problemen werden z. B. in der Sexualwissenschaft als »sexuelle Funktionsstörungen« thematisiert, dabei werden – orientiert am Problem – die Programme rekonstruiert, nach denen sich der Leib richten sollte.

aus und bringen sich gegenseitig zu größerer Klarheit. Wenn Personen sich als gleich- oder verschiedengeschlechtliche erfahren, zerfällt die Gesamtheit wahrgenommener Personen in zwei und nur zwei Klassen. Umgekehrt: wenn es bezüglich des Geschlechts nur zwei Klassen gibt und »ich« einer von ihnen angehört, ist die wesentliche Beziehung, die die Differenz begründet, die von Gleich- und Verschiedenheit. Aufgrund dieser im leiblichen Ineinanderverhaktsein gegebenen Relation haben Personen ihr Geschlecht nicht allein, vielmehr ist dieses als eine polyzentrische, leibliche Wirklichkeit zu verstehen. Selbst wenn sie allein sind, bleiben deren Epizentren auf eine soziale Struktur insofern bezogen, als ihre leibliche Erfahrung in einen sozial konstituierten Körper verschränkt ist.

Ausgehend von der Doppelstruktur der leiblichen Umweltbeziehung, ein Geschlecht zu sein, indem ich eines für andere bin, und eines zu sein, indem andere eines für mich sind, läßt sich in die polyzentrische Realität des Geschlechts von Personen die Differenz der Geschlechter eintragen. Dabei ist es erforderlich, die unterschiedliche Struktur der Oppositionsbeziehung Mann–Frau von der dieser zugrundeliegenden Leib-Umwelt-Beziehung abzusetzen. Der Geschlechtergegensatz ist von der männlichen Seite aus kontradiktorisch und von der weiblichen Seite aus konträr bzw. polar beschaffen (vgl. V.). Konstitutiv für diese Struktur ist ein je unterschiedliches Person-Umwelt-Verhältnis. Zu sich »ich« zu sagen und sich als etwas zu deklarieren und gegebenenfalls zu behaupten, bildet ein zentrales Element des Personseins, das als solches beiden Geschlechtern zukommt. Wenn man das »Passieren der Geschlechtergrenze« näher untersucht, stellt sich allerdings heraus, daß zumindest hinsichtlich der genannten Elemente Mann- und Personsein einander wechselseitig verstärken, während Frau- und Personsein zueinander in Widerspruch geraten.

Die strukturelle Konsonanz bzw. Dissonanz von Person-, Mann- und Frausein korreliert mit einer unterschiedlichen Akzentuierung der beiden Dimensionen der leiblichen Umweltbeziehung. Denn Mann- und damit Personsein impliziert einen ausgeprägten Bezug dazu, ein Geschlecht zu sein, indem andere eines für mich sind, d. h. zur subjektiven Begehrensposition, während Frausein stärker das Geschlecht, das ich für andere bin, akzentuiert. Da Frauen

Männern darin gleich sind, daß sie Personen sind, können sie auf einem Kontinuum des mehr oder weniger ausgeprägten Personseins ins andere Geschlecht »gleiten«. Durch eine deutliche Akzentuierung des sich selbst Behauptens, wie sie es tun müssen, wenn sie ihr Geschlecht zum männlichen hin verändern wollen, entsteht eine Art Schwerkraft, die aus Frauen Männer werden läßt. Genau diese Art Schwerkraft hält Mann-zu-Frau-Transsexuelle, die ebenso kraft ihres Personseins ihr Geschlecht verändern, im Ausgangsgeschlecht. Die Akzentuierung des Für-andere-Seins macht das Frausein zu etwas qualitativ anderem, weil es nicht durch die im Zusammenhang mit der Transsexualität wichtigen Elemente des Personseins erreicht werden kann, d. h., die Veränderung verläuft anders als durch eine kontinuierliche Modifikation der geschlechtlichen Ausgangsposition.

Da diese Strukturen die Grenzziehungen zwischen den Geschlechtern, die sich bei einem Grenzübertritt abzeichnen, beschreiben, verstehe ich sie als die kulturell maßgebliche Markierung der Grenzen der Geschlechter. Deren Asymmetrie besteht demnach nicht im Ungleichgewicht von Substanzen, sondern in einer Differenz von Oppositionsrelationen, in denen Mann- und Frausein aufeinander bezogen sind. Ein Geschlecht hat also das andere auf eine je verschiedene Weise als sein Gegenüber. Überspitzt gesagt leben beide Geschlechter in je einem Universum mit zwei Geschlechtern, ohne das jeweils andere Geschlecht zu kennen. Auch mit dieser Art der Differenz sind die Beteiligten nie allein gelassen, denn sie ist in den Körpern symbolisiert und sitzt so in der Verschränkung mit dem Leib unter der Haut.[2]

2 Ich habe in dieser Studie die Leib-Umwelt-Beziehung primär unter dem Aspekt der Interaktion und der passiven leiblichen Erfahrung behandelt. Dies beinhaltet eine Verengung des Gegenstandsbereichs, denn Umwelten bestehen nicht nur aus sich passiv erfahrenden menschlichen Kulturobjekten, sondern auch der Himmel, die Tiere, Bäume, Häuser, Gräser, Fabriken und Kirchen sind als sozial konstruierte und in der leiblichen Beziehung als wirklich erfahrene Gegenstände anzusehen. Zwischen diesen Objekten müssen sich Menschen orientieren, Wege zurücklegen und zu bestimmten Zeiten an bestimmten Orten sein. In diesem Sinne ist eine soziale Ordnung wesentlich eine Raumordnung, und soziale Positionen sind Leiber, die auf eine angemessene Weise an ihren Orten sind. Entsprechend wäre die Analyse der leiblichen Dimension sozialer Ordnung um eine Untersuchung der Räumlichkeit des Sozia-

Ausgehend von diesen Überlegungen läßt sich die These des paradoxen Geschlechts, die bislang mikrosoziologisch entwickelt wurde, in Richtung einer kultursoziologisch orientierten Hypothese über das Verhältnis von Transsexuellen und Nichttranssexuellen erweitern. Lévi-Strauss (1989: 15 f.) hat das Vorhandensein von »Pathologien« oder Abweichungen als ebenso notwendig für das Funktionieren einer Kultur beschrieben wie die Existenz von »Normalem«. »Von diesen Individuen (den Abweichenden, GL) fordert die Gruppe und zwingt sie sogar dazu, bestimmte, auf der kollektiven Ebene unrealisierbare Formen des Kompromisses auszubilden, imaginäre Übergänge zu fingieren und miteinander unverträgliche Synthesen zu verkörpern« (Lévi-Strauss 1989: 16). Lévi-Strauss geht mithin davon aus, daß man an den Paradoxien, mit denen in einer Gesellschaft eine gewisse Anzahl ihrer Mitglieder geschlagen sind, »wir«, d. h. die Normalen, ablesen können, was unvereinbar und im Normalfall säuberlich geschieden bleiben sollte.

Hirschauer versucht in einer ähnlichen Perspektive die Beziehung zwischen »uns« und »denen« (Hirschauer 1993: 321) zu untersuchen, für ihn steht dabei die Frage im Zentrum, wie und warum »wir« Nichttransexuellen uns von »denen«, den Transsexuellen, distinguieren. Damit ist unterstellt, daß »wir« in gleicher Weise Männer und Frauen umfaßt und zu »denen« unterschiedslos transsexuelle Männer und Frauen gehören. Hirschauer sieht in den Transsexuellen allgemein die Ängste und Verunsicherungen externalisiert, die der Männer und Frauen betreffende Bedeutungsverlust der Geschlechterdifferenz mit sich bringt. »Ein großer Teil der Angehörigen der westlichen Kultur (ist) selbst zu Geschlechtsmigranten geworden« (Hirschauer

len zu ergänzen. Da Räumlichkeit ihrerseits in Leiblichkeit fundiert ist (vgl. Merleau-Ponty 1966: 326ff.; Schmitz 1967), sind soziale Strukturen in einer doppelten Weise auf den Leib bezogen, indem sie einerseits interaktiv reproduziert werden, und andererseits, insofern sie räumlich sind. Damit würde das komplexe Verhältnis von Leib, Interaktion und Raum zum Gegenstand der Analyse. Der Gewinn dieser Erweiterung besteht vor allem darin, makrosoziale Phänomene in die Analyse einbeziehen zu können, ohne dabei Leiblichkeit als zentrale Kategorie aufgeben zu müssen.

1993: 351); die Transsexualität als medikalisierte Form des Geschlechtswechsels, die die radikalsten »Geschlechtsmigranten« einer Behandlung unterzieht, »die sie (die Migranten, GL) als verkörperte Kastrationsdrohung darstellt« (Hirschauer 1993: 352), bietet »uns« (Hirschauer 1993: 321), den Normalen, die »Distinktionschance«, vermittels derer wir uns »noch als problemlose Bewohner der alten Geschlechtskategorien wähnen« (Hirschauer 1993: 351) können.

In dieser Argumentation geht es nur noch um die auf »uns« stabilisierend wirkende Distinktion von »denen«; aber wer »die« und wer »wir« sind, wird dabei als eine Gewißheit unterstellt. Der offensichtlich nach Geschlechtern differenzierte »Grenzübertritt« macht diese Annahme allerdings fragwürdig. Sehen wir also etwas näher hin, um wen es sich bei »uns« und »denen« handelt.

Die Transsexualität enthält eine zweifache Paradoxie. Zunächst wird das Verhältnis von Person- und Geschlechtsein, das normalerweise widerspruchsfrei ist, in ein in sich widersprüchliches umgeformt. Dies geschieht, indem die Wirklichkeit des Geschlechts von personalen Strukturen – wie der Distanznahme von sich und der Deklaration und Behauptung seiner selbst – abhängig wird, statt diese einfach nur geschlechtlich zu gestalten. Personalität wird damit zur wesentlichen Voraussetzung des neuen Geschlechts. Dies hat zwei Implikationen: Geschlecht wird in den Bereich individueller »Willkür« überführt und verliert damit sowohl seine schicksalhafte Unveränderbarkeit als auch seine Determiniertheit durch den Körper, der nicht länger als autoritatives Zeichen der Geschlechterdifferenz fungiert. Beide Implikate sind selbst paradox verfaßt; denn kraft ihres Personseins verneinen Transsexuelle zwar, daß ihr Körper ihr Geschlecht bestimmt, aber gleichzeitig brauchen sie einen anderen für ihr Leben, d.h., der Körper bestimmt das Geschlecht doch.

Für die Veränderung gilt etwas Ähnliches. Sie findet zwar statt, aber in diesem Prozeß entsteht eine immer schon vorhandene Identität, so daß eine Veränderung am Ende nicht stattgefunden haben wird. Für die Analyse brachte die »paradoxierende« Gestaltung des Verhältnisses von Geschlecht und Person die Erkenntnis zutage, daß Frau- und Mannsein in unterschiedlicher Weise auf das Personsein bezogen sind.

Die zweite Paradoxie besteht in dem Versprechen einer Geschlechtsveränderung, das die Transsexualität als institutionalisiertes Verfahren macht. Eine wirkliche Geschlechtsveränderung fände statt, wenn Transsexuelle als Männer oder Frauen im neuen Geschlecht bruchlos in der leiblichen Interaktion einhaken könnten, so daß sich das Verhältnis von Person- und Geschlechtsein wieder vollständig umkehren, d. h. »normalisieren« könnte. Genau dies ist aber ausgeschlossen, denn zumindest der Bezug auf die Vergangenheit macht das neue Geschlecht als eine »normale« Form des Geschlechtseins, d. h. eine, die immer schon existiert hat, zu einer Unmöglichkeit. Die Wirklichkeit des neuen Geschlechts bleibt immer von »ich«-bezogenen Realisierungseffekten, mithin von personalen Strukturen abhängig. Die große Bedeutung der Personalität in der Geschlechtsveränderung, die nicht nur sozial sanktioniert, sondern auch zusätzlich institutionell im Behandlungsprogramm festgeschrieben ist, verhindert deren vollständiges Gelingen. Transsexualität ist demnach eine Form der Geschlechtsveränderung, die sich vollzieht, indem sie sich selbst verunmöglicht. Dabei akzentuiert sich deutlich eine Differenz der transsexuellen Geschlechter: Transsexuelle Männer sind dieser Paradoxie weniger stark ausgesetzt als transsexuelle Frauen.

Diese Differenz spiegelt sich auch in der medialen Aufbereitung des Phänomens. Mann-zu-Frau-Transsexuelle sind die »Interessanteren«, sie werden von den Medien weniger in Ruhe gelassen, erscheinen öfter in Talkshows und Presseberichten, und sie lassen sich auch selbst weniger in Ruhe. Die Zahl der von transsexuellen Frauen publizierten Autobiographien liegt um ein Vielfaches höher als die von transsexuellen Männern veröffentlichten (vgl. Runte 1982: 2).

In der öffentlichen Darstellung wird die Paradoxie des transsexuellen Veränderungsversprechens zelebriert, denn es wird nicht eine einfache Geschlechtszugehörigkeit inszeniert, was langweilig wäre und die Beteiligung von Transsexuellen überflüssig machte, sondern eine Geschlechtsveränderung, die durch die Art ihrer Präsentation als gelungene Veränderung annulliert wird. Geschlecht wird zu einem medial aufbereiteten überdimensionalen »ich«-bezogenen Realisierungseffekt, der potentiell unendlich viele ZuschauerInnen oder LeserInnen aufruft, die Glaub- und Vertrauenswürdigkeit von »ich« zu bestätigen.[3]

Diese Befunde erfordern eine genauere Differenzierung der Pole des Verhältnisses zwischen »uns« und »denen«: Zu »denen« gehören transsexuelle Frauen weitaus intensiver als transsexuelle Männer. Wie verhält es sich nun mit »uns«?

Es wäre naheliegend, daß es sich bei »wir« hauptsächlich um »uns Frauen« handelt, denn »wir« können leichter zu Männern werden und hätten also allen Grund, uns von »denen«, die ihr Geschlecht tatsächlich wechseln, zur Stützung des eigenen Selbstverständnisses klar und deutlich abzusetzen. Ein Blick aufs Feld der Transsexualität zeigt allerdings, daß dieses anders bestellt ist. Man findet dort transsexuelle Frauen und Männer, nichttranssexuelle Frauen, aber kaum nichttranssexuelle Männer. Diese tauchen eher als Gutachter, Therapeuten, Chirurgen usw. auf und weniger als Bekannte, Freunde oder Liebhaber.[4] Es sind also weniger »wir Frauen« als »wir Männer«, die von »denen« Abstand halten müssen.[5] Der ausgeprägteren Paradoxie der Mann-zu-Frau-Transsexuellen steht also die deutlichere Distinktion nichttranssexueller Männer vom Phänomen Transsexualität gegenüber.

Damit ist es zwar gelungen, die Pole der Relation, d. h. »wir« und

---

3 Eine gründliche Analyse der medialen Präsentation von Transsexualität steht noch aus, für eine Untersuchung der Erzählstruktur einer Darstellung der Veränderung im britischen Fernsehen vgl. Silverstone (1984). Für eine Analyse der englischen Presse vgl. King (1986).
  Auch in wissenschaftlichen Publikationen überwiegt das Interesse an der Mann-zu-Frau-Transsexualität, d. h. an der »paradoxeren« Version des Phänomens. Die Tatsache, daß Frau-zu-Mann-Transsexuelle in dem Ruf stehen, »gesünder« zu sein (vgl. etwa Désirat 1985), bildet dabei das Gegenstück zu der Tatsache, daß transsexuelle Frauen die der Transsexualität inhärente Paradoxie deutlicher verkörpern.
4 Eine Ausnahme bildet – wie gesagt – der Prostitutionsbereich, in dem man als Kunden transsexueller Frauen fast ausschließlich nichttranssexuelle Männer antrifft.
5 Gleichsam intuitiv scheint das auch Hirschauer begriffen zu haben, wenn er Transsexuelle als »verkörperte Kastrationsdrohung« (Hirschauer 1993: 351) beschreibt, denn die Genitalchirurgie steht nur bei Mann-zu-Frau-Transsexuellen derart im Vordergrund.

»die«, näher zu bestimmen, es ist aber noch nichts darüber gesagt, wie ihre Beziehung beschaffen ist. Um hier weiterzukommen, ist es sinnvoll, auf die Art der Geschlechterunterscheidung zurückzukommen, die sich beim transsexuellen Grenzübertritt als maßgeblich erwies. In deren Mittelpunkt stehen primär nicht Probleme der Generativität, sondern solche der Gleich- und Verschiedengeschlechtlichkeit, die hauptsächlich über die Sexualisierung im Leib verankert sind. Diese Art der Geschlechterunterscheidung ist selbst als eine historische zu verstehen. Es gibt nämlich durchaus Formen des Geschlechtswechsels, die auf einer größeren Bedeutung der Generativität basieren, z. B. wenn eine unfruchtbare Frau als Mann reklassifiziert werden kann (vgl. Dekker/Pol 1990: 60). Das deutlichste Zeichen einer sexualisierten Geschlechteropposition ist der Penis, dessen Signifikanz in der Transsexualität auf eine Weise in Szene gesetzt wird, die zwar seine Materialität opfert, aber gerade dadurch deren Bedeutungsgehalt der operativen Allmacht der Medizintechnologie entzieht. Transsexualität wäre demnach als ein Akt der Selbstvergewisserung einer Kultur zu verstehen, in dem diese sich der Gültigkeit eines Symbols, des Penis, versichert, das zugleich ein Zeichen des Begehrens, einer kontradiktorischen Opposition der Geschlechter und eines nichtparadoxen Verhältnisses von Person- und Geschlechtsein ist. Hierin liegt der beruhigende Charakter der Transsexualität: Sie ist weniger ein abschreckendes »blutiges Bild«, das eine Kultur ihren Angehörigen vorsetzt, um sie von einer zunehmend plausibel werdenden Geschlechtsmigration abzuhalten, sondern die bündige Formulierung einer modernisierten Geschlechterdifferenz, die auch dann noch Bestand haben wird, wenn die Medizintechnologie »uns« von jeder Form der »Schicksalhaftigkeit« befreit haben wird.

Alston, W. P. (1981) Emotion und Gefühl. In: Kahle, G. (Hrsg)

Anders, R. (1984) Grenzübertritt. Frankfurt/Main

Badura, B. (1985) Zur Soziologie der Krankheitsbewältigung. Oder: Das emotionale Defizit soziologischer Handlungstheorie. In: ZfS 14: 339 bis 348

(1990) Interaktionsstreß. Zum Problem der Gefühlsregulierung in der modernen Gesellschaft. In: ZfS 19: 317–328

Bateson, G. (1985) Ökologie des Geistes. Anthropologische, psychologische, biologische und epistemologische Perspektiven. Frankfurt/Main. Darin: (1985 a) Eine Theorie des Spiels und der Phantasie
(1985 b) Sozialplanung und der Begriff des Deuterolernens
(1985 c) Die logischen Kategorien von Lernen und Kommunikation

Bateson, G., Jackson, D. D., Haley, J., Weakland, J. H. (1984) Auf dem Weg zu einer Schizophrenie-Theorie. In: Bateson, G., u. a. (Hrsg) (1984) Schizophrenie und Familie. Frankfurt/Main

Beauvoir, S. (1978[12]) Das andere Geschlecht. Reinbek bei Hamburg

Benedetti, G. (1981) Transsexualismus in der Sicht der Psychoanalyse. In: Prax. Psychother. Psychosom. 26: 183–189

Benjamin, H. (1966) The transsexual phenomenon. New York

Berger, P. L., Luckmann, T. (1980) Die gesellschaftliche Konstruktion der Wirklichkeit. Eine Theorie der Wissenssoziologie. Frankfurt/Main

Billings, D. B., Urban, Th. (1982) The socio-medical construction of transsexualism: An interpretation and critic. In: Social Problems 29: 266–282

Bolin, A. (1988) In Search of Eve. South Hadley

Bourdieu, P. (1984[3]) Die feinen Unterschiede. Kritik der gesellschaftlichen Urteilskraft. Frankfurt/Main
(1987) Sozialer Sinn. Kritik der theoretischen Vernunft. Frankfurt/Main

Bovenschen, S. (1979) Die imaginierte Weiblichkeit. Exemplarische Untersuchungen zu kulturgeschichtlichen und literarischen Präsentationsformen des Weiblichen. Frankfurt/Main

Burchard, J. M. (1961) Struktur und Soziologie des Transvestitismus und Transsexualismus. Stuttgart

Burzig, G. (1982) Der Psychoanalytiker und der transsexuelle Patient. In: Psyche 9: 848–856

Butler, J. (1990) Gender trouble. New York, London; dt. (1991) Das Unbehagen der Geschlechter, Frankfurt/Main
(1991) Variationen zum Thema Geschlecht. Beauvoir, Wittig, Foucault. In: Nunner-Winkler, G. (Hrsg) (1991) Weibliche Moral. Die Kontroverse um eine geschlechtsspezifische Ethik. Frankfurt/Main, New York

Buytendijk, F. J. J. (1956) Allgemeine Theorie der menschlichen Haltung und Bewegung. Berlin, Göttingen, Heidelberg

Castel, R. (1987) Die Institutionalisierung des Uneingestehbaren und die Aufwertung des Intimen. In: Hahn, A., Kapp, V. (Hrsg) (1987)

Collins, R. (1975) Conflict sociology. Toward an explanatory science. New York, San Francisco, London
(1981) On the microfoundations of macrosociology. In: AJS 86: 984 – 1014

Dannecker, M. (1991) Sexualität als Gegenstand der Sexualforschung. In: Zeitschrift für Sexualforschung 4: 281 – 293

Dannecker, M., Sigusch, V. (Hrsg) (1984) Sexualtheorie und Sexualpolitik. Ergebnisse einer Tagung. Stuttgart

Dekker, R., van de Pol, L. (1990) Frauen in Männerkleidern. Weibliche Transvestiten und ihre Geschichte. Berlin

Désirat, K. (1985) Die transsexuelle Frau. Stuttgart

Docter, R. F. (1988) Transvestites and transsexuals. Towards a theory of cross-gender behavior. New York, London

Douglas, M. (1986) Ritual, Tabu und Körpersymbolik. Sozialanthropologische Studien in Industriegesellschaft und Stammeskultur. Frankfurt/ Main

Dörner, G. (1979) Persönliche Mitteilung anläßlich der 10. Wissenschaftlichen Tagung der Deutschen Gesellschaft für Sexualforschung vom 5.–7. Juni in Berlin. Zit. nach: Sigusch, V., u. a. (Hrsg) (1979)

Dreitzel, H.-P. (1982) Der Körper in der Gestalttherapie. In: Kamper, D., Wulf, Ch. (Hrsg) (1982) Die Wiederkehr des Körpers. Frankfurt/Main
(1983) Der Körper als Medium der Kommunikation. In: Imhof, A. E. (Hrsg) (1983) Der Mensch und sein Körper. Von der Antike bis heute. München

Duden, B. (1987) Geschichte unter der Haut. Stuttgart
(1991 a) Geschlecht, Biologie, Körpergeschichte. Bemerkungen zu neuer Literatur in der Körpergeschichte. In: Feministische Studien 2, 1991
(1991 b) Der Frauenleib als öffentlicher Ort. Vom Mißbrauch des Begriffs Leben. Hamburg, Zürich

Dürr, H. P. (1988³) Nacktheit und Scham. Der Mythos vom Zivilisationsprozeß Bd. 1. Frankfurt/Main
(1990) Intimität. Der Mythos vom Zivilisationsprozeß Bd. 2. Frankfurt/ Main

Eicher, W. (1984) Transsexualismus. Stuttgart, New York

Elias, N. (1976) Über den Prozeß der Zivilisation. Soziogenetische und psychogenetische Untersuchungen. 2 Bände. Frankfurt/Main
(1986) Wandlungen der Machtbalance zwischen den Geschlechtern. Eine prozeßsoziologische Untersuchung am Beispiel des antiken Römerstaats. In: KZSS 38: 425 – 449

Feinbloom, D. (1976) Transvestites and transsexuals. New York

Feinbloom, D., Flemming, M. (1984) Similarities in becoming: Transsexuals and adolescents. In: Adolescence 19: 729–749

Feinbloom, D., Flemming, M., Kijewski, V., Schulter, M. P. (1976) Lesbian/feminist orientation among male to female transsexuals. In: Journal of Homosexuality 2: 59–71

Flaake, K., King, V. (Hrsg) (1992) Weibliche Adoleszenz. Zur Sozialisation junger Frauen. Frankfurt/Main, New York

Foucault, M. (1979³) Überwachen und Strafen. Die Geburt des Gefängnisses. Frankfurt/Main

(1977) Sexualität und Wahrheit Bd. 1: Der Wille zum Wissen. Frankfurt/Main

(1986) Sexualität und Wahrheit Bd. 2. Der Gebrauch der Lüste. Frankfurt/Main

Fournet, L. M., Forsyth, C. J., Schramm, C. T. (1988) The process of deviance designation: The case of the homosexual transvestite. In: Free Inquiry in Creative Sociology 16: 177–182

Frank, A. (1990) Hochschulsozialisation und akademischer Habitus. Eine Untersuchung am Beispiel der Disziplinen Biologie u. Psychologie. Weinheim

Freud, S. (1972¹²) Drei Abhandlungen zur Sexualtheorie. Frankfurt/Main

Fröhling, U. (1989) Transsexuelle: Wenn die Seele im falschen Körper wohnt. In: Brigitte Heft 6, 8. März 1989

Garfinkel, H. (1967) Studies in ethnomethodology. Englewood Cliffs, New Jersey. Darin:

(1967 a) What is ethnomethodology?

(1967 b) Studies in the routine grounds of everyday activities

(1967 c) Passing and the managed achievement of sex status in an intersexed person

(1967 d) Appendix to chapter five

Garfinkel, H., Sacks, H. (1979²) Über formale Strukturen praktischer Handlungen. In: Weingarten, E., Sack, F., Schenkein, J. (Hrsg) (1979²) Ethnomethodologie. Beiträge zu einer Soziologie des Alltagshandelns. Frankfurt/Main

Geibel, C. (1983) Im falschen Körper gefangen. München

Gerhards, J. (1988) Soziologie der Emotionen. Fragestellungen, Systematik, Perspektiven. Weinheim, München

Gildemeister, R. (1992) Die soziale Konstruktion der Geschlechter. In: Ostner, I., Lichtblau, K. (Hrsg) (1992) Feministische Vernunftkritik. Ansätze und Traditionen. Frankfurt/Main, New York

Goffman, E. (1980) Rahmen-Analyse. Ein Versuch über die Organisation von Alltagserfahrungen. Frankfurt/Main

(1981) Geschlecht und Werbung. Frankfurt/Main

(1982) Das Individuum im öffentlichen Austausch. Mikrostudien zur Öffentlichen Ordnung. Frankfurt/Main

(1986) Interaktionsrituale. Über Verhalten in direkter Kommunikation. Frankfurt/Main

Green, R. (1974) Sexual identity conflicts in children and adults. London
  (1969) Conclusio. In: Green, R., Money, J. (Hrsg) (1969)

Green, R., Money, J. (Hrsg) (1969) Transsexualism and sex reassignment. Baltimore

Hahn, A., Kapp, V. (Hrsg) (1987) Selbstthematisierung und Selbstzeugnis: Bekenntnis und Geständnis. Frankfurt/Main

Heritage, J. (1984) Garfinkel and ethnomethodology. Cambridge

Hirschauer, S. (1989) Die interaktive Konstruktion von Geschlechtszugehörigkeit. ZfS 18: 100−118
  (1992) Ein Rückzug als Vormarsch. In: Zeitschrift für Sexualforschung 5: 246−254
  (1993) Die soziale Konstruktion der Transsexualität. Über die Medizin und den Geschlechtswechsel. Frankfurt/Main

Hochschild, A. R. (1979) Emotion work, feeling rules, and social structure. AJS 85: 551−575
  (1990) Das gekaufte Herz. Zur Kommerzialisierung der Gefühle. Frankfurt/Main, New York

Holenstein, E. (1975) Roman Jakobsons phänomenologischer Strukturalismus. Frankfurt/Main
  (1980) Von der Hintergehbarkeit der Sprache. Kognitive Unterlagen der Sprache. Darin: Prototypische Erfahrung. Frankfurt/Main

Honegger, C. (1991) Die Ordnung der Geschlechter. Die Wissenschaften vom Menschen und das Weib. Frankfurt/Main, New York

Honneth, A., Joas, H. (1980) Soziales Handeln und menschliche Natur. Anthropologische Grundlagen der Sozialwissenschaften. Darin: Menschliche Expressivität. Zur anthropologischen Hermeneutik Helmuth Plessners. Frankfurt/Main, New York

Husserl, E. (1976) Husserliana, Band III, 1: Ideen zu einer reinen Phänomenologie und phänomenologischen Philosophie. Erstes Buch. Den Haag

Hydra-Nachtexpress. Zeitung für Bar, Bordell und Bordstein. Darin: Transsexuelle und Prostitution. Frühjahr 1983

Jakobson, R. (1989[2]) Poetik. Ausgewählte Aufsätze. Frankfurt/Main. Darin: Linguistik und Poetik.

Kahle, G. (Hrsg) (1981) Logik des Herzens. Die soziale Dimension der Gefühle. Frankfurt/Main

Kando, Th. (1972) Passing and stigmamanagement. The case of the transsexual. In: Sociological Quarterly 13: 475−483
  (1973) Sex change: The achievement of gender identity among feminized transsexuals. Springfield, Ill.

Kemper, Th. D. (1981) Auf dem Weg zu einer Theorie der Emotionen: Einige Probleme und Lösungsmöglichkeiten. In: Kahle, G. (Hrsg) (1981)

Kessler, S. J., McKenna, W. (1978) Gender. An ethnomethodological approach. New York, Chichester, Brisbane, Toronto

King, D. (1981) Gender confusions: Psychological and psychiatric conceptions of transvestism and transsexualism. In: Plummer, K. (Hrsg) (1981) The making of the modern homosexual. London, Melbourne, Sydney, Auckland, Johannesburg

(1984) Condition, orientation, role or false consciousness? Models of homosexuality and transsexualism. In: Sociological Review 32: 38–56

(1986) The transvestite and the transsexual: A case study of public categories and private identities. Unpublished Ph. D. Thesis, University of Essex

(1987) Social constructionism and medical knowledge: the case of transsexualism. In: Sociology of Health and Illness 9: 351–377

König, O. (1990) Nacktheit. Soziale Normierung und Moral. Opladen

Landweer, H. (1990) Das Märtyrerinnenmodell. Zur diskursiven Erzeugung weiblicher Identität. Pfaffenweiler

Laqueur, Th. (1992) Auf den Leib geschrieben. Die Inszenierung der Geschlechter von der Antike bis Freud. Frankfurt/Main, New York

Levine, E. M. (1976) Male transsexuals in the homosexual subculture. American Journal of Psychiatry 133: 1318–1321

Lévi-Strauss, C. (1989) Einleitung in das Werk von Marcel Mauss. In: Mauss, M. (1989) Bd. 1

Lindemann, G. (1986) Bericht über die 15. Wissenschaftliche Tagung der Deutschen Gesellschaft für Sexualforschung (DGfS). In: Mitteilungen der Magnus-Hirschfeld-Gesellschaft 7: 15–23

(1989) Rezension zu: Docter, R. F. (1988) Transvestites and Transsexuals. Towards a Theory of Cross-Gender Behavior. New York, London. In: Zeitschrift für Sexualforschung 2: 276–278

(1990) Konstruktion des Geschlechts. In: Praxis der Psychotherapie und Psychosomatik 35: 272–283

(1992a) Zur sozialen Konstruktion der Geschlechtszugehörigkeit. In: Pfäfflin, F., Junge, A. (Hrsg) (1992)

(1992b) Volkmar Siguschs »unstillbare Suche« nach dem Guten oder warum die Transsexuellen moralisch homosexualisiert werden müssen. In: Zeitschrift für Sexualforschung 5: 261–270

Lipp, W. (1986) Geschlechtsrollenwechsel. Formen und Funktionen am Beispiel ethnographischer Materialien. In: KZSS 38: 529–559

Lothstein, L. M. (1983) Female-to-male transsexualism. Boston, London, Melbourne, Henley

Luhmann, N. (1991⁴) Soziale Systeme. Grundriß einer allgemeinen Theorie. Frankfurt/Main

Mahler, M. (1980) Die psychische Geburt des Menschen. Frankfurt/Main

Masters, H. W., Johnson, J. (1977⁴) Die sexuelle Reaktion. Reinbek bei Hamburg

Mauss, M. (1989) Soziologie und Anthropologie Bd. 1 und 2. In Bd. 2: Die Techniken des Körpers. Frankfurt/Main

McNeil, S. (1982) Transsexualism... Can men turn into women? In: Friedman, S., Sarah, G. (Hrsg) (1982) On the problem of Men. London

Mead, G. H. (1973) Geist, Identität und Gesellschaft. Frankfurt/Main

Mehan, H., Wood, H. (1979[2]) Fünf Merkmale der Realität. In: Weingarten, E., Sack, F., Schenkein, J. (Hrsg) (1979[2])

Merleau-Ponty, M. (1966) Phänomenologie der Wahrnehmung. Berlin (1972) Vorlesungen. Berlin

Meyenburg, B. (1992) Aus der Psychotherapie eines transsexuellen Patienten. In: Zeitschrift für Sexualforschung 5: 95–110

Meyer-Drawe, K. (1984) Leiblichkeit und Sozialität. München

Money, J., Ehrhardt, A. (1975) Männlich – Weiblich. Reinbek bei Hamburg

Morgenthaler, F. (1985[2]) Homosexualität, Heterosexualität, Perversion. Darin: Die Stellung der Perversion in der Metapsychologie. Frankfurt/Main, Paris

Ortner, S. B., Whitehead, H. (1981) Sexual meanings. Cambridge

Person, L., Ovesey, L. (1974a) The transsexual syndrome in males: I. Primary transsexualism. In: American Journal of Psychotherapy 28: 4–20 (1974b) The transsexual syndrome in males: II. Secondary transsexualism. In: American Journal of Psychotherapy 28: 174–193

Pfäfflin, F. (1983) Probleme der psychotherapeutischen Behandlung transsexueller Patienten. In: Psychotherapie. Psychosomatik. Medizinische Psychologie 33, Sonderheft 2: 89–92
(1984) Bemerkungen zu den gegenwärtigen Trends der internationalen Sexualforschung. In: Dannecker, M., Sigusch, V. (Hrsg) (1988) Zur Ambivalenz im klinischen Umgang mit der Transsexualität. Vortrag gehalten bei der 16. Wissenschaftlichen Tagung der Deutschen Gesellschaft für Sexualforschung, 6.–8. Oktober 1988 in Berlin

Pfäfflin, F., Junge, A. (Hrsg) (1992) Geschlechtsumwandlung. Abhandlungen zur Transsexualität. Stuttgart, New York

Plessner, H. (1953) Mit anderen Augen. In: Zwischen Philosophie und Gesellschaft. Bern
(1974) Immer noch philosophische Anthropologie. In: Diesseits der Utopie. Frankfurt/Main
(1975[3]) Die Stufen des Organischen und der Mensch. Berlin, New York
(1976) Die Frage nach der Conditio humana. Frankfurt/Main. Darin:
(1976a) Die Frage nach der Conditio humana
(1976b) Der Aussagewert einer philosophischen Anthropologie
(1976c) Der kategorische Konjunktiv. Ein Versuch über die Leidenschaft
(1980) Gesammelte Schriften III. Darin: Die Einheit der Sinne. Frankfurt/Main

(1982) Gesammelte Schriften VII. Darin: Lachen und Weinen. Eine Untersuchung der Grenzen menschlichen Verhaltens. Frankfurt/Main

Raymond, J. G. (1980) The transsexual empire. London

Reiche, R. (1984) Sexualität. Identität. Transsexualität. In: Dannecker, M., Sigusch, V. (Hrsg) (1984)

(1990) Geschlechterspannung. Frankfurt/Main

Rogers, C. R. (1942) Counseling and psychotherapy. Boston, New York, Chicago, Dallas, Atlanta, San Francisco

Runte, A. (1992) Verschriftete Spiegelbilder. Über autobiographische Diskurse Transsexueller 1930–1990. In: Pfäfflin, F., Junge, A. (Hrsg) (1992)

Sagarin, E. (1975) Sexual deviance and labeling perspectives. In: Gove, W. R. (Hrsg) (1975) The Labeling of Deviance. New York

Sartre, J. P. (1971) Das Imaginäre. Reinbek bei Hamburg

(1977–1980) Der Idiot der Familie. Gustave Flaubert 1821–1857. Bde. 1–5. Reinbek bei Hamburg

(1977a) Der Idiot der Familie. Bd. 1. Reinbek bei Hamburg

(1977b) Der Idiot der Familie. Bd. 2. Reinbek bei Hamburg

(1978) Der Idiot der Familie. Bd. 4. Reinbek bei Hamburg

(1980³) Kritik der dialektischen Vernunft. 1. Bd: Theorie der gesellschaftlichen Praxis

(1982) Die Transzendenz des Ego. Reinbek bei Hamburg. Darin: Skizze einer Theorie der Emotionen

Scheu, U. (1977³) Wir werden nicht als Mädchen geboren, wir werden dazu gemacht. Frankfurt/Main

Schmitz, H. (1964–1980) System der Philosophie. Bonn

(1964) System der Philosophie. 1. Band: Die Gegenwart. Bonn

(1965) System der Philosophie. 2. Band, 1. Teil: Der Leib. Bonn

(1966) System der Philosophie. 2. Band, 2. Teil: Der Leib im Spiegel der Kunst. Bonn

(1967) System der Philosophie. 3. Band, 1. Teil: Der leibliche Raum. Bonn

(1969) System der Philosophie. 3. Band, 2. Teil: Der Gefühlsraum. Bonn

(1973) System der Philosophie. 3. Band, 3. Teil: Der Rechtsraum. Praktische Philosophie. Bonn

(1977) System der Philosophie. 3. Band, 4. Teil: Das Göttliche und der Raum. Bonn

(1978) System der Philosophie. 3. Band, 5. Teil: Die Wahrnehmung. Bonn

(1980a) System der Philosophie. 4. Band: Die Person. Bonn

(1980b) System der Philosophie. 5. Band: Die Aufhebung der Gegenwart. Bonn

Schütz, A., Luckmann, Th. (1979) Strukturen der Lebenswelt. Frankfurt/Main

Schütze, F. (1976) Zur Hervorlockung und Analyse von Erzählungen thematisch relevanter Geschichten im Rahmen soziologischer Feldforschung.

In: Arbeitsgruppe Bielefelder Soziologen: Kommunikative Sozialforschung. München

Schwöbel, G. (1960) Ein transvestitischer Mensch, die Bedeutung seiner Störungen und sein Wandel in der Psychoanalyse. In: Schweizer Archiv für Neurologie, Neurochirurgie, Psychiatrie 86: 358–386

Shott, S. (1979) Emotion and social life: A symbolic interactionist analysis. In: AJS 84: 1317–1334

Sigusch, V. (1991) Die Transsexuellen und unser nosomorpher Blick. Teil I: Zur Enttotalisierung des Transsexualismus. Teil II: Zur Entpathologisierung des Transsexualismus. In: Zeitschrift für Sexualforschung 4: 225–256, 309–341

Sigusch, V., Meyenburg, B., Reiche, R. (1979) Transsexualität. In: Sigusch, V. (Hrsg) (1979) Sexualität und Medizin. Köln

Socarides, C. (1969) The desire for sexual transformation: A psychiatric evaluation of transsexualism. In: American Journal of Psychiatry 125: 1419–1425

Springer, A. (1981) Pathologie der geschlechtlichen Identität. Transsexualismus und Homosexualität. Wien, New York

Stoller, R. (1968) Sex and gender. Volume I: The development of masculinity and femininity. New York
(1975) The transsexual experiment. London

Sulcov, M. B. (1973) Transsexuality: Its social reality. Unpublished Ph. D. Thesis, Indiana University

Trömel-Plötz, S. (1982) Frauensprache – Sprache der Veränderung. Frankfurt/Main

Tyrell, H. (1986) Geschlechtliche Differenzierung und Geschlechterklassifikation. In: KZSS 38: 450–489

Weingarten, E., Sack, F. (1979²) Ethnomethodologie. Die methodische Konstruktion der Realität. In: Weingarten, E., Sack, F., Schenkein, J. (Hrsg) (1979²) Ethnomethodologie. Beiträge zu einer Soziologie des Alltagshandelns. Frankfurt/Main

Whitehead, H. (1981) The bow and the burden strap: A new look at institutionalized homosexuality in native North America. In: Ortner, S. B., Whitehead, H. (Hrsg) (1981)

Wille, R., Kröhn, W., Eicher, W. (1981) Sexualmedizinische Anmerkungen zum Transsexuellengesetz. In: FamRZ 5: 418–420

Wobbe, T. (1993) Die Grenzen des Geschlechts: Konstruktionen von Gemeinschaft und Rassismus. In: Mitteilungen des Instituts für Sozialforschung an der J. W. Goethe-Universität Frankfurt/Main 2: 98–108

Zimmermann, D. H., Pollner, M. (1979) Die Alltagswelt als Phänomen. In: Weingarten u. a. (Hrsg) (1979)

Zugar, B. (1970) The role of familial factors in persistent effeminate behavior in boys. In: American Journal of Psychiatry 126: 1167–1170

ZEITSCHRIFTEN

Anthony Giddens
Wandel der Intimität
Sexualität, Liebe und Erotik in
modernen Gesellschaften

Aus dem Englischen von Hannah Pelzer
Deutsche Erstausgabe
Band 11833

Welche Auswirkungen die Veränderungen der letzten
zwei Jahrzehnte auf Sexualität, Liebe und Beziehungen
gehabt haben, ist das Thema des neuen Buches von Anthony Giddens. Der Anteil, der den Frauen an dem Wandel
der Intimität in den westlichen Gesellschaften zukommt,
ist immens. Entstanden ist jedoch nicht ausschließlich eine
offenere und im besten Fall gleichberechtigtere Privatsphäre, sondern darüber hinaus eine Möglichkeit zur radikalen Demokratisierung unserer heutigen Lebenswelten.

Fischer Taschenbuch Verlag